莫艳梅方志探论

DISCUSSION ON LOCAL CHRONICLES BY MO YANMEI

莫艳梅 著

方志出版社
Publishing House of Local Records

图书在版编目(CIP)数据

莫艳梅方志探论/莫艳梅著. --北京: 方志出版社，2018.3

ISBN 978-7-5144-3034-9

Ⅰ.①莫… Ⅱ.①莫… Ⅲ.①方志学—文集 Ⅳ.①K290-53

中国版本图书馆CIP数据核字(2018)第052648号

莫艳梅方志探论

著　　者：莫艳梅
责任编辑：朱　姝　陈　效

出 版 人：冀祥德
出 版 者：方志出版社
地址　北京市朝阳区潘家园东里9号（国家方志馆4层）
邮编　100021
网址　http://www.fzph.org
发　　行：方志出版社图书经销中心
电话　(010) 67110500
经　　销：各地新华书店
排　　版：廊坊市晶艺印务有限公司
印　　刷：廊坊市晶艺印务有限公司

开　　本：700×1000　1/16
印　　张：19.5
字　　数：378千字
版　　次：2018年3月第1版　2018年3月第1次印刷

ISBN 978-7-5144-3034-9　定价：98.00元

2015年12月，莫艳梅在来新夏方志馆前留影

2008年3月，莫艳梅与南开大学教授来新夏合影

2014年，莫艳梅被评选为首届浙江省“最美方志人”

序

萧山是我国的方志之乡，历史上曾编过多部方志，上一轮新方志《萧山县志》曾获全国新编地方志优秀成果一等奖，颇受好评，新一轮修志又成为全国修志试点单位，不仅出了一部逾千万字的佳志——《萧山市志》，我为之惊叹，还出了一名撰有逾百万字论著的方志人——莫艳梅，我更为之惊讶，萧山出书、出人、出经验、出理论研究成果，起到了明显的示范作用。

我曾应邀参加《萧山市志》首发式并发言，称该志是新方志的扛鼎力作，其内容之宏富、体例之完备、资料之浩博，为市县志之少见，尤其是在编纂上用心之勤、创新之多，值得各地很好地学习与借鉴，其高理论素养与丰富实践经验的地方志队伍，在市县方志机构中是绝无仅有的。五年之间，出版了两部莫艳梅方志论著，便可充分说明。

2013 年《莫艳梅方志文集》由上海远东出版社出版，2018 年《莫艳梅方志探论》由方志出版社出版。当然她还有《萧山清官廉吏》等个人专著出版，此著出版不到两个月就加印了两次，发放给各级党员干部，可谓实用，这里我们姑且不论。

莫艳梅方志论著有四个特点：一是注重经验总结，有见地；二是注重理论探究，有新意；三是注重史料考辨，有价值；四是注重方志人情怀，有亮点。魏桥教授曾称其著是来自实践的新方志探论，来新夏教授曾称其人是当前志界之中坚，我认为其人其著在方志界应有一席之地，尤其是在当前的女方志人中，可谓一枝独秀。

莫艳梅是《萧山市志》编纂人员。《萧山市志》在编纂方法上有诸多创新和匠心独到之处，为二轮志书的编修树立了楷模。莫艳梅将一些好的做法、经验，认真地总结、完善，上升到理论的层次，扩大了地方志成果，并有效地推而广之。社会课题调查和口述历史成果大规模入志，是《萧山市志》的两大创新举措，单卷本出版，篇幅多达 300 多万字，为中国方志界首例。她对此进行了认真总结与研究，发表专题论文 7 篇，认为这是提高志书原创性、资料性、独特性和使用价值的有效措施。她在担任《凤凰村志》主编后，又开展大规模的口述历史和社会课题调查，希望编出一部学术价值和史料价值双高的村志来，这实在是难能可贵。

地方志实践中难免会出现诸多问题，需要不断探索，从理论上给予回答。当前有哪些影响地方志发展的思想障碍与制度瓶颈？如何摒除之？莫艳梅进行了别样的视角思考与解答。她认为首先要解放思想，将传统的官书重新定位为官书民本，服务广大民众而不仅仅是政府官员，路径是大胆创新，重塑志书的理论框架，接轨网络时代所需的价值认同，修改条例，完善机制体制，推进地方志事业可持续、健康发展。传统地方志必须顺应“互联网+”时代要求，在转型发展中增强地方志的生命力、创新力、价值力、传播力，为提升国家文化软实力发挥独特的作用，至关重要。诸如此类的新观点、新视角，给了我们有益的启示。

源于丰富的地方志实践经验，莫艳梅对新方志编纂的探讨是系统的、细致的，新见迭出，不仅丰富了新方志理论，而更促进了新方志的编纂。她的文章，接地气，可操作性强，可借鉴性强，除方志同行喜欢读外，也广受高校方志理论研究者欢迎。如今，她又在研究家谱，作品《越地名士来斯行、来宗道、来集之关系考辨》(《绍兴文理学院学报》2017 年第 3 期）等，是她研究家谱的新成果。

莫艳梅最为感人的，还不只是她的方志探论，还有她的方志情怀，她被评为浙江省“最美方志人”，值得大家学习，我这里不再赘述，大家一览此著便知。

巴兆祥

2017 年 9 月 5 日

（作者系复旦大学历史系教授，博士生导师）

目 录

志 论

书　评

心　语

志论

在转型发展中提升国家文化软实力

——学习贯彻《全国地方志事业发展规划纲要（2015—2020年）》思考[①]

提　要：中国拥有世界上最丰富的地方志资源、拥有世界上最多的互联网用户，传统地方志必须顺应形势，借政策东风加快转型升级，走数字化、民本化、产业化、国际化发展道路，不断增强地方志的生命力、创新力、价值力、传播力，促进地方志走向辉煌，为提升国家文化软实力发挥独特作用。

关键词：地方志；纲要；发展；文化软实力

2015年9月3日，中国政府网公开发布《国务院办公厅关于印发全国地方志事业发展规划纲要（2015—2020年）的通知》。这是继《国务院办公厅转发中国社会科学院关于加强全国地方志编纂工作领导报告的通知》《国务院办公厅关于进一步加强地方志编纂工作的通知》《地方志工作条例》之后，又一个意义重大的指导性文件，也是全国地方志事业发展的第一部规划性文件，对确保地方志事业平稳、有序、健康发展具有重要而深远的意义。

2015年是不同凡响的一年。2015年7月，《国务院关于积极推进“互联网+”行动的指导意见》提出，顺应世界“互联网+”发展趋势，推动互联网与经济社会各领域的融合发展，互联网成为提供公共服务的重要手段。2015年9月，《国务院关于印发促进大数据发展行动纲要的通知》提出，推进大数据的发展和应用，形成跨部门数据资源共享共用格局，建成国家政府数据统一开放平台。

这是一个“互联网+”、大数据的时代。在学习贯彻《全国地方志事业发展规划纲要（2015—2020年）》的同时，如何顺应时代要求，借政策东风加快转型升级，在转型发展中增强地方志的生命力、创新力、价值力、传播力，为提升国家文化软实力发挥独特的作用，至关重要。

① 沈迪云、莫艳梅合作撰写。本文原载于《浙江方志》2015年第5期。

一、由传统纸媒向数字化转型，提升传播力和价值力

地方志是传统行业，在“互联网+”、大数据时代有广阔的发展前景和无限伸展的空间，前提是必须数字化转型，与“互联网+”、大数据深度融合。

何为“互联网+”、大数据？

“互联网+”就是“互联网+传统行业”，是互联网与经济社会各领域各传统行业的融合发展。大数据是以容量大、类型多、存取速度快、应用价值高为主要特征的数据集合与数据分析利用。

为什么要与互联网、大数据融合发展？

其一，我国有世界上最丰富的地方志资源，可开发利用价值巨大。地方志是中国文化的优秀形式，编修地方志是中华民族的优秀文化传统，从两汉至今，“智造”了浩瀚的地方志资源。现存的历代旧志有 8000 多种、10 万余卷，占现存中国古籍的十分之一。已出版的新志有 35304 部，其中省市县志 7698 部，行业志部门志专业志 22802 部，乡镇村志街道社区志 4308 部，山水名胜志古迹志 496 部；年鉴 23157 部，其中省市县综合年鉴 15971 部，专业年鉴 7186 部；地情书 9868 部，教材及理论著述工具书 1065 部，旧志整理 2356 部。[①]这是世界上任何一个国家所无法比拟的地方志文化资源，也是世界上绝大多数国家所没有的绵延不断的编修地方志的文化形式。

丰富的地方志文化资源，传统的纸质方志，只有全部数字化，如此海量的方志数据才能凭风借力，站在 “互联网+”、大数据时代的风口上飞起来，广为人知，广为人用。从数据激活、流动、共享，到快捷整合、分析、开发利用，价值无限放大。

其二，我国有世界上最多的互联网、移动互联网用户，地方志有广阔的应用市场。据 2015 年 7 月中国互联网络信息中心（CNNIC）《第 36 次中国互联网络发展状况统计报告》显示，截至 2015 年 6 月，我国网民规模达 6.68 亿人，互联网普及率为 48.8%；手机网民达 5.94 亿人，手机上网使用率为 88.9%。个人互联网应用发展快速，其中即时通信（以微信、QQ 为代表）、网络新闻、搜索引擎、网络音乐、博客/个人空间、微博客的用户规模分别为 6.06 亿人、5.55 亿人、5.36 亿人、4.8 亿人、4.7 亿人、2.04 亿人，网民使用率分别为 90.8%、83.1%、80.3%、72.0%、71.1%、30.6%。[②]社会民生各方面深受

① 参见中国地方志指导小组办公室编：《中国方志通讯》2015 年第 10 期。

② 参见中国互联网信息中心（CNNIC）：《第 36 次中国互联网络发展状况统计报告》，www.ce.cn/xwzx/gnsz/gdxw/201507/23/t20150723_6022843.shtml，2018 年 2 月 10 日。

网络影响，从基于信息获取和沟通娱乐需求的个性化应用，发展到与医疗、教育、交通等公用服务深度融合的民生服务。

新常态下，传统地方志只有顺势而为，充分发挥我国互联网的规模优势和应用市场优势，从单一纸媒向网络媒体、移动媒体、微信微博媒体等多媒体融合发展，那么数以千亿计的文字，浩瀚的信息资源，才会有最广泛的互联网用户，“互联网+地方志信息服务”“互联网+地方志资政服务”“互联网+地方志教化服务”才会得到充分的彰显。

其三，我国有世界上最大的全民阅读群体和全民阅读书目需求，给读志用志提供了契机。2014 年 3 月 5 日，李克强总理在《国务院政府工作报告》中提出“倡导全民阅读”，国家立法之《全民阅读促进条例》也正在修订中。下一步，全民阅读读什么？以什么方式读？读多少？是大家比较关心的。比较而言，中国人均读书量比外国的少。根据国际出版蓝皮书的统计，韩国大概 11 本，法国 8.4 本，日本 8.5 本，美国 7 本。[①]2015 年 4 月中国新闻出版研究院《第十二次全国国民阅读调查成果》显示，2014 年我国国民人均纸质图书阅读量仅 4.56 本，报纸和期刊阅读量分别为 65.03 期（份）和 6.07 期（份），电子书阅读量为 3.22 本。成年国民图书阅读率为 58.0%，数字化阅读方式（网络在线阅读、手机阅读、电子阅读器阅读、光盘阅读、Pad 阅读等）的接触率为 58.1%，各媒介（书报刊和数字出版物）综合阅读率为 78.6%。数字化阅读首次超过了传统阅读，但纸质读物阅读仍是近六成国民倾向的阅读方式。[②]

人均读书量比外国的少，究其原因，好书匮乏是一个不可忽视的原因。什么是好书？借布鲁姆的话来说：“一项测试经典的古老方法屡试不爽：不能让人重读的作品算不上经典。”这样说来，大部头志书与经典著作当然比快餐文化好，读了让人受益无穷，让心灵充盈人文的滋养。地方志书应当成为全民阅读好书推荐书目。数字化阅读与纸质阅读互博互补，说明数字地方志与纸质地方志均前景广阔，须两者兼顾，不可偏废任何一方。

其四，国家的政策支持和强力推动。国务院《关于积极推进“互联网+”行动的指导意见》《促进大数据发展行动纲要》，构成了规范发展中国互联网新经济发展和社会转型升级的“姊妹篇”，将有力促进传统地方志数字化转型

---

① 参见张利英：《让建设“书香社会”落到实处》，http://www.qstheory.cn/wp/2015-03/07/c_1114558124.htm，2018 年 2 月 10 日

② 参见中国新闻出版研究院：《第十二次全国国民阅读调查数据在京公布》，http://www.chuban.cc/yw/201504/t20150420_165698.html，2015 年 4 月 20 日。

升级。国务院办公厅《全国地方志事业发展规划纲要（2015—2020 年）》首次提出“五位一体”的地方志事业发展综合体系，资源开发利用体系是其一。走全媒体数字化道路，是深度开发、高效利用地方志资源的必然选择。

我国地方志系统的数字化、信息化的实际状况如何呢？至 2014 年年底，全国仅有国家方志馆 1 个、省级方志馆 15 个、市级方志馆 60 多个、县级方志馆近 200 个，省级网站 26 个、市级网站 200 多个、县级网站 470 多个。[①]可以说不容乐观。

因此，必须顺应“互联网+”、大数据发展形势，加快地方志信息化建设，建立地方志全文数据库，实现国家、省、市、县四级地方志资源共享，面向社会提供优质服务。着力建设方志网站、方志手机报刊、方志微信微博、数字方志馆、方志成果展厅等工程，使源远流长的地方志及海量的信息资源变得触手可及，为广大网民所用，为全民阅读所用，在“互联网+”、大数据发展中，能量大释放，价值大释放，地方志的使用率、传播力、影响力大力提升。

二、由传统官书向民本化转型，增强生命力和竞争力

编修地方志自古以来是地方官的官职官责，地方志书自古为官书，代代相传，永不断章。除了为地方官资政以外，还有教化、存史作用。

官书官修，发展至今没有根本的转变。2006 年 5 月，国务院《地方志工作条例》规定，地方志书每 20 年左右编修一次，由地方人民政府主持，其他组织和个人不得编纂。2015 年 9 月，国务院办公厅《全国地方志事业发展规划纲要（2015—2020 年）》规定，坚持依法治志，地方志工作机构依法履行组织、指导、督促和检查地方志工作职责，加强编纂业务工作。如此，地方志之官书、官职、官修的性质一再定位。

官用逐渐向民用转化。2015 年 9 月，国务院办公厅《全国地方志事业发展规划纲要（2015—2020 年）》提出修志为用，拓宽用志领域，提升服务大局能力，为党政机关、社会各界和人民群众服务。这就确定了用志领域或服务对象，不唯官，不唯党政机关，还有社会各界、人民群众与之并列。除了官用以外，还有各界专家学者用志，有广大网民、人民群众用志。

当然，拓宽了用志领域或服务对象，还必须不断提升地方志的质量，提升

① 参见国务院办公厅：《全国地方志事业发展规划纲要（2015—2020 年）》。

地方志的竞争力、生命力。古志浩瀚，在传承文明上有着不可替代的特殊地位和作用。新志浩瀚，是否也在传承文明上独一无二、无可替代？否。有了网络、电视、电影、广播、电脑、手机及报刊等信息传播载体，地方志作为资政、存史、教化的主渠道和主要载体的功能地位被削弱了、分化了、淡化了。

例如，网络新闻作为信息获取类的重要应用，使用率仅次于即时通信（以微信、QQ 为代表），排在第二位，用户规模达 5.55 亿人，使用率达 83.1%。从新闻的发展状况来看，主要呈现新闻入口多样化、内容推荐精准化的特点。[①] 又如，2015 年 9 月 3 日，中央电视台对抗战胜利 70 周年纪念大会和大阅兵进行全程直播，全国有 32 家省级卫视频道、337 家地市级主频道全程进行了转播，腾讯等多家视频网站也进行了网上直播。据统计，全国有 4.89 亿人次的电视观众收看了纪念大会电视直播，超 10 亿人次的网民浏览了大阅兵。[②]纪念抗战胜利 70 周年阅兵前后，电影电视、图书营销迎来“抗战”热潮。北京王府井书店策划开展的“抗战”主题书展，不仅产生了巨大的社会效益，还对拉动销售产生了重要影响。据悉，仅该书店一层的抗战专架每月月销售该类图书就达 10 余万元，图书馆、机关团体、网店的采购量也节节攀升，两个月间，抗战主题图书销售突破 50 万码洋。[③]

仅纪念抗战胜利 70 周年阅兵电视直播，全国就有 4.89 亿人次观看，电影、图书迎来抗战主题热潮，难道这些就没有资政、存史、教化作用吗？当然有，而且比地方志更生动、更鲜活、更及时。因为这些内容更贴近实际，更突出主题，更贴近广大人民群众需要，服务手段更多样新颖。

那么，地方志的功能地位被削弱了、分化了、淡化了，读者用户被瓜分了、抢占了、减少了，是否再继续坚守，开拓另一番新天地？当然要。最重要的是，要有危机感，有竞争意识、机遇意识、创新意识。在“互联网+”时代下，要抢占市场，抢占读者用户，关键先提升自己的吸引力、魅力，以质量取胜，以亲民取胜，以人为本，由传统官书向民本化转型。

首先是内容亲民。确保入志的内容更全面，更贴近经济社会发展实际，更贴近广大人民群众需要。既要有区域自然、政治、经济、文化、社会的历

---

① 参见中国互联网络信息中心（CNNIC）：《第 36 次中国互联网络发展状况统计报告》，www.ce.cn/xwzx/gnsz/gdxw/201507/23/t20150723_6022843.shtml，2018 年 2 月 10 日。

② 参见李琳：《全球 14.89 亿人观看了大阅兵》，http://news.sohu.com/20150906/n420449547.shtml，2018 年 2 月 10 日。

③ 参见王少波、王双双：《阅兵前后图书营销迎来“抗战”热潮》，http://www.chuban.cc/cbsd/ 201509/t20150908_169937.html，2018 年 2 月 10 日。

史与现状，又要有广大人民群众的事迹和声音。既要向有关单位部门、社会团体、其他组织和个人征集地方志资料，又要采取田野调查、口述历史方法，积极主动去搜集第一手真实、生动、鲜活的资料，使地方志不仅官修，内容全面权威，而且民众参与，内容亲民典型，反映时代呼声，反映民生民情，更具资政、存史、教化作用。

历史不能没有细节。地方志的特点之一，或者说竞争力之一，是记述有广度。除了广度，更要有深度。即内容全面、系统，更要有深度、有细节，还要增加第一手资料、原创资料的比例。如浙江省《萧山市志》编辑部鉴于以往志书记述平面化、缺乏深度，第二手资料多、第一手资料少，原创少，开展了大规模社会课题调查，并将调查成果大规模入志，开展了不少调查，见人所未见，发人所未发，具有原创性，内容涉及民生民情以及社会焦点，尤其关注企业家、农民工、老人、妇女、知识分子等特殊群体，突出吃穿住用行、思想观念的时代变迁，起到了深化内容、引人入胜的效用。同时，开展大规模口述历史活动，并将 100 多个典型人物的口述历史汇辑入志，起到了补充印证文献资料和复活历史细节的效用。

其次是体例创新。不拘泥于 8 种志书体裁，不拘泥于上下限“一刀切”的规定。在以志体为主的基础上，融入一些有利于提升志书资料性、著述性、可读性的新体裁、新形式、新内容。只要内容好，也不拘泥于篇幅字数的限制，关键在实用、有价值、有读者。

最后是载体多样。实施地方志精品工程，设立地方志优秀学术成果评比奖励项目，把地方志纳入国家及地方有关图书评比，为培育和践行社会主义核心价值观提供优秀的精神文化产品。同时，纸质地方志、音像地方志、电子地方志，大部头地方志、易读简本，精装本、平装本，各种载体全媒体数字化，为不同阅读方式的广大民众各取所需，从而获得最广泛的读者用户，与其他信息载体平分秋色、各具千秋、互博互补，成为党政机关、广大人民群众和社会各界都喜闻乐见的信息载体。

三、由传统编修向产业化转型，培育创新力、智造力

地方志是一项事业，是以修志编鉴为主业、各项工作协调开展的事业。

地方志还是一项有潜力的文化产业。“互联网+”、大数据时代下，由传统编修向产业化转型发展，是地方志工作创新发展的关键所在。

为什么说地方志是一项文化产业呢？

所谓文化产业；国家统计局《文化及相关产业分类（2012）》定义：文化及相关产业是指为社会公众提供文化产品和文化相关产品的生产活动的集合。根据这一定义，文化及相关产业包括了四个方面的内容：文化产品的生产活动、为实现文化产品生产所必需的辅助生产活动、作为文化产品实物载体或制作（使用、传播、展示）工具的文化用品的生产活动（包括制造和销售）、为实现文化产品生产所需专用设备的生产活动（包括制造和销售）。其中文化产品的生产活动，是文化及相关产业的主体，包括新闻出版发行服务、广播电视电影服务、文化艺术服务、文化信息传输服务、文化创意和设计服务、文化休闲娱乐服务、工艺美术品的生产；其他三个方面，是文化及相关产业的补充。

该分类以《国民经济行业分类》（GB/T4754—2011）为基础，与国际分类标准（《文化统计框架—2009》）相衔接。统计上所称的“文化及相关产业”，指该分类所覆盖的全部单位。通常情况下，“文化产业”仅指经营性文化单位的集合，“文化事业”仅指公益性文化单位的集合。“文化及相关产业”，既包括了公益性单位，也包括了经营性单位。[①]

地方志是一项文化产业，表现在文化产品的生产活动，主要有地方志书的出版发行服务、年鉴的出版发行服务、方志馆服务、志鉴理论研究及服务、地方志资源（旧志资源、新志资源、年鉴资源、志鉴理论研究成果资源、地情研究成果资源）信息传输服务等。地方志作为文化资源、信息资源所具有的丰富性、广博性、深厚性，是其他区域文化资源、信息资源所不具有的，开发利用潜力非常大。

如何使之产业化？

首先，要“智造”出以志鉴为主的品种繁多的地方志文化产品。除了编修省市县三级志书、综合年鉴以外，还应指导编修行业志、部门志、专业志、乡镇村志、街道社区志、山水名胜志、古迹志、专业年鉴，整理旧志资料，进行理论研究、学科建设等。一方面，综合的志鉴信息资源、乡土地情信息资源，作为公共数据资源向社会免费开放；另一方面，专业的理论研究成果，如学术书刊，根据市场需求向社会公开发行。通过优质的文化产品和文化服务，创造出更大价值的社会效益和经济效益。

① 参见国家统计局：《〈文化及相关产业分类（2012）〉修订说明》，http://www.ce.cn/culture/gd/201208/02/t20120802_23549016_3.shtml，2012年8月2日。

其次，开展读志用志主题活动。紧跟形势，贴近实际，突出热点，举办系列地方志图片展和读志用志活动，使地方志成为全民阅读的推荐书目，成为中小学生了解乡土文化的知识读本，成为公务员、领导干部党校学习培训的教学教材，成为旅游开发与宣传的信息资源库。

例如，地方志载有大量可供开发的旅游资料，相关部门可根据旧志、新志记载，对早已湮灭、久圮的古迹进行恢复和重建，对有内涵、有品位的现有古迹进行重点保护和修缮，对肤浅、杂滥的仿古建筑严格整顿和治理，对已被遗忘的名特产品进行开发和生产，对古城古镇的规划建设、旅游节庆活动的策划、世界遗产的申报和保护等，都有一定参考作用。如清雍正《西湖志》，乾隆《南巡盛典》《西湖行宫图》，就是杭州“申遗”重修西湖十景的主要摹本，至2011年杭州西湖文化景观“申遗”成功，地方志功不可没。2012年，西湖“申遗”成功后的第二个“十一”黄金周，西湖风景名胜区接待游客 525.72 万人次，其中免费景点接待游客 416.52 万人次，收费景点接待游客 109.20 万人次，创历史新高。[①]由此可见，地方志文化产品的“智造”和读志用志主题活动，可创造社会效益并带动经济效益，对地方经济社会发展起到促进作用。

最后，要掌握网络空间话语权，建设好服务平台，开创志（地方志书）、鉴（综合年鉴）、刊（方志期刊）、研（理论研究）、会（地方志学会）、库（数据库）、馆（方志馆）、网（地情网站）、用（服务开发）九业并举工作模式，通过全媒体宣传和精准营销，不断挖掘、开发地方志文化产业，促进地方志事业走向辉煌。

四、由传统文化向国际化转型，拓展影响力和国家形象

地方志是最具民族特征的标志性传统文化形式之一，是世界上绝大多数国家没有的文化形式，是国粹。

越是民族的，越是世界的。走国际化道路，把中国地方志隆重地展示给世界，让世界人民从中国地方志中阅读中国，了解中国的历史与文化，开展经常性的交流与合作，是地方志价值力、影响力的国际扩张。

国家政策有力支持了地方志的国际化转型。国务院办公厅《全国地方志

① 参见夏毅：《黄金周杭州接待游客 1758 万人次　旅游收入超 87 亿》，http://www.chinanews.com/df/2012/10-08/4231351.shtml，2018年2月10日。

事业发展规划纲要（2015—2020 年）》提出，要服务国家文化“走出去”战略，推介一批高质量地方志成果，充分展示地方志的当代价值及永恒魅力，推动方志文化走向世界，增强地方志优秀文化影响力。

事实上，中国地方志的价值与魅力，从国外的收藏与研究利用可见一二。据不完全统计，国外收藏的中国旧志的数量已经接近国内收藏的总量，以日本、美国收藏的最多，分别收藏中国地方志 5000 多种，不少善本、孤本为中国国内所缺失。对新志的收藏亦热忱不减。如 2013 年出版的《萧山市志》（1~5 册），被美国国会图书馆、哈佛大学哈佛燕京图书馆、哥伦比亚大学东亚图书馆、加州大学伯克利分校东亚图书馆、斯坦福大学东亚图书馆、匹兹堡大学东亚图书馆、华盛顿大学东亚图书馆、普林斯顿大学东亚图书馆、多伦多大学郑裕彤东亚图书馆收藏。

国际学术交流日益广泛。2006 年 6—7 月，中国地方志指导小组办公室组团赴北美、欧洲重点大学图书馆交流考察。2011 年 8 月，中国地方志指导小组办公室主办的方志文献国际学术研讨会在宁波召开，美国、澳大利亚、日本、韩国、越南等国家以及中国香港、澳门、台湾地区等地区的专家学者参会。2014 年 12 月，广西地方志办公室组团赴北美重点大学图书馆交流考察。2015 年 5 月，北京地方志学会组团赴台湾交流研讨。2015 年 7 月，海南省地方志学会组团赴台湾交流研讨。

2014 年 12 月 20 日，国家主席习近平向澳门大学赠送了《永乐大典》重印本和《北京大学图书馆藏稀见方志丛刊》，并现场在赠书函上签名。《北京大学图书馆藏稀见方志丛刊》全 330 册，收录北京大学图书馆藏稀见方志 276 种，其中孤本、稿本 92 种，具有很高的文献和研究价值。

国内许多部门单位把地方志书作为礼品，赠送给国际友人、海外华人和我国港、澳、台同胞。地方志走向世界，有助于推介中华文化和地域文化，对提升中华文化凝聚力、影响力和国际竞争力均有促进作用。

总之，我国拥有世界上最丰富的地方志资源、拥有世界上最多的互联网用户。地方志顺应形势，借政策东风加快转型升级，走数字化、民本化、产业化、国际化发展道路，可以更好地传承文明、资政服务，走向辉煌、走向世界，矗立于世界文化之林、散发永恒文化魅力。丰富的地方志文化产品和特色的地方志文化输出，对于推动我国文化大发展大繁荣、提升国家文化软实力均有独特作用。

再创方志之乡辉煌
推进文化强省建设

——学习贯彻《浙江省实施〈地方志工作条例〉办法》体会[①]

提　要：颁布《浙江省实施〈地方志工作条例〉办法》，是加强和规范地方志工作、推进地方志文化建设的需要，也是建设文化强省、提升文化软实力的举措。方志工作者要提高依法修志能力，打造特色文化精品；开发古今方志资源，服务经济社会发展；激活人才创新机制，引领方志学术研究；建设方志工作强省，再创"方志之乡"新辉煌。即使全国在第二轮修志后期开展评选新的"方志之乡"活动，历史上的"方志之乡"浙江，也会当仁不让。

关键词：方志；文化；浙江；建设

2012年11月17日，浙江省人民政府颁布了《浙江省实施〈地方志工作条例〉办法》（以下简称《办法》），该《办法》于2013年1月1日起实施。这是浙江首部有关地方志工作的省级行政规章，是浙江地方志发展史上的一件大喜事，标志着浙江地方志工作纳入了法治化轨道，将对浙江地方志事业的繁荣与发展，推进文化强省建设，加快经济社会跨越式发展，都有十分重要的意义。认真学习贯彻《办法》精神，是当前乃至今后一个较长时期的重要任务。

一、充分认识浙江《办法》的重要现实意义

（一）是与时俱进，推进方志事业繁荣与发展的必然选择

连绵不断地编修地方志，是中华民族特有的优秀文化传统，至今已持续了2000多年，方兴未艾。

① 本文获2013年浙江省学习贯彻《浙江省实施〈地方志工作条例〉办法》征文三等奖，http://zjtz.zjol.com.cn/html/2013/zjly_0606/1605.html，2018年2月10日。

2006年5月18日，国务院颁布《地方志工作条例》，这是中华人民共和国成立以来第一部有关地方志工作的全国性法规。至2011年年底，全国已有22个省、市、自治区和20多个有立法权的市及民族区域自治地区的立法机关，制定了《地方志工作条例》的实施办法或本地区的地方志工作条例、管理办法。

2012年，浙江省适时制定实施办法，对加强和规范全省地方志工作、确保地方志质量以及开发利用地方志，作出全面的规划。这是顺应时代发展要求，保证浙江地方志事业持续健康发展的必然选择，也是贯彻依法治国，推进地方志工作制度化、法治化的必然选择。

（二）是多方并举，推进文化强国强省建设的具体体现

2011年10月18日，中央提出了建设社会主义文化强国战略目标。11月18日，浙江省委提出了大力推进文化强省建设的目标。

时隔一年，出台《浙江省实施〈地方志工作条例〉办法》，这是与文化强省建设“六种能力”①、“六大任务”②、“三大体系”③、“八大工程”④、“十大计划”⑤相呼应和相匹配的。

文化包括了物质文化、制度文化、精神文化三大方面。就地方志而言，卷帙浩繁的志鉴产品无疑是物质文化的成果，与时俱进的修志体制机制和法规无疑是制度文化的创新，方志人精神以及志人志德无疑是精神文化的财富。新方志文化无疑是社会主义文化的重要组成部分，新方志文化建设是文化强国建设和文化强省建设不可或缺的组成部分。

（三）是拓宽思路，推进经济社会跨越发展的动力引擎

2012年9月，美国顶级智库、综合性战略研究机构兰德公司（RAND）公布的《世界主要国家综合国力蓝皮书》显示，中国的综合国力位居第五

① 增强先进文化的凝聚力、公共文化的服务力、文化产业的竞争力、文化发展的创新力、区域文化的影响力和文化人才队伍的支撑力“六种能力”。

② 大力建设社会主义核心价值体系、推动优秀文化产品创作生产、着力构建公共文化服务体系、加快构建文化产业发展体系、推进文化体制机制改革创新、加强文化人才队伍建设“六大任务”。

③ 继续深入推进社会主义核心价值体系、公共文化服务体系、文化产业发展体系“三大体系”建设。

④ 深入推进文明素质工程、文化精品工程、文化研究工程、文化保护工程、文化产业促进工程、文化阵地工程、文化传播工程、文化人才工程“八项工程”。

⑤ 重点实施中国特色社会主义理论体系普及计划、公民道德养成计划、文艺精品打造计划、网络文化建设计划、重大文化设施建设计划、基本公共文化服务提升计划、文化遗产传承计划、文化产业倍增计划、对外文化拓展计划、文化名家造就计划“十大计划”。

名。[①]瑞士经济研究机构“世界经济论坛”公布的“2012年国际竞争力排名”显示，中国的国际竞争力位居第29名。[②]

2012年7月，中国文化创意产业网独家发布了贾斯丁·欧康纳文化、传媒和创意产业研究中心的“2010年中国31个省市区文化产业竞争力综合排名”，浙江位居全国第三名。[③]

综合国力、国际竞争力、文化产业竞争力，都离不开文化的影响力和竞争力。如今，文化越来越成为民族凝聚力和创造力的重要源泉，越来越成为综合国力竞争的重要因素和经济社会发展的重要支撑。据统计，2011年浙江省文化及相关产业实现增加值1290.01亿元，占浙江GDP 32000.1亿元的4.03%，其中文化产品制造业主导产业优势明显，文化服务业包括文化艺术业、广播影视业、新闻出版业、旅游业等发展快速。[④]

地方志也是有潜力的文化产业。它有着丰富的古志、新志以及其他方志文化产品，有着广博的涵盖自然、政治、经济、文化、社会的历史与现状的信息资源。我们将之数字化、网络化，用于资政服务和公共服务方面，不仅会带来可观的社会效益，还会创造出可观的经济效益。因此，以学习贯彻《办法》为契机，集思广益，积极发展地方志文化产业，使之成为地方文化产业的一部分，是政府部门以及地方志工作者亟待研讨的课题。

二、增强依法修志能力，创作特色文化精品

（一）履行官职官责，组织编纂志鉴，永不断章

志书古称官书，自隋朝形成了官修志书制度，沿袭至今。

《地方志工作条例》和《办法》进一步明确了各级政府的领导之责、地方志工作机构的工作之责、社会各界的支持之责。

履行“一纳入、五到位”之官责。就是要把地方志工作“纳入政府规划、

① 参见《在综合国力竞争中实现民族复兴》，http://news.163.com/14/0526/05/9T5A95RD00014AED.html，2018年2月18日

② 参见李小飞：《2012国际竞争力排名发布　瑞士居首中国第29位》，http://news.sina.com.cn/w/2012-09-06/100625113198.shtml，2018年2月18日

③ 参见《我国31个省市区文化产业竞争力排名》，http://artbank.people.com.cn/BIG5/n/2012/0704/c209261-18444910.html，2018年2月18日。

④ 参见《2012年浙江省文化及相关产业发展分析报告》，http://www.askci.com/news/201301/22/221655428811.shtml，2018年2月18日。

机构到位、领导到位、队伍到位、条件到位、待遇到位”。对于无机构、无人员、无经费的，或机构级别过低、机构设置不合理的，要依法敦促妥善解决。

编三级志书、综合年鉴之官书。这是官修地方志的主要任务，责无旁贷。浙江省《办法》的与众不同之处。就是把省、市、县三级地方志书和地方综合年鉴以外的其他志书和年鉴，纳入地方志事业发展规划。该《办法》第2条指出，机关、社会团体、企业事业单位、其他组织及个人组织编纂的专业志、乡镇志、村志和专业年鉴等，适用于本办法；第6条指出，县级以上人民政府地方志工作机构，要指导其他志书和年鉴的编纂，等等。这是与浙江省地方志的历史与现状相吻合的。

浙江是全国编纂出版乡镇村志最多的省份。南宋的《澉水志》是我国最早的乡镇志，至民国时期，浙江已有镇志118种。[①]这是与浙江的市镇经济发展相辅相成的。20世纪80年代后，乡镇企业异军突起，有力地推进了浙江农业和农村现代化的步伐，也推进了浙江乡镇志、村志的编纂。至今已出版新编乡镇志、村志、专业志、部门志、山水志、寺庙志、名胜志、企业志等各类志书1300多部。

如今，从官府履职修志到社会自发修志，都有法可依了。增强依法修志的能力，使地方志鉴永不断章、发挥功用，是地方志工作机构义不容辞之责。

（二）弘扬志人志德，创作名志佳志，经世致用

2012年，全国地方志系统表彰先进会议总结出“爱岗敬业、开拓进取、锲而不舍、一丝不苟、淡泊名利、甘于奉献”的24字“方志人精神”，这是几代方志人长期修志实践留给我们的最为宝贵的精神财富，也是志人志德的具体体现。我们继承和弘扬“方志人精神”，就要安心坐冷板凳，甘心为人民做奉献，专心编纂精品佳志，确保志鉴经世致用。

浙江历史上名志佳志颇多。南宋的“临安三志”，是“世所罕传”的佳作。南宋的“会稽二志”，被誉为方志的“双绝”。20世纪80年代后的首轮新编地方志，又诞生了《萧山县志》《绍兴市志》《宁波市志》《绍兴县志》等一批有口皆碑的名志佳志。

如今，第二轮修志正在如火如荼开展，100多卷、约6000万字的《浙江通志》成为标志性的“大作”，也是浙江省目前单体容量最大的文化工程。我们这一代方志人要树立精品意识，围绕“观点正确，体例严谨，内容全面，

① 参见《世人瞩目的浙江志坛》，http://zjdfz.cn/html/2012/qzzx_0920/106.html，2018年2月18日。

特色鲜明，记述准确，资料翔实，表达通顺，文风端正，印制规范”的36字志书质量总体要求，呕心沥血，攻坚克难，合力将这一系列“大作”从“大”到“优”、从“大”到“精”，打造成为叫得响的、传之久远的精品佳作。

（三）整理点校古志，建设方志馆网，服务大众

开发利用方志资源，是区别于古代修志的一大特点和优点。

古为今用。就要积极开展古志的整理出版工作。中国古志占现存古籍的十分之一。浙江又是中国现存古志最多的省份之一。清乾隆年间，朝廷编修《四库全书》，广为采录全国各地地方志，无论是数量还是卷数，浙江都居各省之首。近十年来，各市、县地方志工作机构都十分注重做好古志的整理工作，浙江省地方志办公室点校出版了《宋元浙江方志集成》、清雍正《浙江通志》、民国《重修浙江通志稿》等古志和地方文献，使古志在历史研究和现实服务中发挥独特的作用。

边修边用。就是修用并举，适时将丰富的地方志资料用于资政和经济社会发展服务上。

方志“三化”。就是地方志的数字化、信息化、网络化建设。与之相对应的，就是方志馆、方志网、地情数据库的建设。这是开展读志用志的最有效的形式，也是满足人民大众需求的最有效途径。

目前，浙江省已有8个市、28个县（市、区）建成了方志网站或在政府门户网站上开辟栏目。不少地方还建成了方志馆，如萧山方志馆、建德方志馆、常山方志馆、宁波天一阁中国地方志珍藏馆，在建设中的有杭州方志馆、绍兴县方志馆、余杭方志馆等。尚未建立方志网站的机构要尽快建立，已经建立的要加以完善，把各类志书、年鉴、古志、地情书数字化，有条件的还要建立数字方志馆，切实提高地方志的利用效率和社会影响。

三、再创方志之乡新辉煌，推进文化强省建设

（一）把方志之乡的历史传统发扬光大，做特殊贡献

浙江素有“方志之乡”的美誉。从“一方之志，始于《越绝》”到中华人民共和国成立后的两轮大规模修志，浙江的方志成果一直走在全国的前列。据统计，全国现存古志8264种，其中浙江641种，占1/13。[①]至今，全省编

① 参见中国科学院北京天文台主编：《中国地方志联合目录》，中华书局1985年版，第180页。

修的三级志书以及其他志书有 2000 种左右，约 10 亿字。[①]

有“大作”还有“大师”。清代上虞人章学诚，是公认的中国方志学的奠基人。当代的陈桥驿、来新夏、魏桥、仓修良等浙江籍方志学家，卓有建树。

古代藏志也是全国典范。宁波的天一阁是中国现存最早、收藏地方志最多的私家藏书楼，现存明代方志占全国现存明代方志总量的三分之一，其中 164 种为海内孤本，至今已收藏省、市、县三级志书占全国新编三级志书的十分之九。

丰厚的方志文化底蕴，对于当代浙江方志人来说，既是一种荣誉，也是一种激励。我们既要发扬修志、藏志、研志的优良历史传统，再创新辉煌，又要发挥“方志之乡”的资源优势，让古今方志为文化强省建设做出特殊贡献。

（二）新建中国方志学术研究与交流中心，起引领作用

浙江志坛为世人所瞩目。不仅是全国现存古志最多、收藏新志最多的省份，近代史上最早设立省级方志馆的省份，还是全国率先组织省内外专家评审新县志稿的省份，全国编纂出版新方志论著较多的省份，全国最早提出加强志书著述性的省份，全国较早举办面向全国的短期方志研讨班的省份，全国第一个在高校招收四年制方志专业本科生的省份，等等。

2011 年 8 月，经中国社会科学院和中国地方志指导小组批准，设立中国（浙江）地方志学术研究中心。这是国内唯一的由省级地方志工作机构负责管理的方志学理论研究基地。

2013 年 2 月，经中国地方志指导小组办公室批准，新建中国地方志国际交流宁波中心。这是中国地方志指导小组办公室在宁波市人民政府地方志办公室设立的非实体学术交流机构。

目前，两个“中心”利用浙江方志人才队伍和方志文献资源，大力开展和引领国内方志学术研究和国际方志学术交流。全省方志系统人才梯队的建设，方志学理论重大课题研究，海外藏志书、家谱以及地方历史文献的征集整理和数字化，成为三大亮点。

① “浙江省自 20 世纪 80 年代开始社会主义时期第一轮修志工作到今，20 多年来，全省已编纂出版市、县（市、区）志……乡镇志、村志、专业志、部门志、山水志、寺庙志、名胜志、企业志等各级各类志书，据不完全统计，其数量在 1000 部以上，字数逾 10 亿字。”如果加上二轮各类志书、年鉴，至 2013 年其数量有 2000 种左右、10 多亿字。参见浙江省地方志编纂委员会办公室：《浙江读志用志二十年》，《浙江方志》2005 年第 5 期。

（三）以一业为主九业并举方志工作强省，添竞争实力

2011 年 8 月，浙江省人民政府提出努力把方志资源大省建成方志工作强省的目标任务。新目标，新举措，学习贯彻《办法》是新动力。

提高思想认识。就是要提高学习意识、研究意识、创新意识、服务意识，努力把地方志工作机构建设成为学习型、研究型、创新型、服务型的工作机构。

创新工作内容。就是要以编修三级志书为主业，切实开展创优工程，表彰先进，促动后进；实行志（三级志书）、鉴（年鉴）、库（数据库）、网(地情网站)、馆（方志馆）、刊（方志期刊）、会（地方志协会）、研（理论研究）、用（服务开发）九业并举，全面推进全省的地方志工作。

无论是方志工作的广度还是深度，编研模式还是精品效应，人才还是服务，体制还是机制，浙江方志都要进一步创新与拓展。

如何摒除修志发展的思想障碍与制度瓶颈，重塑志书的理论框架，接轨网络时代所需和价值认同，是新方志工作创新与研究的新课题。

提升竞争实力。就是要保住“方志之乡”这块金字招牌，还要做大做强，升级提速。多出新志成果，多创全国一流，为推进浙江的方志文化建设、文化强省建设和经济社会跨越发展做出新贡献，为中国的方志文化建设、文化强国建设和全面建成小康社会做出新贡献。

曾有学者建议在全国第二轮修志后期开展评选新的“方志之乡”活动。[①] 那么，中国历史上的“方志之乡”浙江，将会以强劲的竞争实力再创一个新的“方志之乡”。

① 参见古飞鸣：《文化大发展大繁荣地方志大有作为——学习中共十七届六中全会〈决定〉的思考》，《广西地方志》2012 年第 6 期。

“一带一路”视野下地方志书文献价值的再评价

——以咸淳《临安志》、大德《南海志》为例[①]

提　要：“一带一路”视野下地方志书的文献价值不可忽视，它记录了丝路的历史风貌，又为丝路的研究与创新发展服务。如南宋咸淳《临安志》、元代大德《南海志》再现了杭州、广州丝路古城的历史风貌：河运海港发达，流动人口增长，丝绸等物产丰富，商业贸易繁荣，市舶司的特设，是海上丝绸之路兴盛发展的佐证，与之来往的国家和地区多达140余个，舶货70多种。为此，整合丝路资料，讲好丝路史话，续写丝路新况，奉献丝路文化精品，是我们史志工作的重要任务。

关键词：志书；价值；评价；一带一路

前　言

“一带一路”，是“丝绸之路经济带”和“21世纪海上丝绸之路”的简称。英文名“the Silk Road Economic Belt and the 21st-Century Maritime Silk Road”，简称“the Belt and Road”，缩写为“B&R”。

“丝绸之路”一词，是近代德国地理学家李希霍芬于1877年最早提出，德文名Seidenstrasse，[②]起初指西汉张骞、东汉班超出使西域时开辟出来的通道，因丝绸为商道上的大宗商品而得名，后来这一概念成为古代中国对外交

① 本文为莫艳梅在2016年9月5日第六届中国地方志学术年会上的交流论文。

② 德国地质学家、地理学家费迪南·冯·李希霍芬（Ferdinand von Richthofen）在1877年出版的《中国——根据自己的亲身旅行和在此基础上进行研究的结果》第一卷中，首创“Seidenstrasse”（丝绸之路）一词，是合并了德语词汇“Seiden”（丝绸）和“Strasse”（道路）后而形成的一个新词，中文翻译成“丝绸之路”。因为这部巨著，李希霍芬于1878年获得了伦敦皇家地理学会最高奖金质奖章“创建者奖章”，并被公认为是19世纪西方最伟大的中国地理学家。

流通道的统称。

“一带一路”一词，是中国国家主席习近平于 2013 年最先提出，2015 年国家发改委、外交部和商务局联合发布《推动共建丝绸之路经济带和 21 世纪海上丝绸之路的愿景与行动》，至今有 60 多个国家响应“一带一路”倡议，这是对古丝绸之路的创新型传承和发展，是对古丝绸之路的超越和提升。

从丝绸之路到“一带一路”，从丝路史话到丝路研究发展，古今地方志书的文献价值不可忽视。

地方志书是全面系统记述行政区域内自然、政治、经济、文化和社会的历史与现状的资料性文献，是区域性地情信息资料的重要载体。

丝路与志书，两者的相似之处在于：发起于西汉，历史悠长，绵延不绝，传播文明，可资可鉴。两者的关系：丝路是志书记载的内容之一，志书记载丝路的历史地理、人文风俗，又为丝路的研究和创新发展服务，尤其丝路沿线国际贸易支点的古志，其文献价值与史料价值及现实意义不可估量。如杭州、广州是“一带一路”国际贸易支点城市，它们在古代丝绸之路上状况如何、地位怎样，志书有所反映，现以南宋咸淳《临安志》、元代大德《南海志》为例说明之。

一、志书的文献特征及其广泛应用价值

地方志书是中国特有的优秀文化形式，数量恢宏，仅两汉至民国的历代旧志就有 9000 多种、10 万余卷，约占我国现存古籍的十分之一，这是中国历史文化遗产中弥足珍贵的部分。

志书的文献特征，表现出多种特性：空间的地域性，鲜明的时代性，资料的丰富性，形式的多样性，官修的权威性，全国范围内的普及性。其横排竖写的全面而系统的广博内容，可弥补国史记载时间与空间之所不能、所不足，可补史之缺，参史之错，详史之略，续史之无，尤其古志于今仍然具有广泛的应用价值，不可忽视。

（一）咸淳《临安志》及其广泛应用价值

我国现存宋元古志四十余种，南宋咸淳《临安志》是其一。

杭州古称临安。隋时废钱塘郡置杭州，杭州之名始于此。南宋绍兴八年（1138），南宋迁都杭州，改名临安，京都临安府下辖 9 个县（钱塘、仁和、余杭、临安、於潜、富阳、新城、盐官、昌化）。

咸淳《临安志》因成书于南宋咸淳年间（1265—1273）而得名，为当时临安知府潜说友主持纂修。全书100卷，今存97卷。此前，有南宋府尹周淙纂修的乾道《临安志》，原本15卷，现存3卷；南宋府尹施谔赵与懃主持、陈仁玉等纂修的淳祐《临安志》，原本52卷，现存6卷。南宋乾道、淳祐、咸淳临安三志，为现存最早的杭州古志，也是中国现存古志之佳品，尤以咸淳《临安志》体例最完备，内容最丰富，通行的以清道光十年（1830）钱塘藏书家振绮堂汪远孙仿宋重刊本较为完善。《宋元方志丛刊》（中华书局1990年版）收录古志43种，所选咸淳《临安志》即汪氏振绮善本。本文选用咸淳《临安志》（浙江古籍出版社2012年版），为浙江图书馆藏清海宁马氏碧萝馆抄本为底本的影印本，此本是比较早期的抄本，共95卷，缺第六十四卷、第九十卷、第九十八卷、第九十九卷、第一百卷，全书有多处漏抄或缺页，即据振绮堂本补录而成全璧。

该志将都城志也与府志融合为一体，设有凡例、序（志首序1篇、卷首序20篇）、图（皇城图、京城图、浙江图、西湖图、府治图、九县山川总图、各县境图共13幅）、表（古今人表、古今郡县表、古今郡守表、国朝进士表、中兴右科进士表）、志、传、注释、附录（纪遗）等体裁，体例完备。志书有凡例、序言，均始于宋代，咸淳《临安志》是代表著作之一。其第一卷至第十五卷为行在所录，即都城志，分列宫阙、郊庙、朝省、御史台、谏院、六部、诸寺、秘书省、国史院、敕令所、诸监、大宗正司、省所、院辖、监当诸局、三衙、阁职、内诸司、邸第、官宇、学校、贡院、太史局、太医局、堂后官院、宫观、祠庙、苑园、禁卫兵、省院兵、攒宫、馆驿、赋咏等。第十六卷至第一百卷为府志，分列疆域（6卷）、山川（18卷）、诏令（2卷）、御制（1卷）、秩官（9卷）、官寺（4卷）、文事（1卷）、武备（1卷）、风土（1卷）、贡赋（1卷）、人物（11卷）、祠祀（4卷）、寺观（11卷）、园亭和古迹（1卷）、冢墓（1卷）、恤民和祥异（1卷）、纪遗（12卷）。全志约70万字，是现存宋代篇幅最大且价值最高的志书之一。

从现存史料看，整个宋朝的史籍“北宋详、南宋略”，南宋的史籍“前期详、后期略”。咸淳《临安志》内容包罗万象，有政事变迁、物产赋税、城市基础设施、官员政绩、文人唱酬、风俗轶事、对外贸易（丝绸之路）等，具有丰富而独特的史料价值，是研究宋史、杭州地方史以及丝绸之路的重要文献。

如志首的“京城四图”（皇城图、京城图、浙江图、西湖图），是现存最早的南宋都市图，标记了南宋晚期京城临安城的地名信息共计 1582 条，极为详细，可补史之缺，也说明当时的绘图印刷技术十分精湛，在中国古地图中罕有可比者，对现代考古作业有很大的指导意义，对世界遗产西湖文化景观保护管理、世界文化遗产中国大运河（杭州段）保护规划、全国重点文物单位临安城遗址保护规划、海上丝绸之路研究、当代杭州旅游攻略有重要的参考价值。如姜青青著《〈咸淳临安志〉宋版“京城四图”复原研究》（上海古籍出版社 2015 年版），对南宋临安的“京城四图”的地名进行了考证，成功复原率达 99.43%，740 多年前临安都府的繁华以及诸多文化细节跃然纸上，从中可以看出京城市井、豪门、大内皇城“后花园”、卫戍军区的“三重门”以及西湖私人会所等。当时的临安人是怎样生活的？咸淳《临安志》第五十八卷风土：“谚云：东菜西水，南柴北米。”对照“京城四图”，临安城的东部是城市的菜篮子，称“东菜”，原“浙江图”左下有“横塘”“菜园”“东青门”的地名，志载“城东横塘一境，种菜最美”，“城东东青门，俗呼菜市门”，“城东菜市桥，菜市门外”，因此城东又称“菜园”；城西的西湖，是城市的主要水源，又称“西水”，在“西湖图”上有“运河”的地名，运河沿岸的街巷、寺院、桥梁、粮仓、河埠、坝堰，都清晰可辨；城的南部，主要运输生活所需的柴炭等燃料，又称“南柴”，“浙江图”右下标有“炭场”的地名，附近还有“都税务”“龙山税务”的机构，说明当时炭场交易量很大；城的北部，是粮仓储存地，俗称“北米”，“京城图”“西湖图”的右部，密密布满了省仓上界、省仓中界、丰储仓、丰禾仓、食储仓、厅官仓、常平仓、镇城仓、淳祐百万仓、平籴仓、糯米仓、端平仓等官方营建的重要粮仓。“省仓上界”的附近，还有“市舶新务”的地名，市舶司、市舶务是我国古代管理海外贸易的机构，是海上丝绸之路发展的体现，说明当时临安已是海上丝绸之路国际贸易支点城市。

当代画家陈鸣楼根据史志等资料，创作了一幅长达 38 米的《南宋皇城图》（工笔画），反映了当时临安都城的繁花景象。在这幅画里，共有人物 56000 多个、牲畜 37000 多头、轿子 70 多顶、马车 60 多辆、船舶 180 多只，还有许多飞禽走兽，等等，可以说，南宋咸淳《临安志》所起的作用，功不可没。这幅图自 2012 年至 2016 年受到 200 多家海内外媒体的跟踪报道，由中央电视台拍摄的《南宋皇城图》制作的 3D 电影也不久会在全球上映。

咸淳《临安志》广泛运用注释，注出处、注撰人、注异名、注内容、注存佚、注真伪、注篇章、注附录，大大地提高了志书的文献价值和史料价值。

其中引用宋国史、宋会要、《大宋登科记》、《中兴登科小录》及《吴越备史》等方志类、文学类书籍 200 多种，大都说明来源，很多书籍或残或佚，咸淳《临安志》保存了极有价值的文献史料。

如咸淳《临安志》引用已佚《祥符州县图经》共存 43 条。《祥符州县图经》是北宋前期的全国性地理总志，篇幅巨大，共有 1566 卷（含目录 2 卷），为北宋李宗谔、王曾奉敕编纂，涉及北宋境内 421 个京、府、州、军、监，1253 个县，内容有州县沿革、城池、山川、桥梁、亭馆、园囿、古迹、碑刻、祠寺、物产、风俗、著姓、户口、赋税、公廨、学校、军营、仓库、冢墓、仙释、往事、名宦、名贤、列女等，是研究古丝绸之路繁荣及其地理人文因素影响的又一重要文献，惜早佚。"临安三志"对其有关杭州的记载多有引述，其中咸淳《临安志》征引最多，共计 56 次，起到了很大的辑佚存史价值。例如，咸淳《临安志》记载："酒务，《祥符志》云：在县南五十步，太平兴国五年置。税务，在县西市厢去县三里，《祥符志》云：太平兴国五年置，至道二年徙于县治，大中祥符二年四月徙今处。"[①]从中可知北宋临安县酒务、税务设置的最早时间，这也是工商经济发展的一个体现。

咸淳《临安志》内容广阔而丰富，是研究南宋及以前杭州地区的自然、政治、经济、文化和社会风俗的重要文献，也是研究南宋史的重要文献，对我们今天研究"一带一路"支点城市杭州有重要参考价值。

（二）大德《南海志》及其广泛应用价值

大德《南海志》是全国现存宋元四十余种古志之一，也是现存最早的广东、广州古志。

广州古称南海。隋时废南海郡置广州，后或郡或州，元时广州路下辖七县一司（南海、番禺、东莞、新会、香山、增城、清远、广州录事司）。

大德《南海志》因成书于元代大德八年（1304）而得名，为南海郡（广州路）志，不是南海县志，为当时广州路人士陈大震、路教授吕桂孙纂修，全书 20 卷，今存 5 卷。在此之前，有南宋知州陈岘纂修的嘉定《南海志》，原本 12 卷，全轶；南宋知州方大琮纂修的淳祐《南海志》，原本 13 卷，全佚。南宋嘉定、淳祐、元大德南海三志，前二志皆佚，唯大德志幸存原本的四分之一，今藏于中国国家图书馆，是目前可见的广州古志最早的元代刻本，弥足珍贵。《〈宋元珍稀地方志丛刊〉甲编》（四川大学出版社 2007 年版）整理

① （南宋）潜说友：咸淳《临安志》第五十五卷官寺四，浙江古籍出版社 2012 年版，第 1973 页。

古志 8 种，其中大德《南海志》即据元代刻本残本点校整理而成，本文以此点校本为用。因元代的南海志是在南宋的南海志基础上重修、续补而成，故书名未变，实则记录了元代广州路七县一司的情况，为广州路志。

现存 5 卷，分别是第六卷户口、土贡、税赋，第七卷物产、舶货、诸蕃国，第八卷社稷坛壝、城濠，第九卷学校、书院、县学，第十卷兵防、水马站、河渡、局务仓库、廨宇、郡圃。文体较严谨，先总后分，大类之前有序，综述历史兴废由来，不失为古志佳作。虽然首尾俱缺，未能尽窥全豹，但仍然是研究宋元时期广州政治、经济、军事、文化以及丝绸之路的重要文献。

宋元方志趋于定型，体例完备，内容广阔，大德《南海志》也不例外，虽然大部散佚，但有的从其他古籍中可以窥见其一二。

《永乐大典》残卷，引《南海志》共有 97 条，其中 34 条见于《南海志》残本，另有 63 条 2 万多字不见于《南海志》残本，涉及元事 5 条，涉及山川、建置、道里、乡坊 58 条，有的可补史之缺，详史之略。

如大德《南海志》记述元时广州沿革，比较详细，可补史之略："皇元定江南，至元十六年（1279），升为广东道宣慰使司，其使兼都元帅。又升广州为路总管府，寻罢都元帅府，以宣慰司兼管军马。二十年，立海北广东道提刑按察司，并置于广。二十六年察司移置于韶。二十八年改提刑按察司，为肃政廉访司，并置于广。大德二年（1298），定为广东道宣慰使司都元帅府正次官，并通管元帅府事。盖岭南一都会，故军府之盛焉。"此段文字，见《永乐大典》残卷。

又在沿革后专设"取广州始末"一节，记元军三进广州事特详，揭露元兵暴行，详记南宋沿革变迁，为史籍所不载。现存第八卷社稷坛壝、城濠，第九卷学校，也有呼应："天兵（元兵）下南，平夷城壁，楼橹雉堞，一切荡除。"[①]"至元十四年（1277）十二月，塔出元帅、吕元帅师夔会泉、福舟师取广州，广帅张镇孙以城降。十五年正月八日，元帅下令夷其城隍，惟子城及两雁翅无恙。"[②]"至元丙子，天兵下广，重屯于学，毁拆殆尽，所存唯一大成殿，学士寻亦解散。"[③]这些记叙前后呼应，互相补充，所记又鲜为人知，

① （元）陈大震：大德《南海志》第八卷城濠，载《〈宋元珍稀地方志丛刊〉甲编》第八册，王晓波等点校，四川大学出版社 2007 年版，第 68 页。

② （元）陈大震：大德《南海志》第八卷城濠，载《〈宋元珍稀地方志丛刊〉甲编》第八册，王晓波等点校，四川大学出版社 2007 年版，第 69 页。

③ （元）陈大震：大德《南海志》第九卷学校，载《〈宋元珍稀地方志丛刊〉甲编》第八册，王晓波等点校，四川大学出版社 2007 年版，第 78 页。

有很大的史料价值。

从现存内容看，资料丰富又有特色。如第六卷户口，记载元代的两次统计，兼备各种析数，为其他文献所未见。税赋，取宋元两代赋况进行比较，录事司与各县进行比较，突出志书的时代特色、地方特色。第七卷物产、舶货、诸蕃国，第十卷市舶，是海上丝绸之路的珍贵史料，说明当时的广州已是海上丝绸之路国际贸易支点城市。

二、古志再现“一带一路”古城历史风貌

2015年中国人民大学重阳金融研究院专题研究报告显示，“一带一路”国际贸易支点城市综合排名前六的城市为上海、北京、深圳、重庆、杭州、广州。它们在古代的区位优势与交通优势如何？人口规模与经济发展怎样？对外贸易及往来国家多少？古今比较又有何异同？南宋咸淳《临安志》、元代大德《南海志》再现了杭州、广州丝路古城的历史风貌，可供专家们研究参考。

（一）河运海港发达

1.杭州

位于海上丝绸之路和陆上丝绸之路的交汇点。大运河纵贯南北，长江连带东西，河运海港发达。作为南宋都城，还是全国政治、经济、文化中心。咸淳《临安志》记载，境内除了著名的浙江西湖以外，还有大小河流23条[①]、溪流51条、湖泊21个、潭涧33处、渡31处[②]、南宋时的杭州已是“四达之冲，舟车之会”，“四方之所聚，百货之所交，物盛人众，为一都会”。[③]

咸淳《临安志·山川》的“序”描述了漕运的繁忙景象：“薪南粲北，舳舻相衔，大江商海贾，穹桅巨舶，与安行于烟涛渺莽之中，四方百货，不趾而自集。”[④]从中可见南宋钱塘江、京杭大运河上商船往来熙熙攘攘的场景，

① 茅山河、盐桥运河、市河、清湖河、运河、龙山河、外沙河、菜市河、下塘河、新开运河、下湖河、子塘河、余杭塘河、奉口河、前沙河、后沙河、宦塘河、蔡官人塘河、施何村河、赤岸河、方兴河、南渠河、五福渠。

② 浙江渡、龙山渡、鱼山渡、渡船头、周家渡、司马渡、萧家渡、边家渡、陆家渡、时家渡、观湖渡、下梅渡、紫溪渡、生僊渡、印渚渡、收生渡、下口渡、庙山渡、剡浦渡、观山渡、丁溪渡、南津渡、泥畠渡、下阮渡、上水南渡、下水南渡、平葛渡、高犁渡、遽溪渡、无他渡、董溪渡。

③ （南宋）潜说友：咸淳《临安志》第五十二卷官寺一，浙江古籍出版社2012年版，第1862页。

④ （南宋）潜说友：咸淳《临安志》第二十二卷山川一，浙江古籍出版社2012年版，第894页。

而且南北两条水路运输任务不同，北方大运河以运输谷米粮食为主，南方钱塘江以运输木材、柴薪为主，与东菜西水、南柴北米的谚言相吻合。

那时有多少船场、交木场、柴场、粮仓？咸淳《临安志·官寺·仓场库务》等记载：有船场2个（隶属于浙西安抚司的船场1个，在东青门外，有北藏教练忠节水军船只；隶属于转运使的船场1个，在荐桥门外），交木场1个（隶属于临安府，在龙山），柴场20个（隶属于中央的1个，在候潮门外浙江岸及椤木教场内；隶属于临安府的19个），抽解竹木场9个（隶属于转运司的8个；隶属于临安府的1个）。咸淳《临安志·行在所录·监当诸局》又载，有大仓10多个，可以储存上千石粮食，其中咸淳四年（1268）潜说友创建的咸淳仓，"凡为敖百，为间五百有二，为米六百万石"①。这些大仓的设置，可供京城两三年之用。《浙江图》上，可见行驶的帆船近10只，说明当时漕运的发达，物资运输以及交易非常火爆。

境内有浙江、龙山、鱼山三大码头。咸淳《临安志·山川·渡》记载：

"浙江渡，在候潮门外，对西兴。

龙山渡，在六和塔下，对渔浦。

鱼山渡，在大朱桥盐场，两岸相望不远，潮势已杀，浙东士夫，惮于渡渔浦者，多由此（渡船）。"②

这里集聚的西兴、渔浦码头，时属绍兴府萧山县。相对应的浙江、龙山码头，因海鲜、木材、炭薪、粮食交易火爆，商务往来频繁，还设有浙江亭（樟亭驿）、浙江税务、龙山税务，方便往来客商住宿以及缴纳商税。

转运使，又称水陆转运使，其官衙转运使司，俗称漕司，十分显要。咸淳《临安志·秩官·两浙转运》记载，从政和五年（1115）至咸淳八年（1272），计有200名转运。该志内的题名记是非常独特的，多达364篇，尤以架阁、转运厅、教授等机构、官职的题名记为其所独有。如绍兴三十二年（1162）两浙转运副使陈辉作的《两浙转运厅壁记》、淳祐吴大监吴子良作的《两浙转运厅壁续记》，两文均不见于其他文献，有补史、证史价值。后者写明了转运的显要职责，前者反映了南宋初两浙的范围、总人口概数、转运的人数，证明当时两浙发展已经超出了前代："二浙之广，列城十五，生齿百万，素号剧部。粤自太上皇帝翠华南幸，驻跸钱塘，视犹畿甸。而漕挽之计，责任尤重。

① （南宋）潜说友：咸淳《临安志》第九卷行在所录，浙江古籍出版社2012年版，第343页。

② （南宋）潜说友：咸淳《临安志》第三十九卷山川十八，浙江古籍出版社2012年版，第1446页。

在位三十六载之间，凡推择者六十有一人……”[①]即南宋开国皇帝宋高宗赵构在位 36 年，转运使多达 61 人，当时人口已有百万，可见两浙的繁荣。

临安知府潜说友也曾是两浙转运，他于咸淳二年（1266）为两浙转运司判官，咸淳四年为两浙运副除司农少卿兼临安知府，咸淳五年为朝散大夫兼权两浙运司事职，咸淳七年十月被罢去临安知府时，咸淳《临安志》已基本完稿，咸淳九年（1273）刻版成书，弥足珍贵。

2.广州

位于中国南部，是海上丝绸之路的发祥地。南临南海，西江、北江、东江在此汇流入海，既是河港，也是海港，对外交通便捷，且港口深居珠江三角洲的内侧，可避台风，商船寄碇十分安全。大德《南海志》记载，广州乃岭南一都会，户口视他郡为最，于南宋时建有子城、东城、西城三城，在城之外环挖有南濠、清火濠 2 个内濠，另有南海县长河渡 33 处[②]、横水渡 46 处[③]，番禺县长河渡 17 处[④]、横水渡 33 处[⑤]，水系发达，漕运畅通。大德《南海志·城濠》记载：“城之外环之以濠，东自平海门侧由海道入，环绕至城西金肃门外，通出海道。其外又有东西两澳，由城内达诸海，以通漕运，以泄渠脉。其东为清水濠，其西为南濠。”[⑥]这里的南濠（西澳）、清火濠（东澳）为广州最重要的内港码头。

对于这两大码头，大德《南海志·濠》有专门记载：

“南濠：在越楼下，限以闸门，与潮上下，古西澳也。景德间，经略高绅

① （南宋）潜说友：咸淳《临安志》第五十卷官秩八，浙江古籍出版社 2012 年版，第 1746 页。

② 新会渡、肇庆渡、瓦窑渡、丹灶渡、金利渡、奇石渡、张槎渡、龙江渡、炭步渡、白石冈渡、山南渡、鲤水渡、麻奢渡、沙坑渡、四会渡、横江渡、区村渡、山根渡、青石渡、山吉渡、马宁渡、江尾渡、兰石渡、深村渡、橄榄渡、大湾度、罗村渡、石屈渡、何村渡、古灶渡、沙贝渡、横岸渡、区村渡。

③ 宁口渡、西岸渡、官窑渡、和顺渡、灵州渡、佛山渡、仁寿渡、冼屈岸渡、牛眠冈渡、三江渡、胥江渡、蒋岸渡、流潮渡、横冈渡、深村渡、石头岸渡、迭滘渡、南津沙滘渡、丰江渡、分界渡、禾步骆村渡、上滘渡、西南渡、河清郎凿渡、葛岸渡、江尾渡、西海白塔渡、大江渡、何村渡、藤涌兰石渡、平地渡、古灶渡、东村榕州渡、冼村渡、木铎渡、罗格登洲渡、石屈渡、下黎渡、九江甘竹渡、张槎渡、冯赤口渡、山南白坎渡、何村渡、白鹭洲渡、鹿子洲子渡、大沙渡。

④ 东莞渡、苏家渡、南岸渡、惠州渡、石湾渡、黄家山渡、大宁渡、蓼涌渡、沙亭渡、河南渡、扶南渡、大石渡、茶园渡、佛山渡、相对冈渡、靖康渡、官山渡。

⑤ 窑头渡、玉胖湖渡、新村横渡、萎渡、老鸦湖渡、水南北头渡、猎德渡、虫雷冈渡、西湖横渡、沙头渡、南村横渡、黄家山横渡、沙河渡、石井渡、土瓜渡、硖石渡、横滘渡、三元江渡、茶园渡、三曹渡、新妇岗横渡、古料渡、菌头渡、吉洲头渡、石碣渡、古镇渡、蛋家租渡、舫竹渡、相对冈渡、白泥涌渡、企石渡、帖岗渡、大石头渡。

⑥ （元）陈大震：大德《南海志》第八卷城濠，载《〈宋元珍稀地方志丛刊〉甲编》第八册，王晓波等点校，四川大学出版社 2007 年版，第 68 页。

所辟，纳城中诸渠水，以达于海。维舟于是者，无风涛恐，且以备火灾。淳熙二年，经略周自强浚之，岁久复堙。嘉定二年，陈经略岘重开，自外江通舟楫以达于市，旁翼以石栏。自越楼至闸门，长一百丈，阔十丈；自闸至海，长七十五丈。绍定三年，经略方淙浚之。宝祐元年，李经略迪复自擢甲巷开浚，至闸口又加深焉。德祐元年，经略徐直谅又浚之。至元二十八年，行枢密院副使、广东道宣慰使阿里又浚焉。

清水濠：在行春门外，冗城而达诸海，古东澳也。濠长二百有四丈。阔十丈，岁久堙壅。嘉定二年，经略陈岘重浚。"①

由此可见，宋元时期，南濠、清水濠两大码头，不仅长而阔，而且防风防火，是一个很好的避风港。广州路还在南濠街设有商税务、酒醋务等，可见当时交易量大，商务往来频繁。

（二）流动人口增长

1.杭州

咸淳《临安志》记载了隋置杭州以来的户数，南宋时期的最为翔实，有补史、证史作用。

其中北宋元丰二年（1079），杭州达202813户（主164290户、客38523户）。

南宋淳熙年间（1174—1189），临安达205369户。

南宋乾道年间（1165—1173），临安主客户达261692户、552607人。

南宋淳祐年间（1241—1252），临安主客户达381335户、767739人。

南宋咸淳年间（1265—1274），临安主客户达391259户、1240760人。

究其原因，南宋迁都之前，杭州已是江南人口最大的州城，后随着宋室的南迁，外来人口不断增加，南宋后期，政局稳定、经济发展，外来人口远远超过临安本地人口。这些新增的户口，包括皇族群体、军队、官吏阶层、商人工匠、市井小民、僧尼道士、农民等。

咸淳《临安志》第十四卷禁卫兵、第五十七卷武备，记载驻扎在临安的军队多达135195人，加上军属之类的，就更多了。

咸淳《临安志》第七十五卷至第八十二卷寺观，记载城区（钱塘县和仁和县）各类寺、观、宫、院、庵、塔计739座约6000人，其中灵隐寺最盛时寺僧达1700余人，上中下天竺三个寺的僧人在千人左右，净慈寺僧千余人，

① （元）陈大震：大德《南海志》第八卷城濠，载《〈宋元珍稀地方志丛刊〉甲编》第八册，王晓波等点校，四川大学出版社2007年版，第71页。

集庆寺僧千余人，说明当时的临安宗教非常发达，也说明临安户数特别是外来人口大量增长。

《宋史》仅记载，"(宝庆元年)两浙路户一百九十七万五千九百九十六，口二百八十二万二千三十二"，[①]并未记载南宋各府人口数据，而咸淳《临安志》不仅记载了临安府的数据，还记载了所辖 9 个县的人口数据，因此这些数据有补史价值。

2.广州

大德《南海志》记载了两汉以来广州的户数，元代的最为翔实，有补史、证史作用。

其中北宋时期，广州有 143259 户（主 64796 户、客 78463 户）。

南宋淳熙年间(1174—1189)，广州有 185713 户(主 82090 户、客 103623 户)。

元至元二十七年（1290），广州有 172284 户、僧道 1835 名。

元大德八年（1304），广州有 180873 户（南人 180323 户、北人 550 户），僧道 1835 名（僧尼行童 1643 人、道士女冠 162 人）。

对于外来人口占比多的原因，该志第六卷户口有说明，历代政变、兵祸、灾事等导致北方人南迁："大抵建安、东晋永嘉之际至唐，中州人士避地入广者众，由是风俗革变，人民繁庶。至宋，承平日久，生聚愈盛。"[②]当然，宋室南迁，随之到广州从政、从学、从商的增多，也是原因之一。而元初人口下降的原因，与元军入侵杀戮有关："自王师灭宋平广以前，兵革之间，或罹锋镝，或被驱掠，或死于寇盗，或转徙于他所，不可胜计。至元二十七年，朝廷籍江南户口，方见定数。比年官府肃清，盗贼宁息，人皆安生乐业，故广之生齿日蕃，户计日增矣。"[③]由此可见，至元二十七年（1290）比南宋初减少了 23400 多户，减幅 12%，但 14 年之后，即大德八年（1304），户数又重新回升到 18 万多。

值得一提的是，广州大德八年的人口数据，所辖七县一司的人口数据，包括南人、北人、僧尼行童、道士女冠的人口数据，十分详细，为其他文献所没有，因此这些史料价值独特而珍贵。

---

① 参见《宋史》卷四十一《本纪》第四十一《理宗一》。

② （元）陈大震：大德《南海志》第六卷风土，载《〈宋元珍稀地方志丛刊〉甲编》第八册，王晓波等点校，四川大学出版社 2007 年版，第 1 页。

③ （元）陈大震：大德《南海志》第六卷风土，载《〈宋元珍稀地方志丛刊〉甲编》第八册，王晓波等点校，四川大学出版社 2007 年版，第 1 页。

（三）物产丰富多彩

1.杭州

长江中下游太湖流域是中国最大的丝绸产地，产量占全国一半，主要集中在苏州、杭州、湖州三大绸市。咸淳《临安志》记录了杭州丰富的物产，而且品种多样。

（1）丝之品 11 种：

“绫，白文公诗：红袖织绫夸柿蒂。注云：杭州出柿蒂，花者为佳，内司有狗蹄绫，尤光丽可爱。

罗，有花素二种，结罗，染丝织者名熟线罗，尤贵。

锦，内司、街坊所织，以绒背为贵。

克丝，有花素二种，择丝织者故名。

杜缂，又名起线。

鹿胎，次者为透背，皆花纹突起，色样不一。

纻丝，染丝所织，有织金、闪褐、闲道等类。

纱，机坊所织，有素纱、天净、三法新翻、粟地纱。

绢，机坊多织唐绢，幅狭而机密，画家多用之。

绵，土产以临安、于潜白而丽密者为贵。

绸，有绩绵、绩线为之者谓之绵线绸，土人贵此。”①

志书对各种丝之品以及特点，有简要说明，史料十分珍贵。

（2）枲之品 4 种：

“桑、柘、麻、苎。”②

（3）货之品 5 种：

“茶，岁贡，见旧志载，钱塘宝云庵产者，名宝云茶，下天竺香林洞产者，名香林茶，上天竺白云峰产者，名白云茶。东坡诗云：“白云峰下两枪新。”又宝严院垂云亭亦产茶，东坡有《怡然以垂云新茶见饷报以大龙团仍戏作小诗》：“妙供来香积，珍烹具太官；拣芽分雀舌，赐茗出龙团。”又《游诸佛舍，一日饮酽茶七盏，戏书勤师壁》有云：‘何须魏帝一丸药，且尽卢仝七碗茶。’盖南北两山及外七邑诸名山大抵皆产茶，近日径山寺僧采谷雨前者以小缶贮送。

① （南宋）潜说友：咸淳《临安志》第五十八卷风土，浙江古籍出版社 2012 年版，第 2067~2068 页。

② （南宋）潜说友：咸淳《临安志》第五十八卷风土，浙江古籍出版社 2012 年版，第 2068 页。

盐，汉置海盐县，有盐，官吴王濞，煮海为盐之地也。

蜜，《寰宇记》，岁贡。

蜡，与蜜同种。

纸，岁贡，藤纸，按旧志云：余杭由拳村出藤纸，今省劄用之，富阳有小井纸，赤亭山有赤亭纸。"①

（4）药之品 74 种：

"云母、藁本、茵芋、鬼臼、木鳖（已上五种本草载杭州有之）、地黄（岁贡）、牛膝（仁和茧桥白石多种）、干姜（上二种旧贡）、蛇床子（生白石）、踯躅花（生钱塘、富阳）、白芷、千金草（生仁和茧桥）、白术、苦参（并生于潜）、茱萸、泽兰、鬼箭、乌药、钓藤、覆盆子（并生富阳）、木通（富阳小井）、威灵仙（生富阳山）、何首乌、刘寄奴（并生富阳小井）、藜芦、草乌、秦皮、百部根（并生天目山）、菖蒲、桑白皮、芍药、荆芥、薄荷、紫苏、天南星（生于潜、昌化）、麦门冬、白芨、牵牛、地骨皮、牛蒡、地肤、百合、香附子、干葛（出富阳者良）、天花粉（瓜蒌根）、马兜铃（青木香根）、白薇、白鲜皮、石竹子（名瞿麦）、山蓣、黄精（生余杭、于潜山）、枸杞、茯苓、半夏、贯众（生龙井口）、山豆根、牡丹皮、车前子、石燕（九邑山洞中皆有之）、枳实、续断、千年润（土人呼为地蜈蚣草）、青蒿子、香薷、石膏（钱塘县西五十七里有石膏山，出石膏，若雪莹白，又县治亥地，有狱产石膏，雨霁时出，药用为最）、益母草（生龙井山谷，亦名草天麻）、寒水石（软者寒水石，硬者石膏，生南高峰塔山下）、地扁蓄、苦楝皮、蒲黄、榆白皮、凤眼草、金星草（生南高峰）、黄皮（生于潜、旧钱塘，雷峰塔亦有之）。"②

（5）其他物产：谷之品 37 种③，菜之品 31 种④，果之品 23 种⑤，竹之品

① （南宋）潜说友：咸淳《临安志》第五十八卷风土，浙江古籍出版社 2012 年版，第 2068~2069 页。

② （南宋）潜说友：咸淳《临安志》第五十八卷风土，浙江古籍出版社 2012 年版，第 2081~2085 页。

③ 秔：早占城、红莲、礌泥乌、雪里盆、赤稻、黄籼；稉：金钗、社、光头、蛮；麦：大麦、小麦；麻：白、赤、乌、黄；豆：大黑、大紫、大白、大黄、大青、大褐、白扁、黑扁、白小、赤上、菉、小红、楼子菉、白江、青豌、白豌、白眼、刀、羊眼；粟：狗尾、金罂。

④ 菜之品有台心、矮黄、大白头、小白头、黄芽、芥、生菜、波棱、莴苣、苦荬、姜、葱、薤、韭、大蒜、小蒜、茄、梢瓜、黄瓜、冬瓜、葫芦、瓠、芋、山药、牛蒡、萝卜、甘露子、茭白、蕨、芹、菌。参见（南宋）潜说友：咸淳《临安志》第五十八卷风土，浙江古籍出版社 2012 年版，第 2069~2071 页。

⑤ 果之品：橘、橙、梅、桃、李、杏、柿、梨、枣、莲、瓜、藕、菱、林檎、木瓜、枇杷、樱桃、石榴、杨梅、银杏、鸡头、葡萄、甘蔗。

15 种[1]，木之品 21 种[2]，花之品 56 种[3]，禽之品 46 种[4]，兽之品 12 种[5]，虫鱼之品 40 种[6]。

（6）贡税。唐宋以前，杭州土贡主要有白编绫、绯绫、藤纸、木瓜、橘、蜜姜、干姜、芑、牛膝等。宋以后，以丝绸居多，也有免岁贡的，如“高宗皇帝绍兴二十六年有旨，临安府岁贡，御服绫一百匹，自二十六年以后特与放免”[7]。

田税中，丝绸为大宗，故南宋夏秋二税，临安以丝绸名目的居多。

“夏：

绢，九万五千八百一十三匹二尺四寸三分七厘；

绸，四千四百八十六匹三丈四尺八寸一分二厘；

绫，五千二百三十四匹一丈；

绵，五万四千一百四两。

秋：

苗米，一十三万二千七百一十三石六斗八升一合一勺七撮。

茶租钱，一万一千六百八十九贯一百四十三文。”[8]

杭州物产以丝绸为大宗，这是古丝绸之路的最大宗商品，茶、纸、中药亦为土贡，也是古丝绸之路的重要商品。

2.广州

珠江三角洲是中国第三大丝绸产区，以纱绸为主。大德《南海志》记录

① 竹之品：碧玉闲黄金、筀、淡、紫、斑、金、鹤膝、苦；笋：南路、白象牙、哺鸡、苦、黄莺、晚筀、猫头。

② 木之品：桑、梓、柘、柏、松、桐、桧、柟、楠、楮、栎、槐、杉、桂、榿、檀、枫、榆、柳、青神、凤集。

③ 花之品：牡丹、芍药、梅花、红梅、蜡梅、碧蝉、棣棠、海棠、金林檎、郁李、长春、桃花、杏花、玉簪、水仙、蔷薇、粉团、徘徊、佛见笑、聚八仙、百合、滴滴金、石竹、萱草、栀子、密友、金镫、金沙、山丹、迎春、真珠、翦红罗、锦带、锦堂春、笑靥、大笑、蜀葵、菊、荷花、瑞香、蕙、兰、紫薇、紫杨、红辛夷、鸡冠、凤仙、杜鹃、映山红、樱桃花、榴花、木犀、木芙蓉、山茶、木香、酴醾。

④ 禽之品：雀、鹅、鸡、鸭、乌、鹊、鸽、鹇、雉、鹌、鸥、鹭、鹳、鸠、鹰、鹞、鹘、鸱、燕、莺、鸲鹆、鹡鸰、竹鸡、鸡鹊、鹘鸼、绀练、鸬鹚、钻沙、鱼虎、章鸡、白头翁、黄头、青头、乌头白颊、蜡嘴、告天子、百舌、杜鹃、布谷、画眉、婆饼焦、黄雀、提壶、鸂鶒、钩辀等。

⑤ 兽之品：马、豕、牛、羊、鹿、麂、狐、兔、獭、狸、犬、猫。

⑥ 虫鱼之品：鲤、鲫、鳜、鲙、鳊、鳢、鲻、鳣、鲈、鲚、鳇、鲇、吐哺、箬叶、黄颡、白颊、石首、鳘、鲨、肋、白、鲥、鲯、鲔、鮆、鲦、金鱼、龟、鳅、蚌、虾、鳖、蝤蛑、蟹、螺、蛏、鼋蚬、蛤、蟛蚏。

⑦ （南宋）潜说友：咸淳《临安志》第五十九卷贡赋，浙江古籍出版社 2012 年版，第 2097 页。

⑧ （南宋）潜说友：咸淳《临安志》第五十九卷贡赋，浙江古籍出版社 2012 年版，第 2098~2100 页。

了广州丰富的物产，尤其丝织、珠宝、香药等，为北方所没有，奇花异果甚多，特色鲜明："广东南边大海，控引诸蕃，西通牂牁，接连巴蜀，北限庾岭，东界闽瓯。或产于风土之宜，或来自异国之远，皆聚于广州，所以名花异果，珍禽奇兽，犀珠象贝，有中州所无者。《汉志》云：粤地处近海，多犀、象、珠玑、银、铜、玳瑁之凑。"[①]广州的地理位置决定了其物产的丰富多彩。

（1）丝织8种：

"絁、绸、纱、蕉布、葛布、苎布、竹鲜布、吉贝布。"[②]

（2）宝贝3种：

"珠：来自舶上，土产不多。刘汉时置媚川都以采之，至宋而废。归附后，元贞元年，屯门寨巡检刘进程、张珪建言：东莞县地面大步海内生产鸦螺珍珠。又张珪续言：本县地名后海、龙岐及青螺角、荔枝庄，共二十三处，亦有珠母螺出产。省府委官相视采涝，及采到产珠鸦螺树、鸦螺壳，各取珠子进呈去讫。定议三年一次，于六月、七月采涝，所得多寡，初无定数。大德四年，续有侯福建言：东莞县东名横洲，共十处，出产珠颗。见行委官，亦依例相视采涝。

紫贝。鼊皮。"[③]

志载珍珠的历史悠久，而且东莞县生产的珍珠量多质好，闻名遐迩。

（3）香药104种：

"榄香：新会上下川山所产白木香，亦名青桂头。其水浸渍而腐者，谓之水盘头。雨浸经年，凝结而坚者，谓之铁面。惟榄香为上香，即白木香材，上有蛀孔如针眼，剔白木留其坚实者，小如鼠粪，大或如指，状如榄核，故名。其价旧与银等。今东莞县地名茶园，人盛种之，客旅多贩焉。

诃子：故干明寺有之，即今光孝。取寺之罗汉井水，与甘草和煎，乳白而甘。

桑螵蛸、木通、桑白皮、白芷、萹蓄、金毛狗脊、缩砂、桔梗、荜拨、独活、五加皮、楮实子、剪草、金银花、藿香、象斗、马屁勃、五倍子、山栀子、木鳖、五味子、青箱子、天浆子、紫苏子、紫苑、紫梢花、凌霄花、

① （元）陈大震：大德《南海志》第七卷物产，载《〈宋元珍稀地方志丛刊〉甲编》第八册，四川大学出版社2007年版，第30页。

② （元）陈大震：大德《南海志》第七卷物产，载《〈宋元珍稀地方志丛刊〉甲编》第八册，四川大学出版社2007年版，第31页。

③ （元）陈大震：大德《南海志》第七卷物产，载《〈宋元珍稀地方志丛刊〉甲编》第八册，四川大学出版社2007年版，第32页。

地黄、干姜、干葛、何首乌、山慈姑、地骨皮、马兜苓、黄苽蒌、覆盆子、百部、草麻子、蜀葵子、槐角子、车前子、薏苡仁、白扁豆、紫河车草、紫金牛、菖蒲、枇杷叶、金银薄荷、石莲子、山药、史君子、天南星、白芨、白敛、莺粟子、黑牵牛、白牵牛、蛇床子、麦门冬、黄花母、茱萸、金莺子、萆薢、随风子、诃梨勒、樟柳眼、香花子、苦练子、吊藤、仙人肝、葳灵仙、紫茸、草牛膝、甜亭苈、芸台子、续断、接骨草、鹿茸、乌朱砂叶、紫背草、贯众、三赖子、云母石、香附子、木馒头、胡蔓草、海蛤、海螵蛸、海牛、海马、海藻、石决明、石蝌、石蛇、石燕子、蛤蚧（岁贡七十对）、赤足蜈蚣、红娘子、班猫、水蛭、盲虫、昆布。"①

（4）其他物产：谷粟 8 种②，花 90 种③，果 65 种④，瓜 8 种⑤，木 52 种⑥，竹 18 种⑦，菜 59 种⑧，兽 27 种⑨，畜 12 种⑩，水族 93

① （元）陈大震：大德《南海志》第七卷物产，载《〈宋元珍稀地方志丛刊〉甲编》第八册，四川大学出版社 2007 年版，第 32~35 页。

② 谷粟：秔、糯、秥、粟、麦、豆、脂麻、稻。

③ 花：素馨花、珊瑚花、茉莉花、泡花、史君子花、佛桑花、朱槿花、蝴蝶花、白鹤花、刺桐花、含笑花、真珠、金盏、金沙、金凤、木香、金钱、阇提、凤尾、丽春、长春、胜春、蔷薇、芙蓉、密友、酴醿、山丹、蜀葵、蜡梅、小笑、大笑、鹰爪、萱草、竹仙、郁李、鸡冠、金菊、指甲、豆蔻、御柳、木犀、杜鹃、海棠、罗汉、紫绦、紫薇、梅堆、白薇、麝脐、男贞、女贞、寒蝉、春花、莺粟、木锦、鸡头、石竹、惜银红、玉绣球、佛头菊、胡蝶菊、剪春罗、九里香、滴滴金、醉杨妃、七寸锦、玉留春、金灯、凌霄、白合、绿葱、玉簪、干莲、金莲、黄淡、露头、碧桃、锦李、丙桃、绯桃、红梅、柳桃、奴仙、素馨菊、映山红、一丈红、千叶石榴、兰、蕙、重瓣蜀葵。

④ 果：波罗蜜、频婆子、蒟酱、本草云、荔枝、龙眼、柑子、香橼、橄榄、乌榄、绿榄、蕉子、 柚子、余甘、谷子、秋风子、金斗子、崖蜜、青竹子、山不纳子、桂木子、千岁子、不纳子、毛韶子、羊矢子、三敛子、宜母子、人面子、黄淡子、黄皮子、倒黏子、鬼扨子、菩提子、冬桃、偏桃、岑梨、山枣、马脐子、石栗、桃、李、梅、梨、枣、柿、栗、茅栗、蔗、莲、藕、菱、慈姑、橙、橘、金橘、杨梅、石榴、卢橘、水瓮子、古买子、罗蒡子、柰丁、葡萄子、锥子、茅锥子。

⑤ 瓜：西瓜、合子瓜、鸭青瓜、香瓜、王瓜、金瓜、银瓜、白瓜。

⑥ 木：菩提树、木棉树、桄榔树、君迁树、榕、桧、槐、黄柞、苦练、樟、楠、桐、棿黄胆、石心、杉、石盐、赤黎、皂角、水沙、水松、山栢、黄杨、桑、鸭脚、檪、槁、枫、栎、澶、檀槶、锥、椶榈、柳、水椰、楮、相思、松、栢、乌柏、紫荆、羊角、桂、羊矢、柯、山枣、上李、乌柿、山桃、牛耳聆、刹、桃花森、秋风。

⑦ 竹：桃竹、鹤膝、多枝、笼葱、思摩、单、班、紫、猫头、苦、筋、簕、黄陶、芦、石、大头、金丝、绿。

⑧ 菜：芥、菘、蔓青、芥蓝、芸台、莼、石辣、焊、地黄、苋、萝卜、波菱、荇、莴苣、茼蒿、葱、薤、蒜、韭、香菜、蕨、芹、萁、苦荬、荠、猪杞、茄、姜、瓠、黄苽、水苽、冬苽、蕈、芋、菌、茭笋、鹅眼、瓮、猫头笋、笋、圣笋、蒲突、白菜、白苽、白篛、莙荙、甜菜、胡荽、鹅肠、当风、藤菜、苦益、竹菜、面菜、秃菜、山姜笋、荞、羊蹄、紫菜。

⑨ 兽：象、虎、豹、狼、鹿、麞、麢、麖、麂、野猪、獭、猿猴、竹鼬、豪猪、倒鼻、刺猬、山川甲、香狸、白面毡、金钱狸、鼠狼、白鼠、豺、羚羊、熊、猩猩、麀。

⑩ 畜：马、骡、驴、牛、羊、猪、鸡、鹅、犬、鸭、猫、潮鸡。

种[①]，禽37种[②]。

有的物产是广州土生土长的，如增城出产的荔枝，非常有名：“其名有脆玉、麝香匣、大将军、小将军、皱玉、状元红、绿罗包、紫罗包、大丁香、小丁香、天茄子、黄泥子、水晶团、犀角子。又有金钗子，一名丫髻子，荔枝之小者，并蒂而生，味甘无核。又有海山楼者，宋诸司以重五日阅舟师于海山楼，率以是日至，因名焉”。[③]仅荔枝就有十多个品种，并成为贡品。

有的物产不是岭南特产，从西域传入，如素馨花、波罗蜜、频婆子等，其中素馨花，成了广州著名的花：“胡人自西国移植于南海……今城西九里，地名花田，弥望皆种此花，其香他处莫及。古龙涎香饼及串珠之类，治以此花，则韵味愈远。贩女或以蕉丝为穗，鬻于市”。[④]这里的“西国”即西域。

西瓜则从回纥传入，后来成为广州土产品：“契丹破回纥时种，以牛粪覆棚而种之，大如中国冬瓜其味甘，因名。广州自至元归附后，方有此种……今岭南在在有之，遂为土产。”[⑤]西瓜是至元时传入岭南的。

不管是从西域、回纥传入，还是外传至诸蕃国，这些都是中外物资交流和文化传播交流的结果。

奇珍异果多，谷粟较少，也说明可耕之地减少，经济作物增多的发展前景。

（5）贡税。唐宋以前，广州土贡主要有珠宝、龙眼、荔枝等，如“汉初赵佗，因陆贾使回，献白璧一双，翠鸟千，贝五百，桂蠹一器，生翠四十双，

① 水族：暨鱼、鯧鱼、寻龙鱼、三鯬鱼、鼋、鼍、鼊、龟、鳖、鲎、赤鱼、鲙鱼、白饭鱼、黄皮鱼、苍鱼、温鱼、笋壳鱼、金鼓鱼、腰带鱼、沙钻鱼、针鱼、曹白鱼、牛尾鱼、蓝刀鱼、石头鱼、白春鱼、庵鱼、鞋底鱼、甑箄鱼、鳅鱼、比目鱼、鲇鱼、斑鱼、螗虱鱼、马蛟鱼、沙鱼、子鱼、河豚鱼、短头鱼、鳟鱼、鱲鱼、白甲鱼、鲼鱼、鲈鱼、鲤鱼、鳡鱼、鳊鱼、马鲚鱼、鳅鱼、墨鱼、鲫鱼、山花鱼、鬐撒鱼、赤赖鱼、坦壳鱼、鳝鱼、亟鱼、黄鱼、绵鱼、锦蒲鱼、三珠鱼、软壳蟹、白蟹、虎蟹、宁虾、白虾、涌虾、铁虾、五须虾、长气虾、水母、水鸡、蛙、蚬、独崖蚝、沙螺、香螺、青螺、龟脚螺、刀鞘螺、指甲螺、鹦鹉螺、琢螺、拍掌螺、红螺、白蚬、马甲柱、蛤蜊（车白）、车螯、瓦屋、丝蚶、猎涉、蚝（壳曰牡蛎）。

② 禽：白雀、五色雀、灰鹤、鹳、白鹇、竹鸡、画眉、留春莺、槟榔雀、鸂鶒、雉鸡、夜鸣鸡、山胡、鸥、鸡鹊、鹁鸽、鹧鸪、鹊、乌鸦、鸠、青鸠、白项鸦、啄木、伯劳、燕、鹰、鹘、绣眼、野鸭、鹌鹑、隼、鹭、鸬鹚、鹞、白头、青钱、鸲鹆。

③ （元）陈大震：大德《南海志》第七卷物产，载《〈宋元珍稀地方志丛刊〉甲编》第八册，四川大学出版社2007年版，第39页。

④ （元）陈大震：大德《南海志》第七卷物产，载《〈宋元珍稀地方志丛刊〉甲编》第八册，四川大学出版社2007年版，第35页。

⑤ （元）陈大震：大德《南海志》第七卷物产，载《〈宋元珍稀地方志丛刊〉甲编》第八册，四川大学出版社2007年版，第43页。

此一时事也。后汉岁献龙眼、荔枝，十里一置，五里一堠。”[①]宋以后，以香药居多，如“《九域志》所载土贡，沉香一十斤，甲香三斤，詹糖香、石斛各二斤，龟壳、水马各三十枚，鼊皮一十张，藤席二十领。后悉除之。圣朝不贵异物，进贡所供药物而已。”[②]又载元代的田税与宋代的不同：“宋行雇役之法，故于田税之外，又有夏役、秋役、茶钱、赏给之需；商税之外，复有地基、河渡、银场、经制之目，名件不一，民以为病。圣朝混一，首以宽民力为第一义，凡宋无名之赋，一切蠲除之。广为极边，愈加优恤。惟种田纳地税，买卖纳商税（商税三十税一），鱼盐舶货之征，随土所有。自此之外，秋毫不扰。”[③]于是元代广州的税粮，“田钱，壹佰柒拾伍贯贰佰肆拾伍文肆分，计正耗米壹万贰仟肆佰叁拾肆石陆斗贰升伍合肆抄叁撮。正米，壹万壹仟陆佰贰拾壹石壹斗肆升肆合玖勺整。鼠耗分例米，捌佰壹拾叁石肆斗捌升壹勺肆抄叁撮，”[④]而“旧志税赋：田钱，壹仟叁佰玖拾壹贯有奇。茶钱，贰仟壹佰叁拾捌贯有奇。夏秋料役钱，共肆万肆佰贰拾肆贯有奇。田米，旧管伍万陆仟壹佰玖拾柒硕有奇，今管肆万捌佰肆硕有奇。”[⑤]比较而言，元代的税赋比宋代轻简多了。

土产有丝织、珠宝等，尤以中药甚多，这些都是古代丝绸之路的大宗商品。

（四）商业贸易繁荣

1.杭州

南宋后期，政局相对稳定，人口不断增长，临安手工业、商业以及税收都取得了长足的进步，成为全国第一商业中心。咸淳《临安志》记载了当时临安的商业繁荣。

（1）交易坊市繁多。当时实行城市厢坊制，打破了坊（居住区）、市（商业区）的界限，也打破了日出开门、日落闭市的规定，街头坊巷商铺林立，

① （元）陈大震：大德《南海志》第六卷土贡，载《〈宋元珍稀地方志丛刊〉甲编》第八册，四川大学出版社2007年版，第10页。

② （元）陈大震：大德《南海志》第六卷土贡，载《〈宋元珍稀地方志丛刊〉甲编》第八册，四川大学出版社2007年版，第10页。

③ （元）陈大震：大德《南海志》第六卷税赋，载《〈宋元珍稀地方志丛刊〉甲编》第八册，四川大学出版社2007年版，第13页。

④ （元）陈大震：大德《南海志》第六卷税赋，载《〈宋元珍稀地方志丛刊〉甲编》第八册，四川大学出版社2007年版，第13页。

⑤ （元）陈大震：大德《南海志》第六卷税赋，载《〈宋元珍稀地方志丛刊〉甲编》第八册，四川大学出版社2007年版，第27页。

日市、早市、夜市、专业市场热闹非凡，成为临安都市经济的一大特征。

咸淳《临安志》记载，临安城内共有13厢、91坊，行业团市17个。

“药市，在炭桥，今義和坊内芳润桥。

花市，在寿安坊内，俗呼冠巷。

珠子市，旧在融和坊，北至市南坊，今或在冠巷。

米市，在余杭门外崇果院黑桥头。

肉市，在大瓦，今坝北修义坊内。

菜市，在崇新门外南北土门及东青门外坝子桥等处。

鲜鱼行，候潮门外。

鱼行，余杭门外水冰桥头。

南猪行，候潮门外。

北猪行，在州北打猪巷。

布行，在便门外横河头。

蟹行，在崇新门外南土门。

花团，在城南，今冠巷口与钱塘门里亦有之。

青果团，在候潮门里泥路上。

柑子团，在后市街。

鲞团，在便门外浑水闸头，亦名南海行。

书房，在橘园亭。

已上团市，皆四方物货所聚，姑载其大略，余不悉书。”①

“团”是市场的意思，如“鲞团”，是一个贩卖海产品的市场。“鲈鱼行”，顾名思义，是以贩卖鲈鱼等淡水鱼为主的市场。药市、花市、布市、米市、肉市、菜市以及专门用以交易珠宝的珠子市，还有鲜鱼行、鱼行、南猪行、北猪行、布行、蟹行、青果团、柑子行、书铺等，都是“四方物资所聚”之地，也是商品交易场所。

（2）戏楼、茶肆、酒肆星罗棋布。由于社会各阶层的超大需求，临安的娱乐业、饮食服务业发达，志书记载城内瓦舍达17处，是全国其他城市无法相匹的。

“南瓦，在清冷桥西，有熙春楼。

中瓦，在市南坊北，咸淳六年更创三元楼。

① （南宋）潜说友：咸淳《临安志》第十九卷疆域四，浙江古籍出版社2012年版，第786~788页。

大瓦，在市西坊内之北，尝扁为上瓦子，亦名西瓦。
北瓦，在众安桥之南，亦名下瓦，有羊棚楼。
蒲桥瓦，在蒲桥之东，亦名东瓦，今废为民居。
便门瓦，在便门外北。
候潮门瓦，在候潮门外北。
小堰门外瓦，在保安门外东。
新门瓦，又名四通馆瓦，在新开门外南。
荐桥门瓦，在崇新门外，章家桥南。
菜市瓦，在东青门外菜市桥南。
钱湖门瓦，在钱湖门外，省马院前，仅存勾栏一所。
赤山瓦，在步司后军寨前，今惟存勾栏。
行春桥瓦，在东行春桥侧。
北郭瓦，在余杭门外，北郭税务北，又名大通店，今惟存勾栏。
米市桥瓦，在米市桥下，今惟存勾栏。
旧瓦，在石牌头北麻线巷内。
已上瓦子，盖取聚则瓦合，散则瓦解之义，故老云。”①

“瓦子”，又称瓦舍，各类民间伎艺、职业艺人固定卖艺演出的场所，即娱戏之地。设立瓦舍的起因：“绍兴合议后，杨和王为殿前都指挥使，以军士多西北人，故于诸军寨左右创营瓦舍，召集妓乐，以为暇日娱戏之地。”②瓦舍的观光者有商人、军士、官吏、文人墨客、贵家子弟、僧道、农民等，以城市居民为多，居民生活丰富多彩。

城内高档茶肆和大型酒肆比比皆是，成了文人、士大夫以及各种客官集聚、交际的重要场所。如丰乐楼，是缙绅集聚之地：

“丰乐楼，在丰豫门外，旧名耸翠楼。楼据西湖之会，千峰连环，一碧万顷，柳汀花坞，历历栏槛间，而游桡画艋，棹讴堤唱，往往会合于楼下，为游览最顾。以官酤喧杂，楼亦卑小，弗与景称。淳祐九年，赵安抚与筹始撤新之，瑰丽宏特，高切云汉，遂为西湖之壮，其旁花径曲折，亭榭参差，与兹楼映带，缙绅多聚拜于此。”③

因为临安的繁华，加上流动人口众多，在城内外设有浙江亭、北郭驿亭、

① （南宋）潜说友：咸淳《临安志》第十九卷疆域四，浙江古籍出版社 2012 年版，第 788~789 页。
② （南宋）潜说友：咸淳《临安志》第十九卷疆域四，浙江古籍出版社 2012 年版，第 790 页。
③ （南宋）潜说友：咸淳《临安志》第三十二卷山川十一，浙江古籍出版社 2012 年版，第 1188~1189 页。

苕溪馆、安丰驿、桂芝馆、待宾馆、潜溪馆、芙蓉馆、鹤山馆、长寿馆、富阳马驿、会江驿、迎恩馆、朝天馆、东安驿、新城马驿、义亭驿、光华亭、海昌馆、海昌亭、双溪驿等二十多个官驿，来往过客留下了许多题咏诗赋。咸淳《临安志》所引诗词歌赋多达2500余首，涉及作者近三百人，保存了宋代帝王、宰执以及下层官吏、邑人、僧道的许多诗文题咏，为其他文献少见，具有很大的辑佚价值。

（3）御街是全国第一大商业区。御街，又名天街，是南宋天下第一街，长约十里，故又名十里天街，是南宋都城铺设的一条主要街道，以它为中轴线，形成了都城规划的基本结构与街坊的分布格局。咸淳《临安志》等文献记载，铺设御街使用了1万多块石板：“御街，自和宁门外至景灵宫前，为乘舆所经之路，岁久弗治。咸淳六年，安抚潜说友奉朝命缮修，内六部桥路口至太庙北，遇大礼别除治外，袤一万三千五百尺有奇。旧铺以石，衢从为幅三万五千三百有奇，易共阙坏者凡三万。跸道坦平，走毂结轸，若流水行地上，经涂九轨，于是为称。”[①]至今杭州严官巷保存有南宋御街遗迹。

南宋《梦粱录》记载，御街两旁店铺林立，早市夜市人流如织：“自大街及诸坊巷，大小铺席，连门俱是，即无虚空之屋。每日清晨，两街巷门，浮铺上行，百市买卖，热闹至饭前，市罢而收。盖杭城乃四方辐辏之地，即与外郡不同。”“杭城大街，买卖昼夜不绝。夜交三四鼓，游人始稀。五鼓钟鸣，卖早市者又开店矣。”临安商业的繁荣可见一斑。

御街是全国最大的商贸区，以御街为中心，形成了南、中、北三大商业闹市区。

御街南端，自皇宫北门和宁门外至朝天门一带，为城南闹市区。该区紧靠大内皇宫、朝廷中枢官衙，四围多皇亲贵戚、达官显宦，消费力强，多需高档珍品，店铺以金银首饰、丝绸与各种高级奢侈品为多。

御街中段，自朝天门至众安桥一带，是京都临安“大而全”的商业闹市区，也是唐宋之间杭州唯一“市”的旧址拓展，诸行百市，样样齐全，大小铺席，处处密布，据《梦粱录》记载有100多家名店集中于此段，丝纺业多集中在御街中段官巷一带，御街中段的棚桥也是临安最大的书市，刻版作坊就在棚桥附近。

御街北段，自众安桥至观桥转西至新庄桥、景灵宫一带，为城北闹市区，

---

① （南宋）潜说友：咸淳《临安志》第二十一卷疆域六，浙江古籍出版社2012年版，第864页。

这里有太学、武学、礼部贡院等，既是京师最大的娱乐场所北瓦所在地，又是书店、酒楼、茶肆、点心店集中之地，大多店铺，日夜营业。

御街商肆遍及全城，既有金银首饰高档商品，也有一般商品市场，还有众多茶楼、酒店、戏楼，说明当时经济和文化十分繁荣。

（4）城郊商业市镇与京都大物流。临安城基础设施完备，有坊市、御街，还有465座桥道（城内247座，城郊218座）、25个城郊市场[①]、11个商业市镇[②]、3个大码头，形成了以都城为中心、辐射郊区市镇的京都大物流。

南宋《都城纪胜》记载，当时临安“城之南、西、北三处，各数十里，生烟生聚市井坊陌，数日经行不尽，各可比外路一小小州郡”。

南宋《梦粱录》记载，临安“今诸镇市，盖因南渡以来，杭为行都二百余年，户口蕃盛，商贾买卖者十倍于昔，往来辐辏，非他郡比也。”

咸淳《临安志》记载，临安“南北二厢，设于关外，而分任之地，皆六七十里，顾南厢所统，尤为延袤，北至艮山，南氏南荡，五方杂居，永陆互市”[③]。城郊“商贾骈集，物货辐萃，公私出纳，与城中相若。车驰毂击，无闲昼夜”[④]。

这些史料均可以互证、互补，说明临安京城以及城郊的繁荣景象，非其他州郡可比。

（5）造纸印刷业先进。南宋绍兴三十一年（1161），朝廷诏临安府置会子务，“会子”即汇票、支票。乾道四年（1168）三月，朝廷又以“蜀远，纸弗给”，诏临安府制造会纸，官衙开始在九曲池，后迁至赤山之湖滨，“工徒无定额，今在者一千二百人”。[⑤]

在南宋很长一段时间里，纸币逐渐替代铜钱，有力地促进了城市以及整个国家商业的繁荣、经济的发展。

印刷业的先进程度，从京城四图的绘制与印刷中亦有所反映。

（6）商税大增。南宋临安设有浙江税务、龙山税务、都税务、北郭税务、

① 临安郊区市场：钱塘县 9 个（浙江市、北郭市、江涨桥镇市、湖州市、西溪市、赤山市、龙山市、安溪市、半道红市），仁和县 6 个（江涨桥镇市、范浦镇市、汤村镇市、北土门市、南土门市、临平镇市），余杭县 2 个（县市、石濑市），临安县 2 个（东市、西市），富阳县 1 个（县市），新城县 1 个（县市），盐官县 3 个（县市、长安市、硖石市），昌化县 1 个（县市）。

② 江涨桥镇、临平镇、范浦镇、汤村镇、曹溪镇、余杭镇、浣坎镇、东安镇、南新镇，盐官县长安镇、盐官镇。

③ （南宋）潜说友：咸淳《临安志》第五十三卷官寺二，浙江古籍出版社 2012 年版，第 1904 页。

④ （南宋）潜说友：咸淳《临安志》第二十一卷疆域六，浙江古籍出版社 2012 年版，第 860 页。

⑤ 参见（南宋）潜说友：咸淳《临安志》第九卷行在所录，浙江古籍出版社 2012 年版，第 347 页。

江涨税务，五税务的年收税分别为"八万一千八百一十贯二文""三万六千九百六十八贯""一十五万五千三百一十三贯一百五十八文""一十万八百九十贯四百四十三文""四万五千一十七贯六百四十七文"，合计四十二万贯文，居全国之首。

从赋税收入也可窥见一地富庶与商业繁荣景象。

2.广州

大德《南海志》残本虽然没有咸淳《临安志》的"坊巷""市行""御街""会子库""造纸局"等条目，但从现存"物产""舶货""税赋"内容看，广州物产丰富，且不少奇花异果、香药宝物来自海外诸国，可见广州商业贸易的繁荣。

商税方面，元代广州路各务县周岁总办：税课钞二千六十一定四十五两二钱三分六厘。在城商税务周岁办：税课钞一千八百三拾四定一十二两。

南宋时，广州扩为子城、东城、西城 3 个城，建成南濠、清水濠两大码头，另有马站 6 处、马 126 处、水站 10 处、船 90 只、馆驿 14 处、递铺 40 处、桥 15 座。可见基础设施完备，有利于国内商业贸易和对外贸易。

我国宋代对外贸易的主要港口有杭州、广州、明州（今宁波）、泉州、密州（今山东胶州）等。《宋会要辑稿·食货》记载，北宋熙宁十年（1077），全国商税最多的府州是北宋京都开封府 152801 贯 660 文，其次为杭州府，再次为成都府 171635 贯 559 文。五大港口的商税额分别是杭州 183813 贯 523 文，广州 69703 贯 485 文，明州 26947 贯 304 文，泉州 46026 贯 906 文，密州 87136 贯 999 文。[①]说明北宋中期的杭州、广州，已经比泉州、明州商业发达，是全国重要的商业都市，到了南宋中后期，作为南宋京都的杭州和岭南都会广州，商业贸易更是蒸蒸日上。

（五）市舶司的特设

市舶司是我国古代管理对外贸易等事务的机构，它类似于今天的沿海海关雏形。

唐朝始有市舶使的官名，宋代始有市舶司的机构名。宋代市舶司的设置，不仅说明了我国古代对外贸易的发展与兴盛，记录了中外各国的往来以及文化交流，更是古代海上丝绸之路发展的有力佐证。

北宋时设有比较固定的四路市舶司：广南路广州市舶司，设于开宝四年

① 参见程民生：《北宋商税统计及简析》，《河北大学学报》1988 年第 3 期。

（971）。两浙路杭州市舶司，设于端拱二年（989）。福建路泉州市舶司，设于元祐二年（1087）。京东路密州市舶司，设于元祐三年（1088）。

四路市舶司中，两浙路、福建路市舶司曾几立几废，两浙路出现过五务（杭州、明州、秀州华亭、温州、江阴军市舶司）并存。泉州市舶司比广州市舶司、杭州市舶司晚了一百多年。密州市舶司只存在于北宋一朝，时间较短。广州市舶司成立最早，发展最为稳定。

1.杭州

志书记载了杭州市舶司的变迁情况。

乾道《临安志·提举市舶衙》记载："旧在城中，淳化三年四月庚午，移杭州市舶司于明州定海县，以监察御史张肃领之。"①

咸淳《临安志·市舶务》记载："在保安门，海商之自外舶至京者，受其券而考验之。又有新务在梅家桥之北，以受舶纲。"②

市舶务，即市舶司。根据南宋临安志的记载，杭州市舶司最早设于杭州城中，淳化三年（992）迁至明州定海县（今宁波镇海），后复置杭州市舶司（咸平二年），一在保安门，一在梅家桥北（市舶新务），凡海商自外至杭，受其券而考验之。

又南宋宝庆《四明志·市舶》记载两浙市舶司曾几立几废：

"浙务初置杭州，淳化元年徙明州，逾六年复故，咸平二年杭、明二州各置务，其后又增置于秀州、温州、江阴军，在浙者，凡五务。光宗皇帝嗣服之，初禁贾舶至澉浦，则杭务废。宁宗皇帝更化之，后禁贾舶泊江阴及温、秀州，则三郡之务又废。凡中国之贾，高丽与日本诸蕃之至中国者，惟庆元得受而遣焉。"③

其"市舶务"条目记载：

"淳化元年初置于定海县，后乃移州，在于子城东南，其左倚罗城……其厅事高，其闬闳内厅，扁曰清白堂，后堂存旧，名曰双清清白堂，之前中唐有屋，以便往来。东西前后列四库，胪分二十八眼，以寸地尺天皆入贡，奇祥异瑞争来送，不知何国致白环，复道诸山得银瓮号之。两夹东西各有门，东门与来安门通，出来安门为城外，往来之通衢。衢之南北各设小门，隔衢

①（南宋）周淙、施谔：《南宋临安两志》，浙江人民出版社1998年版，第25页。

②（南宋）潜说友：咸淳《临安志》第九卷行在所录，浙江古籍出版社2012年版，第348页。

③（南宋）方万里、罗浚纂，胡榘修：《宝庆四明志》第六卷郡志，叙赋下，市舶，https://ctext.org/wiki.pl?chapter=897773&if=en，2018年3月12日。

对来安门，又立大门，门之外濒江，有来远亭……贾舶至，检核于此，历三门以入务，而闭衢之，南北小门，容顿宽敞，防闲慎密，司存之吏，亦免于戾矣。务之前门，与灵桥门近……自此门之外，先后建置皆有碑记。"[①]

宝庆《四明志》详细记载了明州市舶司的地理位置及结构，是当前研究宋代明州市舶司之所在的唯一线索。从中可以看出，南宋时明州市舶司已有相当规模，已有两厅四库二十八房，前门与灵桥门近，东门与来安门通，城外有来远亭，来远亭是专门用来接待外国使臣的驿馆。1995 年发掘出土的一处砖砌宋代市舶务仓库基址、地坪遗址，证实了古志的记载，弄清了宋代市舶司、库的确切位置，可见古志文献价值与史料价值的珍贵。

2.广州

广州是全国最早设置市舶使、市舶司的港口，于唐玄宗开元年间（713—741）始设市舶使专管海外贸易的官职，北宋开宝四年（971）始设市舶司专管海外贸易的机构。大德《南海志·市舶》记载了广州市舶司、库、亭的位置或元代重建的时间：

"市舶库，在子城直街，内有来远楼。

市舶亭，在朝宗门外，至元十九年创建"。[②]

又"旧志诸司仓库·市舶司"条目记载：

"市舶亭，在镇安门外。"[③]

"旧志诸司公廨·提举市舶司"条目记载：

"胜己斋，在厅事东。（以下皆废。）

公生明，在胜己斋后。

戏彩堂，在厅事北。

山斋，在戏彩堂西。

九思堂，在厅事西。

达观楼，在九思堂后。

南风堂，在后园。

鉴正，在南风堂左。

---

① （南宋）方万里、罗浚纂，胡榘修：《宝庆四明志》第三卷郡志，叙赋下，市舶务，https://ctext.org/wiki.pl?if=en&chapter=384952，2018 年 3 月 12 日。

② （元）陈大震：大德《南海志》第十卷市舶，载《〈宋元珍稀地方志丛刊〉甲编》第八册，四川大学出版社 2007 年版，第 118 页。

③ （元）陈大震：大德《南海志》第十卷市舶，载《〈宋元珍稀地方志丛刊〉甲编》第八册，四川大学出版社 2007 年版，第 121 页。

丛秀，在鉴正东。”[①]

从中我们看出，元代以前广州市舶司已有相当规模，办公场所有9处。元统一全国后，陆续在泉州、庆元（今宁波）、上海、澉浦（今浙江海盐县）、杭州、广州、温州等地设立市舶司，几经扩删合并，最终形成了稳定的三大市舶司——泉州、庆元（今宁波）、广州市舶司。

不同的是，元代广州市舶司比泉州、宁波市舶司重建要晚几年，泉州、宁波均于至元十四年（1277）设立市舶司，时广州尚未归属元朝，是南宋灭亡前宋朝的最后一道屏障，宋元水陆两军为此反复争夺，元朝统治者为广州军民的韧性抗争所激怒，于至元十五年（1278）下令“夷广州城”，屠城后的广州遭受灾难性打击，人口锐减，船商流失，海外贸易地位下降，直到至元十九年（1282）才重新创建广州市舶亭。至元二十三年（1286），重建广州市舶司，广州的海上贸易才逐渐复苏。

（六）舶货诸蕃国来往

1.杭州

南宋临安是全国的政治、经济、文化中心，对外贸易十分活跃。咸淳《临安志》记载，两浙“道通四方，海外诸国，物货丛居，行商往来，俗用不一。”[②]此时的临安已经成为国际化大都市。

向外输出的商品，主要有绫、罗、锦、绢、绸等。朝廷规定以绢帛、锦绮、瓷器等物品交换外国舶来品，两浙缴纳的丝织品，占全国的四分之一，输出的数量和范围日益扩大，主要贸易国有日本、朝鲜等。舶货多经明州（今宁波）而后再发。南宋宝庆《四明志·市舶》记录了两浙与朝鲜、日本输出入商品的货单。

本府（宁波）与其礼宾省（高句丽国），以文牒相酬酢，皆贾舶通之，䌷货具于左：细色：银子、人参、麝香、红花、茯苓、蜡、粗色、大布、小布、毛丝布、绸、松子松花、栗、枣肉、榛子、椎子、杏仁、细辛、山茱萸、白附子、芜荑、甘草、防风、牛膝、白术、远志、茯苓、姜黄香油、紫菜、螺头、螺钿、皮角、翎毛、虎皮、漆、青器、铜器、双瞰刀、席、合蕈。

日本，即倭国，地极东近日所出，最宜木，率数岁成围。俗善造五色笺，错金为兰，或为花，中国所不逮也，多以写佛经，铜器尤精于中国，贾舶乘

① （元）陈大震：大德《南海志》第十卷市舶，载《〈宋元珍稀地方志丛刊〉甲编》第八册，四川大学出版社2007年版，第132页。

② （南宋）潜说友：咸淳《临安志》第五十二卷官寺一，浙江古籍出版社2012年版，第1857页。

东北风至，艤货具于左：细色：金子、砂金、珠子、药珠、水银、鹿茸、茯苓、粗色、硫黄螺头、合蕈、松板、杉板、罗板。”[①]

对于中国的丝织品“绸”为什么成了朝鲜的舶来品，该志有注解：高句丽国“俗本不善蚕桑，其丝线织纴皆仰贾人自山东闽浙来，然颇善织，花绫有文罗，紧丝锦罽，后得北虏降卒，工技益巧，染色又胜于前日，绸乃其粗也。”[②]原来，桑蚕丝来自中国的浙江等，善织的朝鲜人进行精加工，变成了他们的名优产品。

南宋临安的对外交流，还体现在佛教文化、绘画艺术等交流。当时的临安，佛刹如林，僧徒众多，流派纷呈，寺院经济强大，对外活动与交流频繁，是举世闻名的“东南佛国”。外来参学、游方的禅僧画家很多，尤其是到灵隐寺、净慈寺、天竺寺、径山寺等著名寺院学习取经的禅僧画家居多。

咸淳《临安志·寺观·叙》云：“今浮屠、老氏之宫遍天下，而在钱唐为尤众；二氏之教莫盛于钱唐，而学浮屠者为尤众。合京城内外暨诸邑，寺以百计者九。”[③]累计 900 余座寺庙、尼庵、佛塔等遍布临安城内外，可谓是江南佛教蔚为大观的一个缩影。仅可统计的城内外寺院达 496 座，能够确定创建时期的 398 座，如以当时临安人口为 100 万人计算，平均每 2000 人拥有一座庙宇，临安成为名副其实的佛教文化大都市。

咸淳《临安志·人物》还专设了“方外（僧）”传记卷，入传名僧 55 人，其中有曾到杭州取经的高丽僧灵照、高丽王子统义，有受到高丽国王赏赐、宋徽宗皇帝追谥的名僧延寿等。

“灵照，龙华禅师，高丽国人。钱王建龙华院，命僧住持，晋天福二年入灭，寿七十八，号真觉大命。”[④]

“宗本，净慈圆照禅师……诏许肩舆入见高丽王子、僧统义来谒师，问其所得，以华严对，师摘其微义示之，茫然自失。”[⑤]

“延寿，杭人，号抱一子。七岁诵经，感群羊跪听。始为吏，一日弃其业出家，著《宗镜录》一百二十卷，日课一百八事，未尝暂废。吴越王钱氏

---

① （南宋）方万里、罗浚纂，胡榘修：《宝庆四明志》第六卷郡志，叙赋下，市舶，https://ctext.org/wiki.pl?chapter=897773&if=en，2018 年 3 月 12 日。

② （南宋）方万里、罗浚纂，胡榘修：《宝庆四明志》第六卷郡志，叙赋下，市舶，https://ctext.org/wiki.pl?chapter=897773&if=en，2018 年 3 月 12 日。

③ （南宋）潜说友：咸淳《临安志》第七十五卷寺观一，浙江古籍出版社 2012 年版，第 2653 页。

④ （南宋）潜说友：咸淳《临安志》第七十卷人物十一，浙江古籍出版社 2012 年版，第 2492 页。

⑤ （南宋）潜说友：咸淳《临安志》第七十卷人物十一，浙江古籍出版社 2012 年版，第 2504 页。

请住永明禅寺，即净慈寺。凡十五年，聚徒几二千人，道播海外。高丽国王遣使赍书，叙弟子礼，奉金线织成袈裟、紫水晶数珠、金澡罐等为献。开宝八年入灭，号智觉禅师，崇宁中追谥宗照。”①

咸淳《临安志·寺观》记载了与日本国的佛教文化交流。

“胜相院，唐开成四年建，曰龙兴千佛寺。后有西竺僧，曰转智，冰炎一楮袍，人呼纸衣道者。走海南诸国，至日本。适吴越忠懿王用五金铸千万塔，以五百遣使颁日本。使者还，智附舶归。风鸣海汹，舟且倾，智诵如意轮咒，俄见如意珠王相，十首八臂，度高十丈，风息遂济。智谋揭高梁，可容十丈胜相，以答佛施。时千佛寺乃僧光主之，有阁高八丈，光请于忠懿，以阁为殿，立五丈之像者二，合为十丈。皇朝治平中，改赐今额……光尧皇帝、圣子、神孙三殿临幸，颁赉甚渥。”②

从上述史料看，特别是从物产、贡赋、市舶、寺观、人物志中，可看出南宋临安是中外政治经济文化交流的中心，周边国家佛徒僧众来我国学习取经已成为一种潮流，并达到了鼎盛时期。

2.广州

岭南一都会，广州在宋元时期，海外贸易频繁。

大德《南海志》专设“舶货”，列举各种舶货 71 个品种，附记与广州有海外贸易关系的国家和地区 144 个，这对元代广州的海外交通、海外贸易、海上丝绸之路的研究具有重大意义。

“舶货”小叙云：

“货通狮子国，昌黎尝有是诗矣。山海为天地宝藏，珍货从出，有中国之所无。风化既通，梯航交集。以此之有，易彼之无，古人贸通之良法也。广为蕃舶凑集之所，宝货丛聚，实为外府。岛夷诸国，名不可殚，前志所载者四十余。圣朝奄有四海，尽日月出入之地，无不奉珍效贡，稽颡称臣。故海人山兽之奇，龙珠犀贝之异，莫不充储于内府，畜玩于上林，其来者视昔有加焉。而珍货之盛，亦倍于前志之所书者。今录其可名之国，附于舶货之后。”③

志中舶货分为 8 类。

---

① （南宋）潜说友：咸淳《临安志》第七十卷人物十一，浙江古籍出版社 2012 年版，第 2493~2494 页。

② （南宋）潜说友：咸淳《临安志》第七十七卷寺观三，浙江古籍出版社 2012 年版，第 2748 页。

③ （元）陈大震：大德《南海志》第七卷舶货，载《〈宋元珍稀地方志丛刊〉甲编》第八册，四川大学出版社 2007 年版，第 53 页。

"宝物：象牙、犀角、鹤顶、真珠、珊瑚、碧甸子、翠毛、龟筒、玳瑁。

布匹：白番布、花番布、草布、剪绒单、剪毛单。

香货：沉香、速香、黄熟香、打拍香、暗八香、占城、麄熟、乌香、奇楠木、降香、檀香、戎香、蔷薇水、乳香、金颜香。

药物：脑子、阿魏、没药、胡椒、丁香、肉豆蔻、白豆蔻、豆蔻花、乌爹泥、茴香、硫黄、血竭、木香、荜拨、木兰皮、番白芷、雄黄、苏合油、荜澄茄。

诸木：苏木、射木、乌木、红柴。

皮货：沙鱼皮、皮席、皮枕头、七鳞皮。

牛蹄角：白牛蹄、白牛角。

杂物：黄蜡、风油子、紫梗、磨末、草珠、花白纸、藤席、藤棒、孔雀毛、大青、鹦鹉、螺壳、巴淡子。"①

不少舶来品，为国内所无，有的闻所未闻，如宝物类的碧甸子、龟筒，布匹类的剪毛单，香货类的速香、打拍香、降香、金颜香，药物类的阿魏、没药、乌爹泥、血竭等，十分稀罕。

时广州海外贸易已扩至非洲，诸蕃国有：

"交趾国管：团山、吉柴。

占城国管：坭越、乌里、旧州，新州，古望，民瞳胧，宾瞳胧。

真腊国管：真里富、登流眉、蒲甘、茸里。

罗斛国暹国管：上水速孤底。

单马令国管小西洋：日啰亭、达剌希、崧古啰、凌牙苏家、沙里、佛啰安、吉兰丹、晏头、丁伽芦、迫嘉、朋亨、口兰丹。

三佛齐国管小西洋：龙牙山、龙牙门、便塾、榄邦、棚加、不理东、监篦、哑鲁、亭停、不剌、无思忻、深没陀啰、南无里、不斯麻、细兰、没里琶都、宾撮。

东洋佛坭国管小东洋：麻里芦、麻叶、美昆、蒲端、苏录、沙胡重、哑陈、麻拿啰奴、文杜陵。

单重布啰国管大东洋：论杜、三哑思、沙啰沟、塔不辛地、沙棚沟、涂离、遍奴忻、勿里心、王琶华、都芦辛、啰踸、西夷涂、质黎、故梅、讫丁

① （元）陈大震：大德《南海志》第七卷舶货，载《〈宋元珍稀地方志丛刊〉甲编》第八册，四川大学出版社2007年版，第54~57页。

银、呼芦漫头、琶设、故提、频底贤、孟嘉失、乌谭麻、苏华公、文鲁古、盟崖、盘檀。

阇婆国管大东洋：孙绛、陀杂、白花湾、淡墨、熙宁、啰心、重伽芦、不直干、陀达、蒲盘、布提、不者啰干、打工、琶离、故鸾、火山、地漫。

南毗马八儿国：细蓝、伽一、勿里法丹、差里野括、拨的侄、古打林、大故蓝国、差里也国、政期离国、胡茶辣国、禧里弗丹、宾陀兰纳、迫加鲁、盟哥鲁、条土吉、靶拿、阔里株思、加刺都、拔肥离、涂拂、毗沙弗丹、哑靶、鹏茄啰、记施、麻啰华、弼施啰、麻加里、白达、层拔、赡思、弼琶啰、勿斯离、勿拔、芦眉、瓮蛮、弗蓝、黑加鲁、默茄、茶弼沙、吉慈尼。”①

据悉，大德《南海志》是较早提及“东洋”“西洋”“大东洋”“小东洋”“小西洋”名称的古籍，比元代汪大渊《岛夷志略》提及还要早近半个世纪。来往舶货多，与之交流诸蕃国多，说明杭州、广州作为古代丝绸之路国际贸易支点城市的地位以及辉煌。

三、志书价值再认识的启示

英国科学家李约瑟博士②曾高度评价中国地方志书与丝绸之路的文明交流互鉴：丝绸之路不仅传播丝绸、陶瓷、茶叶、缫丝机、纺丝机、并丝机等物品，还传播火药、指南针、印刷术、造纸术、铸铁术等科技发明，15世纪前中国古代科技处于世界领先地位。伟烈亚力（19世纪英国汉学家）曾经写道，在中国出现的一系列地方志，无论从它们的广度来看，还是从它们的有系统的深度方面来看，都是任何国家的同等文献所不能比拟的。古代希腊乃至近代英国，都没有留下与中国地方志相似的文献，要了解中国文化，必须了解中国的地方志。

外国学者尚且充分认识地方志的文献价值，我们更应该充分认识地方志

① （元）陈大震：大德《南海志》第七卷舶货，《〈宋元珍稀地方志丛刊〉甲编》第八册，四川大学出版社2007年版，第57~62页。

② 英国生物化学家和科学技术史学家李约瑟（Joseph Needham），于1954年出版了《中国科学技术史》第一卷。他在这部计有三十四分册的系列巨著中，以浩瀚的史料、确凿的证据向世界表明：“中国文明在科学技术史上曾起过从来没有被认识到的巨大作用”，“在现代科学技术登场前十多个世纪，中国在科技和知识方面的积累远胜于西方”。为此，中国科技委员会于1983年授予他中国国家自然科学奖一等奖，中国科学院于1994年选举他为首批中国科学院外籍院士，中国媒体称他为“中国人民的老朋友”。

的文献价值。"一带一路"视野下，我们要对志书的价值进行再评价，它不仅记录区域自然、政治、经济、文化、社会的历史与现状，还记录丝绸之路的历史与现状。利用好古今志书，服务"一带一路"建设，是当务之急。

（一）整合丝路数据，服务"一带一路"

整合已有的地方志书广博而丰富的资料数据，包括丝路专题数据、丝路基础数据，形成电子书、纸质书，或建成数据库网络化，为"一带一路"研究与创新发展服务。

如当当网上的几种图书：《中国地方志中的陶瓷史料》（学苑出版社 2008 年版）；《古籍计算机全文数据库及内容挖掘研究——以〈方志物产·广东〉为例》（安徽师范大学出版社 2013 年版）；《中国地方志民俗资料汇编》（国家图书馆出版社 2014 年版）；《中国地方志佛道教文献汇纂》诗文碑刻卷 498 册、寺观卷全 408 册、人物 133 册（国家图书馆 2013 年版）。这些都属于专题资料数据。

地方志书蕴含大量的"一带一路"资料数据，有待我们不断地挖掘、整理，进一步地开发与利用，服务新时期"一带一路"倡议。中国人民大学重阳金融研究院主编的《"一带一路"国际贸易支点城市研究》，通过综合评估与研究，排名"一带一路"国际贸易优势支点城市前 8 位的是上海、北京、深圳、广州、重庆、杭州、天津、苏州；排名国际贸易潜力支点城市前 6 位的是义乌、张家港、太仓、温州、南通、成都；另有国际贸易战略支点城市西安、连云港、兰州、郑州、哈尔滨、呼和浩特、乌鲁木齐、银川、南宁、喀什、瑞丽、厦门、宁波、泉州、青岛、福州、大连。而这些城市的旧志整理与研究，新志的编纂与交流，对"一带一路"的研究与创新发展更具有现实意义。

（二）讲好丝路史话，传播丝路文明

如咸淳《临安志》不仅是研究南宋时期杭州自然、政治、经济、文化和风俗的重要文献，也是研究南宋历史和丝绸之路的重要文献，可以挖掘、整理出诸多专题资料。姜青青所著《〈咸淳临安志〉宋版"京城四图"复原研究》中复原的《皇城图》在《2016 年二十国集团杭州峰会专题邮票纪念册》中得到应用，与此同时，复原的《京城图》铜雕亮相杭州白塔公园，图中的"市舶新务"地名就是古代丝绸之路兴盛发展的有力证明。这是杭州作为"一带一路"国际贸易优势支点城市创新发展与研究的参考资料。而大德《南海志》是现存最早的广东、广州古志，其留存的户口、物产、舶货、诸蕃国、市舶的 6 卷史料，更是研究古代海上丝绸之路的珍贵资料，可结合广东的通志、府州志、县志以及其他志书，整合出更多的专题史料，如《丝路古城志》《丝路线路志》《丝路风物志》《丝路文献志》《丝路人物志》等，并将之数字化、网络化，为“一带一路”建设与国际文化交流服务。利用手机方志、微信方志、官方微博、电脑网络、电视广播、音像志、图志、传统纸质志书、报纸杂志等，多形式讲好丝路故事，运用多种媒介传播丝路文明，为丝路的创新发展服务。

（三）续写丝路新况，拓展方志功用

持续不断地、及时有效地记录好区域内自然、政治、经济、文化和社会的发展新况，尤其是丝路创新发展的新况，及时进行数字化、网络化，发挥好地方志资源数据在存史、资政、教化、交流方面的最大功用。编纂志书、年鉴、地情书，主要由人民政府主持，吸取有关方面的专家学者参加，确保科学性、严谨性和权威性，同时允许民间与官修进行学术竞争，百花齐放、百家争鸣，促进地方志事业的创新发展。

中国地方志就是讲中国故事，而“一带一路”建设涉及 65 个国家（划分为东亚、东南亚、南亚、中亚、西亚、北非、中东欧、东欧 8 个区域），需要通过文化交流增进相互理解和互鉴。中国地方志工作者更有责任推介中国方志文化，通过中国地情网、省情网、市情网、县情网、镇情网、村情网，发布方志资料信息。

如中国地方志指导小组办公室实施中国志书精品工程、中国年鉴精品工程、中国名镇志文化工程、中国名村志文化工程、中国名街志文化工程、中国名酒志文化工程、中国名山志文化工程等，组织拍摄中国影像方志等，借助期刊、网站、微信、展览、国际学术会议等各种形式和平台，向世界展示中国独具特色的方志文化和多姿多彩的地域文化，传播和弘扬丝路文明。有的志鉴配套光盘随书发行；为方便读者阅读，有的还发行掌上志鉴，读者可通过扫描书中所载二维码等关注该微信公众账号，或搜索小程序在手机上浏览和检索志鉴，使志鉴资源共享共用，同时让老百姓零距离接触地方志。

总而言之，古今志书具有广泛的应用价值，“一带一路”视野下志书的文献价值再一次得到充分体现，这对于“一带一路”的研究与创新发展有重要的智力支撑作用。整合丝路数据，讲好丝路故事，续写丝路新况，奉献丝路文化精品，服务经济社会发展，是我们史志工作的重要任务。

摒除修志发展的思想障碍与制度瓶颈[①]

提　要：当前影响修志发展的思想障碍与制度瓶颈主要有四个方面：官书定位，忧患意识不强；墨守成规，思想解放不够；人云亦云，自主创新不多；制度缺失，发展后劲不足。如何摒除？解放思想，将传统的官书重新定位为官书民本，服务广大民众而不仅仅是政府官员。路径是大胆创新，重塑志书的理论框架；接轨网络时代所需的价值认同；修改条例，完善机制体制，推进地方志事业可持续、健康发展。

关键词：地方志；发展；制度

当前，全国第二轮修志正在如火如荼地进行，有哪些影响修志发展的思想障碍与制度瓶颈？如何摒除？这是一个崭新的课题。至今，在《中国地方志》以及省市方志期刊中，还没有刊登过此类专文，在网络搜索中，也没有发现此类专文。笔者尝试论之，以就教于方家，也为以后的研讨和争鸣，做点铺垫的工作。

一、影响修志发展的思想障碍与制度瓶颈

笔者认为，当前影响修志发展的思想障碍与制度瓶颈主要有如下几个方面。

（一）官书定位，忧患意识不强

不可否认，在过去信息传播载体有限的情况下，志书发挥了不可取代的官书、官修、官用的功用。但新方志工作者也不要因此盲目自大。网络时代，传统志书的功能已经受到严重挑战：论资政及时性，志书不如网络新闻；论育人生动性，志书不如影视文学；论存史系统性，志书不如史学档案；论学术专业性，志书不如论文专著等。志书的使用率也可想而知。在网站、电视、

① 沈迪云、莫艳梅：《摒除修志发展的思想障碍与制度瓶颈》，载中国地方志指导小组办公室、中国地方志学会、广东省人民政府地方志办公室、东莞市人民政府地方志办公室编《第三届中国地方志学术年会——两岸四地方志文献学术研讨会论文集》，方志出版社 2014 年版，第 178~183 页。

电影、广播、电脑、手机，各类图书、报纸、期刊等信息传播载体日趋多样化的时代，志书作为存史、资政、教化的主渠道和主要载体的功能地位已经受到严重削弱、分化和淡化。

如果新方志工作者还不能跳出“官本位”的窠臼，不顺应时代发展的巨变，主动出击迎接挑战，从体例到内容再到载体，全方位地改革志书、服务广大人民群众，就很难变压力为动力、变危机为契机、扭转这种江河日下的状况。

（二）墨守成规，思想解放不够

不可否认，已有的修志规定，最初都有它存在的价值，对当时的修志实践起到一定的指导、规范作用，但有的也会滞后于实践，成为限制今后发展的条条框框。如新方志体裁在旧方志的记、志、传、图、表的基础上大有创新。但我们不能因此止步不前，不敢突破新的条条框框。如中国地方志指导小组 1985 年《新编地方志工作暂行规定》一“暂”13 年的 6 种体裁不变，1998 年《关于地方志编纂工作的规定》持续 10 年只有 7 种体裁，2008 年《地方志书质量规定》明确 8 种体裁。若干规定若干年不变，修志实践时时处处在变。如果修志者只“唯上、唯文”，不敢从条条框框中解放出来，甚至不敢越雷池半步，或以此为据，抨击他人的新创或创新之举，成为僵化条条的机械执行者和捍卫者，你说这是志界之幸还是不幸？

思想解放不是一蹴而就的，也不是一劳永逸的。志书是 8 种体裁还是 10 种体裁，也不是截然对立的，而是动态发展的。不闯禁、不尝试、不检验，哪来的优胜劣汰、适者生存？故步自封，墨守成规，因循守旧，只有被淘汰。

（三）人云亦云，自主创新不多

例如，对权威、学者的言论盲目地听从，对别地经验、范本志书盲目模仿。

不可否认，权威、学者高瞻远瞩，视野开阔，思想深邃，名高望重。他们的言论具有权威性、指导性。但权威、学者的言论也不一定都是金科玉律，有的也会禁锢人们的大脑与创新。同理，学习别人的经验和范本篇目也是必要的，可以避免走弯路，又节省时间，但照搬照抄、盲目模仿，原本好的东西也会因为大同小异、“千志一面”而失去风采。

有人误以为只有权威、学者说过的，他人做过的，才是最安全、可靠的。其实，自主创新，符合实际，才是最可贵的。人云亦云，没有超越和再创造，没有特色和自我创新，就成不了名志佳志和经世之作。

（四）制度缺失，发展后劲不足

中华人民共和国成立后，我国先后出台了一系列的地方志工作规定、条例、意见等，包括在修志实践中形成的目标考核责任制、督查通报制、评审验收制、资料报送制等行之有效的工作制度，促进了地方志工作的开展。但是，一些制度的缺失仍然是地方志事业发展的瓶颈。如参公制度的缺失，职业自律制度的缺失，民间修志制度的缺失，人才选用制度的缺失，职业准入制度的缺失，方志学科建设制度的缺失等。这些制度的缺失，必将给地方志工作带来职责的缺失和功能的缺失。

影响和阻碍修志发展的因素有很多，但究其根源是思想上的障碍和制度上的缺失，不可忽视和放任。

二、摒除修志发展的思想障碍与制度瓶颈

笔者认为，摒除修志发展的思想障碍与制度瓶颈可从如下几个方面下功夫。

（一）如何摒除：从官书到民本的思想转变为起点

就是要解放思想，摒除不适应时代发展巨变的传统观念。首先是要摒除“官本位”思想，树立“民本位”思想，将传统的“官书”重新定位为“官书民本”。关注老百姓身边的事，关注老百姓的所思所想所为，使志书内容平民化。人民是历史的创造者，是历史的主人，历史应该由人民书写，书写的史志又要为人民服务。因此，区别于传统的“官书、官修、官用”，新志应该将官修与民众参与历史创作相结合，以人类学、历史学、社会学和相关学科的理念作为参照，贴近时代、贴近群众、贴近生活，提高志书的原创性、独特性、独立性与可读性。如运用口述历史作为志书的新形式，由此产生的志书便增添了许多平民色彩，吸引更大范围的读者群，为广大读者服务。[①]这里的读者，既包括了政府官员、学者专家，又包括了广大人民群众等。

（二）路径选择：从理论框架到价值认同的再思考

一是重塑志书的理论框架。就是要找出志书宏观性差、整体性差的真正原因，重塑符合现在的、将来的理论框架。对现在好的体例要保存下来，关注那些无形的精神的财富以及思想观念，关注那些别人没有而我独有的基础资料。体例上，百花齐放、百家争鸣，以志为主，不局限于 8 种体裁，不过

① 参见沈迪云、莫艳梅：《口述历史作为志书新形式的探索》，载莫艳梅《莫艳梅方志文集》，上海远东出版社 2013 版，第 171 页。

分强调史志之别，不强求一律的横排和上下限“一刀切”，也不拘泥于篇幅字数的限制，关键在实用。[①]内容上，增加第一手资料，对社会调查、口述历史资料的入志，不局限于资料的零星运用，可根据内容需要或设为附录或设编立卷，以增强志书的原创性、独特性；要处理好与前志的衔接，不局限于“对前志的拾遗补阙、订讹正误”或者仅附录前志之概述、大事记作为衔接，而是全志的适当上溯下延，详今明古，增强志书的独立性和完整性，从而提升志书的服务功能。

二是接轨网络时代所需的价值认同。编纂的志书既要符合现在，又要符合将来的人们的需求与价值认同，纸质志书、电子志书、影像志书、方志期刊、方志网站、地情网站、数字方志馆齐头并进。据2013年4月第十次全国国民阅读调查成果公布，2012年我国国民上网率为55.6%，有超六成（60.6%）的人因“获取便利”选择数字阅读，其次分别为“方便随时随地阅读”“方便检索信息”等因素。[②]因此，电子志书，无疑弥补了纸质志书之获取购买不方便、阅读携带不方便、检索信息不方便以及成本价格高等不足。当然，调查显示，纸质读物阅读仍是七成以上（74.4%）读者偏好的阅读形式，有9.4%的数字阅读接触者在读完电子书后还曾购买过该书的纸质版。[③]因此，纸质志书和电子志书，均前景广阔，是一种互补共处的关系。所以，已建有方志网站的，要上传已出版的新志、旧志以及修志动态、地情资料、专题资料等。未建立网站的，要尽快建立。通过数字化、信息化、网络化建设，切实提高地方志资源的传播力、影响力和利用率。

（三）试点观察：从田野调查到口述史及其他亮点

全国第二轮修志试点单位志书之一的《萧山市志》，就在解放思想，创新体例，增强志书的原创性、独特性与独立性方面做了一些尝试。

例一，广泛开展社会课题调查和口述史活动。调查的内容涉及萧山居民的吃穿住行、思想观念、资本投资等方面，调查的对象有农民工、企业家、妇女、知识分子、百岁老人等特殊群体。口述的内容有历史事件与人物、事业发展与成就、人生经历与感悟等，口述者来自社会的不同阶层，包括名人、

① 参见沈迪云、莫艳梅：《网络时代志书功能的重新定位》，载莫艳梅《莫艳梅方志文集》，上海远东出版社2013年版，第50页。

② 参见《数字化阅读接触持续增长　手机阅读接触增幅明显》，http://www.chuban.cc/ztjj/yddc/2013yd/201304/t20130418_140005.html，2013年4月18日。

③ 参见《纸质读物阅读仍是七成以上国民偏好的阅读形式》，http://www.chuban.cc/ztjj/yddc/2013yd/201304/t20130418_140001.html，2013年4月18日。

要人和普通老百姓等。由此获取的第一手资料十分珍贵，不少内容，见人所未见，发人所未发，具有一定的原创性。并将调查成果、口述史资料编成《萧山市志社会课题调查》专卷和《萧山市志口述历史》专卷，各辑次第排列，有别于其他卷的编章节体，还将制作口述历史影像纪录片。志书的体例因此为之变革，但这并不影响志书以志为主的体例特征。因为，《萧山市志》1000多万字，其中第 1~3 卷是志书的主体，设有总述、大事记、专志 45 编，共500 万字；第 4 卷为索引专卷（原为第 5 卷，现调整为第 4 卷），150 多万字；第 5~6 卷是社会课题调查专卷和口述历史专卷，共 400 万字，并未过半。也就是说，志书还是志书，没有变质，就像国企控股 51%以上，没有变质，是一样的道理。实践证明，社会调查、口述历史等第一手资料入志比例越大，志书的独有性、可引用性就越高，存史价值、使用价值也就越大。2010 年试印出版的《萧山市志社会课题调查》专卷，就为许多高校学者、政府官员、企业家、社会人士所喜爱。

朱佳木经常说，假如有一条装满各种书籍的船遇上风浪，需要扔掉一些书，依次要扔的是小说、诗词、散文、理论书、史书、志书，因为最后留下志书，还可以写出史书来，如果扔掉志书而留史书，就写不出志书来了。这是对志书价值的充分肯定。但笔者认为，这种说法针对不可再生的古籍尚可，针对当今繁多的文献载体就不一定了。因为新志多是第二手资料，如果一船的书要扔掉和保留，笔者会扔掉第二手资料的文献，保留第一手资料的文献。因为扔掉第二手资料的文献，还可以再找资料汇编，如果扔掉第一手资料的文献，就写不出同样价值的原创文献了。也就是说，文献的第一手资料比例越大，它的价值就越高。否则，大家都有的而不是你独有的，人们就会有许多的选择和替代品；相反，你独有的而别人没有的，你就是唯一的选择和不可替代的。

例二，对无形的精神的财富以及思想观念的记述。与有形的、看得见、摸得着、不易消失的东西比较，无形的、看不见、摸不着、容易消失的东西，更有抢救挖掘、深度记述的必要，而这些东西往往是没有现成的、鲜活的资料的，需要修志人员自行调查和获取。如《萧山市志》第一卷设有“萧山精神”“农民观念”等专节，第五卷设有“萧山居民择业观调查”“萧山家庭教育观的变迁调查”等专辑，《萧山市志》以外的还有《建国以来农民思想观念变迁调查分析——以浙江萧山衙前镇为例》《萧山人的幸福感调查》《发达地区城镇化进程中新生代农民工思想政治工作研究——以杭州市萧山区宁围镇为例》《经济发达地区青年人生观、价值观调研分析》等专题调查。这些无形的、精神的现象以及内涵，思想观念的因袭以及变迁，除了个别的是从其他单位获取的以外，绝大部分是萧山区地方志办公室自行组织的课题调研，是来自实践的鲜活的第一手资料，十分生动而又有创意，使用价值也高。

例三，注重志书的独立性和完整性。《萧山市志》的《凡例》称："本志为一部独立、完整的市志，上限为 1985 年 1 月 1 日，下限为 2001 年 3 月 25 日，即萧山撤市设区日。为保持某些事件的连续性和衔接前志、方便读者查阅有关资料，本志适当上溯下延，部分分志贯通古今。"[①]具体的做法：一是述体的衔接。如总述、无题序，适当溯源，详今明古，没有上限"一刀切"。二是分志的衔接。大多溯源，详今明古，其中《跨湖桥文化》《政区》《人物》等专志贯通古今。三是注释的衔接。注释为该志的第 9 种体裁，是一大创新。仅 1~3 卷的页旁注就达 2148 条，其中注限外内容和背景缘由，起到了衔接的作用。当然，如此上溯下延，没有上下限"一刀切"，违背了"不随意突破志书的上限和下限，严格控制上溯或下延"的地方志质量规定，但它增强了志书的独立性和历史的完整性，方便了读者用志，因而提升了志书的实用价值和服务功能。

一般来说，每一部独立出版的文献都应该内容完整。志书是独立出版的文献，也应该内容完整，要让读者在手上没有前志的时候，也能够知晓事物的原委变化。[②]写一篇小小的文章还要讲起承转合，何况恢宏的史志？因此，"一刀切"的续志编纂本身就是违反常识的，它使独立的事物内容失去了源流和完整。又如第二轮《沁水县志》出版后，因缺漏了历史人物赵树理的传记，受到普遍质疑——《沁水县志》没有了赵树理的传记，那还叫志书吗？

由此及彼，破除墨守成规思想，大胆改革创新，敢闯禁区，敢为人先，为他人提供有益的探究和路径，是一件多么值得提倡和有意义的事。

（四）允许变革：修改条例，完善机制体制

如我国先后于 1954 年 9 月、1975 年 1 月、1978 年 3 月和 1982 年 12 月制定、颁布了 4 部宪法，又先后于 1988 年 4 月、1993 年 3 月、1999 年 3 月、2004 年 3 月，进行了 4 次修改和完善。国家宪法如此，地方志工作规定、条例、意见也应该不断地修改和完善。

---

① 杭州市萧山区人民政府地方志办公室：《萧山市志》第一卷（试印本），浙江人民出版社 2010 年版，凡例。

② 参见梅森：《省级志书二轮与首轮衔接之简析》，《江苏地方志》2010 年第 5 期。

修改条例，就要解放思想，树立民本位思想，打破官修志书的垄断，取消禁止民间修志的规定，编修志书向地方放开，引入市场机制，允许民间与官修竞争以及学术竞争，百花齐放，百家争鸣。重塑地方志书的理论框架，接轨网络时代所需和价值认同。理顺体制，中央政府设立国家层面地方志工作领导机构，地方志工作机构列入公务员系列，单独设置。加强地方志学科建设，使之成为独立的、完整的方志学学科体系。加强地方志队伍建设以及网络化、数字化建设，完善机制体制，推进地方志事业可持续、健康的发展。

总的说来，摒除修志发展的思想障碍与制度瓶颈，就要敢于创新，敢于闯禁，敢于变革，以大变来适应时代的巨变，而不是谨小慎微、以不变或者小变来适应时代的巨变。既要继承又要创新，只有冲破禁锢，不断创新，才能够大发展、大繁荣。

谈专家修志的认识误区[①]

提　要：随着对专家修志的越来越重视，也存在一些认识误区需要澄清：专家修志不仅是指高等院校、科研机构的专家，这只是其中的一小部分；其他学科的专家需要在修志实践中锻炼成修志专家，但不是一上来就是修志专家；外地修志专家一样可以承担重要职责；专家的意见不是指令性的，而是指导性的，需要择善而从。

关键词：专家；修志；误区

专家修志在历史上产生过重要作用。中华人民共和国成立后，吸收专家参与修志，被写入了地方志的若干规定、意见和条例中。随着对专家修志的越来越重视，一些认识误区也影响了志书编纂的进度和质量，现列举说明如下。

误区之一：高等院校、科研机构专家＝修志专家

有的人对专家修志之专家认识不足，认为专家就是指高等院校、科研机构的专家。其实，这只是吸收参与修志的专家的一小部分。这里的专家，应该包括各行各业有造诣的专家，尤其是方志界理论专家和修志实践专家。既有修志实践又有方志理论研究的专家，才是“真正实现‘专家修志’、提高志书内在品质、保证地方志事业可持续发展的决定性因素。”也就是说，方志界自己的学术专家和修志实践专家，是不可或缺的重要组成部分。因此，修志者不仅要眼睛向外看，还要向内瞧，也许最好的就在身边。

笔者就非常喜欢浙江省魏桥等专家。他们从事地方志工作几十年，造诣极深，其言论接地气又有新意，具有启发性又不偏激，修志实践者非常受用。

① 本文原载于《上海地方志》2013年第5期。

误区之二：专家、学者修志＝志书学术品位提升

即对专家修志之学习、实践认识不足，认为聘来了高等院校的专家修志就万事大吉了，志书的学术品位就提升了。有的既不培训也不搭配业务人员（指部门业务和方志业务人员），结果拿出来的东西根本不符合要求。如笔者指导过的某部市志工业志，之前就出现过这样的情况。

修志是一项专业性较强的工作，有着特殊的编纂体例和编写要求，需要参与者不断地学习与探索。“学习游泳，必须先跳进水里。”同理，业外专家只有在修志实践中不断向业内专家学习，汲取相关知识，才能摸出些门道，这是有一个过程的，不可能一上来就是修志专家、手到擒来。所谓隔行如隔山，就是这个道理。

误区之三：外地修志专家之职责＜主编、副主编

通常地，人们认为外地修志专家（专指修志实践的专家）不熟悉本地情况，不适合承担副主编及以上职责。其实，社会分工越来越细，职业人员的视听囿于很小的天地，成了分工的奴隶。本地人也不一定熟悉他所从事的行业以外的工作情况。加上志书编纂不是文学创作，不可以凭空想象；不是论文写作，贵在创新立说。志书必须靠全面、系统、真实的资料说话，即使熟悉本地情况的本地人，也不能凭着大概印象撰写上下20年时限的志书，而必须认真查阅文献档案、开展社会调查等。如笔者参与编纂过的某部市志，就有一位本籍副主编不擅查阅、核实部门资料，多做些来稿编辑和结构微调的工作，结果他负责的志稿质量最不如人意。

无论是外地专家还是本地专家，只要操作的是同样的业务，经过一番实地调研、采访、交流之后，就是通的。不管是外地修志专家还是本地修志专家，都要与志稿所涉单位不断地商讨、修改、核实，甚至大动大改。随着通才的越来越少，专才的越来越多，专业的工作还是专才干得好，操作起来也得心应手。外地修志专家参与本地修志，更是双方经验的融合和携手共赢。

误区之四：专家评审意见＝金科玉律

认为专家的意见就是指令，甚至有的在修志之初，对专家评审过的篇目，就明示不再大动了，在修志之后期，认为通过了专家评审，就可以了。对此，魏桥先生曾指出："专家之言也非金科玉律，需要在实践中检验。地方志贯通古今，横及百科，需要虚心倾听有关学科专家的意见。但是有的专家自己并未亲自动手修过志，也不熟悉当地的地情，他们的建议可能符合某些学科的要求，而与当地实际、志书要求不完全相符，而难以采纳。"[①] "专家委员会主要是做指导工作，不是领导。专家委员会的意见，只供各市县参考，不是指令。志稿评审后，对于专家的意见，要允许各地保留意见。"[②]即专家的意见，需要择善而从。

修志之初，篇目设计只是个粗坯子，专家审议后的篇目，也是一个框架雏形，需要在实践中不断修订。或根据资料的丰缺变化不断调整，或根据思想认识的提高不断创新完善，甚至在志稿评议、审核之后，大动或翻盘，都是可能的，其目的都是为了进一步提升志书质量。志书未出，篇目未定，篇目始终是动态的。如果修志若干年，其篇目都没有什么变动，那么修志人员的思想认识也可能没有什么提高。根据专家的指导意见，再结合本地的实际情况创造出特色来，才是最为可贵的。

总的说来，既有修志实践又有方志理论研究的专家是志界之中坚。没有参加过修志的其他学科的专家需要在修志实践中学习锻炼成修志专家。脱离修志实践的专家，特别是空谈理论的专家，是成不了修志专家的。盲信专家之言，或不信专家之言，都是不可行的，需要择善而从。众手修志与专家修志相结合，业外专家与业内修志专家相结合，才是最佳。

---

① 魏桥：《修志思想解放五题》，《中国地方志》2009 年第 3 期。
② 魏桥：《发现亮点完善推广——在省地方志专家委员会上的发言》，《浙江方志》2012 年第 1 期。

谈控制志书篇幅的认识误区①

提　要：随着第二轮修志的深入开展，对控制志书篇幅的误区也需要澄清：篇幅长的志书不一定不好，篇幅短的志书不一定就好，关键看质量，已出版的志书验证了这一点。随着志书电子化的发展趋势，篇幅长的问题，如检索、携带、保存、传播以及成本的问题，就不是什么问题了。

关键词：志书；篇幅；控制；误区

控制志书篇幅的相关规定，主要体现在 1985 年《新编地方志工作暂行规定》(以下简称《暂行规定》) 第 15 条："一般情况下，县志以控制在三十万至五十万字左右为宜，市志控制在一二百万字至四五百万字左右为宜，省志字数最好控制在一千万字以内。" 1998 年《关于地方志编纂工作的规定》第 15 条："志书的篇幅不宜过大，今后续修，字数要相应减少。" 2008 年《地方志书质量规定》没有明确要求。但是，学者们关于控制志书篇幅的言论始终不绝于耳、不绝于文，这其中存在一些认识误区。

误区之一：控制志书篇幅有明文规定，应该认真执行

有的学者提出，"我们每个地方志工作者就应该认真去执行这个标准，并通过努力去达到这个标准"②，"像胡乔木所说的将志书字数控制到 50 万字是能够做到的。"③等等。

对此，笔者认为，有些规定来源于实践，但并未随着实践的发展而发展，有的滞后于实践，甚至变成限制发展的条条框框。关于志书篇幅的规定也是如此。《暂行规定》二十多年不变，而修志实践时时处处在变。事实是，已出版的区县志多在 100 万字以上，迄今鲜见有符合《暂行规定》要求的。学者们为何要一再强调这个规定呢？是学者们脱离修志实际、墨守成规？还是全

① 本文原载于《浙江方志》2013 年第 3 期。

② 陈枫：《志书篇幅严重超标原因浅析》，《广东史志》2012 年第 6 期。

③ 陈泽泓：《关于志书篇幅的思考》，《广东史志》2011 年第 6 期。

国的县区志主编们因地制宜、择善而从呢？这值得学者们认真思考、分析。

一般而言，篇幅过小的志书与篇幅较大志书相比，后者在资料性方面会更有把握。仓修良教授指出："现在看来，用数字来控制县志的编修并不是个好办法。要修一部内容丰富的好志书，没有一定字数的保证确实是困难的。因为现在志书要记载的内容确实很多，这是社会发展后整个社会生活内容丰富的实际所决定的。如今的社会内容比以往任何一个历史时期要多上几倍几十倍，没有百万字数确实难以容纳。"①

误区之二：控制志书篇幅字数是符合实际的，至今没有过时

如有学者在 2012 年仍认为："中指组规定的志书篇幅规模是科学的、符合客观实际的。志书篇幅普遍严重超标，是不是中指组规定的 30 万字至 50 万字的规模不符合各地的实际呢？回答是否定的，其理由是：（一）真正有价值的信息资料这个篇幅足够了；（二）大县与小县，发达县与欠发达县有 20 万字篇幅的差别是客观可行的；（三）精雕细刻加工是确保志书篇幅质量的重要环节。"②似乎明文规定了的就是科学可行的。但 30 万字至 50 万字的志书编出来后，信息量有多大，使用价值有多高，还得由读者说了算。在笔者视野中，尚未见到一部方志界公认的，既篇幅小而精炼，又信息量大的新志，就说明了这个问题。2008 年《地方志书质量规定》没有明确要求志书的篇幅，也说明已经没有规定的必要了。

误区之三：志书篇幅过长与文字不精练直接相关

方志界大多学者倡导编纂简志。不少学者认为，现在的志书越编越厚，越编越长。县志少则上百万字，多则几百万字；市志少则三四本，多则十几本；省志少则几十卷，多则上百卷。长篇幅，大部头，看起来困难，放也难放，于是提出在文字上加以精练的要求。就这个要求而言，是志书本应该努力的方向，是正确的。但若因此形成"篇幅长就是文字不精炼，篇幅短才方便阅读和保存"的观点，就不太妥当了。

① 仓修良：《方志学通论》，华东师范大学出版社 2013 年版，第 478 页。
② 陈枫：《志书篇幅严重超标原因浅析》，《广东史志》2012 年第 6 期。

其实，文字是否精练，与行文直接相关，对志书的篇幅不起决定性的作用。志书的篇幅长短，主要取决于志书的体例、框架、记述、资料等；是否吸引读者，主要取决于志书的内容价值、载体、形式等；是否便于保存，更不是控制志书篇幅的借口，难道方志馆和图书馆会因此拒绝篇幅长的志书而只存放篇幅短的志书吗？

当然，对于不必要的长、多余的长，如记述不必要的过程，空话套话的残留，文献附录的不当堆砌，不少是泡沫甚至是印刷垃圾，应该在记述规律性发展、行文规范、文献精选方面下功夫。

误区之四：志书篇幅过长妨碍志书的阅读使用

如有的学者提出，志书篇幅过大带来的弊病有四：一是检索不便；二是携带不便；三是普及困难；四是浪费资源。[①]也有学者提出，志书篇幅过大，不仅造成修志时间及人力耗费，而且使印刷成本加大，读者保存、携带、查用均不便。[②]

对此，笔者认为，这是纸质志书的通病，即使篇幅小的纸质志书，相对电子志书而言，也存在上述不足。随着数字化建设的推进，制作效率高、制作成本低、传播迅速、获取便利、可以随时随地阅读、方便检索的电子志书，将是今后发展的趋势。这样，志书的篇幅问题就不是什么问题了。

误区之五：志书篇幅关乎志书的质量与持续发展

如有的学者提出："控制志书篇幅的问题，是一个与续修工作保证质量、开拓创新密切相关的问题。"[③]"如果把志书的篇幅作为志书质量评比的一个条件；如果实行'篇幅超标'一票否决权；如果在志书出版前的几个程序（环节）上，都能严格认真地把住篇幅关，也许就不会形成今天这种局面。"[④]他们把志书的篇幅问题提到了一个至关重要的位置。

其实，志书的质量标准有 36 个字，即"观点正确、体例严谨、内容全面、

① 参见陈枫：《志书篇幅严重超标原因浅析》,《广东史志》2012 年第 6 期。
② 参见陈泽泓：《关于志书篇幅的思考》,《广东史志》2011 年第 6 期。
③ 陈泽泓：《控制篇幅与续志创新的思考》，《中国地方志》2001 年第 5 期。
④ 陈枫：《志书篇幅严重超标原因浅析》,《广东史志》2012 年第 6 期。

特色鲜明、记述准确、资料翔实、表达通畅、文风端正、印制规范”[①]，并不在篇幅长短。在中国地方志指导小组办公室编的《中国方志通鉴》中，浙江、江苏、上海三省市推荐的首轮优秀县志分别是《绍兴县志》410 万字、《武进县志》140.8 万字、《无锡县志》186 万字、《松江县志》174.9 万字。在仓修良著的《方志学通论》中，他推荐的首轮优秀县志分别是《上海县志》191 万字、《萧县志》104 万字、《通渭县志》95 万字。上述 7 部县志中，篇幅最小的是 95 万字，篇幅最大的是 410 万字。这说明不论是官方机构还是专家学者，评析志书的质量并没有以篇幅字数为衡量标准，因此所谓志书篇幅超标一票否决，是不切实际的要求。

总的说来，篇幅长的志书不一定不好，篇幅短的志书不一定就好，关键看质量，已出版的志书验证了这一点。片面地强调控制志书的篇幅是不对的，这不但束缚了修志人员，对志书的资料性也有很大的削弱。只要志书好，不管它的篇幅大小，都会吸引读者。同时，我们还应当看到，随着志书电子化的发展趋势，志书的篇幅问题或许会有新的解决之道。

① 《地方志书质量规定》。

口述历史在修志中的应用[①]

提　要：目前，口述历史被应用于史学研究以外更多的领域。口述历史在修志中的应用不足，方志界应该借鉴口述历史的理念和方法，不断提高编纂质量和志书阅读使用率。志书体例的创新和多元载体的呈现，是增强志书生命力、促进地方志事业可持续发展的关键因素。

关键词：口述历史；地方志；应用

现代意义上的口述历史，兴起于20世纪40年代的美国。至二十世纪六七十年代，口述历史在西方各国广泛传播，并在世界各地迅速发展。20世纪80年代，中国大陆开始出现口述历史，目前被应用于史学研究以外更多的领域。口述历史在修志中的应用不足，但应用前景广阔。

一、口述历史的界定及其典例

何为口述历史？至今没有公认的统一定义。有的学者认为，口述历史是以录音访谈的方式搜集口传记忆以及具有历史意义的个人观点。[②]有的学者认为，口述历史是通过有准备的、以录音机为工具的采访，记述人们口述所得的具有保存价值和迄今尚未得到的原始资料。[③]口述历史概念分歧的背后，隐藏着“口述史料”与“口述历史”的差异。笔者认同口述历史有如下几个要素或者是关键词，即“口述”“录音”“摄像”，“不是一次性的”，而是反复多次的访谈、研究，上升到一个更高的层面，是“双方合作”完成（一方是口述者，即被访谈者；一方是记录者，即访谈者），以“一问一答”的方式，最后的“成果公开化”，包括音像制品、文字著述，或存放在图书馆、档案馆、专门的机构，或在书报刊发表、出版，网络上传，广播电视播放等，目的是提供给他人研究或各方使用。而口述史料、回忆录、访谈录等，或多或少地缺少某些要素，不是口述历史。

要不要进行文字疏理、史实考订、补充修改？这又是一个有争议的问题。

① 沈迪云、莫艳梅合作撰写。本文原载于《广东史志》2014年第2期。

② 参见唐纳德·里奇：《大家来做口述历史》，王芝芝、姚力译，当代中国出版社2006年版，第2页。

③ 转引自杨祥银：《与历史对话——口述史学的理论与实践》，中国社会科学出版社2004年版，第5~6页。

如有的口述者说话不是那么流畅，逻辑性不是那么不强，由于记忆的偏差而导致史实的错误或者缺项等。是保持口述的原样，还是执笔者有所作为？有的学者认为，以不删改、不添加为原则，考订的部分以注释的形式出现。但如此著述，怎么让人读得下去？多数学者认为，在保持原汁原味的前提下，可以进行必要的加工、整理、提升，如把多余的语句删掉，把不通顺的语句捋顺，把表达不清晰的地方表达明白，对全文进行分段处理，还可加小标题和提要，有的还为了方便阅读删去访谈时的全部问话和插话。当然，原始记录稿和录音带一定要保留，修订好的文字稿必须经过口述者本人认可、签字同意，这样就不会引发纠纷。

有哪些可供资借鉴和利用的典例？这是口述史初学者比较关心的问题。例一，张学良口述、唐德刚撰写的《张学良口述历史》（中国档案出版社 2007 年版）[①]，9.8 万字。此书以张学良自述为主体，以唐德刚论张学良的数万文字为辅，另有“编者注”176 则，或简介登场之历史人物，或补充说明其事件背景，弥补了以往各种图书的错谬与不足。随书附赠《张学良原音访谈》光盘[②]，更是张学良百年风云际会的原始凭证。

例二，定宜庄、刘小萌对中国知青史研究的成果有三种：一是《中国知青事典》（定宜庄、刘小萌、史卫民、何岚合著，四川人民出版社 1995 年版）；二是《中国知青史——初澜》（定宜庄著，中国社会科学出版社 1998 年版）、《中国知青史——大潮》（刘小萌著，中国社会科学出版社 1998 年版）；三是《中国知青口述史》（刘小萌著，中国社会科学出版社 2004 年版）[③]。上述第

① 《张学良口述历史》目录：《张学良自述的是是非非（代序）》《第一章 身世：大帅起自草莽》《第二章 年少时：将门父子情》《第三章 女人们：平生无缺憾，唯一好女人》《第四章 内战和将领们》《第五章 不做东北皇帝》《第六章 “九一八”与西安事变》《第七章 余生：英雄坐老》《外编 唐德刚论张学良》（《从北京政变到皇姑屯期间的奉张父子》《花花公子·政治家·军事家》《张学良将军的赤子之心》《敬悼张学良将军“旧”诗一首》）、《附录 先大元帅的早年生活和事功》《本书所述大事年表》。

② 1990 年 1—5 月，唐德刚在台北北投张学良寓所和亚都饭店，先后录下 11 盘录音带，录音带标注的时间分别为 1990 年 1 月 25 日、3 月 16 日（2 盘）、4 月 12 日（2 盘）、4 月 20 日（2 盘），4 月 27 日（凯悦饭店，2 盘）、5 月 3 日（亚都饭店，2 盘）。

③ 《中国知青口述史》目录：《序言》《导读——知识青年上山下乡运动概述》《我这个人喜欢新鲜》（张韧口述）、《奋斗、求索，始终是这代人的主题曲》（曲折口述）、《迟到的婚纱》（张玲口述）、《一场大火改变了我的人生》（小月口述）、《在坎坷中重塑人生》（刘继业口述）、《我想用这个证明，我没有倒下》（吴献忠口述）、《坎坷人生路，拳拳赤子心》（柴春泽口述）、《我拥有这么丰富精彩的经历，真不枉来人世》（安海燕口述）、《不再颤抖的灵魂》（郑梦彪口述）、《版纳知青在行动》（丁惠民口述）、《阿克苏事件始末》（欧阳琏口述）、《把面子留给母亲，把理智留给自己》（杨清良口述）、《“中国的事，‘哀兵必胜’”》（庄伟亮口述）、《附录一 本书人物经纬》《附录二 名词索引》《附录三 主要参考文献》《后记》。

一种书属史料整理，第二种书属史学研究，第三种书属口述史学，此三种书在体例和内容上各有差异，合在一起有相得益彰之效。其中,《中国知青口述史》50多万字，采访对象有三类：一是当年官方树立的知青典型，围绕上山下乡运动谈自己的经历；二是知青中的民间领袖，围绕重大事件进行专题口述；三是普通知青，围绕人生坎坷谈感悟。此三种类型的知青凑合在一起，真情激荡，文野互补，再现了知青生活，折射出时代变迁。

方志界可以借鉴口述历史的理念和方法，创新志书的体例和载体，提升志书的质量和使用价值。

二、口述历史在修志中的应用不足

口述历史目前被广泛地应用于社会学、人类学、民俗学、图书馆学、档案学、教育学、文学、新闻学、影视学、医学、心理学、建筑学、犯罪学、族裔研究、妇女研究、赋权研究、传记研究、移民研究、灾难研究、文化研究、LGBT研究（同性恋、双性恋和跨性别研究）等人文、社会和自然科学领域，在推动跨学科研究中起到了相当重要的作用。[①]就中国大陆口述历史发展的态势而言，从北京到吉林、从江苏到上海、从浙江到四川，大致形成了当代口述历史研究的六个区域，各具特色。

但是，口述历史在地方志中的应用滞后，具体表现在以下几个方面。

（一）若干修志规定中提及口述历史的少

如中国地方志指导小组1985年《新编地方志工作暂行规定》、1998年《关于地方志编纂工作的规定》、2008年《地方志书质量规定》，只字未提口述历史。2007年《关于第二轮地方志书编纂的若干意见》有一句提及：“应重视社会调查，注意收集口述、音像等资料。”当然，这里的口述、音像资料，还不完全等同于口述历史。此外，无其他明文规定。

（二）修志中应用口述历史方法获取第一手资料的少

即地方志工作机构多凭借政府发文的形式，向机关、社会团体、企事业单位、其他组织以及个人征集资料。资料来源是官方文献的多，属第二手资料的多，没有“魂”的“死”档案多。修志者通过社会调查、口述历史方法直接获取第一手资料的少，内容缺乏鲜活性。

① 参见杨祥银：《当代美国口述史学的主流趋势》，载《2013 年全国地方志系统口述史专题培训班讲义汇编》，北京，2013年6月，第28页。

（三）修志中应用口述历史作为志书新体例的少

不管是在中国大陆还是中国台湾地区，至今还没有口述历史大量应用于地方志的。方志界对口述历史的应用，仍处于提倡和探索阶段，修志实践中，也仅限于口述史料的零星应用，或运用于对文献资料的鉴别参考。大规模开展口述历史实践，口述历史成果入志的，除浙江省杭州市萧山区地方志办公室正在进行的“口述萧山史”访谈活动和《萧山市志》口述历史专卷的编纂以外（后面有记述），其他的少见。

（四）修志中应用口述历史音像作为志书新载体的少

已出版的志书，包括图志，多是纸质志书，制作成音像志书的少之又少。这与网络时代的信息获取方式和阅读方式的转变相脱轨。据中国互联网络信息中心《第 30 次中国互联网络发展状况统计报告》，截至 2012 年 6 月底，我国网民规模达到 5.38 亿人，即时通信、搜索引擎、网络音乐、网络新闻、博客（个人空间）、网络视频的使用率名列前茅，依次为 82.8%、79.7%、76.4%、73.0%、65.7%、65.1%。[①]又据中国新闻出版研究院《第十次全国国民阅读调查》，2012 年我国国民图书阅读率为 54.9%，数字化阅读方式（网络在线阅读、手机阅读、电子阅读器阅读、光盘阅读、PDA/MP4/MP5 阅读等）的接触率为 40.3%。[②]在这个声音、图像、文字立体信息服务的网络高速发展时代，没有声像的、动感的、可视听的志书载体出现，是与全国的大规模修志热潮不相匹配的，也是难以有更高阅读使用率的。

三、口述历史在修志中的应用效果

口述历史的价值不可估量。如有的学者指出口述历史的价值有四：一是为史学研究开拓新领域、扩大新视野、补充新资料；二是提升民间的话语权，使普通百姓参加历史书写；三是为宏观历史题材补充鲜活、生动、翔实的个案；四是补史、证史，修正甚至改变对历史的认知。[③]

笔者认为，口述历史在修志中的应用效果也是显著的，具体表现在如下

① 参见中国互联网络信息中心（CNNIC）:《第 30 次中国互联网络发展状况统计报告》，http://www.cnnic.net.cn/hlwfzyj /hlwxzbg/hlwtjbg/201207/t20120723_32497.htm，2012 年 7 月 23 日。

② 参见《2012 年我国 18~70 周岁国民图书阅读率为 54.9%》，http://www.chuban.cc/ztjj/yddc/2013yd/201304/t20130418_139995.html，2013 年 4 月 18 日。

③ 参见刘小萌：《中国知青口述史的访谈方法与经验》，载《2013 年全国地方志系统口述史专题培训班讲义汇编》，北京，2013 年 6 月，第 120 页。

几个方面。

（一）增强了志书的大众性和鲜活性

传统的志书有官书之说，与大众读本尚存一段距离。口述史将研究关注的对象从上层社会的精英人物转为普通的人民大众，让那些不曾掌握话语权的人，开始一个个地发出自己的声音，叙述自己对历史的感受。这种“平民化”的历史，“自下而上”的角度，“民间性”“个人性”的特点，可以说是颠覆性、革命性的，也是回归正道的“历史是由人民创造”的具体体现。其形成的口述历史成果，即口述历史音像制品和文字文本，较之传统的档案文献，显得生动形象、鲜活感人、通俗易懂，更有趣味性、故事性，更贴近社会现实、大众生活，富有感染力和说理性，能拉近志书与平民之间的距离，激起人民大众的浏览兴趣。

（二）提升了志书的资料性和完整性

口述历史大多是官方文献中难以寻获的珍贵的第一手资料，对官方的文献资料有辑佚、补遗、鉴证的作用。如《萧山县志》（1987 年版）对“文化大革命”等政治运动的记载，仅有大事记里的寥寥几行，其续志《萧山市志》（2010 年版）对此也没有补遗篇章，属于大的缺项和历史的断线，而萧山口述历史中，童方圭的“我所经历的萧山‘三反五反’、社教、整风运动”，安敏的“1958 年的‘城厢反革命’案、‘文化大革命’经历回忆”，孙庆华的“我所经历的剿匪反霸、整风‘反右’、‘大跃进’，楼渭士的“‘大跃进’、‘文化大革命’经历回忆”，费根楠的“‘文化大革命’遭遇，落实三中全会精神”等内容，就起到了明显的补史、证史的作用。

（三）反映了志书的原则性、思想性

口述历史力求真实、客观，与志书的实事求是原则和述而不论原则并不冲突。口述者述说“亲历、亲见、亲闻”的历史，包括对重大事件、重要人物的回忆，彰显了时代的轨迹和人本思想。自古修志有生不立传的原则，但有重大影响的、有突出贡献的、有代表性的、活生生的人物，没有合适的形式翔实入志，人物志中的人物简介也多成了人物简历。而萧山口述历史里的人物记忆就是《萧山市志》人物志的另一种形式，其反映的人物更丰满、细腻，有教化作用。

（四）丰富了志书的体例和载体

口述历史的应用，在一定程度上打破了官修志书的模式，引入了民众参与历史创作的模式，志书的体例也因此为之变革。但这并不影响志书官修的主要性质，也不影响志书以志为主的体例特征，述、记、志、传、图照、表、录、索引 8 种体裁以外的更多元体裁的加盟将是今后发展的趋势，其在体例和内容上各有差异，但合在一起能起到相得益彰之效。通过纸质志书、音像志书、电子志书等多种载体，更大限度地服务当代，服务大众，是当务之急。

四、口述历史在修志中的应用前景

口述历史的研究在中国方兴未艾，特别是媒体、网络、出版等诸多方面积极关注口述历史，出专栏、专刊、专著等，全国上下呈现口述历史的热潮。如中央电视台新闻频道设有《口述历史》栏目，在《大家》《见证》《面对面》等栏目中也采用了口述历史的方法。北京电视台、上海东方卫视、南京电视台等也纷纷把口述历史引入电视栏目。中华口述历史专题学术会议和海峡两岸暨香港、澳门口述历史交流会议也持续召开，[①]前景广阔。

笔者认为，口述历史在修志中的应用也将成为趋势，具体体现在如下几个方面。

（一）中国地方志指导小组的推动

2013 年 6 月，中国地方志指导小组办公室首次与中国现代文化学会口述历史专业委员会联合主办了为期 6 天的全国地方志系统口述史专题培训班。邀请的授课老师，均是在口述史研究方面全国最具权威和在口述史实践方面卓有成效的人。如中华口述史研究会会长、中国社会科学院近代史研究所原副所长虞和平，中华口述史研究会常务副会长、扬州大学副校长周新国，中华口述史研究会副会长、首都师范大学社科处处长梁景和，中华口述史研究会秘书长、中国社会科学院近代史研究所研究员左玉河，中华口述史研究会副秘书长、温州大学口述历史研究所所长杨祥银，中华口述史研究会常务理事、中国社会科学院历史研究所研究员定宜庄，中华中述史研究会常务理事、中国社会科学院近代史研究所研究员刘小萌，台湾政治大学历史系名誉教授张哲朗，台北医学大学人文讲座教授、台湾社会改造协会创会理事长蔡笃坚，澳门理工学院成人教育与特别计划中心副教授王熹等。来自全国地方志系统的 130 多人参加了培训，他们对口述历史的理论与操作方法有了一个全面了

---

① 2004 年 12 月首届中华口述史学术讨论会，2006 年 11 月第二届中华口述史学术讨论会，2010 年 11 月第三届中华口述史学术讨论会，2011 年 10 月两岸四地口述史会议。

解，也将逐步应用到今后的修志实践中去。

（二）学者们的倡导

2004 年，朱佳木在首届中华口述史高级论坛开幕式上提出："中华人民共和国史或当代中国史的研究，以及地方志当代部分的编纂，恰恰是最适宜运用口述史方法的领域；同时，历史研究和地方志编纂中的当代部分，也是口述史最能大显身手的时段。"[①]从而引发了方志界对口述历史的关注。笔者通过网络搜索，2007 年以来，国内地方志期刊发表的口述历史的探讨文章有：陈华的《口述历史对志书编修的启发》(《中国地方志》2007 年第 1 期)；刘善泳的《口述史在地方志领域的地位与价值》(《中国地方志》2007 年第 9 期)；黄玲的《关于在新编志书中运用口述历史的探讨》(《中国地方志》2007 年第 9 期)；李玉平的《关于口述历史在地方志工作中的运用》(《广西地方志》2009 年第 6 期)；杨海峰、王丹林的《口述史与地方志编修——齐红深访谈录》(《中国地方志》2012 年第 6 期)；沈迪云、莫艳梅的《口述历史作为志书新形式的探索》(《中国地方志》2013 年第 10 期)等。2012 年 12 月 26 日，浙江大学人文学院历史学系教授梁敬明还应邀到浙江省方志办作口述史学专题讲课。他们引介口述历史的理念和方法，为地方志编纂提供了新的视角。

（三）应用形式多样化

包括方法的应用和成果的应用。一方面，搜集和利用学界已有的口述历史研究成果，增加口述历史入志的分量。即"拿来主义"，参照社会调查的入志形式，或精选口述历史片断载入志书正文中，或附录在编、章、节之后，或附录在全志之后。另一方面，有条件的地方志工作机构，可以自行组织、开展口述历史的实践，或邀请、委托专家学者开展口述历史项目，从中获取第一手鲜活资料。或编辑入志，或用于鉴证文献资料的参考，或开发利用于其他研究、育人、资政服务项目。

（四）萧山的引领尝试

浙江省《萧山市志》，上限为 1985 年，下限为 2001 年 3 月撤市设区，共 6 卷，1000 多万字，其中第 1~3 卷是志书的主体，设有总述、大事记、专志 45 编，共 500 万字；第 4 卷为索引专卷，150 多万字；第 5 卷是社会课题调查专卷（原为第 4 卷，现调整为第 5 卷），300 多万字；第 6 卷是口述历史专

① 朱佳木：《努力建设中国特色的马克思主义口述史学——在首届中华口述史高级论坛开幕式上的讲话》，《当代中国研究史》2005 年第 1 期。

卷（原为第5卷，现调整为第6卷），正在编纂中，另有口述历史影像纪录片若干个。

口述历史作为《萧山市志》新体例的探索，源起于对萧山籍领导干部个人史料的征集与研究。于2010年1月开始，萧山区地方志办公室组织工作人员和影视广告公司，采访了110多个人物，录音整理近100万字，对每一个采访对象，制作影像纪录片1个、摄影照片20张左右。访谈的对象有将军、院士、部长、大使，也有战斗英雄、艺术家、企业家、烈士后代，还有普通干部、职工、农民、教师等。起初，开展“口述萧山史”专项访谈活动，主要是为了挖掘、抢救“活史料”，为编写党史和党史研究提供参考。但经过一段时间的实践和对“口述萧山史”的研究之后，决定将“口述萧山史”的文字材料编辑整理，列入《萧山市志》第6卷，单卷本出版，与前5卷合在一起，可起到相得益彰之效。这在方志界是首创。至今，国内外口述历史作为志书新体例的很少，单独设编立卷的更是没有，创设《萧山市志》口述历史专卷无疑是一个大胆的尝试，正如沈迪云主编所说的，即使失败了也可以留给后人有益的探究。

口述历史的价值不可估量，其“自下而上”的角度和“民间性”特点，让普通百姓拥有话语权，参与历史的创作，是回归正道的“历史是由人民创造”的具体体现。方志界应该借鉴口述历史的理念和方法，不断提高编纂质量和志书阅读使用率。可以说，口述历史在修志中的应用是前景广阔的，志书体例的创新和多元载体的呈现，也是增强志书生命力、促进地方志事业可持续发展的关键因素。

口述历史应关注人的精神世界

——萧山口述历史实践及走向的思考[①]

提　要：口述历史应该关注人的精神世界，这是当前国内口述历史理论与实践的盲点，也是走向口述历史深处的路径之一。可根据不同年龄段，不同群体、个人，不同境况，设计不同的问题，反映当代人的精神生活、精神追求、精神困惑，并利用媒体传播方式，与媒体互动，扩大口述历史的成果。这是作者对萧山口述历史实践及走向的思考。

关键词：口述历史；精神世界；萧山

20 世纪 80 年代后，现代口述历史（以下简称口述历史或口述史）在中国大陆广受关注，各界对口述历史的探讨与实践此起彼伏，呈现出三大转向：由政治史取向转为日常社会生活史取向；由精英人物取向转为普通老百姓取向；由零散存放转为数字化传播成果共享。不足的是理论与实践脱节，探讨的多，付诸实践的少。

方志界对口述历史的探讨与实践相对滞后，大约始于 21 世纪初，近几年推进较快。据不完全统计，2007 年至 2014 年 6 月，省级以上方志刊物发表口述历史探讨文章十余篇[②]，其中笔者的文章共 2 篇。有开辟口述历史专栏的，如《中国地方志》期刊于 2013 年开辟专栏，《中国地方志》期刊网站同步辟

① 本文原载于《广东史志》2015 年第 6 期。

② 2007 年至 2014 年 6 月，省级以上方志期刊发表的口述历史探讨文章有：陈华：《口述历史对志书编修的启发》（《中国地方志》2007 年第 1 期）；刘善泳：《口述史在地方志领域的地位与价值》（《中国地方志》2007 年第 9 期）；黄玲：《关于在新编志书中运用口述历史的探讨》（《中国地方志》2007 年第 9 期）；李玉平：《关于口述历史在地方志工作中的运用》（《广西地方志》2009 年第 6 期）；张文：《关于构建地方志口述史料库的设想——从〈我的抗战：300 位亲历者口述历史〉谈起》（《广西地方志》2012 年第 5 期）；杨海峰、王丹林：《口述史与地方志编修——齐红深访谈录》（《中国地方志》2012 年第 6 期）；黄玲：《关于在新编志书中增加口述历史资料分量的探讨》（《中国地方志》2013 年第 10 期）；沈迪云、莫艳梅：《口述历史作为志书新形式的探索》（《中国地方志》2013 年第 10 期）；沈迪云、莫艳梅：《口述历史在修志中的应用》（《广东史志》2014 年第 2 期）；佟勇为：《浅谈口述历史对地方志馆的作用》（《沧桑》2014 年第 4 期）。

出口述历史专栏。有创办专刊的，如《口述常州》于2012年创刊，但笔者认为有的文章不是口述历史而是“笔述”的回忆录。更多的是开展口述历史实践，如浙江省杭州市萧山区地方志办公室自2010年开展口述历史以来，至今已采访110多个人物，形成了近100万字的文字稿，制作影像纪录片若干个。

口述历史如何走向深处？笔者认为，应该关注人的精神世界，这是当前口述历史理论与实践的盲点，也是今后口述史学研究发展的走向，至少目前还没有看到此类的专文、专著、影像面世。笔者试以萧山口述历史实践及走向为例探讨之，并请教各界专家学者。

一、抢救挖掘：重大事件与精英人物之记忆

现代意义上的口述历史，区别于传统口述历史，它有几个关键要素——口述、录音（摄像）、访谈、研究、非一次性、成果公开，其他的如口述史料、回忆录、新闻采访、田野调查，或多或少地缺少某些要素，不是口述历史。笔者阅读过的口述历史著作有20多部，都不是方志界著的。2010年开始的萧山口述历史以及即将出版的《萧山市志口述历史》专册，无疑是方志界的一个引领。

萧山口述历史，源起对“活资料”的抢救与挖掘，访谈对象是萧山籍党政领导以及经济界、社会界、文化界、其他界的典型人物，有将军、院士、部长、大使，也有战斗英雄、艺术家、企业家、烈士后代，还有普通干部、职工、农民、教师等，访谈设备有录音笔、摄像机、数码相机，访谈内容主要是重大事件、精英人物、改革发展的记忆。[①]这无疑是萧山史、精英史的鲜活反映，也是抢救及时的珍贵史料。因为至今，采访过的110多个人物中，已有5人逝世了，包括全国著名历史学家、方志学家、图书馆学家来新夏，全国著名越剧演员张桂凤等。形成的近100万字文字稿，将以《萧山市志·口述历史》专册的形式出版，影像纪录片在有关电视、网络专栏中播放。

相对传统档案资料，口述历史更鲜活、生动，富含细节，有补史、证史、鉴史、研史之功用。如《中国知青口述史》，与《中国知青事典》《中国知青史——初澜》《中国知青史——大潮》三种书，分属口述史学、史料整理、史

① 参见沈迪云、莫艳梅：《口述历史作为志书新形式的探索》，《中国地方志》2013年第10期。

学研究不同范畴，体例和内容各有差异的三类书，合在一起，文野互补，起到了相得益彰之效。又如萧山口述历史，对历次政治运动的记忆，对1987年版《萧山县志》和2014年版《萧山市志》，起到了明显的辑佚、补遗、缀合作用；对精英人物的记忆，对已经逝世或在世的人物而言，均有较大的研究价值。

对政治史、经济史、文化史、精英史的研究，是中国口述史学发展的必经阶段，也是史志机构开展口述历史的重点之一，目的是抢救、挖掘重要史料，但这个主线并不是单一的，有的与日常社会生活史、个人生命史研究并进发展。

二、走向深处：当代人的精神世界之反映

当前，口述历史学者比较关注社会生活史，关注普通老百姓的生活状态。如定宜庄著《老北京人的口述历史》，反映了晚清以来老北京人的生活变迁，进而追溯近百年来北京城市生活史。她说："在这部《老北京人的口述历史》中，我选择的访谈对象，更多的是普通人，尤其是下层社会的百姓、少数民族和妇女。"[①]"而实际上，正是这些人的生活、人的生命，才构成了一个城市的灵魂与神韵，是研究一个城市不可或缺的核心内容。"[②]此书以及此观点，得到了广大学者的认同。

萧山口述历史活动是要持续开展下去的，这与萧山区地方志办公室主任沈迪云的真知灼见密不可分。对于口述历史如何走向深处，他认为，"社会生活史、家庭史、个人生命史、工艺绝活史等，都是萧山口述历史的保留课题。""下一步，我们更多的应该是关注人的精神世界，反映人的精神生活、精神追求、精神困惑。目前，口述历史反映这方面的东西很少，没有从普通老百姓生活变迁中，更深层次地挖掘到精神世界的大变迁。我们可以做出些尝试与努力，这不是一朝一夕的事，可能要几年的时间去完成，目的是微观地、鲜活地反映出当代人的精神世界及其问题，以资重建当代人的精神世界，促进人的全面发展。"[③]

那么，什么是人的精神世界？当代人的精神世界有什么大变迁、突出

① 定宜庄：《老北京人的口述历史》，中国社会科学出版社2009年版，前言，第4页。
② 定宜庄：《老北京人的口述历史》，中国社会科学出版社2009年版，前言，第2页。
③ 2014年沈迪云与莫艳梅一起研究口述历史时提出的看法。

问题?

21 世纪初，国内学者开始关注人的精神需求和重视人的精神追求，提出人的精神世界问题。[①]人的精神世界是指意识活动及其活动结果的总和。依据意识活动的性质不同，人的精神世界分为如下几个层面、领域：心理层面（认知领域、情感领域、意志领域）；认识层面（思维领域）；伦理层面（道德领域）；精神层面（审美领域、信念领域、信仰领域、理想领域）。在现实世界中，人的实践活动的结果生成物质世界，人的意识活动的结果则形成精神世界，在本质上揭示人的精神性。人的精神是由物质决定的，随着物质世界的发展，人的精神世界也不断地发生变化。

改革开放以来，随着经济的发展，物质日益丰富，人们的精神世界发生了深刻的变化，大致表现为几个倾向：多元化倾向（价值主体多元、价值标准多元、价值取向多元）；世俗化倾向（拜金主义、享乐主义、功利主义）；冷漠化倾向（道德观念差、责任感差、正义感差）；精神淡化倾向（信念薄弱、信仰危机、人文精神减退）。问题的成因也是多元的——传统文化的断裂、核心价值的缺失、社会转型的负面效应、市场经济的消极影响等。如今，有的人越有钱越空虚、孤独，感觉生活无意义；有的人不管怎么努力都买不起房、买不起车，无权又无势，觉得世道太不公平，活着也没什么意义；有的人对新环境、新变革无所适从，精神上十分痛苦与迷茫；有的人沉湎于网络中不可自拔，身心受损，人性扭曲，不思进取，完全丧失了对家庭、社会、国家、民族的责任感。

关注人的精神世界，是历史发展的趋势，是现实社会的呼唤，是口述史学研究的新走向。事实证明，人的物质世界与精神世界是互相依存、互相促进、共同发展的。如果只有物质世界的现代化，没有精神世界的现代化，就是跛足的、不全面、不科学的现代化，就不是真正意义上的现代化。如果只注重当代中国社会大变革时期的有形的物质世界的变革，而忽视无形的人的

① 关于人的精神世界的论文，可参见韩庆祥：《关注人的精神世界》，《学习时报》2001 年 5 月 28 日第 3 版；刘荣荣：《关注当代人的精神世界——中央党校韩庆祥教授访谈录》，《文明与宣传》2001 年第 9 期；何中华：《人与人的精神生活》，《前线》2002 年第 3 期；郭湛：《社会转型与精神困惑》，《前线》2002 年第 3 期；夏学銮：《如何提高精神生活水平》，《前线》2002 年第 3 期；张健：《社会主义市场经济背景下人的精神世界研究》，博士学位论文，中共中央党校，2004 年 5 月；刘耀霞：《关注人的精神世界与促进人的全面发展》，《理论导刊》2006 年第 2 期；陈春莲：《改革开放以来人的精神生活问题及成因探析》，《陕西行政学院学报》2010 年第 2 期；刘金祥：《论人的精神世界现代化》，《民主与科学》2012 年第 3 期；赖怡静：《改革开放后中国人的精神世界及其重建》，《科教文汇》2012 年第 7 期（下旬刊）；路日亮：《当代人类精神世界的嬗变与生态化生存》，《中国特色社会主义研究》2013 年第 5 期。

精神世界的变化，必然会产生诸多的矛盾，甚至反过来制约物质世界的变革。当代中国人的精神世界已经出现了大变化，产生了与物质世界变革不相适应的新问题，我们应该更多地关注人的精神世界，研究社会主义市场经济背景下人的精神世界及其存在的问题，从而找出当代中国人的精神世界建构的基本途径，有效地消除当代中国人的精神世界的痛苦和困惑，促进人的精神世界的丰富和健康发展。这是人的全面发展的当代呼唤，也是口述史学研究亟待跟进的新任务、新课题。

三、考察视野：不同年龄段之百姓声音

当代人的精神世界到底是怎样的？开展口述历史，明确了这个课题，要选择什么样的访谈对象？如何寻找访谈对象？要反映哪个方面的主题？设计什么样的问题？这是考察当代人的精神世界之口述历史的功夫课。

在萧山口述历史实践中，拟选择 18~100 周岁不同年龄段的普通老百姓作为访谈的对象。除了访谈者自己寻找有代表性的访谈对象以外，还在本单位的《萧山记忆》（连续出版物）上刊登《启事》，诚请读者参与或提供线索。单位推荐、知情者推荐、个人自荐的受访者均可，萧山籍人、新萧山人均可。经协商后，由口述历史工作人员对口述者进行访谈，并进行摄像、录音。

针对不同年龄段，不同群体、个人，不同境况，设计不同的主题和问题。

如 60 周岁以上的老年人，他们的精神生活是怎样的，他们的心理需求是什么？因人而异。如“孤寡老人”类，无儿女无老伴，孤苦伶仃，渴望有人说说话、聊聊天，需要有人关心；“矛盾老人”类，三代同堂，因生活琐事的摩擦，郁郁寡欢，需要小辈的体谅；“富裕老人”类，因子女无理索取，陷入财产困扰，需要有人开导；“病瘫老人”类，久病在床，心情忧郁，觉得生活没有意思，会产生生不如死的想法，需要精神安慰和生活照料；“精神充实”类，与儿孙同住，其乐融融，与伴侣漫步，恩爱有加，读报、看电视、打门球，休闲快乐。笔者曾访谈过一位 80 周岁的老干部，他就是属于这类老人，他退休后，热心老年公益事业，兼任了关心下一代工作委员会、老年体协、门球协会的职务，不领任何补助，忙但快乐着，如今老伴身体不太好了，陪老伴的时间多了，参加活动的少了，他认为自己是知足常乐，比上不足，比下有余，满足了。

40 多岁的中年人，上有老，下有小，他们的精神生活、精神追求、精神

困惑，又因不同职业、不同性别、不同教育程度各不相同。如事业有成的人，他们的精神压力主要来自于工作和家庭，既要做好本职工作，确保事业不滑落下来，还想继续上升，尝试以前没有做过的事情，渴望以前没有拥有过的东西，同时要操心父母的健康、子女的成长、配偶的事情，劳心劳力，但不是每个人都能够工作顺心、家庭和睦的，有的人受外界因素的干扰，就出现了精神世界的迷失和困惑；事业无成的人，觉得自己窝囊，没有社会地位，没有经济财富，上对不起老，下对不起小，心情焦虑，抑郁寡欢，有的人索性放纵自己，吃喝嫖赌，精神堕落，有的怨天尤人，冷眼看世界，得过且过，颓废得很；身体透支的人，对健康忧心忡忡，有的受病痛折磨，苦不堪言，后悔当初拼命挣钱，如今用钱买命，人生就是一场悲剧。

20多岁的年轻人，面临学业、就业、情感、住房的问题，不少人产生了负面的心态，如困惑心态、浮躁心态、悲观心态、逆反心态等。有学者称当代中国青少年精神世界的主流是伪现代人、伪叛逆者、缺乏感情的独居者。说他们没有兄弟姐妹，现代住房的独门独户又使得他们缺少与同龄人的交流和沟通，他们的骨子里是孤独的，渴望亲情，却从未尝试去付出感情和真诚；说他们不可能真正地去叛逆这个社会的主流价值，因为会失去太多已经习惯了的物质生活，这是他们所不能容忍的，这就注定了他们中绝大多数的叛逆只能是一种表象的叛逆，只能把叛逆的方向集中在服装、发型、语言等方面，而不敢去触及最核心的价值观——喧闹背后灵魂的寂寞；说他们喜欢以现代人自居，现代人的娱乐也无非是寻求感官上的刺激和精神上的麻醉，沉溺于快速的节奏、喧嚣的声响和色彩的魔术，甚至是低劣的俗情滥调，愈来愈没有精神生活和真正的内心世界。当然，这些都是一管之见。从正能量讲，热爱祖国、积极向上、团结友爱、文明礼貌是当代中国青少年精神世界的主流。

又如，萧山人富裕了，但幸福了吗？带着这样的思考，萧山区地方志办公室于2011年开展了萧山人的幸福感调查，调查对象为18~70周岁的萧山人，通过国际上较为流行的福代斯量表测量，得出萧山人幸福指数6.56分（满分10分）。而幸福指数位列全球第一的澳大利亚、加拿大的幸福指数均为8.1分，位列第七位的美国为7.5分。说明萧山人的幸福感还有较大的提升空间，其中高层次需要（自我实现与尊重）对萧山人幸福感的影响力名列前茅，接近四成的居民认为自己的理想大都没有实现，近两成的居民认为自己的理想大都实现了，近三成的居民认为自己的工作（学习）环境抹杀了自己的创造力，近三成的居民认为这个社会没有给他提供平等的发展机会，个体幸福感悬殊的背后更是几家欢乐几家愁。

如今萧山人富裕了，但精神世界如何？带着这样的思考，萧山区地方志办公室重新出发，开展口述历史之人的精神世界的实践探索，拟访谈 18~100 周岁的普通老百姓，倾听他们的喜怒哀乐，挖掘更深层次的关乎人的精神世界的最真实、最细腻的声音。

“中国梦　我的梦”是当前的一个热话题。中国梦的精髓是中国精神，“我的梦”的精髓是人的精神，是一种精神追求，一种信念和理想，也是口述历史之人的精神世界的主题之一，是正能量的东西。

以当代人的精神世界为主题的口述历史访谈，需要访谈者有良好的素质和丰富的知识储备，精心设计访谈问题，对受访者的个人情况、家庭情况等都要有较全面的了解，还要懂得心理学，善于倾听，善于引导话题，充分尊重受访者，明确访谈者和受访者是一种平等、互动、合作的关系，而不应持弱化受访者的居高临下、咄咄逼人、穷追猛问的态度。此外，访谈中，语言相通十分重要。如果语言不通，就难以交流、交心，采访往往事倍功半。如笔者在老家做口述历史访谈时，就是用当地的官话和瑶话与受访者对话，十分的顺畅。做好充分的访谈准备，并临场互动、引导好，才能挖掘出更多、更深层次的声音。

四、价值几何：刊载与集结出版之评说

近年来，口述历史在媒体上频频出现。口述历史访谈与新闻记者采访有何区别，其史料价值一样吗？如果一样，是不是史志界就不用如此紧迫地投身口述历史、关注人的精神世界了？

口述历史访谈与新闻记者的专题采访是不一样的，虽然两者也有采用摄像或录音的方式，具有现场感、真实性，但两者的出发点不一样，采用口述资料的程度不一样，形成的作品价值不一样。前者以记录历史或研究历史为出发点，需要精心准备，从学术的角度设计问题，全程录音，整理出全部文本，在保持原汁原味的前提下，进行适当编辑、史实考订、内容完善，也就是说，可能不止一次访谈，或是反复多次访谈、研究才能完成，是存史价值极大的口述历史著作。而后者通常具有特定的目的，如为报纸、杂志撰写文章，或者是准备新闻报道，以服务受众为目的，不以存史、证史为目的，它更多的是关注名人及其叙述背后的文化意义，由于截稿时间的压力，记者通

常以快捷的方式发问，提问是从受众的角度而不是从学术研究的角度，他们不会花太多的时间去引导受访者慢慢回忆、从头到尾地述说，也没有耐心聆听长篇大论。一次性采访之后，采用的也只是很少的一部分口述资料或者说是只言片语，尽管这部分口述资料也是第一手的未被加工的真实资料，但形成的作品更多的是新闻记者在应用自己的才能书写历史而不是口述者用自己的声音书写某段历史。也可以说，口述历史是对历史记忆的完整记录，而新闻记者只要其中一小部分，包括“口述历史”类电视访谈节目，与严格意义上的口述历史有很大差别。一些报刊“口述历史”类文章，没有采用受访者口述、访谈者录音的形成，而是采用受访者口述、访谈者笔录加工的形式，或者是作者（受访者）自己撰写的回忆录，也不是严格意义上的口述历史。

因此，尽管目前电视、报刊等媒体积极采用口述历史访谈方式，创作了繁多的“口述历史”类节目或者作品。但是，史志界自己开展的口述历史研究与实践，有着特殊的史料价值和应用价值。

新时期编史修志，有“四多、四少”现象：一是第二手资料多，原创的第一手资料少；二是记载有形的、看得见、摸得着的、不易消失的东西多，记载无形的、看不见的、摸不着的、容易消失的东西少；三是无声的、无影的史志多，有声的、有影的史志少；四是平面记述的多，深度反映的少。口述历史之人的精神世界，无疑是自行组织、挖掘的第一手资料，是对人的精神（审美、信念、信仰、理想）、心理（认知、情感、意志）、认识（思维）、伦理（道德）方面的深度记述，是原汁原味的、有声有影的、鲜活生动的第一手资料，可引用、使用的价值很高。

文献的价值到底有多高，生命力有多长，不是谁说了算，是要靠时间检验的。实践证明，文献的第一手资料比例越大，其原创性、独特性越强，可引用、使用的价值也越高，生命力也越强。即使过了10年、20年、100年，或许别的第二手资料的文献过时了或者价值小了，但口述历史作为第一手资料的著述不会过时或者价值更高，它是别人没有而你独有的，是不可替代的选择。

口述历史工作者还可以利用媒体传播方式，与媒体互动，扩大口述历史的成果。

由于口述历史访谈不再局限于录音而更多地进行录像，录像资料可以被纪录片采用，形成纪录片新类型口述历史纪录片，与口述历史著作一样公开发行。

如萧山区地方志办公室于2010年起开展的口述历史，就兼用了媒体、网络、出版等传播方式。除了编辑出版《萧山市志口述历史》专册以外，还在《萧山记忆》（连续出版物）上推出《口述历史》专栏，与萧山电视台、萧山湘湖网联合推出《“英雄的记忆”——金萧支队》专题，创作了演绎作品《萧山乡贤寻访记》（上海远东出版社2013年版），并在《萧山日报》上连载。下一步，围绕当代人的精神世界、个人生命史、工艺绝活史等主题开展的口述历史，将继续采用媒体、网络、出版等传播方式，一方面在《萧山记忆》上陆续刊发，另一方面集结出版，适时与媒体合作推广。当然，这些都要经过口述者本人签字同意。

进入21世纪，国内学者对人的精神世界问题进行了较为深入的研究，但存在着理论研究与实践脱节的现象，尤其是口述史学对人的精神世界的研究滞后。萧山区地方志办公室对此进行探讨并付诸实践，无疑是一个引领，也是走向口述历史深处的大胆探索。口述历史之生动性、真实性、个人性、平民性是无可置疑的，口述历史之当代人的精神世界之实践探索及其成果，将来价值几何，也有待世人评说，包括存史价值之评说、学术价值之评说、资政教化价值之评说。我们希望大家都来做口述历史，尤其是有条件的史志机构更应投身口述历史之实践，在实践中不断探索，在探索中走向口述历史深处，共同繁荣口述历史的未来。

想要的说出来

——《凤凰村志》口述历史实践探索

提　要：传统的志书，资料来源于档案文献，有的资料欠缺，想写什么缺少什么。口述历史，可以想要什么问什么，通过受访者的讲述，得到想要或想写的东西。口述历史，是搜集资料的重要手段，保存历史的重要载体，创新志书体例、深化志书内容、提升志书使用率的重要举措。《凤凰村志》口述历史实践是一个有益的尝试，口述历史单独成编入志也是一个创新。

关键词：口述历史；凤凰村志；实践；探索

村志，是我国地方志的重要组成部分。长期以来，村志的编写，有“三多三少”：土秀才主笔的多，专家参与的少；传统篇目设置的多，创新体例的少；平铺直叙的多，深度记述的少。总的来说，质量参差不齐，规范与创新均有待增强。

2016 年 12 月，笔者应邀指导浙江省《凤凰村志》的编写，不久被聘为该志主编，非常有幸、有条件地开展了口述历史实践，并对村志体例的创新进行了探索。

一、凤凰村首编村志

杭州市萧山区衙前镇凤凰村，是中共领导农民运动的发祥地，是“杭州市社会主义新农村建设标兵村”、“浙江省全面小康建设示范村”、“全国敬老模范村”、萧山首个“全国文明村”。全村面积 2.44 平方公里。2016 年，全村共有 581 户、2204 人，村级可用资金实现 4424 万元，村民人均纯收入 4.96 万元，村级可用资金、村民集体福利连续多年排名萧山各村（社区）第一。

凤凰村第一次编修村志，几经研究，拟设专志 18 编，依次为衙前农民运动、村庄、姓氏、村政、村区建设、农业、工业建筑业、商业服务业、村级经济收益分配、村民生活、民情民俗、教育卫生、文化体育、军事民兵、人物、沈定一、口述历史、社会课题调查。志前之概述、大事记，志末之大事记略、附录、索引、参考文献、编后记，不列入编的序列。力求注重村志内容与形式的创新。如新设首编“衙前农民运动”，末编“沈定一”，突出反映在全国有重要影响的史事、人物。考虑到村内没有编修过姓氏宗谱，撰写“姓氏”以及“户主家世”时，特地开展了村内姓氏源流普查、户主身世及家庭成员情况普查，让村民寻根问祖、理清自己的来历，增强实实在在的根源感、存在感和归属感。使用社会调查的方法，广泛开展社会调查，调查成果独立成编入志。注重口述历史的方法，对文献资料起补充、印证和鉴别作用，口述历史成果独立成编入志。村委会大力支持村志工作，力求提高修志效率，确保修志质量。该书计划于 2018 年年底以前出版。

二、无声的兼有声的

传统的村志，资料来源于档案文献。村一级档案，尤其是过去的村级档案，有的不太正规，保存至今的资料有限，可应用的资料更是有限。想写什么缺少什么，巧妇难为无米之炊，这是一大难题。

怎么办？这些无声的、躺在档案里的资料有限，其鲜活性、可读性又欠缺。要不要想办法创造些有声有色的、生动鲜活的音频资料、视频资料，丰富村志的内容，增强村志的资料性、可读性？我们想到了做口述历史工作。

口述历史无疑是弥补传统文献资料不足的最好载体之一。它是一种有声的历史，“活着”的历史，访谈者通过访谈、录音、录像，记录受访者对历史事件、历史人物以及自我历史的回忆与口述证词。它保存历史、叙述历史，又创造资源、传播共享资源，功用不可估量。

2017 年 1 月，中国互联网络信息中心（CNNIC）发布第 39 次《中国互联网络发展状况统计报告》显示：中国网民达 7.31 亿人，相当于欧洲人口总量，互联网普及率达 53.2%。搜索引擎、网络视频用户规模分别达 6.02 亿人、5.45 亿人，网民使用率分别为 82.4%、74.5%，在中国网民各类互联网应用中排名第二、第四。[①]

互联网、数字化时代，口述历史承载历史文化的功能以及服务功能将与

① 参见中国互联网络信息中心（CNNIC）:《第 39 次〈中国互联网络发展状况统计报告〉》，http://www.cnnic.net.cn/ hlwfzyj/hlwxzbg/hlwtjbg/201701/t20170122_66437.htm，2017 年 1 月 22 日。

日俱增。

口述历史还是创新志书体例、深化志书内容、提升志书使用价值的最有效方法之一。

传统的志书体裁，有述、记、志、表、图照、传、录、索引 8 种。目前，口述历史资料入志，与社会调查资料入志一样，已不是新鲜事，但作为新的体裁形式入志的不多，入志的规模也小。实践证明，口述历史作为第一手资料，鲜活的资料，它的独有性和使用价值，是志书独有性和使用价值提升的重要因素。反之，大家都有的而不是你独有的，尤其是网络知识信息大量入志，就没有多大引用价值，志书的资料性和著述性也大打折扣。

为此，我们开展了凤凰村口述历史活动。村庄是如何发展变迁的？村民生活和个人奋斗史、生命史是怎样的？有何梦想或心事还有奇闻轶事？我们想听村民说。为提升口述历史的质量和效益，我们邀请了中国社会科学院当代中国研究所第四研究室的专家学者对有关阶段进行技术指导与把关等。原计划所有的访谈进行全程录像，实施中做了修改，除了村党委书记、村主任等人的访谈进行全程录像以外，其他的仅用录音笔录音，不架摄像机录像，以消除受访者不必要的紧张或者顾虑。访谈前，村委会提供受访者参考名单，并提供受访者的有关资料（职业职务、出生年月、文化程度、工作经历）。访谈时，村里配备专人协助以及联络这项工作。

自 2017 年 2 月开始启动凤凰村口述历史工作，由莫艳梅针对不同的受访者撰写访谈提纲。3 月 29 日，进村入户访谈。至 6 月 1 日，先后访谈四十多人。6—12 月，对口述历史录音进行整理与编辑。12 月中下旬，将四十多个口述历史录音整理稿全部交返口述者审阅，总计近 40 万字，收获颇丰。

三、想要什么问什么

依据档案文献编写志稿，资料明显不足，想要什么缺少什么。我们开展口述历史活动，就可以想要什么问什么，通过口述历史的方法搜集资料，得到自己想要的东西。令我们感动的是，凤凰村委会大力支持，受访者积极配合，基本上应邀而来都有问必答，确保了我们对口述历史工作的顺利开展。

访谈对象类别，实行各行各业、各年龄段、性别、贫富、典型与一般、在家种地或外出外来务工等方面全覆盖，总计四十多人。其中，村委会主要领导 2 人，大学生村干部 2 人，本村企业家、办厂能人 2 人，过去的大队长、生产队长 2 人，生产队会计、仓库保管员 2 人，村民小组长 2 人，民兵连长 1 人，凤凰村股份经济联合社 1 人，股东代表 1 人，市场管理人员 1 人，贫困户 1 人，见多识广的老人 3 人，农村妇女 3 人，农村医生 2 人，教师 2 人，荣誉村民 1 人，外来创业、经商人员 2 人，外来务工人员（打工）1 人，基督教徒 1 人，有故事的人 5 人，李成虎的后代 1 人，沈定一及其后代知情人 6 人。

访谈内容，以亲历、亲见、亲闻为主。内容和话题，体现新闻传播与社会变迁的统一。如职业人员，讲述行业史、个人奋斗史、生命史；年长者，讲述村史、家庭史、专题史；年轻者，讲述他们的教育观、择业观、消费观；农村妇女，讲述婚姻、赡养、民俗等。不管是各行各业的人，还是年长年轻人，穷困或富裕人，在村还是外出外来的人，他们对自己的人生和凤凰的过去有什么看法，对未来的生活和凤凰的发展有什么展望，这是必问的话题，体现出农村今昔纵向对比、新旧观念对比、城市与农村的横向对比。

因人而异设计具体的访谈提纲。如村党委书记胡岳法，1949 年生，1968 年当村会计，1976 年当生产队大队长（村长），1992 年当村党委书记，2017 年 4 月换届选举，已经 68 周岁、担任村党委书记 26 年的他再一次当选。他本身就是一部改革开放史，他领导的凤凰村也是改革开放的一个窗口。他是怎样一个人？他的书记生涯又是怎样的？担任村干部半个世纪，又有什么辛酸苦辣以及感悟？家庭生活如何？有什么喜好？平常烧饭吗？洗衣服吗？打麻将吗？上网吗？玩手机吗？穿名牌衣服吗？等等。这些平凡的、不平凡的方方面面，都是我们想要了解的。为此，我们设计了二十多个问题。2017 年 4 月 21 日下午，胡书记接受了我们的访谈。

又如中共早期党员沈定一（1883—1928），系凤凰村人，也是中国现代农民运动的发轫者，被孙中山称为“浙江最有天赋之人”，创作了中国现代文学史上第一首白话叙事诗。他早年留学日本，参加辛亥革命，1916 年任浙江省议会议长，1919 年与戴季陶创办《星期评论》，1920 年与陈独秀等创建上海共产主义小组，1921 年回凤凰发动农民运动，1924 年参加国民党第一次全国代表大会，被选为国民党中央执行委员会候补委员，1926 年被选为国民党中央执行委员会常务委员，1928 年在家乡遇刺身亡。他的一生较为复杂。他的家世是怎样的？祖辈、父辈是干什么的？婚姻家庭又怎样？子孙后代遭遇如何？这些都是需要我们了解的。为此，我们设计了四十多个不同的问题。他的后代，包括在凤凰村内村外的，应邀接受了我们的访谈。

四、说出来的有多好

把话筒传给百姓，听民众诉说历史，凤凰村口述历史无疑就是很好的实例。

史学界、新闻出版界为什么关注口述历史？说出来的历史又有多好？我认为有四好：一是生动，富含细节，有情感有故事；二是实在，不经修饰，质朴无华；三是鲜活，活灵活现，现实感强；四是内容丰富，有广度、有深度，可补史证史校史。

见物不见人，因事系人不足，是当前志书的一大弊病。都说写人物难，传记鲜活的人物更难，简介在世的人物更是只见简历不见事迹。凤凰村口述历史，尤其是个人奋斗史、生命史，无疑是《凤凰村志》记叙人物的另一种形式，其体现的人物丰满、鲜活，令人动容。

例如，村委书记胡岳法，也有得罪人的时候，有不被人理解的时候。自己的二舅子曾经掀翻了他家的饭桌，某村民把污水泼到了他家的门口。虽然受了委屈，但他有自己的处事准则。他说："处事要公，一定不能偏袒亲戚。出现矛盾冲突时，要有胸怀，一定不能斤斤计较。"他是这样说的，也是这样做的。那位向他门前泼污水的村民，后来夫妻不幸双双得绝症，留下三个小孩。胡书记及时前往慰问，送去钱粮，并安排村里抚养其孩子直到长大成年。

凤凰村与华西村不同，私营经济占比 80%。华西村只有集体经济，一条腿走路；凤凰村是私营经济与集体经济同步发展，两条腿走路。

有几名企业家接受我们访谈时，对我们的口述历史活动十分赞同。他们说自己吃过很多苦，受过很多罪，办厂起家创业很不容易，而现在的小孩子生活在蜜水里，有时候跟孩子忆苦思甜，孩子还不相信，以为是编故事呢。通过口述历史，也让孩子们知道他们的创业艰辛，这不是讲故事，是真实的经历，这种艰苦奋斗的经历以及拼搏精神，要传扬下去。

诸多鲜活的语言，流淌的情感，自我历史的认知，在传统的档案文献里，是难以寻觅的。来自最基层的普通老百姓的语言，是真情流露，更丰富多彩，有感染力。

传统的历史记录，大多把焦点投在少数的精英人士身上，普通人只是作为大数据统计集体出现。凤凰村志口述历史把焦点对准普通村民，记录他们的奋斗史、命运史、生活的变迁和喜怒哀乐。以小见大，展现时代的震荡和风云变幻，凤凰村的变更也隐含其中。对凤凰村的情感和依赖，是多个村民在访谈中不约而同体现出的基调。

五、乡愁就在那里

《见与不见》诗歌里，有这么几句："你见，或者不见我，我就在那里，不悲不喜；你念，或者不念我，情就在那里，不来不去；你爱，或者不爱我，爱就在那里，不增不减。"

乡愁又何尝不是呢？不管你见或者不见，念或者不念，乡愁就在那里，剪不断，理还乱。

有情的又有声的口述历史，就是留住历史的记忆，留住乡愁与乡思，记录乡俗与乡音的最好载体。

在凤凰村口述历史活动中，我们访谈了沈定一的后代。他们有的在凤凰村，有的在杭州，有的在省外，平常很少联系往来。笔者通过访谈凤凰村的沈氏后代，找到在坎山的沈氏后代，又找到在杭州的沈氏后代。他们得知缘由之后，都十分愿意接受访谈，说到伤心之处的时候，又无一例外地声音哽咽，老泪纵横。我深受感染。

因为他们在"文化大革命"中，都遭遇不幸，经历坎坷。有的为了生存，还改了本姓。如高月根、高阿根，在接到我的电话时，说他姓高不姓沈。我说您是沈氏后代，宗谱里写的是沈月根、沈阿根。他们说是的。他们一点也不否认自己是沈定一的后代，还希望有朝一日能恢复沈定一的墓。

根据访谈，我们了解到，沈月根、沈阿根是沈定一的长子沈剑龙与留法学生王会真（李达之妻王会悟的妹妹）的孙子。沈剑龙与杨之华（后与瞿秋白结婚）还有一个女儿叫沈晓光，后被杨之华带走，改名瞿独伊。王会真也曾经想带走年纪尚小的沈月根、沈阿根，想让他们到上海读书，长大后有出息。沈定一的原配周锦朝坚决不同意，说她已经失去了一个孙女（沈晓光），不能再失去另两个曾孙，曾孙跟在她的身边，就是一个安慰。可惜，周锦朝、王会真先后病逝。父母离婚后，沈月根、沈阿根还是跟随母亲姓高，但曾祖母教诲的"好好做人"的话，他们一直铭记在心，践行于世。

笔者在这次口述历史活动中，听到也看见了许多的乡愁乡思。乡愁乡思，就在故事里，在记忆里，在口述历史中。

如 2017 年 6 月 1 日，笔者作为《凤凰村志》的主编，前往江苏淮安采访沈定一的儿子沈文信。沈文信今年93周岁。他是一个老革命，曾经从凤凰到杭州读书，从苏北军区文工团到苏南军区文工团，从高等军事学院军乐队到中国人民解放军军乐团，从黑龙江支边到江苏淮安任教，从南走到北，又从北走到南，从1949年1月入伍到1988年1月离休，革命工作整整40年。说起往事，沈文信如数家珍，倾心而谈，说到家乡家人，他饱含深情，两眼泛泪，那种剪不断、理还乱的乡愁与乡思，令笔者深受感染。

把根留住，留住乡愁，村志责无旁贷，方志人责无旁贷。

口述历史是保存记忆、记住乡愁的重要载体，是创新志书体例、深化志书内容、提升志书使用率的重要举措。《凤凰村志》大胆尝试，将口述历史成果，文本资料单独成编入志，配以图片，图文并茂。口述音频、视频进行开发利用，数字化处理，网络化传播，以更好地服务大众，促进经济社会发展。

富裕起来的村民在想什么

——《凤凰村志》社会课题调查实践探索①

提　要：当代农民在想什么，盼什么，忧什么，有哪些急需解决的现实问题和矛盾冲突？这是最具时代性、地方性和社会性的问题。村志如何反映？为了获取第一手资料，萧山在编纂《凤凰村志》过程中，组织开展了“富裕起来的凤凰村民未来期待调查”，并将调查研究报告录入村志中，以期对增强志书的时代性、地方性、资料性、著述性以及原创性有所裨益。

关键词：社会调查；凤凰村志；实践

2015年8月，国务院办公厅印发《全国地方志事业发展规划纲要（2015—2020年）》，指出要重视乡镇村志编纂工作。2015年5月，中国地方志指导小组办公室印发《中国名镇志文化工程实施方案》。2016年10月，中国地方志指导小组办公室印发《中国名村志文化工程实施方案》，要求编纂出版中国名村志丛书、举办全国名村论坛、拍摄中国名村纪录片（暂定名）、联合媒体开展名村宣传等，这些将有力地推动全国各地乡镇村志编纂工作的健康有序发展。

一、当代村民在想什么，我们想调查清楚

村志记什么，如何记？仁者见仁，智者见智。要增强志书的地方性、时代性、资料性、可读性，这是共识。那么，如何增强志书的地方性、时代性、资料性、可读性？我们在编纂《凤凰村志》的过程中，做了一些探索。

浙江省杭州市萧山区衙前镇凤凰村，2005年6月由凤凰村、卫家村、交通村3个村合并而成。区域面积2.44平方公里，耕地586亩，农户581户，人口2204人，工业企业87家，专业市场3个，联营加油站3个。多年以来，凤凰村获得了“全国敬老模范村”“浙江省五星级民主法治村”“浙江省农村

① 本文为莫艳梅在2017年10月中国地方志学会方志学研究会上的交流论文。

基层廉政建设示范村”“杭州市社会主义新农村建设标兵村”等荣誉称号。2011年年底，凤凰村成为萧山历史上第一个“全国文明村”。2016年年底，凤凰村实现村级可用资金达4424万元，村民人均纯收入49555元，村级可用资金、村民集体福利连续多年排名萧山各村（社区）第一。

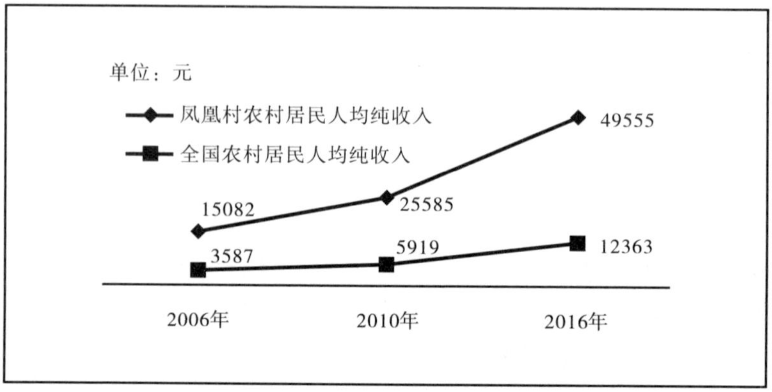

图 1–1　凤凰村与全国农村居民人均收入对比图

凤凰村村民人均纯收入，是全国农村居民人均纯收入12363元的4倍多，比全国城镇居民人均可支配收入33616元高出15939元！比浙江省农村居民人均纯收入22866元高出26689元，比浙江省城镇居民人均可支配收入38529元高出11026元！

那么，富裕起来的凤凰村民在想什么呢？又在盼什么、忧什么呢？有哪些急需解决的现实问题和矛盾冲突？这是最具时代性、地方性和社会性的问题。村志如何反映？没有现成的资料，又如何获取鲜活的第一手资料呢？我们认为，开展社会课题调查是有效的实现路径。

杭州市萧山区人民政府地方志办公室把《凤凰村志》作为一个点，不仅支持在职的莫艳梅副研究员出任《凤凰村志》主编，还邀请杭州师范大学政治与社会学院师生合作开展了“富裕起来的凤凰村民未来期待调查”。自2017年6月进村入户实地调查，2017年10月完成调研报告，《凤凰村志》拟于2018年年底出版。

“富裕起来的凤凰村民未来期待调查”课题组，采取随机抽样和入户个案访谈相结合的方法，共发放调查问卷520份，回收有效问卷501份，回收率为96.34%。被调查者中男性319人，占63.67%，女性182人，占36.33%。从年龄分布来看，2.4%为18周岁以下，17.17%为18~35周岁，16.37%为36~45

周岁，38.12%为 46~59 周岁，25.95%为 60 周岁以上，年龄覆盖面较全面。调查对象既有乡镇、村干部，又有商业服务业者、企业经营者；既有专业技术人员，又有经商和外出务工人员。调查结果具有较强的代表性和可参考价值。

表 1-1　2017 年 6 月凤凰村民调查样本的基本情况（N=501）

变量	具体指标	百分比（%）	变量	具体指标	百分比（%）
性别	男	63.7	政治面貌	群众	83.2
	女	36.3		共产党员	15.6
	—	—		其他党派	1.2
年龄	18 周岁以下	2.4	文化程度	小学及以下	32.5
	18~35 周岁	17.2		初中	32.5
	36~45 周岁	16.4		高中/中专/技校	20.8
	46~59 周岁	38.1		大专	7.6
	60 周岁以上	25.9		大学本科及以上	6.6

二、村民七大未来期待，对美好生活的向往

该课题组采用社会调查方法，通过充分运用问卷调查数据和入户个案访谈资料，数据使用 SPSS 软件进行统计分析，参考相关政府文件、学术著作、媒体报道。研究成果显示，凤凰村民有七大未来期待。

（一）村民求更富：盼发展农村经济，增收致富

1.致富之路多途径，想继续增收

凤凰村自 2006 年起基本上就没有农田，没有务农人员了。2016 年凤凰村经济总收入 504033 万元，其中农业收入 1377 万元（0.27%），工业收入 490423 万元（97.30%），建筑业 4285 万元（0.57%），商饮业 4260 万元（0.85%），服务业 480 万元（0.96%），其他行业 2488 万元（0.49%）。按经营形式分，村级集体经济收入 2488 万元（0.49%），私营企业收入 490423 万元（97.30%），农民家庭经营收入 11122 万元（2.21%）。

全村每 7 户人家，就有 1 户在办企业，全村劳动力已经转移到第二产业、第三产业。

在调查中，村民收入的最主要来源是单位工资（54.30%）和养老金（24.80%），其他还有经商（13.40%）、从事加工（9.00%）、村集体经济分红

（7.60%），从事养殖（3.40%）、种植农林作物（3.00%）、炒股、基金等理财（3.00%）、从事渔业（1.20%）等。访谈中，村民希望有稳定的收入和不断积累的财富，虽然现在生活富足，但还是要努力想办法继续增收致富，提高收入。

2.影响收入多因性，盼政府扶持

村民认为影响收入的主要主客观因素依次为“缺乏资金”（39.00%）、“缺少专业技术”（34.50%）、“市场大形势不好”（28.70%）、“自身文化水平低”（27.50%）、“身体状况不好”（24.80%）、“企业经营效益低下”（22.80%）等。因此希望政府能加大资金扶持力度，对村民进行技术技能培训，对企业管理人员进行经营管理培训，搭建创新创业新平台，给村民提供更多的致富途径。

3.消费观念特殊性，望改善住房

在调查中，未来三年可能的消费开支居前五位的分别是建房购房（44.4%）、医疗保险（44.0%）、教育培训（41.2%）、装修住房（30.8%）、衣食等生活消费（28.0%）。富裕起来的村民们，希望能改善住房条件，享受舒适生活，给子女提供经济上的支持。

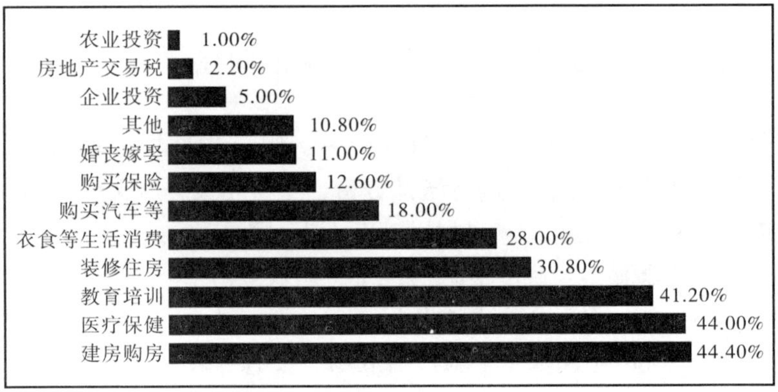

图 1-2　2017 年凤凰村民未来三年主要消费开支预计情况图

在访谈中，村民们普遍认为现在凤凰村农民地位比居民要高，除了村集体经济发展较快、福利待遇医疗保障条件较好外，还有一点是村民有自己的宅基地，可以自己建房，比在居民在城里买房，先天条件要优越很多，凤凰村村民能建三层半的楼房。建房安居一直是农民最大的愿望，作为不动产的房屋，既不能隐藏也无法转移，其面积、外观、装修都是直观的，这就成为评价农村家庭是否富裕的显性标识。因此，富裕起来的农民首先想到要建房购房改善居住环境，或对原有住房进行改建，或者进行装修，希望有更舒适的居住环境。只有 18.0%的村民准备购买汽车等，因为村里汽车的普及率已经比较高，有的家庭已有两三辆车了。

（二）村民求真知：盼丰富文化生活，尊知重教

1.意识到文化水平对经济发展的制约，需不断学习提高

调查中有 27.5%的村民认为“自身文化水平低”影响了家庭收入增长，而其中 80.2%的村民都是初中以下的学历。有村民谈到未来新型职业农民，需要具备高素质和技能，需要不断地学习提高，不可能再像以前的农耕时代一样纯粹的进行体力劳动，而是要在机械化操作、信息变化等方面都有所了解和掌握。

2.趋向于尊知重教，表彰优秀学生

由于老一代农民吃了文化程度不高的亏，在经济条件好转后，他们特别重视培养下一代，希望给子女提供更好的甚至是出国留学的受教育机会，“读书无用论”“重男轻女”的教育观念有较大改观。在调查中，有 75.6%的人赞同“尽可能让子女接受更好的教育”，有 45.5%的人表示如果“有条件会选择送子女出国接受教育”，还有 22.4%的村民认为“读书是最好的出路，多读书才能多赚钱”，14.2%的人希望子女“读一些实用的专业如会计和金融，不要读就业困难的专业”，但仍有 9.8%的村民认为“孩子教育费用太高，难以负担”。持有“只要能赚钱，不必多读书”“读个大学就可以了，不必读太多，耽误挣钱”“女孩反正要嫁人务农，不用多读书”观点的村民所占比例均低于 5%以下。

凤凰村是萧山区第一个把“表彰优秀学生”写进村规民约的村，自 1986 年开始至今，该村表彰优秀学生已坚持了 32 年，共表彰 348 名学子，发放奖学金 28.7 万元。开表彰大会的时候，学校老师、学生家长应邀参加，受表彰的学生佩戴大红花和“凤凰优秀学生”红绶带，十分荣耀。

3.肯定传统文化的学习意义，支持下一代传承

在访谈中，村民虽然说不清楚传统文化的思想内涵和现实价值，但是他们认为传统文化需要中国人的继承发展，孩子如果喜欢，他们会尽力支持孩子去学习。

4.希望丰富休闲文化，多建活动场所

在调查中，看电视是众多村民的主要休闲方式，占被调查者的 80%，其次是看手机或上网（49.5%），再次读书看报（47.9%）。另外富裕起来的村民也希望能多出去旅游，看世界。有 14.2%的村民经常外出旅游，喜欢跳舞健身

和爱打牌打麻将的村民分别占 11.4%和 6.8%。

在丰富文化活动期待的调查中，有 66.1%的村民希望多建文化娱乐活动场所，54.8%的村民希望多建图书馆和阅览室，40.3%的人希望多举办健康、文艺、技能的讲座，这与缺少专业技术和自身文化水平低影响家庭收入的担忧相关。另外，有 29.6%的人选择举办健身舞蹈、棋牌类比赛，有 28.6%选择多举办送戏下乡活动，还有 23%选择多组织农民参与、自编自演的节目。

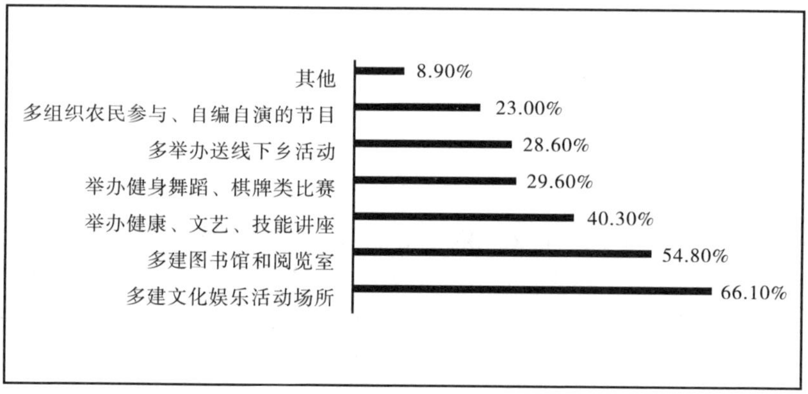

图 1-3　2017 年凤凰村民丰富文化活动期待图

（三）村民求乡美：盼建成“三美”乡村，绿色文明

1.盼村容更整洁，实现生态美

在调查中，村民认为要改善村容现状的紧迫性依次为：加强对外来务工人员的管理、整治污水排放、改善环境卫生、做好村庄房屋建设规划、垃圾分类和垃圾处理、扩大人工绿化、增添公共卫生设施等。

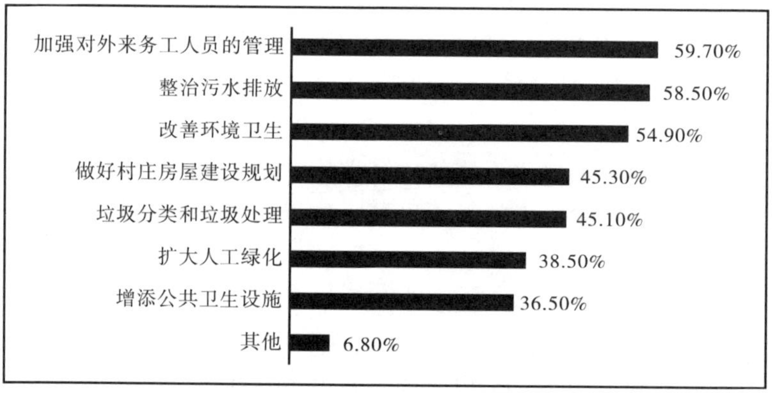

图 1-4　2017 年凤凰村民改善村容整洁期待分析图

目前凤凰村村民有 2118 人，外来务工人员 12000 多人，是本地村民数量的 6 倍。大量外来务工人员，加大了管理难度。访谈中大多数村民也提到，外来人员对凤凰村的企业发展做出了贡献，村民对他们持欢迎态度。但因为外来人员素质不一，会带来一些卫生环境问题，出租房用电、用水也会带来一些安全隐患，影响村容整洁。希望村委会加大对外来务工人员的教育和管理，使他们能与本村村民共同建设好环境整洁的凤凰村。

2.盼生产更绿色，实现生产美

村民认为要达到村容整洁目标的第二位是要做好整治污水排放工作，对生产美也有着更多的期待，希望竭尽全力将工业园区的污染降到最低，在保护环境的前提下发展经济。

3.盼乡风更文明，实现生活美

村民认为要加强文明乡风的建设，需要改进的地方依次为不讲环境卫生（64.2%）、不愿孝顺赡养老人（48.2%）、打牌赌博现象突出（39.3%）、大操大办红白喜事（36.4%）、封建迷信活动盛行（30.6%）、好吃懒做贪图享乐（26.3%）、宗族派系问题严重（15.6%）等。

在今后建设方向的调查中，村民赞同的前三位分别是绿色生态园、美丽宜居新农村、红色文化园，希望凤凰村能水更清，天更蓝，地更绿，村民能够建设一个美丽宜居的新农村。同时，凤凰村作为中国共产党领导下的第一个农会所在地、烈士李成虎的故乡，也应建设好红色文化园，将爱国主义与人文历史融合起来。

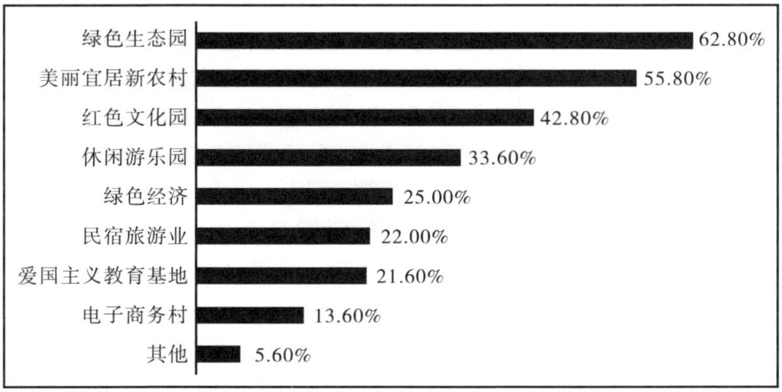

图 1–5　2017 年凤凰村今后建设方向情况图

（四）村民求安稳：盼完善保障保险，后顾无忧

1.盼老有所养、病有所医

从年龄与最为关心的问题来看，36~46 周岁的最关心老人养老问题，因为这个年龄段上有老下有小，长辈正在逐渐衰老，解决老人养老问题非常迫切。61 周岁以上的老人更关心自身的养老问题。

从养老模式选择来看，有 74.65%赞同传统的居家养老模式，15.57%希望能进公办敬老院或福利院，另外有 4.59%主张社区养老模式，有 2.99%的村民愿意进民营养老机构养老，还有 2.20%希望尝试新式的抱团养老模式。

从养老模式与年龄结构来看，61 周岁以上的老人选择居家养老、公办敬老院养老和社区养老，老年人担心开支过大不愿意去民营养老院，也没有人选择抱团养老模式，而年轻人会尝试这样的新鲜养老模式。

访谈中，有村民希望村里能开办老年食堂，帮助老人解决养老问题。不离开村，又能得到适当的照顾，帮助子女分担养老的压力。

2.盼医有所保、贫有所助

在调查中发现，村民最希望得到的社会保障是基本养老保险（88.8%）和大病医疗保险（71.3%），希望得到最低生活保障的占 28.7%，选择商业保险的占 17.5%，选择农业种植业保险的只有 5.8%。在村民对未来生活条件改善期待中列第一位的是“医疗设施改善”（66.3%）。由此可见，“老有所养，病有所医，医有所保，贫有所助”，是村民们最为关心的问题，也是最期待能够得到保障的现实问题。

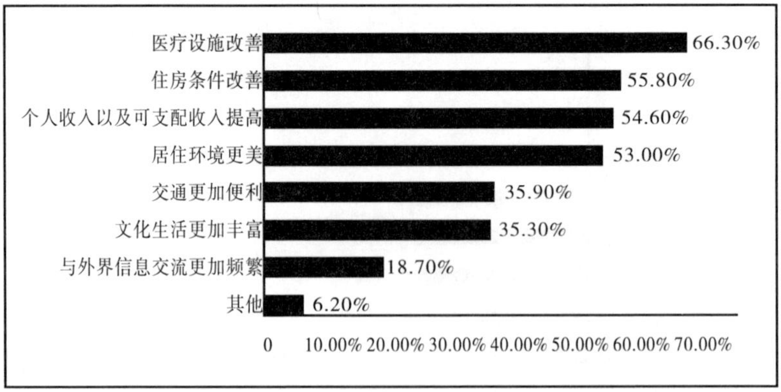

图 1-6　2017 年凤凰村民对未来农村生活条件改善期待情况图

凤凰村建立了“村民基本生活、医疗和老年人助养”三大村级保障。村

集体按月、按季度免费向老百姓供应米、油和天然气。就医方面，不管是门诊还是住院都有较大比例的报销。农民子弟有教育补贴，考入重点中学、大学有奖励。60 周岁以上村民可以每人每月在村集体领取 1660~3200 元不等的养老金，并且还在不断提高。老人们对这些措施都十分满意，他们一直说着这么一句话："村集体是我们的大儿子，共产党真好。"

凤凰村还于 2006 年建立了萧山区首个村级特困救助协会，健全了困难帮扶机制。如 3 名单亲家庭的孩子由村集体抚养到 16 周岁。76 周岁的汪小根和 71 周岁的周菊英，这对老夫妻经历了人生中最大的不幸，大儿子先于他们不幸去世，留下多病的大媳妇和年幼的三个孙子女，是村里向他们伸出了援助之手，不仅每个月让他们俩享受助老金待遇，还负责几个孙子女的抚养费用，过年过节，村里的干部都去看望慰问，为他们送去温暖和钱物。

从访谈中发现，村民们对凤凰村的福利保障和医疗报销制度是相当满意的。

（五）村民求和顺：盼家庭安居乐业，顺其自然

1.家庭观念强，望优生优育

当问及"生几个小孩是最理想的"，有 72.43%的村民选择 2 个，14.69%的人赞成 1 个就够了。只有 4.43%的村民认为越多越好。

相对于多生孩子，现在村民更注重的是子女的教育问题。在访谈中当问及"活着为了什么"，大部分村民不约而同地说是为了家，为了孩子，希望子女往好的方向发展，能够事业有成。

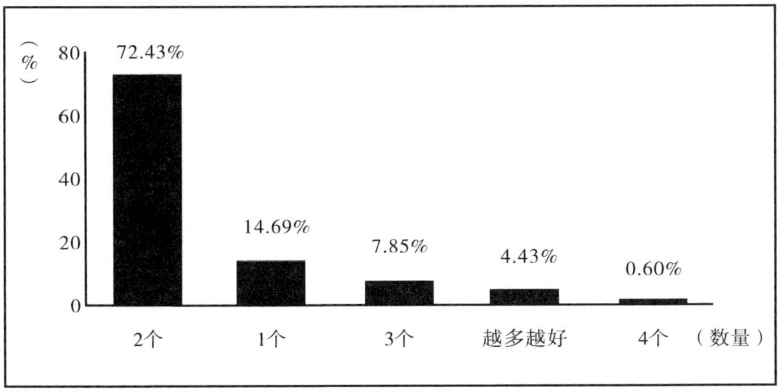

图 1–7　2017 年凤凰村民生育子女理想数量分析图

2.乡土观念重，望发扬光大

凤凰村村民对子女就业、择偶的地域观念比较强，对行业的选择却顺其自然。有近七成的村民希望子女就在本市、本区、本村工作，另近三成村民对子女工作地域表示“无所谓，看子女自己”。

在调查村民希望“子女的配偶是哪里人”时，其中有 35.9%的村民选择萧山人，14.2%选择杭州人，8.2%选择浙江人，4.8%选择本村人，同时有 35.1%的村民选择“无所谓，看子女自己”。从表 1–2 可以看出，村民有比较强烈的乡土情结，希望子女配偶也在萧山本土本乡附近，但也有三成开明的家长认为地域无所谓，子女自己喜欢就好。

对于子女就业的行业选择，有近三成村民认为“无所谓，看子女自己”，有 25.5%的村民希望子女到企业去工作，有 23.9%的村民希望子女能考公务员。另外有经济实力的村民也希望子女能自主创业，有 10.2%愿意提供资金资助子女办厂开公司，还有 0.8%的村民希望子女能继承家族产业、发扬光大。

表 1–2　2017 年凤凰村民对子女就业地域、配偶地域、行业选择情况表

子女就业地域选择占比（%）		子女配偶地域选择占比（%）		子女行业选择占比（%）	
杭州市	32.5	萧山人	35.9	无所谓，看子女自己	31.1
萧山区	30.3	无所谓	35.1	到企业工作	25.5
无所谓	29.3	杭州人	14.2	考公务员	23.9
凤凰村	5.0	浙江人	8.2	资助他们办厂开公司	10.2
国外	1.6	本村人	4.8	在本村村委会工作	4.6
北上广浙	1.4	外国人	1.0	参军	3.8
—	—	外省人	0.8	继承家族产业	0.8

3.知足常乐心，望顺其自然

访谈中发现，村民对现在的生活挺满足的，认为平淡安稳即可，没有大的抱负了。

（六）村民求公正：盼政府民主公开，执行力强

1.盼农民地位不断提高

在访谈中，大部分村民认为农民社会地位与过去相比有明显提高。有些村民认为富裕农村的生活条件比城镇居民、工人、农民工等群体的生活条件都要好，不愿意“农转非”。他们也希望农民的社会地位继续提高，真正实现城乡一体化，让农民与城镇居民同样享受到改革的成果和实惠。

2.盼地方政府工作加强

在关于期待政府工作加强方向的调查中，排序依次为医疗卫生服务（58.30%）、环境保护（47.30%）、社会保障和救助（35.50%）、树立良好社会风气（29.30%）、维护社会治安（28.50%）、义务教育（26.90%）、依法办事（20.40%）、实现社会公正（18.00%）、发展经济（17.80%）、科技发展与推广（10.80%）、促进产业转型（7.80%）、其他（2.40%）。可见卫生医疗、就业保障、文化教育等问题都是民之所忧。

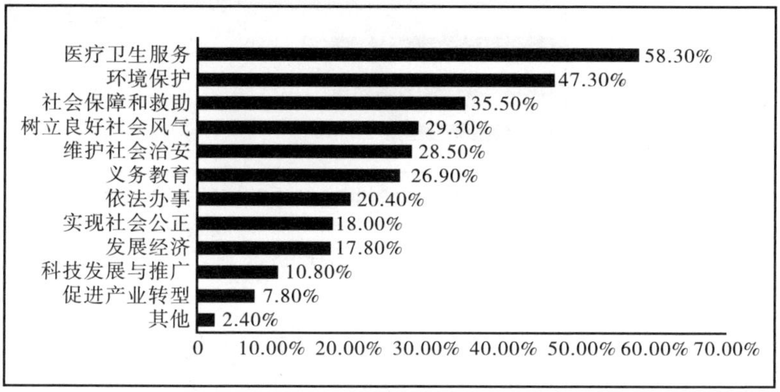

图 1–8 2017 年凤凰村民期待政府工作加强方面情况图

农民希望政府资金扶持的重点落在何处呢？调查中发现，最受关注的依然是医疗和社会保障（52.60%），其余依次为搭建创业创新平台、改善农村文化娱乐活动设施、解决大众就业、进行水电路等基础设施建设、扶持村企业和种植大户、扶贫、促进和扶持产业转型升级、扶持新型职业农民、扩大生产经营规模等。

3.盼村领导班子勇挑重担

1976 年起担任村长、1992 年起担任村党委书记的胡岳法，自建造浙江首家加油站到开拓大市场，再到创办村股份经济联合社，一步步带领村民发家致富，使凤凰村成为萧山区集体可支配收入最高的一个村，集体和个人获得了很多荣誉称号。2016 年，萧山区组织了暗地测访，凤凰村领导班子的群众满意度是最高的，说明村民信任村“两委”工作。

凤凰村领导班子之所以能获得群众大力支持，首先是班子成员秉着“造福一方百姓是我们的责任”的发展理念来工作，处处以身作则。其次，思路领先、勇于创新。最后，能一心为群众谋利益，尤其是凤凰村的三大保障使老百姓得到了实惠，干部赢得到了民心。凤凰村做到“党务公开、村务公开、财务公开”，村民对此评价也是比较高的。

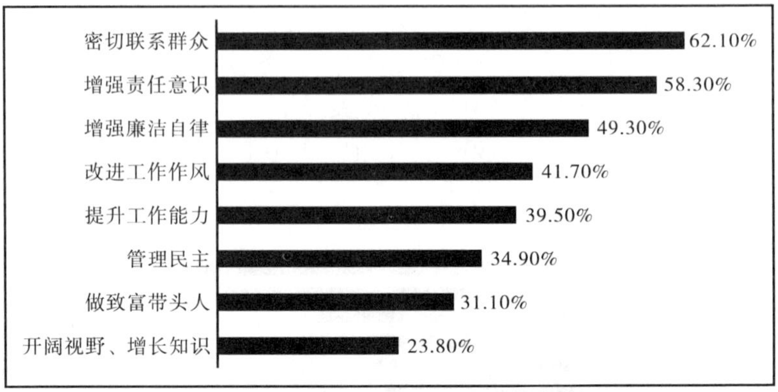

图 1-9 2017 年凤凰村民对村委会工作改善期待分析图

（七）村民求发展：由顺从守旧，走向主动追求

1.盼普及农村网络化，融入智慧城市

在对凤凰村民关于网络的利用的调查中，上网的村民主要利用网络进行网上购物（48.8%）、了解时事新闻（18.4%）、社交聊天（36.5%），有 33.7%的村民会用网上银行转账或理财，有 32.7%的人进行网络支付，还有 22.3%的人选择网络导航，玩网络游戏、记账分别为 11.4%、6.4%。

随着在线政务、共享出行、移动支付等领域的快速发展，网络成为改善民生、增进社会福祉的强力助推器。村民希望将来农村网络支付更普及、带来更多的便利。

2.盼金融理财有规划，守财走向生财

在调查中，少部分村民因为钱主要花在购房、装修房，或者在经商需要资金投入，没有多余的钱去理财。有些老年村民因为不会使用网络和智能手机，怕误操作反而带来不必要的损失，因而不愿意使用互联网金融理财。相对老年农民，年轻农民更愿意用支付宝支付，希望农村能更多地普及各种网络支付和金融理财。

3.盼推进新型城镇化，互惠一体共进

在凤凰村改社区的调查中，有 65.2%的村民赞成改社区，14.0%的村民表示不愿意，20.8%的村民认为无所谓。访谈中，农民讲了把凤凰村变社区的忧虑。凤凰村福利保障好，有集体分红，每月还有米、油可以领，有较好的医疗报销制度，生活条件甚至比城市居民要好。因此近两成的村民对改成社区并没有迫切意愿，只是说改不改无所谓，如果政府要改那也没办法。但还有14.0%的村民明确表示不愿意，尤其是老年农民，他们住自建房，可以有自己的地种菜，日子过得比较舒心，不喜欢改成社区后像城里人一样生活，住拥挤的高楼。

对于外来人员是否能加入凤凰村并持有凤凰村股份的问题，大部分村民表示不同意，他们认为虽然外来务工人员为凤凰村的发展也做出了贡献，但是凤凰村的股份是村民辛辛苦苦干出来的，不能让外来人员拥有。有少数村民提出除非外来人员对凤凰村做出特殊的贡献，才可以加入凤凰村户口，但是否能分配股份还要再协商。也有极少数村民对外来人员抱着包容开放的心态，愿意外来人员加入凤凰村享受福利。可见，村民能够支持各级政府对新农村的总体规划部署，但希望稳步向前，有序发展，在不影响原有福利待遇的前提下，能共享城市发展的公共服务和基础设施，改变农村面貌。

（八）观察：村民对美好生活的向往

在调查村民“最为关心的问题”时，排在前五位的依次为身体健康状况（53.9%）、子女教育问题（46.9%）、个人收入问题（44.1%）、医疗保障问题（42.7%）、自己养老问题（29.3%），还有23.2%的人关心老人养老问题，20.6%的人关心住房问题，关心子女抚养、子女婚姻问题的均为13.0%，关心家庭婚姻问题的占6.8%。

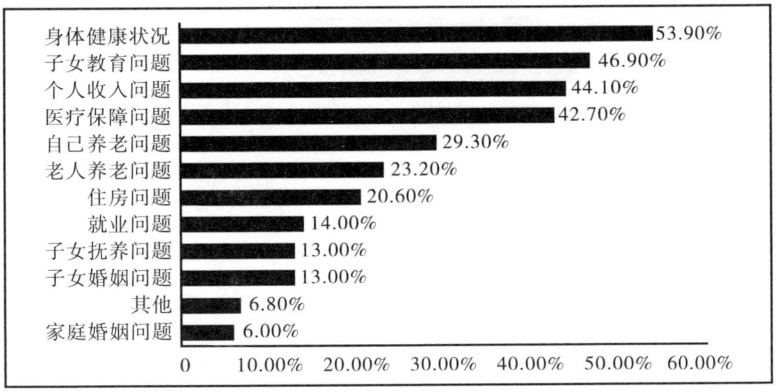

图1-10　2017年凤凰村民最为关心问题情况图

在对村民“未来的发展规划”调查中发现，有61.2%的人选择“继续做好目前的工作”，希望事业有成。有54.5%的人选择“锻炼身体颐养天年”。“照料家庭”的占 30.0%。其余依次为“干个体做生意”“扩大经营规模”“自办公司”“外出打工”“发展种植业或养殖业”。

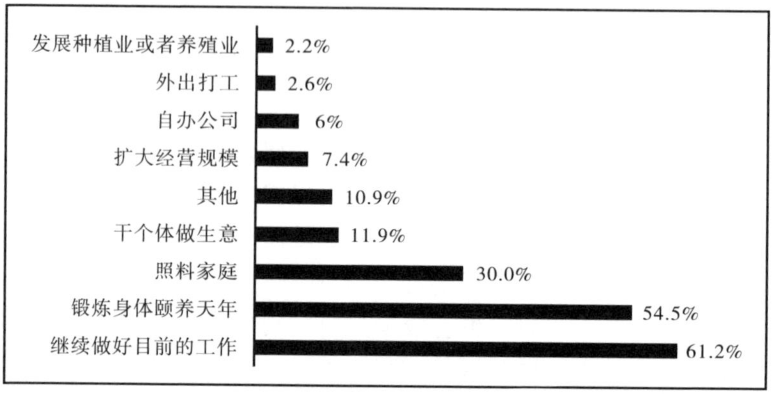

图 1-11　2017 年凤凰村民未来发展规划情况图

在“凤凰村民成功人生的标准”调查中，选择“家庭和睦”和“身体健康”是成功人生的主要标准的分别占 89.2%和 82.6%，选择“事业有成”和“生活富裕”的分别占 54.8%、48.2%，还有 36.0%的村民认为成功的人生是“实现理想和抱负”。

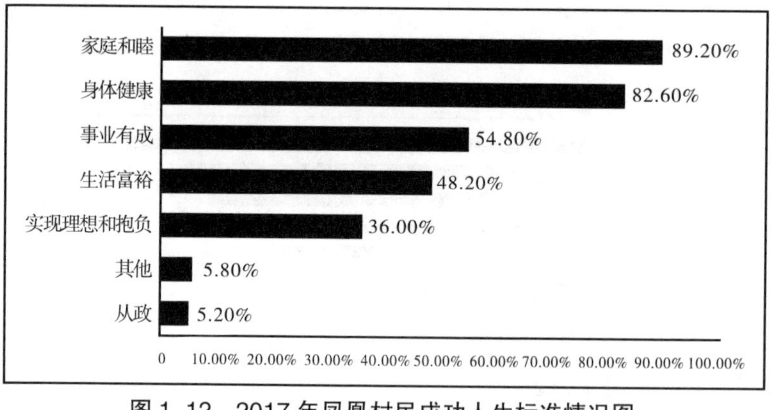

图 1-12　2017 年凤凰村民成功人生标准情况图

在对村民“未来农村生活条件改善期待”的调查中，有超过半数的村民首先希望能改善医疗设施（66.30%）、改善住房条件（55.80%），希望个人收入以及可支配收入提高（54.60%）、居住环境美丽整洁（53.00%），还有 35.9%的人希望交通更加便利，35.30%的人希望文化生活更加丰富，18.70%的村民希望与外界信息交流更加频繁。

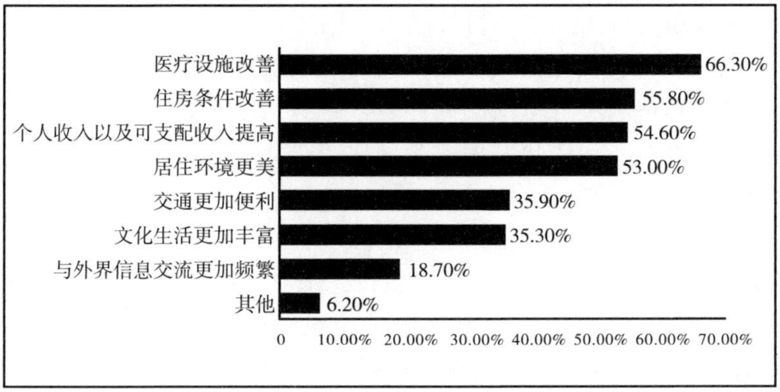

图 1-13　2017 年凤凰村民对未来农村生活条件改善期待情况图

从村民关心的问题、对未来生活条件改善的期待以及未来的规划、成功标准的调查中可以看到，教育、医疗、养老、收入、就业等关系群众切身利益的领域问题占比大，人民对美好生活的向往十分强烈。

三、调研报告入志，反映人民愿望与资政服务的担当

习近平总书记指出："我们的人民热爱生活，期盼有更好的教育、更稳定的工作、更满意的收入、更可靠的社会保障、更高水平的医疗卫生服务、更舒适的居住条件、更优美的环境，期盼孩子们能成长得更好、工作得更好、生活得更好。人民对美好生活的向往，就是我们的奋斗目标。"①

李克强总理指出："以民之所望，为施政所向，把努力实现人民对未来生活的期盼作为神圣使命。"②

对此，我们必须有清醒的认识。改革发展，需要了解人民关心的问题，知晓人民期盼的问题，不断地实现人民的所想所盼，谋民生之利，解民生之忧，实现民之所望，既是我们的神圣使命，也是我们的奋斗目标。

为此，我们地方志工作者在修志的过程中，要针对性地开展社会课题调查，深入地了解民情民意民生，切实地反映民之所想所盼，这既是一种责任担当，也是我们资政服务的良好体现。

编修省市县三级志书如此，编修乡镇村志更是如此。农村的改革发展，

① 习近平 2012 年 11 月 15 日在中共十八届一中全会后举行的媒体见面会上的重要讲话。
② 李克强 2013 年 3 月 17 日在十二届全国人大一次会议闭幕后会见中外记者并答记者问的发言。

首先要了解存在的现实问题和村民的未来期望，把握好“三农”发展新常态，想方设法现实人民的美好愿望，使广大的人民忧虑越来越少，获得感、幸福感越来越多，对追求美好生活的向往越来越有信心，这对于加强社会主义新农村建设、推进城乡一体化发展、全面建成小康社会、实现中华民族的中国梦有着重要的现实意义。

所以，我们在开展了“富裕起来的凤凰村民未来期待调查”之后，将调查研究报告（大约 6 万字）录入《凤凰村志》，单独设编，与村志中的《口述历史》（大约 20 万字）一样，作为第一层次，与其他编并列。一方面，真实地反映社会问题，为党委政府决策提供参考；另一方面，有效地增强志书的时代性、地方性、资料性、著述性、原创性。推而广之，中西部贫困地区的农民，他们又在想什么呢，在盼什么、忧什么呢，有哪些急需解决的现实问题和矛盾冲突？这是中西部贫困地区地方志工作者需要关注了解的问题，开展社会课题调查，获取鲜活的第一手资料，反映民之所想所盼，既是我们的责任担当，也是增强志书记述深度以及资政服务的有效路径。

第二轮志书中国共产党、政府、人大、政协的编纂难点及对策思考①

提　要：志书中关于中国共产党、政府、人大、政协的内容具有关联性，编纂难点具有共性：各地的大同小异，篇目难创新；内容交叉重复，关系难理顺；务虚多于务实，亮点难突出；政治性强，记述尺度难把握；人事敏感，资料难搜集；总结报告资料多，文字难处理；总体要求高，照片也难安排。需要相应的对策解决，力求提高志书的政治质量，突出重点，平中见奇，相映生辉。

关键词：地方志；中国共产党；政治；人大；政协

在《2013年〈中国地方志〉选题参考》中，首次出现了“志书记述中国共产党、政府、政协、人大内容探讨”的选题。在此之前，《2012 年〈中国地方志〉选题参考》罗列了“志书政治部类内容编纂探讨”的选题。但是至今，笔者还没有发现有综合记述中国共产党、政府、人大、政协内容的探讨专文。②

志书中关于中国共产党、政府、人大、政协的内容具有关联性，编纂难点具有共性。笔者结合修志实践，并以已出版的 5 部全国第二轮修志试点单位市县志为例（详见文末附表）③，探讨其编纂难点及对策。

---

① 本文为莫艳梅在 2013 年 10 月 21 日中国新方志理论研讨会上的交流论文。

② 据统计，《中国地方志》发表过的政治部类的研讨文章不多，没有综合研讨中国共产党、政府、人大、政协的文章，单独研讨各志编纂的有几篇，如戴佳臻的《关于中国共产党地方组织入志问题的思考》（2006 年第 2 期），颜道成、周玉柳的《试论第二轮政府志的编纂》（2010 年第 4 期），沈慧的《关于人民代表大会入志的思考》（2008 年第 10 期），戴佳臻的《关于人民政协入志问题的思考——浅析 11 部市、县志关于人民政协的记述》（2004 年第 4 期），杨敬宝的《浅议志书重大决策和施政辑要的设置与记述要素》（2010 年第 9 期），于平天的《第二轮修志怎样记述重大决策和施政纪要》（2004 年第 10 期）等。上述文章，有些的确涉及专志编纂应注重的某些问题，但对于难点的探讨没有专门论述。省级方志期刊发表过的专文有陈连和的《中国共产党志编写浅议》（《新疆地方志》1990 年第 4 期），沈慧的《关于省辖市续志政府篇的思考》（《黑龙江史志》2007 年第 11 期）等。上述文章，也没有涉及编志的难点及对策。

③ 这 5 部志书分别是：4 部县市志，1 部市志；4 部续志，1 部通志。即江苏省《邗江县志（1988—2000）》、河北省《秦皇岛市志（1979—2002）》、江西省《高安市志（1986—2006）》、浙江省《义乌市志》、浙江省《萧山市志》（试印本）。

一、试点观察

至 2013 年 6 月，全国第二轮修志试点单位共 23 个，其中已出版的市县志 5 部，中国共产党、政府、人大、政协的设置情况如下。

1.江苏省《邗江县志（1988—2000）》

设有《中共地方组织》《人大政府政协》2 编[①]，合计 70 页，占该志政治部类[②]170 页的 41.18%，占该志总篇幅 1020 页的 6.86%。

2.河北省《秦皇岛市志（1979—2002）》

设有《中国共产党地方组织》《地方人民代表大会》《地方人民政府》《地方政治协商会议》4 个版块[③]，合计 460 页，占该志政治部类 574 页的 80.14%，占该志总篇幅 1959 页的 23.48%。

该志《地方人民政府》版块，还包括了综合经济管理（财税、计划、统计、工商行政、质量技术监督、物价管理、审计管理、城乡建设管理、农业管理、工业管理、房地产管理、商业贸易管理、国土资源保护管理、口岸管理、旅游业管理、无线电管理），综合行政管理（人事管理、劳动和社会保障管理、民政管理、民族宗教事务管理、外事侨务管理、文化管理、教育管理、科技管理、卫生管理、体育管理、广播电视管理、移民工作、地方志工作、市政府其他工作）等内容。

3.江西省《高安市志（1986—2006）》

设有《中国共产党地方组织》《人民代表大会》《人民政府》《人民政协》4 卷[④]，合计 126 页，占该志政治部类 271 页的 46.49%，占该志总篇幅 1252 页的 10.06%。

该志《人民政府》卷，还包括了人事管理（干部来源与结构、干部管理、工资福利）、劳动管理（劳动就业、就业培训、工资福利、劳动保护、职工退休退职、劳务输出）等内容。

---

① 《邗江县志（1988—2000）》采用中篇结构，分编、章、节、目 4 个层次。

② 本文政治部类指中国共产党、政府、人大、政协、民主党派工商联、社会团体、公安、检察、法院、司法行政、军事、人事、劳动、民政、社会保障等内容。

③ 《秦皇岛市志（1979—2002）》采用版块类目体，分版块、类目、分目、细目 4 个层次。

④ 《高安市志（1986—2006）》采用卷、章、节、目 4 个层次。

4.浙江省《义乌市志》

设有《政党》《人民代表大会》《政府》《人民政协》4篇[①]，合计137页，占该志政治部类352页的38.92%，占该志总篇幅3046页的4.50%。

该志《政党》篇，下设《中国共产党义乌地方组织》《民主党派地方组织》《中国国民党及其他党派》。

5.浙江省《萧山市志》(试印本)

设有《中国共产党》《人民政府》《人民代表大会》《人民政协》4编[②]，合计152页，占该志政治部类471页的32.27%，占该志总篇幅2781页的5.47%。

上述5部市县志，除1部续志的人大、政府、政协共同设编，1部通志的中国共产党、民主党派、中国国民党及其他党派共同设编以外，其余的均分别独立设编，居第一层次。四分志的内容篇幅，合计占政治部类篇幅的比例32.27%~80.14%，合计占全志总篇幅的比例4.50%~23.48%。可见，中国共产党、政府、人大、政协的内容在全志是不可或缺的，在全志政治部类更是重中之重。

二、编纂难点

志书中关于中国共产党、政府、人大、政协的内容具有关联性，编纂难点具有共性，带有普遍性的难点如下。

难点之一：大同小异，篇目难创新

众所周知，中国共产党、政府、人大、政协的性质职能，全国自上而下大同小异。体现在志书中，篇目设置也大同小异，要创新很难。一些规范性的东西，如横不缺要项，要项基本一样，想创新也难。

以中国共产党为例，其基本篇目有重要会议、组织机构、重大决策、组织建设、纪律检查、宣传教育、统一战线、政法工作、其他党务工作等。上述要项，也许各志位置有前有后，层次有粗有细，但不可或缺；也许立题称谓不完全一致，记述有详有略，但反映的事项大致雷同。

又以组织建设为例，其基本篇目有党员队伍建设、基层党组织建设、干

① 《义乌市志》采用大卷多篇体式，卷下分篇，篇下设类、目。其中，政治卷设有10篇。

② 《萧山市志》(试印本)采用编、章、节、目结构。

部队伍建设等。其中基层党组织建设又有农村党建、机关党建、企业党建、社区党建等。有的将党校工作、老干部工作列入组织建设中，有的将之列入其他党务工作中，但或多或少均有记载。反映在纲目上，没有明显可以创新和升格的。

难点之二：交叉重复，关系难理顺

体现在党委决策与政府施政的内容有交叉重复，中国共产党、政府分志与人大、其他分志的内容有交叉重复，统一战线与政协、民主党派工商联、社会团体、民族宗教的内容有交叉重复，纪检、政法与公安、检察、法院、司法行政的内容有交叉重复等。这里，有体制上的原因，如以党代政，党政不分，以政代企，政企不分，机构和分工重叠，职能交叉，或分工合作、相互制衡等。

以政府为例，其主要职能是执行党委、人大的决策决议，并根据党委、人大的决策决议，制定相应的施政方针，其施政方针，即政府作出的重要决策决定，又要提交人大审议通过，或以党委、政府联合发文，交有关部门或下级党委、政府执行，同时办理好人大代表的议案、政协委员的提案等，负领导、监督和奖惩之责。这样，政府的重要会议、政务①，就与党委的重大决策、人大的会议及职能活动、政协的会议及职能活动以及其他分志的内容有交叉重复。如果分志的编辑又各自为政，总纂不力，那么全志的机械重复就随处可见。

难点之三：虚多实少，特色难突出

中国共产党、政府、人大、政协作为政治实体，其内容体现在志书中，一是会议多，即通过会议出台政策，通过会议部署工作，通过会议履行职能等，这些都是区域内堪称重要的会议，或政治生活中的大事，又不能不记。有的议题，四大部门都有开会研究，因而造成取舍难；二是机构多，常规性工作多，创造性活动少，可述性少，地方特色少。

以《秦皇岛市志（1979—2002）》为例，仅会议、机构内容，《中国共产党地方组织》，就有“党员”“党代表大会”“市委组织机构”“纪律检查工作

① 《宪法》第107条规定：“县级以上地方各级人民政府依照法律法规的权限，管理本行政区域内的经济、教育、科学、文化、卫生、体育事业、城乡建设事业和财政、民政、公安、民族事务、司法行政、监察、计划生育等行政工作。”也就是说，政府各工作机构的工作都属于政务。

机构”“市委全体委员会议”“市委常委会议”“全市性大会”7 个分目，合计 36 页，占《中国共产党地方组织》95 页的 37.89%；《地方人民代表大会》，有“人大代表”“历届人民代表大会”“人大常委会及办事机构”3 个分目，合计 30 页，占《地方人民代表大会》37 页的 81.08%；《地方政协协商会议》，有“市政协委员”“政治协商会议”“政协常务委员会会议”“政协常务委员会机构”4 个分目，合计 18 页，占《地方政协协商会议》24 页的 75%。其他的市县志也大同小异，会议多，报告多，新的举措（口号）多，有实质性变化的内容少，入志的亮点相对少。

难点之四：政治性强，记述尺度难把握

四分志是新志政治部类的核心部分，涉及法律、法规、党章、政策多。在实际操作中，记述尺度把握不好，就容易出错。

如第二轮志书时限内的“1989 年春夏之交的政治风波”、“法轮功”邪教组织、群体上访等问题的记述，有的几经评审，最终还是有不妥当的表述。重大决策的失误与执行偏差的记述，有的几经斟酌，最终还是回避、忽略记述的多。违纪违法案例的选择，有的现在看来并不是罪大恶极、影响极坏的，却被附录入志，有的还记载了犯罪分子作案的过程和细节，无意中成了社会上作案的仿效。

涉及的政治头衔、政治理论术语也多，有的一不小心就犯了规。如对民主党派的全称和简称，不能随意增减字，其先后排序也十分讲究，不能随意颠倒。如某市志中的民进地方组织比民盟地方组织成立早，从而排列在民盟的前面，是不对的，应该依次排列为民革、民盟、民建、民进、农工党、致公党、九三学社、台盟。有的政府、政协领导是无党派人士，却写成了“无党派民主人士”，又错了，这些都是政治性错误。

难点之五：人事敏感，资料难核实

四分志涉及四套班子的人名、性别、出生、籍贯、文化程度、任职时间，以及党员、党代表、人大代表、政协委员情况等，往往资料缺项的多，齐全的少，模糊的多，确切的少，在意的人多，不追究的人少。对入志的要求严格，一方面要官方的权威数据，另一方面要当事人核对。由于所涉党政机关工作人员繁忙，当事人、老领导又难找，加之时间久远，记忆偏差，几经查找，都难以核实清楚。有的部门档案以及部门志本身就有缺项、错误，更是增加了核实资料的难度。

以《萧山市志》为例，四分志的表格就有 42 个[①]，其中涉及党政、人大、政协领导情况表 9 个，党员、党代表、人大代表、政协委员情况表 18 个，党员干部违纪违法案件查处情况表 1 个，政府组成部门、全体会议情况表 2 个，信访情况表 3 个，为民办实事情况表 1 个，外事接待情况表 3 个，议案、提案、调查报告情况表 5 个。由于表格多、信息量大，核实资料难度也大，编纂人员无数次到有关部门查阅原始档案，拜访当事人核实资料，反复对照已出版的中共萧山组织史、人大志、政协志、综合年鉴等，发现资料中有不少时间、数据、人名、性别错误等硬伤。

难点之六：总结报告多，文字难处理

四分志主要资料来源于党政、人大、政协机关，总结报告、领导讲话、文件材料多，虚话、套话也多，罗列的数据没有连续性、对比性，陈述的事例、成果言过其实，依时记述事物发展始末、规律性的少。这与志书横不缺要项、纵不断主线、述而不论的模式要求大相径庭。需要花大力气删改，要改好相当不容易。

① 42 个表格：1987—1997 年出席全国党代会代表；1988—1998 年出席浙江省党代会代表；1988—1998 年出席杭州市党代会代表；1984—2000 年萧山市（县）委书记、副书记；1984—2000 年萧山市（县）纪律检查委员会书记、副书记；1985—2000 年萧山中共党员发展情况；1985—2000 年萧山中共党员构成情况；1985—2000 年中共党员文化程度入党时间情况；1985—1987 年萧山县中共党员行业分布情况；1988—1999 年萧山中共党员社会职业分布情况；1985—1987 年萧山县分行业党组织情况；1988—1993 年萧山市分行业党组织情况；1994—2000 年萧山市党组织按行业分布情况；1985—2000 年萧山市（县）违纪违法案件查处；1987—2000 年萧山民主党派、工商联议案、提案；1984—2000 年萧山市（县）人民政府正、副市（县）长一览；1984—1998 年萧山市（县）人民政府组成部门；1984—2000 年萧山市（县）人民政府全体会议情况；1985 年至 2001 年 3 月萧山市（县）政府办理议案（建议）、提案情况；1985—2000 年萧山信访受理情况；1985—2000 年萧山信访内容分类情况；1986—2000 年萧山要信要访查办情况；1991—1999 年萧山市政府为民办实事情况；1996—2000 年萧山市（县）领导主要外事活动；1993—1998 年萧山市公民因公出访情况；1995—2000 年萧山市外事接待情况；1984—1997 年萧山历届人民代表大会代表选举情况；1984—1998 年萧山历届人民代表代表构成情况；1975—1998 年萧山出席历届全国人民代表大会代表名单；1983—1998 年萧山当选浙江省人民代表大会代表；1981—1997 年萧山当选杭州市人民代表大会代表；1984 年萧山县第八届人大常委会组成人员名录；1987 年萧山县第九届人大常委会组成人员名录；1990 年萧山市第十届人大常委会组成人员名录；1993 年萧山市第十一届人大常委会组成人员名录；1998 年萧山市第十二届人大常委会组成人员名录；1952—2001 年浙江省政协在萧山的委员名录；1982—2001 年杭州市政协在萧山的委员名录；1984—2001 年萧山市（县）政协主席、副主席、秘书长名录；1984 年 11 月至 2001 年 3 月萧山市（县）政协委员提案分类和办理情况；1993 年 3 月至 2001 年 3 月萧山市政协优秀提案情况；1996—2000 年萧山市政协专题调查报告情况。

难点之七：总体要求高，照片也难安排

即涉及政事、政要、机构、会议类照片入志要求严格，既要讲政治又要讲史料价值、典型、美观，因而十分难选用。一般来说，个人标准像不入志，领导题词、揭牌仪式、会议场景、人员合影、“排排坐”照片尽量不用或少用，对那些走马观花、没有实质性意义的领导考察调研照片也尽量不录用。如此，四分志可以入志的精美照片就远远少于自然、经济、文化、社会部类的照片。有的安排不好，还会影响到志书的政治质量。如某部首轮县志，就因为在显要位置安排了某位中央领导（后被免职）在该县调研的照片，从而失去了全国地方志成果一等奖名次，屈获二等奖。某部第二轮市志，好不容易选了一张市长深入基层调研的照片，谁知出版前，这位市长锒铛入狱，只好匆忙撤下了这张照片。

总的来说，中国共产党、政府、人大、政协内容的编纂要求高，编纂难度大，要想编出特色、亮点来，卓尔不凡，是难上加难。

三、对策探讨

针对四分志的编纂难点，寻找相应的对策，笔者提几点共探讨。

对策之一：谋篇布局，力求规范有创意

尽管各地志书的中国共产党、政府、人大、政协的篇目大同小异，值得研讨、见仁见智、求规范有创意的也不少。

一是篇目名称。已出版的 5 部全国第二轮修志试点单位市县志，就有“中国共产党地方组织”“中国共产党义乌地方组织”“地方人民代表大会”“地方人民政府”“地方政治协商会议”的分志标题。要不要“地方”二字？早有学者主张要。[①]笔者认为，《××市志》《××县志》，已经是地方志，市县志内的编章名，再加上“地方”二字和市县名属多此一举，不必都写上“中华全国总工会××地方工会”“中国共产主义青年团××地方委员会”“地方公安”

① 陈泽泓认为，“中国共产党”“人民代表大会”“人民政府”“人民政治协商会议”，标题涵盖过大，设“中国共产党××县地方组织”“中国国民党××县地方组织”，标题是得当的。参见陈泽泓：《关于政治部类的思考》，《广东史志》2012 年第 6 期。戴佳臻认为，标题为“中共××地方组织”是可以的；“人民政协”作标题，则过于笼统；“政协机构”，未免以偏概全；“县政治协商会议”，既非简称又不符合实际；关于政协篇的标题选取，应以“县政协”为宜。参见戴佳臻：《关于中国共产党地方组织入志问题的思考》，《中国地方志》2006 年第 2 期。又可参见戴佳臻：《关于人民政协入志问题的思考——浅析 11 部市、县志关于人民政协的记述》，《中国地方志》2004 年第 4 期。

“地方教育”“地方文化”等地方、政区名称。

二是事物归属。其中政务涵盖的内容太多，政府各工作机构的工作，包括经济、教育、科学、文化、卫生、体育事业、城乡建设事业和财政、民政、公安、民族事务、司法行政、监察、计划生育等行政工作，都可以说是政务。如何归类？是归入政府，还是另设编章？值得探讨。《秦皇岛市志（1979—2002）·地方人民政府》之“综合经济管理”“综合行政管理”2个类目，合计33个分目，就包括了政府有关机构的工作。《高安市志（1986—2006）·人民政府》之《政务管理》《事务管理》《人事管理》《劳动管理》《行政监察》4章，也包括了政府部分机构的工作。《义乌市志·人民政府》没有相关的综合政务篇目，而是平行设置《人事与综合政务》篇。《萧山市志·人民政府》之《政务》章，下设《重要施政》《议案、提案办理》《信访工作》《为民办实事》《社会热点问题处理》《历史遗留问题处理》《外事活动》7节，另有《职能转变》章，下设《政府机构改革》《依法行政》《政务公开》《行政审批》4节。《邗江县志（1988—2000）·人大政府政协》之《人民政府》章，下设《政府组成及工作机构》《政事纪要》《人大代表建议与政协委员提案办理》《为民办实事》《法制工作》《行政监察》《信访工作》《外事侨务》8节。可见政务的归属差别很大。

相比较而言，笔者更认可《萧山市志》《邗江县志（1988—2000）》的政府编目。以事物的主体性质作为分类的依据，综合经济管理、综合行政管理，以不集中在政府写为佳，特别是中小编结构的市县志。从政府的角度而不是政府部门的角度记述政务，重点更突出，也更宏观、有高度。

三是求新求创意。如《萧山市志》的每编、章都有无题概述，注释、附录的应用，更是激活了志体。据统计，该志《中国共产党》《人民政府》《人民代表大会》《人民政协》4编有页旁注66个（不含括注、表下注、图照注）、附录5个、图照20幅、表格42个。述、志、图照、表、注释、附录诸体并用，相得益彰。该志注释更具特色的是注限外内容、注背景缘由、注补充说明、注资料出处、注时代称谓等，兼有评议性、延伸性、互见性、学术性等功用，十分有创意。如历次党代表大会、人民代表大会、政协委员会全体会议等，都是从1985年左右写起的，1985年以前的会议情况不便在正文中记述，注释溯源，把事物的起始、发展状况简略载入，就起到了链接前志和补充说明的作用，志书的独立性与完整性也因此大大增强。《附：浙江传化集团在全省率先建立党组织》《附：市长的一天——市长林振国指挥“7·9”抗洪抢险战斗》《附：重点议案办理》《附：中学生心理健康问题应引起社会各界重视》，分别反映了萧山企业党建、政府职能转变、人大议案办理、政协参政议政的亮点，起到了深化内容、引人入胜之效。

对策之二：总揽全局，各有侧重彰显关联性

针对分志之间的交叉重复，可以从宏观着眼，各有所侧重，彰显党政、人大、政协之间的关联活动和社会效应。

这方面的理论研讨比较多，关键是在实际操作中把握好角度。如党委决策和政府施政，分别是中国共产党志和政府志的记述重点，也是两志交叉重复并与其他分志交叉重复的关键编章。如何选择好记述的角度，避免机械的交叉重复，就要各有所侧重，体现统帅与被统帅、决策与执行决策、宏观与微观、中心与辐射、面与线、点的关联与因果关系。如中国共产党志侧重记述党委的重大决策，包括决策的背景、目的、内容、实效或失误等，政府志侧重记述对党委重大决策的实施情况，包括制定具体的实施方针、政策、决定、实绩或执行偏差等。有的分别在两志记述，如《秦皇岛市志（1979—2002）》之《中国共产党地方组织·重大决策》《地方人民政府·施政辑要》，《高安市志（1986—2006）》之《中国共产党地方组织·重要决策》《人民政府·重要施政》，《萧山市志》之《中国共产党·重大决策》《人民政府·重要施政》，可谓浓墨重彩；有的集中在政府志记述，以此解决党政难分的问题，如《邗江县志（1988—2000）》之《人民政府·政事纪要》，《义乌市志》之《人民政府·市（县）委、市（县）政府的重大决策》，可谓匠心独运；有的主张合并设编单列，跨越中国共产党、政府两志之外，[①]也未尝不可，但至今笔者还未看到真正如此设置的二轮志书。[②]

对策之三：虚实相济，亮点记述可平中见奇

在规范记述组织机构、常规性会议、共性工作的基础上，翔实反映本地个性的、独特的、创造性的工作内容。即使全国自上而下普遍开展的工作，各地的具体做法、力度、成效、典型事例也是不一样的，这就是地方特色。如果在篇目、体裁、记述和资料上都与众不同，更是志书的一大亮点。如《萧山市志·人民政府·职能转变》之《附：市长的一天——市长林振国指挥"7·9"抗洪抢险战斗》等，就是一大亮点。

① 参见杨敬宝：《浅议志书重大决策和施政辑要的设置与记述要素》，《中国地方志》2010 年第 9 期。

② 笔者另有专文《第二轮修志党委决策与政府施政入志思考——以已出版的全国第二轮修志试点单位志书为例》，该文原载于《广西地方志》2013 年第 5 期，这里不再展开论述。

又如信访工作，号称“天下第一难”，上访数量多、案件复杂、处置难。但志书平铺直叙的多，写出深度、规律、特性的少。具体体现在信访内容的分类、重复上访的比例、群体上访的原因、规模和典型案例少，领导机关解决社会热点难点问题的举措和典型案例更少。

《萧山市志》有所不同。该志在《人民政府·政务》章设有《信访工作》节、《社会热点问题处理》节、《历史遗留问题处理》节，8 页的文字篇幅，另有 3 个数据表。其中，《信访工作》节，记述了“信访制度”“信访办理”，资料有个性，特别是阶段性的信访内容、成因、特点及办理情况一目了然。《社会热点问题处理》节，记述了“企业集资”“就业与保障”“环境污染”“重复信访”“无证车辆营运”“企业军转干部待遇”等社会热点问题的处理。“历史遗留问题处理”节，记述了“落实清退政策”“复查纠错”“落实城迁人员政策”“解决农婚知识青年生活保障”等历史遗留问题的处理。这些问题，绝大多数是群体上访的重要信访，其前因后果、上访规模、解决的路径都有不同程度的反映。与该志《中国共产党·重大决策》章的内容、《人民政府·政务·重要施政》节的内容、《政务·为民办实事》节的内容、《人民代表大会·重点议案办理》附录的内容，也有呼应，体现了各编章之间的关联性和因果关系。3 个数据表，分别是“1985—2000 年萧山信访内容分类情况表”（含批评建议类、求决类、申诉类、揭发控诉类、其他类的信访内容分类件数）、“1985—2000 年萧山信访受理情况表”（含信访局、镇乡、部门的受理的信访件数）、“1986—2000 年萧山要信要访查办情况表”（含信访局立案、中央省市转办、市长接待日接访的办结件数）。文、表结合，面、线、点结合，起到了相得益彰之效。①

对策之四：慎之又慎，政策法律称谓不出错

四分志的内容政治性强，政策性强，编纂者就要慎之又慎。一是加强学习。包括法律、法规、党章、政策、政治理论术语等，都要熟悉、掌握，做到心中有谱。二是记述准确。有关全称与简称都要规范，不可随意增减字或张冠李戴。如将人大代表的“议案”写成“提案”或将政协委员的“提案”写成“议案”，都是不恰当的，是与法律规定相悖的。人大代表是“选举”产生，政协委员是“推举”或“协商产生”，也不能搞混淆。三是用词讲究。如

① 笔者另有专文《第二轮修志信访工作入志思考——以已出版的全国第二轮修志试点单位志书为例》，该文原载于《巴蜀史志》2014 年第 2 期，这里不再展开论述。

人大代表“审议政府工作报告”，政协委员“讨论政府工作报告”，代表、委员同时进行这一活动，应写成“代表、委员审议讨论政府工作报告”，不宜用“学习”“领会”等词汇。

要规避政治性的错误，编审人员还要认真审阅志稿，反复推敲，保持高度的警惕心，及时发现问题，及时纠正错误。如笔者在审阅某市志稿时，发现“统一战线”部分的开头写：“中华人民共和国成立后，坚持并完善中国共产党领导的多党合作和政治协商制度，贯彻落实‘长期共存、互相监督、肝胆相照、荣辱与共’的方针，充分发挥各民主党派和工商联的作用。特别是在改革开放和社会主义现代化建设中……”这里就涉及政策的时间问题。1956年9月，中共八大将“长期共存、互相监督”方针写入决议。1982年9月，中共十二大提出中国共产党同民主党派“长期共存、互相监督、肝胆相照、荣辱与共”的方针。也就是说，其开头写的“中华人民共和国成立后”，即1949年至1982年的三十多年间还没有“肝胆相照、荣辱与共”的提法。因此，不能写笼统的时间概念，而要写具体的时间年份。

对策之五：严格程序，重要史实数据审核要签章

涉及人事敏感的内容，也是政治性内容，编纂机构就要严格把关。一方面，重要人物的名称、职务及其他生平信息必须准确。另一方面，重要的事件、史实、数据，包括对政治运动的记述、重大决策失误与执行偏差的记述都要客观真实。档案不全和不确切的，要开展调查，走访当事人，可适当应用口述史料和社会调查资料。涉及社会敏感问题和热点问题，其提法要与国家的民族政策、外交政策、对外宣传口径保持一致，没有明文规定的，要报送有关部门审查，正确把握记述尺度。编写的志稿，一律呈送有关单位审阅签章，高度负责。

对策之六：行文规范，大刀阔斧删除虚话套话

志书要求行文严谨、符合实际、简洁、流畅，明确不用总结报告、新闻报道等写法。而党政、人大、政协机关的领导讲话、工作总结、文件材料，在应用时，就要下大力气处理。要删除没有史料价值的虚话、套话，对没头、没尾、没过程的事实、数据，要补充完整，转换成志体依时记述。还要多方查证，避免有水分的事例、数据混入志中。

对策之七：注重典型，图文并茂精选人物照

对机构、会议、人物、事件类的照片入志，就要按照讲政治、讲史料价值、讲典型、讲美观的要求，精挑细选。要选用那些真正为当地老百姓造了

福、解决了实际问题的领导调研、考察照片入志，对那些形式主义、带有广告色彩的活动照片，尽管场面较大，也不宜采用。如《萧山市志》四分志的照片 20 幅，虽然相对自然、经济、文化、社会部类的照片少很多，仅占全志照片 1338 幅的 1.49%，但都是从严、从慎精挑选出来的，有一定的史料价值和欣赏价值。

总的说来，中国共产党、政府、人大、政协是志书政治部类的重中之重，编纂难度大，需要在观点、体例、内容、记述、资料上下大功夫。又鉴于四分志内容关联性强的特点，可安排同一个人负责这四分志的编纂，以便于宏观驾驭，微观把握，选好不同角度，避免机械重复，既突出重点，又突出亮点，使之相映生辉，相得益彰，成为既有分量又有价值的重要篇章。

表 1-3　全国第二轮修志试点单位志书关于中国共产党、政府、人大、政协篇目、内容情况表

志书	中国共产党、政府、人大、政协篇目	重大决策与施政等内容
江苏省《邗江县志（1988—2000）》方志出版社 2009 年版	**第十七编　中共地方组织** 第一章　历次代表大会和县委机构设置 第二章　主要思想教育活动 第三章　纪律检查 第四章　组织工作 第五章　宣传工作 第六章　统一战线工作 第七章　政法工作 第八章　其他党务工作 **第十九编　人大政府政协** 第一章　人民代表大会 第二章　人民政府 第三章　人民政协	**第十九编　第二章人民政府** **第二节　政事纪要** 一、交通建设 二、电力建设 三、九年义务教育普及 四、血防监控与初级卫生保健 五、外向型经济发展 六、农村生态环境改善 七、扶贫开发 八、企事业单位改革 九、邗江建设区规划建设 十、小康县建设 **第三节　人大代表建议与政协委员提案办理** 一、关注民生 二、促进经济社会发展 **第四节　为民办实事** **第五节　法制工作（略）** **第六节　行政监察（略）** **第七节　信访工作**（制度建设、信访处理） **第八节　外事侨务**

续表 1-3

志书	中国共产党、政府、人大、政协篇目	重大决策与施政等内容
河北省《秦皇岛市志（1979—2002）》，方志出版社 2009 年版	**中国共产党地方组织** 党员·党代表大会·组织机构 重要会议 纪律检查与监察 党务工作 市委其他工作 重大决策 **地方人民代表大会** 人大代表 历届人民代表大会 人民代表大会常务委员会 **地方人民政府** 市政府组成 综合经济管理 综合行政管理 **地方政治协商会议** 市政协委员 政治协商会议 政协常务委员会	**中国共产党地方组织·重大决策** **政治建设决策** 关于党建的决策 关于完善人民民主专政制度的决策 关于党风廉政建设的决策 关于社会治安综合治理的决策 **经济社会发展决策** 关于经济技术社会发展战略的决策 关于经济体制改革的决策 关于对外开放的决策 关于城乡经济发展的决策 关于教育科技发展的决策 关于城市建设的决策 **精神文明建设决策** “七五”时期精神文明建设措施 “八五”时期精神文明建设规划 1995—1997 年精神文明建设规划 1998—2000 年精神文明建设规划 落实《公民道德建设实施纲要》 **地方人民政府·市政府组成·施政辑要** 实施“开放带动”战略 实施“以港兴市”战略 推进工业化进程 强化“三农”工作 加快旅游业发展 搞活市场流通 加强重点项目建设 发展各项社会事业 优化发展环境 提升城市规划、建设和管理水平

续表 1-3

志书	中国共产党、政府、人大、政协篇目	重大决策与施政等内容
江西省《高安市志（1986—2006）》，方志出版社 2009 年版	**卷十五　中国共产党地方组织** 第一章 党员 第二章 组织建制 第三章 重要会议 第四章 重要决策 第五章 培养选拔人才 第六章 纪律检查 第七章 组织建设 第八章 宣传教育 第九章 统一战线 **卷十六　人民代表大会** 第一章 人大代表 第二章 代表大会 第三章 常务委员会 第四章 主要工作 **卷十七　人民政府** 第一章 政府组成 第二章 重要施政 第三章 政务管理 第四章 事务管理 第五章 人事管理 第六章 劳动管理 第七章 行政监察 **卷十八　人民政协** 第一章 委员组成 第二章 全体委员会议 第三章 常务委员会 第四章 主要工作	**卷十五　第四章　重要决策** **第一节　发展乡镇企业** **第二节　拓展开放型经济** **第三节　开辟建筑陶瓷产业基地** **第四节　壮大“牛、车、花、菜”产业** **第五节　依法治市（县）** **第六节　干部作风建设** **卷十七　人民政府第二章重要施政** **第一节　第八届县政府重要施政** 组织农业开发总体战 多层次兴办工业 规划小城镇建设 兴办 10 项社会公益事业 **第二节　第九届县政府重要施政** 开辟县城新工业区 加速发展乡镇企业 整顿经济秩序 开展横向经济技术协作 为群众办成 10 件实事 **第三节　第十届县政府重要施政** 开发“三高”农业 调整提高工业 创办大城开发区 组织兴商建市前哨战 相继办成 10 件好事 **第四节　第十一届县政府与第一届市政府重要施政** 完成工业新扩改项目 212 个 兴起小城镇建设 实施养殖“百千万”工程 加快市场建设步伐 兴办公共事业

续表 1–3

志书	中国共产党、政府、人大、政协篇目	重大决策与施政等内容
—	—	**第五节　第二届市政府重要施政** 推进企业产权制度改革 创建新世纪工业园 扶持民营经济发展 创新城市建设机制 **第六节　第三届市政府重要施政** 做大做强新世纪工业园 建立“捆绑式”招商引资机制 提出“经济民营化”目标 培植牛、车、花、菜产业 推动全民创业 加快建设城乡公益事业
浙江省《义乌市志》，世纪出版集团、上海人民出版社 2011 年版	**卷六　政治** **一、政党篇** （一）中国共产党义乌地方组织 （二）民主党派地方组织 （三）中国国民党及其他党派 **二、人民代表大会篇** （一）历届人民代表会议 （二）组织机构 （三）主要工作和活动 （四）议案（建议）办理 **三、政府篇** （一）县衙 （二）民国县政府 （三）革命根据地政权 （四）人民政府 **四、人民政协篇** （一）历届委员会 （二）组织机构 （三）主要工作和活动 （四）提案办理	**卷六政治之三、政府篇** **（四）人民政府** **4.市（县）委、市（县）政府的重大决策** （1）推行家庭联产承包责任制 （2）建设小商品市场和实施“兴商建市（县）”发展战略 （3）提出“两个千家万户”发展思路 （4）进行企业产权制度改革 （5）推进农业产业化和农村现代化 （6）推进“以商促工、贸工联动”战略 （7）创办工业园区，走产业集聚之路 （8）建设大城市和国际商贸名城 （9）进行国有土地使用制度改革 （10）“五自”水库建设 （11）推动城乡统筹与城乡一体化进程 （12）水权有偿转让 （13）进行旧城改造暨绣湖广场建设 （14）进行物流市场与“大通关”建设 （15）进行民航义乌机场建设 （16）举办小商品博览会 （17）进行综合财政预算改革

续表 1–3

志书	中国共产党、政府、人大、政协篇目	重大决策与施政等内容
—	—	（18）进行行政审批制度改革 （19）进行文化大市建设 （20）进行生态市建设 （21）进行“平安义乌”建设 （22）实施行政执法主体改革 （23）实施农村被征地农民的养老、医疗、就业等配套改革 （24）举办文化产业博览会 （25）编制、发布中国小商品指数
浙江省《萧山市志》（试印本）1~3 卷，浙江人民出版社 2011 年版	**第二十二编　中国共产党** 第一章 党代会代表 第二章 会议 第三章 机构 第四章 重大决策 第五章 思想建设 第六章 组织建设 第七章 纪律检查 第八章 政法建设 第九章 统一战线 第十章 其他党务工作 **第二十三编　人民政府** 第一章 机构 第二章 会议 第三章 政务 第四章 职能转变 **第二十四编　人民代表大会** 第一章 人民代表大会代表 第二章 人民代表大会会议 第三章 人大常委会机构 第四章 人大常委会职责 **第二十五编　人民政协** 第一章 组成	**第二十二编　第四章　重大决策** **第一节　社会稳定** 支持改革创业 制定精神文明建设纲要 加强非公有制企业党的组织建设 **第二节　经济发展** 围垦滩涂 5 万亩 确立经济发展第二步目标 创建设萧山经济技术开发区 加快改革开放与经济建设 实施科技兴市战略 发展第三产业 确定经济社会发展远景目标 完善农业生产责任制 鼓励个体私营工业发展 完善二轮土地承包责任制 **第三节　社会事业** 争取机场选址萧山 建设湘湖旅游度假区 加快城市化进程 推进养老保险全覆盖 **第二十三编　第三章政务** **第一节　重要施政**

续表 1–3

志书	中国共产党、政府、人大、政协篇目	重大决策与施政等内容
—	第二章 会议 第三章 政治协商 第四章 民主监督 第五章 参政议政 第六章 其他活动	乡镇企业改革 九年制义务教育 经济薄弱村扶持 推行承包经营责任制 “西水东调”工程 兴建萧山商业城 企业产权制度改革 萧山经济技术开发区建设 工业结构调整 南部区域发展 **第二节　议案、提案办理** **第三节　信访工作**（信访制度、信访办理） **第四节　为民办实事** **第五节　社会热点问题处理** 企业集资 就业与保障 环境污染 重复信访 无证车辆营运 企业军转干部待遇 **第六节　历史遗留问题处理** 落实清退政策 复查纠错 落实城迁人员政策 解决农婚知识青年生活保障 第七节外事活动（略）

说明：1. 因篇幅有限，表中志书篇目仅列到编（卷）、章两个层次。

2.《邗江县志（1988—2000）》采用中篇结构，分编、章、节、目 4 个层次。《秦皇岛市志（1979—2002）》采用版块类目体，分版块、类目、分目、细目 4 个层次。《高安市志（1986—2006）》采用卷、章、节、目 4 个层次。《义乌市志》采用大卷多篇体式，卷下分篇，篇下设类、目。《萧山市志》采用编、章、节、目结构。

3. 上述 5 部志书，除《义乌市志》是通志以外，其余皆为续志。《萧山市志》另有第 4 卷索引专卷、第 5 卷社会课题调查专卷、第 6 卷口述历史专卷，未统计在全志篇幅内。

4. 资料来源：2013 年 8 月莫艳梅根据杭州市萧山区方志馆收藏的图书编制而成

第二轮修志党委决策与政府施政入志思考

——以已出版的全国第二轮修志试点单位志书为例①

提　要：第二轮修志，要设置专门的篇目记述党委决策和政府施政，要选择不同时期、影响全局的重大事项入志，选择最佳的记述角度和记述模式，用真实、客观的资料说明，使当代人和后人感知党委、政府的功绩与过失，从中汲取执政的经验与教训，使志书的存史、资政、教化功能得到最大限度的发挥。

关键词：志书；党委；政府；决策；施政

第二轮修志，党委决策和政府施政入志比较常见，但篇目设置与记述内容没有定式。现以已出版的5部全国第二轮修志试点单位市县志②为例，谈点看法，以就教于志界同人。

一、党政内容的重中之重

党委决策和政府施政，分别是党委工作、政府工作的主要内容，也是党对经济社会发展宏观领导作用和政府执行力的集中体现。党委决策的成功与失误，政府施政的绩效与偏差，均关乎经济社会发展、民生与民意，入志可增强志书的存史、资政、教化功能，也增强民众的关注度，提高志书的使用价值，为后世提供有价值的执政经验与教训。

① 本文原载于《广西地方志》2013年第5期。

② 这5部志书分别是4部县市志，1部市志；4部续志，1部通志。即江苏省《邗江县志（1988—2000）》、河北省《秦皇岛市志（1979—2002）》、江西省《高安市志（1986—2006）》、浙江省《义乌市志》、浙江省《萧山市志》（试印本）。

二、篇目篇幅的彰显趋势

第二轮修志，大多在中国共产党和政府分志中设有专门的篇目记述党委决策和政府施政。如《高安市志（1986—2006）》，在《中国共产党地方组织》卷[①]下设《重要决策》章，在《人民政府》卷下设《重要施政》章，合计 16 页的文字篇幅。《秦皇岛市志（1979—2002）》，在“中国共产党地方组织”版块[②]下设“重大决策”类目，在“地方人民政府”版块“市政府组成”类目下设“施政辑要”分目，合计 32 页的文字篇幅。《萧山市志》（试印本），在《中国共产党》编[③]下设《重大决策》章，在《人民政府》编《政务》章下设《重要施政》节，合计 8 页的文字篇幅。《义乌市志》在《政府》篇[④]“人民政府”类下设“市（县）委、市（县）政府的重大决策”目，共 13 页的文字篇幅。《邗江县志（1988—2000）》，在《人大政府政协》编[⑤]《人民政府》章下设《政事纪要》节，共 4 页的文字篇幅。可见，第二轮志书党委决策和政府施政的篇目和篇幅是彰显的，值得称道的。

三、记述事项与角度的选择

党委决策和政府施政，分别是中国共产党、政府分志的记述重点，也是党政两志交叉重复并与其他分志交叉重复的关键编章。如何选择好记述的事项与记述的角度，是记述好党委决策和政府施政的关键点。

（一）选择宏观决策与施政

记述党委决策和政府施政要选择重大的、事涉全局的、关乎经济社会发展的重要事项，而且是本地的特色事项，不是贯彻执行中央的学习、中心工作的事项。如《高安市志（1986—2006）》之《中国共产党地方组织·重要决策》章，下设 6 节：第一节《发展乡镇企业》，第二节《拓展开放型经济》，第三节《开辟建筑陶瓷产业基地》，第四节《壮大“牛、车、花、菜”产业》，第五节《依法治市（县）》，第六节《干部作风建设》。该志《人民政府·重要

---

① 《高安市志（1986—2006）》采用卷、章、节、目 4 个层次。
② 《秦皇岛市志（1979—2002）》采用版块类目体，分版块、类目、分目、细目 4 个层次。
③ 《萧山市志》采用编、章、节、目结构。
④ 《义乌市志》采用大卷多篇体式，卷下分篇，篇下设类、目。其中政治卷设有 10 篇。
⑤ 《邗江县志（1988—2000）》采用中篇结构，分编、章、节、目 4 个层次。

施政》章，下设6节29目：第一节《第八届县政府重要施政》，记述了“组织农业开发总体战”“多层次兴办工业”“规划小城镇建设”“兴办10项社会公益事业”；第二节《第九届县政府重要施政》，记述了“开辟县城新工业区”“加速发展乡镇企业”“整顿经济秩序”“开展横向经济技术协作”“为群众办成10件实事”；第三节《第十届县政府重要施政》，记述了“开发‘三高’农业”“调整提高工业”“创办大城市开发区”“组织兴商建市前哨战”“相继办成10件好事”；第四节《第十一届县政府与第一届市政府重要施政》，记述了“完成工业新扩改项目212个”“兴起小城镇建设”“实施养殖‘百千万’工程”“加快市场建设步伐”“兴办公共事业”；第五节《第二届市政府重要施政》，记述了“推进企业产权制度改革”“创建新世纪工业园”“扶持民营经济发展”“创新城市建设机制”；第六节《第三届市政府重要施政》，“做大做强新世纪工业园”“建立‘捆绑式’招商引资机制”“提出‘经济民营化’目标”“培植牛、车、花、菜产业”“推动全民创业”“加快建设城乡公益事业”。这些都是推动全局的重大事项，但如何划分党政决策、设节立目，仍值得探讨。

（二）选择时代特色与地方特色的事项

时代特色具有共性，即各地大同小异；地方特色具有个性，即同样一个事物，在某一地区有其不同的做法。如《萧山市志》在《中国共产党·重大决策》中，分别记述了“完善农业生产责任制”“完善二轮土地承包责任制”。完善农业生产责任，是改革开放后中央多年一号文件所强调的，这是共性的事物。但萧山在决策完善这个工作中，突出了1996年在全市实施“两田制”，即按人口分田，按能力、劳力包责任田，这是地方特色的事物，因为当时浙江省委发文要求经济发达地区推进土地流转机制，让农业大田向种田能力集中，以解放农村劳动力向非农领域转移，增加农民收入。但只有萧山进行了这样大的改革。后来证明这个决策是正确的，不仅推进了农业规模经营，解放了农村劳动力，还为乡镇企业的发展创造了条件。1999年，萧山在中央文件的指示下，延长土地承包期至2026年，即中央提出的在原承包基础上再延长30年，属地方特色，这是大多数县市区所没有的。

（三）选择记述角度与重点

要避免党委决策和政府施政内容的交叉重复，两者与其他分志内容的交叉重复，就要选择好记述角度，各有所侧重，体现统帅与被统帅，决策与执行决策，宏观与微观，中心与辐射，面与线、点的关联与因果关系。其中党委决策，侧重记述决策的背景、目的、内容、实效或失误等；政府施政，侧重记述对党委重大决策的实施，包括制定具体的实施方针、政策、决定、实绩或执行偏差等。如《萧山市志》在《人民政府·重要施政》中，记述了“兴建萧山商业城”，主要是围绕市委、市政府“建一批市场，带动一批产业，活跃一片经济，致富一方群众”的决策，而决定兴建综合性批发市场的，从1991年成立筹建领导小组，到选址、奠基、建成开业，至2000年累计完成建筑面积35万平方米，总投资4.5亿元，建成8个专业市场，成为浙江省20家重点市场之一，其整个来龙去脉和记述的角度是比较清楚的。

（四）运用多种体裁反映

如运用无题序，概述该市县的重大决策和施政，起提示、引导作用；运用图照、表，配合正文内容，起辅助说明、拓展记述的作用；运用附录，承载正文难以承载的内容，起深化记述、引人入胜的作用。

四、如何划分党政决策

党政决策的划分会影响到篇目设置和内容记述，是党委决策与政府施政入志的难点。根源是，领导体制上党政不分、以党代政、政企不分、以政代企的现象突出。许多决策，党委、政府都有参与、专题研究，联合发文的也司空见惯，同一件事物，各级领导机构同去指挥，实在难以划分、归属哪一方。

（一）如何划分

关于党建方面的决策，归属在党委决策没有疑义；关于经济建设、社会发展方面的决策，有的归属带有随意性。笔者认为，党委决策，立意应该更宏观、更高远，属于方向性的、目标性的。如根据地情提出的区域发展战略、发展思路、发展模式、发展规划，营造良好环境等。政府决策，应该是实施性的、结果性的，如围绕党委战略决策出台相对应的或系列的具体决策和举措。如《秦皇岛市志（1979—2002）》在《中国共产党地方组织·重大决策》中，记载了“秦皇岛市2000年经济发展战略”，此战略出台于1986年，提出了以港兴市、科教兴市、开放兴市三大战略，确定了港口、旅游、玻璃建材、农村经济四大发展重点。在《地方人民政府·施政辑要》中，就有“实施‘开放带动’战略”“实施‘以港兴市’战略”“推进工业化进程”“强化‘三农’工作”“加快旅游业发展”等系列举措，并以此立目记述，每个细目中，还有一系列的举措、实施意见和实施结果。当然，有的是市委、市政府联合发文的。即凡是重大决定，其制定必体现党的领导，其实施必体现政府主持、全民参与。有的志书将凡是党委、政府联合发文的决策，都归属在党委决策类，是不妥当的。

（二）如何立题

笔者认为，以党委“重大决策”、政府“重要施政”立题为佳。有的重大决策多的，还可以分类记述，如分为政治建设决策、经济社会发展决策、精神文明建设决策等。“重要施政”下的内容，以政府实施党委重大决策派生出来的具体决策、措施以及已落实、已建成的重大项目和群众看得到、摸得着的大实事设节立目为佳。对于党委决策和政府施政的实效、结果，建议写些宏观的、阶段性的数据说明，不宜太细，避免与有关篇章的内容机械重复。

（三）如何处置

一是在两分志写。一般来说，划分了党委决策、政府施政的内容之后，分别在中国共产党、政府两分志中记述，但记述的角度要把握好。二是在政府分志写。有的为了解决党委决策、政府施政内容难以划分的问题，集中在政府分志记述，也未尝不可。如《邗江县志（1988—2000）》在《人民政府》章设《政事纪要》节，记述了全县 10 项重大政事。《义乌市志》在《人民政府》类设“市（县）委、市（县）政府的重大决策”目，记述了 25 项党政重大决策，即“推行家庭联产承包责任制”“建设小商品市场和实施‘兴商建市（县）发展战略’”“提出‘两个千家万户’发展思路”“进行企业产权制度改革”“推进农业产业化和农村现代化”“推进‘以商促工、贸工联动’战略”“创办工业园区，走产业集聚之路”“建设大城市和国际商贸名城”“进行国有土地使用制度改革”“‘五自’水库建设”“推动城乡统筹与城乡一体化进程”“水权有偿转让”“进行旧城改造暨绣湖广场建设”“进行物流市场与‘大通关’建设”“进行民航义乌机场建设”“举办小商品博览会”“进行综合财政预算改革”“进行行政审批制度改革”“进行文化大市建设”“进行生态市建设”“进行‘平安义乌’建设”“实施行政执法主体改革”“实施农村被征地农民的养老、医疗、就业等配套改革”“举办文化产业博览会”“编制、发布中国小商品指数”。这样集中写，也是处理交叉重复、党政难分的一种方式，但有关党建决策、精神文明建设决策等就不宜放进政府分志中写，中国共产党分志中没有党的决策编目，党的宏观领导作用也难以充分彰显。三是超越两分志单列。即有人主张将两者合并设编单列，跨越中国共产党、政府两分志之外，[1]但至今笔者还未看到真正如此设置的第二轮志书。

（四）集中与分散相结合

除在中国共产党、政府分志设专门的党委决策、政府施政篇目记述以外，还可以在总述、大事记、其他篇目记述党委决策和政府施政内容。如《萧山市志》在《人民政府》编《政务》章设有《为民办实事》专节，将时限内五届政府承诺办的50件实事和这50件实事的完成情况以文字表格的形式记述。《邗江县志（1988—2000）》在《人民政府》章也设有《为民办实事》专节，将时限内政府历年为民办实事的项目列表记述。这些都是政府施政的内容。

总的说来，要选择不同时期、影响全局的重大决策与施政入志，要选择最精当、简洁的标题立目，要选择最佳的角度、记述模式，选择真实、客观的资料说明，图文并茂，情文并茂，使当代人和后世人感知党委、政府的功绩与过失，从中汲取执政的经验与教训，也使志书的存史、资政、教化功能得到最大限度的发挥。

① 参见杨敬宝：《浅议志书重大决策和施政辑要的设置与记述要素》，《中国地方志》2010年第9期。

第二轮修志信访工作入志思考

——以已出版的全国第二轮修志试点单位志书为例[①]

提　要：第二轮修志，信访工作入志必不可少。作者认为，以设置在政府（综合政务）篇目之下为佳，既要记载信访机构、信访制度、信访数量，又要记载信访内容、成因、规模、处理情况，做到点、线、面结合，入志资料有个性，数据对比性强，反映出时代特色和地方特色。

关键词：志书；信访工作；入志；思考

关于信访入志问题，志界专题研讨的不多，志书记述有深度、有特色的也不多。笔者结合第二轮修志，并以出版的 5 部全国第二轮修志试点单位市县志[②]为例，谈点看法，请志界同人指正。

一、信访工作入志必不可少

信访，是指公民、法人或者其他组织采用书信、电子邮件、传真、电话、走访等形式，向各级人民政府、县级以上人民政府工作部门反映情况，提出建议、意见或者投诉请求，依法由有关行政机关处理的活动。[③]

信访制度是中国特有的一种人权救济方式。它产生于法律制度不完善和纠纷解决机制不健全的背景之下。从确立之初至今历经了几次功能演变。中国政法大学副教授应星将其划分为三个阶段：一是 1951—1979 年的大众动员型信访。这时期的信访受政治运动影响，主要以揭发问题和要求落实政策为主。二是 1979—1982 年的拨乱反正型信访。这一时期，信访迅速从国家政治生活中的边缘走到了中心，信访规模史无前例，主要内容是要求解决历史遗

① 本文原载于《巴蜀史志》2014 年第 2 期。

② 这 5 部志书分别是 4 部县市志，1 部市志；4 部续志，1 部通志。即江苏省《邗江县志（1988—2000）》、河北省《秦皇岛市志（1979—2002）》、江西省《高安市志（1986—2006）》、浙江省《义乌市志》、浙江省《萧山市志》。

③ 国务院《信访工作条例》。

留问题，平反冤假错案。从 1982 年至今，应星将其概括为安定团结型信访，信访制度最主要的功能转变为化解纠纷、实现救济。

20 世纪 90 年代初以来，随着我国改革开放的不断深化和社会主义市场经济体制的逐步建立，工业化、信息化、城镇化、市场化、国际化的加快推进，大量出现的矛盾和问题通过信访渠道反映出来。从 1992 年开始，全国信访总量连续 12 年攀升。2004 年，全国县级以上三级党政机关受理的群体信访量为 1024 万件（人）次、集体上访 24057 万批次、564.8 万人次，分别比 1995 年上升了 1.13 倍、2.8 倍、2.6 倍。另据统计，1996—2000 年，全国县级以上党政机关信访部门受理的群众信访批次、人次，分别是 1982—1995 年 13 年的 2.06 倍、2.07 倍。[①]

信访工作号称“天下第一难”，难就难在群众信访反映的问题复杂多样、涉及面广，政策性强，解决难度大。尽管从中央到地方，各级党委、政府、人大、法院、检察院以及相关部门都设有信访机构，形成了较为完备的信访工作法规制度体系，多措并举取得一定的成效。但是，从总体上看，全国信访总量仍在高位运行，新情况、新问题不断出现，集体上访增加，信访组成人员复杂化，处理起来稍有不慎，就会使得事件升级，引发连锁反应，影响社会稳定。

可以说，信访是富有中国特色的一种社会现象，信访制度也是富有中国特色的一种特殊制度。作为当代中国政法体制中重要的一环，信访制度的存在，是有其合理性基础的。新时期修志，信访工作的入志必不可少。一是它可以反映出时代特色和地方特色。信访制度是时代发展的产物，在表达群众意愿、维护群众合法权益、促进人民群众与党和政府的良性沟通、实现政治和社会稳定等方面发挥了一定的作用。各地的经济发展不平衡，信访的成因、规模和内容特点也不一样，信访工作的难度、做法和成效也不同。二是它可以增强志书相关内容的因果关系。如群众的呼声、人大的建议、政协的提案、各单位部门的建议和意见等，都是党委、政府决策的基础。入志的信访内容，无疑也与党的重大决策、政府施政、人大议案、政协提案等章节内容相关联、有因果关系。

① 参见《第五次全国信访工作会议材料》，北京，2001 年 9 月。

二、信访工作设置没有定式

信访工作有的设置在中国共产党的篇目下面，有的设置在政府的篇目下面，有的是单列在综合政务的篇目中，但共同点是都有专门的信访篇目，以居第三层次的为多。

以出版的 5 部全国第二轮修志试点单位市县志为例。《邗江县志（1988—2000）》，在《人大政府政协》编[①]《人民政府》章下设《信访工作》节，居第三层次；《秦皇岛市志（1979—2002）》在《中国共产党地方组织》版块[②]《党务工作》类目下设《信访工作》分目，居第三层次；《高安市志（1986—2006）》分别在《人民代表大会》卷[③]《主要工作》章下设《来信来访处理》节，在《人民政府》卷《政务管理》章下设《信访工作》节，居第三层次；《义乌市志》在《政治》卷[④]《人事与综合政务》篇下设“信访”类，居第三层次；《萧山市志》在《人民政府》编[⑤]《政务》章下设分设《信访工作》节、《社会热点问题处理》节、《历史遗留问题处理》节，均为第三层次。

上述信访工作分别设置在中国共产党、人民代表大会、人民政府（综合政务）等篇目之下，主要缘由是信访工作的归口不一与变迁。至今从中央到地方，各级党委、人大、政府、法院和检察院及相关职能部门都设有信访机构。党委、政府开展的信访工作，是领导管理工作的一部分，它区别于立法、司法等机关的最大特点，是运用领导和行政管理职能，直接处理和解决信访人反映的各种问题。专职信访工作机构是党委、政府开展信访工作的参谋助手，履行综合协调的职能。2000 年 2 月，中共中央办公厅暨国务院办公厅信访局更名为国家信访局，归口国务院办公厅管理，业务上受中共中央办公厅、国务院办公厅双重领导。2005 年国务院《信访工作条例》第 6 条规定，县级以上人民政府信访工作机构是本级人民政府负责信访工作的行政机构，受理、交办、转送信访人提出的信访事项，承办上级和本级人民政府交由处理的信访事项，对本级人民政府其他工作部门和下级人民政府信访工作机构的信访工作进行指导等。

---

① 《邗江县志（1988—2000）》采用中篇结构，分编、章、节、目 4 个层次。

② 《秦皇岛市志（1979—2002）》采用版块类目体，分版块、类目、分目、细目 4 个层次。

③ 《高安市志（1986—2006）》采用卷、章、节、目 4 个层次。

④ 《义乌市志》采用大卷多篇体式，卷下分篇，篇下设类、目。其中政治卷设有 10 篇。

⑤ 《萧山市志》采用编、章、节、目结构。

因此，笔者认为，从事物的主体性质看，并以归口管理、事以类聚为依据，信访工作以设置在政府（综合政务）篇目之下为佳。

三、信访工作记述要有深度

首轮志书记述信访工作有深度的不多，记述的内容大多为机构设置、制度建设、信访件数以及处理件数等。第二轮志书记述信访工作有深度的仍然不多，记述的内容缺少分类、成因、规模、典型案例等，领导机关解决社会热点难点问题以及重要信访的举措和典型案例更是少之又少。

已出版的 5 部全国第二轮修志试点单位市县志各有特色。其中，《邗江县志（1988—2000）》之《信访工作》节，记述了制度建设、信访处理，共 1 页的文字篇幅，另有 1 个数据表（含历年来信、重信件数、来访批次、人次数据）。《秦皇岛市志（1979—2002）》之“信访工作”分目，记述了机构设置、开展落实政策工作、接待人民来访情况，包括规范信访工作秩序、控制越级上访、加强暑期信访工作，共 2 页的文字篇幅，无表格。《高安市志（1986—2006）》之《来信来访处理》节、《信访工作》节，分别记述了人大代表、群众来信来访处理，共 2 页的文字篇幅，另有 1 个数据表（含来信件数、来访人次、办理上级交办件数、本级自办件数）。《义乌市志》之“信访”类，记述了机构设置、信访制度、信访办理、重大信访查办，5 页的文字篇幅，另有 2 个数据表（含历年来信件数、来访人次，重要信访件数、集体访批次、人次），有一定的存史价值。

《萧山市志》有所不同。该志分设《信访工作》《社会热点问题处理》《历史遗留问题处理》3 节，共 8 页的文字篇幅，另有 3 个数据表，即“1985—2000 年萧山信访内容分类情况表”（含批评建议类、求决类、申诉类、揭发控诉类、其他类的信访内容分类件数）、“1985—2000 年萧山信访受理情况表”（含信访局、镇乡、部门的受理的信访件数）、“1986—2000 年萧山重要信访查办情况表”（含信访局立案、中央省市转办、市长接待日接访的办结件数）。文、表结合，点、线、面结合，可谓浓墨重彩。记述的内容如下。

1.信访机构、制度

如 1954 年建立萧山县人民政府人民群众来信来访接待室。从 1981 年起，先后建立了党政领导接待群众来访日制度、定期排查信访热点难点制度、重大信访领导包案制度、工作责任制度等。

2.信访特点、成因

如 1991—1996 年，由于人民群众参政意识增强，萧山信访出现“一降二增”（信访总量下降，批评建议增多、群体性上访增多），共受理群众信访 83941 件，比前 6 年减少 47883 件，降幅为 36.32%。1997—2000 年，随着企业改革的深入、城市化的推进，萧山信访出现“二增一降”（信访总量增多、要求解决问题类信访增多，群体上访下降），共受理群众信访 120020 件，比前 6 年增加 36079 件，增幅为 42.98%；要求解决问题类信访 109685 件，比前 6 年增加 80667 件，增幅为 2.8 倍；群体上访 611 批、14021 人次，与前 6 年相比，平均每年下降 13.4%。

3.信访分类、查处件数

如 1985—2000 年，萧山共受理人民来信来访 335785 件（批），其中批评建议类 19564 件，占信访总量的 5.83%；求决类 180363 件，占总量的 53.71%；申诉类 26746 件，占总量的 7.97%；揭发控告类 63958 件，占总量的 19.05%；其他 45154 件，占总量的 13.45%。1986—2000 年，萧山共立案查处重要信访 6015 件，报结 5565 件，平均报结率为 92.52%；中央、省、市以及新闻媒体转办的重要信件 344 件，报结 334 件，平均报结率为 97.09%。

4.信访涉及热点问题

如 1985—1990 年，信访的热点集中在：要求解决 1958—1960 年期间城迁人员（20 世纪 60 年代初从城镇下放到农村的人员）安置、农村成分纠错后房产处理以及私房改造、城乡袋袋户口、自理口粮户和农婚知青（下乡知识青年与农民结婚的人员）回城等历史遗留问题；要求解决农业生产资料供应，城镇居民住房、户粮，待业人员、“两劳”（劳动改造、劳动教养）人员和农婚知青就业，废水、废气、噪音污染、城建规划、城市交通、物价控制、市场管理、文化娱乐、卫生费用等问题；反映干部不正之风，揭发控告各类经济犯罪、滥占耕地等问题。1991—1996 年，信访的热点集中在：企业转制中的停工停产、转制拍卖、集资款归还、职工劳保福利待遇；农民土地被征用“农转非”后的安置；违法用地、未批先建、少批多建、毁田建窑；村级财务混乱、账目不清；村办企业转制不公开，以及教育学区划分、社会治安、住房拆迁、环境污染等问题。1997—2000 年，信访主要涉及：企业转制后下岗、失业人员就业和社会保障、股金、集资款到期归还；部分村级财务管理混乱、不合理开支过大、征地安置不到位、违法违章用地；杭州萧山机场征迁、萧山经济技术开发区“农转非”的劳力安置；旧城改造拆迁补偿标准、城建交通、社会治安；企业军转干部要求解决政治待遇和生活待遇等问题。

5.领导机关对社会热点问题和历史遗留问题的处理

如对“企业集资”“就业与保障”“环境污染”“重复信访”“无证车辆营运”“企业军转干部待遇”等社会热点问题的处理，对“落实清退政策”“复查纠错”“落实城迁人员政策”“解决农村知识青年生活保障”等历史遗留问题的处理，都有不同程度的记载。这些绝大多数是群体上访的内容，其前因后果、上访规模、解决的路径在志书中都有不同程度的反映。如《社会热点问题处理·环境污染》记载：

“随着乡镇企业的发展，工业污染源不断增加，有些企业废水废气偷排、直排较为严重，污染周边环境，引发群众上访。1991 年 3 月，位于乐园乡的萧山颜料化工二厂污染严重，群众与厂方多次发生冲突，致使 52 人联名写信，14 人集体上访。1992 年 4 月，新塘乡绒毛厂废水横流，杂质乱飞，使 200 余名农户受害；临浦印染厂外排水污染水源，群众集体上访；同年 10 月，大寨河水污染，腥臭难闻，群众生活用水困难。1993 年 10 月，大庄水泥厂、萧山树脂厂电石糊污染河道，群众无处取水，河中鱼鸭死亡，发生纠纷。1995 年 7 月，城厢镇电镀厂和羽毛厂废水污染农田、水井，群众集体上访；同年 5 月，昭东办事处污水污染千余亩水面，造成大批鱼苗、珍珠蚌死亡，导致群众信访。对此，市委、市政府从抓污水治理和群众饮水问题入手，要求市工商局、环保局、卫生局、信访办等部门加大管理力度，组织有关部门实地勘察，于 1995 年 12 月 1 日动工兴建日产 10 万吨的第三自来水厂，实行“西水东调”，使东片 20 余万居民吃上洁净的自来水。至 2000 年，全市 352 家水污染企业，324 家经治理达到排放标准。城区污水治理工程和东片污水治理工程先后动工兴建并投入运行。”①

总的说来，要避免流水账式、平面式的记述，既要记信访机构、信访制度、信访数量，又要记信访的内容、成因、规模、处理案例等，做到点、线、面结合，入志资料有个性，数据对比性强，反映出时代特色和地方特色，彰显与党的重大决策、政府重要施政、人大议案、政协提案等章节之间的关联性和因果关系。

① 杭州市萧山区人民政府地方志办公室编：《萧山市志》（第二卷）（试印本），浙江人民出版社 2011 年版，第 1547 页。

第二轮修志艺文的入志内容与形式

——以已出版的全国第二轮修志试点单位志书为例[①]

提　要：第二轮志书不可缺少艺文，但艺文入志的内容和形式多样。值得探讨的六个问题：一是第二轮志书上下时限短，艺文设置不如旧志艺文设置凸现，情有可原；二是无艺文志不等于无艺文内容，所列举的 5 部新志，就有 4 部新志没有艺文专编章节，但艺文内容不缺，如著述目录、文艺作品、史志家谱、文献选录等分别在相关编章中出现；三是分散与集中记述不必强求一律，类似于改革开放是集中还是分散记述的问题，各有利弊；四是艺文入志内容以著述目录和诗文选录为主；五是志书艺文志、文化志、社科志、党政志、人物志、附录、图照、表、注、社会调查、回忆录等体裁（形式）均可彰显艺文；六是古今艺文入志有利于区域历史文化和旅游的开发。

关键词：第二轮志书；艺文；编纂

史志艺文志源远流长。正史中的艺文志始于东汉人班固《汉书·艺文志》。方志中的艺文志始于北朝人宋孝王《关东风俗传·坟籍志》，此后方志设艺文成为传统。

旧志中的艺文分量较重。如清乾隆十六年（1751）《萧山县志·艺文》，设诗、赋、颂、序、传、文状说议、记、杂著等，合计 6 卷，占全志 40 卷的 15%；按 2012 年 6 月出版的标点本统计，合计 105 页篇幅，占全志 453 页篇幅的 23.18%。民国 24 年（1935）《萧山县志·艺文》，设书目、金石、诗文抄等，另有《卷末·旧序》1 卷，合计 7 卷，占全志 34 卷的 20.59%；按 2010 年出版的标点本统计，合计 141 页篇幅，占全志 1077 页篇幅的 13.09%。

新志中的艺文不太凸现。从编目看，称“艺文”的不多，但艺文内容不缺，入志形式呈多姿多彩发展趋势。现以已出版的 5 部全国第二轮修志试点单位志书为例，探讨之。

① 本文原载于《新疆地方志》2013 年第 4 期。

这 5 部新志分别是江苏省《邗江县志（1988—2000）》、河北省《秦皇岛市志（1979—2002）》、江西省《高安市志（1986—2006）》、浙江省《义乌市志》、浙江省《萧山市志》（试印本）。除《义乌市志》是通志以外，其余皆为续志。（详见文末附表）

一、艺文入志内容广泛

列举的 5 部志书，艺文内容主要有如下几类。

（一） 著述文章目录

包括本籍人、客籍人写的著述文章以及外籍人写本地人、事、物的著述文章（地方文献）等。

如《萧山市志》第三十六编《文化》第六章《出版物》之“1985—2001 年萧山籍部分作者出版物情况表”，辑存了萧山籍专家学者在全国 50 多家出版社文学类和其他类著作 180 多种，每一种书名、作者、出版单位、出版时间、字数、开本、印数都有说明。

《秦皇岛市志（1979—2002）》等也有这方面的内容记载。

（二） 文艺作品目录

包括诗歌、散文、小说、报告文学、音乐创作、书画作品、摄影作品等。

如《萧山市志》第三十六编《文化》第二章《文艺创作》之“萧山市优秀文艺成果表”，辑存了在地（市）以上公开发表、出版、转载、入选、展览、表演、播出、获奖并获萧山历届文艺成果特等奖、一等奖的文艺创作、艺术表演和文艺评论作品 59 种，其中文学类 11 种、美术书法类 16 种、摄影类 6 种、音乐舞蹈类 6 种、戏剧类 16 种、影视类 4 种，每一种作品名称、创作者或表演者、发表（展览）时间或获奖时间、获奖全称和等级都有说明。

《义乌市志》等也有这方面的内容记载。

（三） 史志家谱目录

包括地方史、地方志书、综合年鉴、姓氏宗谱、家谱、族谱等。

如《萧山市志》第三十六编《文化》第三章《史志》之“1987—2001 年萧山公开出版的萧山党史书目”表、“1987—1999 年萧山公开出版的志书”表、“1986—2000 年萧山年鉴”表，录入 37 部史志鉴，每一部书名、出版单位、出版时间、主编、开本、字数都有说明。第五章《档案》第四节《宗谱》之“萧山有关单位收藏的萧山各姓宗谱”“民间收藏的萧山各姓宗谱”“国内外有关单位收藏的萧山各姓宗谱”表，录入369部宗谱，每一部之姓氏、家谱名称、堂号、编修时间、册数、保存地（人）都有说明，其中保存在萧山档案馆的14部，图书馆17部，地方志办公室及文物管理委员会、地名办公室4部，收藏在浙江图书馆的34部、国家图书馆5部、中国社会科学院历史研究所等单位9部、上海图书馆83部、山西社科院中国家谱中心35部、宁波天一阁及杭州图书馆各1部，散落海外被日本、美国图书馆收藏的22部，散藏萧山民间144部，绝大多数属清代和民国时期编修。

《义乌市志》等也有这方面的内容记载。

（四） 碑刻旧志序跋

如《义乌市志》卷末《文存》之《碑记》，辑存了隋文帝《敬问婺州双林寺慧则法师书》、元代柳贯《重修适意亭记》、明代王汶《广济桥记》、明代李鹤鸣《义乌县庙学记》、清乾隆帝《读宗泽〈忠简集〉》，合计5篇碑记。《义乌旧志序》，有化元至正《义乌县志·序》1篇、明正统《义乌县志·序》1篇、明万历《义乌县志·序》5篇、明崇祯《义乌县志·序》3篇、清康熙《义乌县志·序》4篇、清雍正《义乌县志·序》1篇、清嘉庆《义乌县志·序》2篇、民国《义乌县志稿·序》1篇、1987年版《义乌县志》1篇，合计19篇志序。美中不足的是，将1987年版《义乌县志·序》列入《义乌旧志序》中，实属归类不当或概念错误（因为，此志为新志而不是旧志）。

《萧山市志》第四十五编《丛录·萧山县志序跋选录》，选录了历代县志序跋14篇，其中包括1987年版《萧山县志·序》2篇。

（五）古代诗文楹联

包括唐诗、宋词、元曲和其他诗文、楹联等。

如《邗江县志（1988—2000）》第二十三编《文化体育》第六章《艺文·古代诗词楹联记文选录》，选录了唐代诗词6首、宋代诗词5首、元代诗词4首、明代诗词4首、清代诗词18首、清代楹联30副、明清记文9篇。

《秦皇岛市志（1979—2002）》志末《附录·诗文选萃》，选录古今诗文48首（篇），其中商至清代古诗20首。

（六）现代文艺作品

如《邗江县志（1988—2000）》第二十三编《文化体育》第六章《艺文·现代文学作品选录》，选录了现代诗歌28首、散文5篇；另有《艺术作品选录》，录入书画、篆刻15幅。

（七）重要文件报告

绝大多数二轮志书附录有重要文件、领导讲话、调研报告等，篇幅冗长。

如《高安市志（1986—2006）》志末《附录》，选辑了江西省政府、高安市委、高安市政府关于建置、发展经济的重要文件6个，调处山林水利土地权属纠纷文件10个，篇幅长达23页。

《邗江县志（1988—2000）》志末《附录》，选辑县委、县政府重要文件7个、调研报告2个，篇幅长达30页。

（八）其他内容

如《义乌市志》卷末《文存》之《专题资料·日军细菌战争中义乌遇难人员调查》，是来自民间的调查资料，记录了义乌崇山村在日军细菌战中1315名受害遇难者情况，包括被害人姓名、年龄、性别，被害时间、被害地点，见证人姓名、年龄、性别、与被害人关系，见证人住址情况，均有记载。

上述5部市县志，艺文内容最多的是《义乌市志》，共228页的篇幅；其次是《萧山市志》，共108页的篇幅；再次是《邗江县志（1988—2000）》，共92页的篇幅；《高安市志（1986—2006）》，共76页的篇幅；《秦皇岛市志（1979—2002）》，共56页的篇幅。当然，《义乌市志》是通志，贯通古今，艺文内容多些。其他的第二轮志书，或多或少的都有艺文内容。

二、艺文入志形式多样

第二轮志书艺文入志形式多样，主要有如下几种。

（一）以艺文为题设篇立目

如《邗江县志（1988—2000）》第二十三篇《文化体育》设《艺文》专章，下设《著述目录》《古代诗词楹联记文选录》《现代文学作品选录》《艺术作品选录》4节，艺文内容相对集中。

（二）在文化志中记述艺文

这在第二轮志书中普遍存在。如列举的5部市县志，均在文化志中记述了文艺创作，虽无“艺文”之名，却有“艺文”之实。如《萧山市志·文化》编，分设《群众文化》《文艺创作》《史志》《图书》《档案》《出版物》6章，内容涉及著述文章、史志家谱、优秀文艺成果（文学、美术、书法、摄影、音乐、舞蹈、戏剧、影视）等，艺文内容也比较齐全。

（三）在党政志中记述史志

如《秦皇岛市志（1979—2002）》在《中国共产党地方组织》版块中记述党史研究，在《地方人民政府》版块中记述地方志工作，有关史志鉴的出版情况以及在省以上刊物发表的史志鉴论文情况，均有文表记载。

（四）在社科志中记述著述

如《高安市志（1986—2006）》在《文化》卷《社科编研》章，下设《史志编修》《社科研究》《编著书目》3节；另有《前志补遗》卷《著述辑目》章，下设《新中国成立前著述辑目》《新中国成立后（1949—1985）著述辑目》2节。

《义乌市志》在《教科文》卷《社会科学》篇，下设《当代社科理论研究》《志鉴编纂》《地方党史征编》《义乌著述》4目，其中《义乌著述》下设《古代著述书目》《近现代著述书目》2个子目。

（五）在志末附录诗词歌赋

如《秦皇岛市志（1979—2002）》《义乌市志》，均在志末设有《诗文选录》，选录的古今诗词歌赋，有本籍作者的，也有涉及本地内容的外籍人士诗文。

（六）在志末选辑重要文献

这在第二轮志书中普遍存在。如列举的5部市县志，附录的重要文献内容十分庞杂，篇幅冗长。如《义乌市志》卷末《文存》，设“文献辑存”“诗文选录”“摭记与考辨”“义乌旧志序”4个目，篇幅长达182页，其中辑录文献、文件法规31个，达58页。

（七）在人物志中反映艺文

在人物志记述人物各方面成就成果，不可避免地涉及学者的著述、文艺成果。如《萧山市志·人物传略》中的毛奇龄，清初经学家，他著作宏富，被收入《四库全书》的就有28种，列入存目35种，合计63种，在《四库全书总目》中数量排第一。据统计，毛奇龄初著有《毛诗续传》38卷，后著《国风省篇》1卷、《诗札》1卷、《毛诗写官记》4卷，另有《白鹭洲主客说诗》《诗传诗说驳议》《古今通韵》。辞官返乡后著有《仲氏易》《推易始末》《春秋占筮书》《易小帖》《易韵》《河图洛书原舛编》《太极图说遗议》《春秋毛氏传》《春秋简书刊误》《春秋属辞比事记》。对于《论语》《大学》《中庸》《孟子》等也都有考证，对地方志著有《湘湖水利志》《萧山县志刊误》等，另有《诗话》《词话》多卷，著有《竟山乐录》《圣谕乐本解说》《皇言定声录》等。后人编有《西河全集》，有121种、493卷，分经集、史集、文集、杂著四部，可见毛奇龄著作之丰。诸如此类的人物传记、人物简介，无疑是艺文志的另一种表现形式。

（八）在环衬、辑封中彰显艺文

如《萧山市志》的环衬，是以赋体写成的新《萧山赋》；每一编的辑封，配一首萧山古诗，分设电脑印刷体和当代书法家题写的手写体，合计有 47 首古诗，其中《总述》的辑封是清乾隆帝之《萧山道中》，《大事记》的辑封是元代张招《萧山四咏》，第一编《跨湖桥文化》的辑封是清代毛万龄《湘湖》，第二编《政区》的辑封是宋代陆游《萧山》，第三编《自然环境》的辑封是唐代罗隐《钱塘江潮》，第四编《环境保护》的辑封是宋代杨时《新湖夜行》，第五编《土地》的辑封是唐代李白《送友人寻越中山水》，第六编《人口》的辑封是唐代贺知章《回乡偶书》，第七编《居民生活》的辑封是清代陶元藻《游压乌山》，第八编《水利》的辑封是明代苏平《海门洪涛》，第九编《交通》的辑封是元代王冕《过渔浦》，第十编《城市建设》的辑封是清代厉鄂《萧山》，第十一编《农村农民农业》的辑封是清代李慈铭《湘湖莼菜》，第十二编《垦区开发》的辑封是明代徐渭《龛山观潮》……第四十四编《人物》的辑封是元代张翥《西施》，第四十五编《丛录》的辑封是宋代姜白石《萧山》等，从不同视角展现了艺文的风采。

（九）志、传、录、图照、表兼备

如《萧山市志·文化》涉及艺文的有 8 个表格、1 个附录、5 幅作品图照；《萧山市志·人物传略》中插入了贺知章的《草书孝经》图照、《龙瑞宫记》摩崖题记图照。

（十）社会调查、回忆录、注释形式

如《义乌市志》运用了社会调查、回忆录形式。《萧山市志》的注释涉及大量的艺文内容，如《文化》编《文艺创作·小说》开头：“民国时期，萧山小说创作最著名的当数蔡东藩和他的《中国历代通俗演义》，后又出现一批白话小说作家。中华人民共和国成立后，小说创作呈现新的局面。”就有两个注。第一句注：“民国 10—11 年（1921—1922），白话小说兴起，这一时期的小说主要有沈玄庐的《懵懂与苦痛》、杨之华的《我不去，叫太太去》、潘垂统的《可怜，这是普通的哭声》等。抗日战争时期的小说，主题多为抗日救国。作品主要有唐戌中的长篇连载《伪保长》；车马炮的章回体长篇连载《死里求生》；王闻毅的长篇连载《联欢夜》；王斯苇的《叫她到那里去》；邱兴宝的《逃兵和一个农夫》；谷叶的《一年》等。”第二句注：“中华人民共和国成立后，涌现不少新的小说作者。1959 年欢潭农民阮未清创作的《一分田》，在《杭州日报》发表后，受到文艺界好评，《人民日报》《文汇报》《东海》等全国 6 种报刊转载。倪树根 50 年代开始从事儿童文学创作。1957 年，他的第一部儿童小说《把花边送给毛主席》，先后印行 6 次，印数达 640 余万册。《铁轮子》曾被选送去德国莱比锡参加国际图书展览，被译成外文在国外出版。之后，他又写了《守鱼篓》等8个儿童小说集和大量童话，总数达400余篇。50年代，丁蝉声与来小钦先后创作的短篇小说《新六担的故事》《阿娟妹妹》，分别在《浙江文艺》和《东海》发表。”上述两个注记录了萧山籍作者著述文章15种。

列举的5部市县志，有艺文志、文化志、社科志、党政志、人物志、附录、图照、表、注释、社会调查、回忆录等多种分志、体裁记录艺文内容。

三、值得探讨的几个问题

20世纪90年代以来，不断有学者撰文呼吁重视艺文志。仅《中国地方志》发表的就有：仓修良《新修方志中艺文志不可少》（1992年第4期）、刘希汉、赵云翠、刘金凤《新艺文志编纂刍议》（1995年第5期）、朱林枫《新（续）志艺文志初探》（2002年第2期）、饶展雄《第二轮修志要重视艺文志——兼评〈惠州志·艺文卷〉》（2005年第4期）、陈华《第二轮修志应增补艺文志》（2005年第11期）、金达迈《论县志不可缺少艺文志》（2007年第5期）、张凤雨《论第二轮县志艺文入志问题》（2007年第12期）等。笔者认为，有几个问题是值得再探讨的。

（一）新志艺文不如旧志艺文凸现

这是所有撰写艺文志的文论之一，大多持批判意见。笔者认为，这是情有可原的。旧志重人文轻经济，人物、艺文内容占比大，经济内容占比少，篇目设置不都是科学合理的。首轮志书矫枉过正，重经济轻人文。第二轮志书经济与人文相对均衡，加上时代特色的东西多，新生事物、新兴行业多，艺文内容不像旧志那样占篇幅大。但这不都是编纂者不重视艺文，而是志书上下时限短，有的市县艺文远不如其他新生事物、新兴行业凸现，体现在新志篇目上、内容上自然不如旧志艺文凸现，也难成独立篇章。

（二）无艺文志不等于无艺文内容

不少学者对新志艺文颇多微词。诸如，“兴于20世纪80年代初的首轮修志对艺文的记述可以说是极不重视，绝大多数志书没有这部分内容。”[①]“唯独在我们这一代，却砍掉了艺文志，岂不成为一件怪事、憾事和蠢事。”[②]对

① 陈华：《第二轮修志应增补艺文志》，《中国地方志》2005年第11期。

② 刘希汉、赵云翠、刘金凤：《新艺文志编纂刍议》，《中国地方志》1995年第5期。

此，笔者持不同态度——无艺文志与无艺文内容，这是两个不同的概念。如列举的5部志书，除了《邗江县志（1988—2000）》设有《艺文》专章，其余4部志书均没有以艺文为题的编、章、节、目，但艺文内容不缺，诸如著述目录、文艺作品、史志家谱、文献选录等内容在相关编目中有记述。

（三）分散与集中记述不强求一律

是否要单设艺文志（艺文编章），集中记述艺文？笔者认为，这类似于改革开放是集中记述还是分散记述的问题，不必强求一律，且各有千秋，各有利弊。艺文内容（成果）多的设艺文专志集中记述固然好，在相关编章中记述也未尝不可。如在史志、档案章节中，记述史志、家谱等著述，顺理成章。专志记述事业的发展，就包括了事业发展的过程和成果的记述。

（四）艺文志、文化志、附录均可承载

首轮、第二轮志书设有艺文专志的不多，在文化志、附录中记述艺文的居多。记载事业的发展与成果，包括著述文章、文艺作品、优秀文艺成果等，或辑录经典诗文以及其他重要文献，因志而异，且视篇幅长短选择原文全录、节录或目录辑存。

（五）以著述目录和诗文选录为主

当代著述包罗万象，尤其长篇论著，难以原文全录，节录又显内容不完整，因此以目录入志的居多。诗词歌赋，特别是古代诗词，言简意赅，原文全录的居多。有几个方面的艺文内容可以载录：一是著述文章目录，包括社会科学类、自然科学类；二是文学作品，包括诗歌、散文、小说、杂文等；三是艺术作品，包括书画、摄影、音乐作品等；四是史志家谱，包括官方的、民间的；五是民谣、谚语、楹联；六是序、跋、碑文；七是重要文件、回忆录；八是杂记等。要精选存史价值大的重要文献入志。

（六）辑录古今艺文有利于区域开发

有的学者认为，选录无关的诗文，这实际上只是一种装饰，最多只起到炫耀作用，或是修志领域的一种浮夸之风。笔者则认为，辑录古今艺文，特别是古代名人名诗，包括本籍人写的诗，外籍人写本地人、事、物的诗文，有利于区域历史文化与旅游的开发，即使是炫耀，也是一种资源与资本。如《秦皇岛市志（1979—2002）》志末《附录·诗文选萃》，辑录了〔商〕伯夷叔齐的《采微歌》、〔秦〕嬴政的《碣石门辞》、〔东汉〕曹操的《观沧海》、〔唐〕李世民的《春日望海》、〔唐〕高适的《燕歌行》、〔宋〕司马光的《题夷齐庙》、〔明〕戚继光的《澄海楼》、〔清〕顾炎武的《望夫石》、〔清〕爱新觉罗·玄烨的《山海关（并序）》、〔民国〕康有为的《莲蓬山公园》、〔民国〕熊希龄的《重游观音寺》、〔民国〕徐世昌的《题莲花石》、李大钊的《山中即景》、毛泽东的《浪淘沙·北戴河》、朱德的《海量》、陈毅的《北戴河即兴》、郭沫若的《游鸽子窝》、老舍的《赠小海燕评剧团》、峻青的《登老岭》等诗词，上述名人名诗，有利于提升秦皇岛的知名度和秦皇岛的旅游开发。

总的来说，第二轮修志不可缺少艺文，但艺文入志的内容和形式多种多样，以著述目录和诗文选录为主，设艺文志，或在文化志、志末附录等编章中记述均可，集中记述与分散记述艺文不必强求一律。辑录古今艺文有利于区域历史文化的弘扬和旅游资源的开发。修志者在重视艺文内容的编纂的同时，也要重视艺文的开发利用。

表 1-4　全国第二轮修志试点单位志书艺文内容入志情况表

<table>
<tr><th>书名</th><th>出版时间</th><th>艺文篇目内容</th><th>篇幅</th><th>占全志比例</th></tr>
<tr><td rowspan="2">江苏省《邗江县志（1988—2000）》</td><td rowspan="2">2009 年方志出版社出版</td><td>第二十三篇　文化体育
第六章　艺文
第一节　著述目录
第二节　古代诗词、楹联、记文选录
第三节　现代文学作品选录
第四节　艺术作品选录</td><td>34 页</td><td rowspan="2">92 页：1020 页≈9.02%</td></tr>
<tr><td>附录
一、县委、县政府重要文件选录
二、调研报告选录
三、邗江人民革命斗争史略
四、邗江县插队知识青年专记
五、邗江区域历史溯源
六、地域变迁考证文选</td><td>58 页</td></tr>
<tr><td>河北省《秦皇岛市志（1979—2002）》</td><td>2009 年 12 月方志出版社出版</td><td>中国共产党地方组织·党史研究
地方人民政府·地方志工作
1985—2002 年秦皇岛市社会主义新编志书出版情况表
1985—2002 年秦皇岛市专业志书出版情况表
1989—2002 年秦皇岛市地方综合年鉴出版情况表
1985—2002 年秦皇岛市地方志办公室在省以上刊物发表论文情况表</td><td>10 页</td><td>56 页：1959 页≈2.86%</td></tr>
</table>

续表 1-4

书名	出版时间	艺文篇目内容	篇幅	占全志比例
—	—	**文化** **地域文化研究** 碣石文化研究主要文章一览表 **文学创作** **艺术创作**	8 页	—
		附录 文件辑录 诗文选萃	38 页	
江西省《高安市志（1986—2006）》	2009 年 12 月方志出版社出版	**卷二十五　文化** **第三章　文艺创作** **第十一章　社科编研** 第一节 史志编修 第二节 社科研究、 第三节 编著书目	16 页	76 页：1252 页≈6.07%
		卷三十二　前志补遗 **第二章　著述辑目** 第一节 新中国成立前著述辑目 第二节 新中国成立后（1949—1985）著述辑目	37 页	
		附录 一、重要文献选辑 二、调处山林、水利、土地权属纠纷文件选	23 页	
浙江省《义乌市志》	2011 年 12 月世纪出版集团、上海人民出版社出版	**卷七　教科文** **三、社会科学篇** （二）当代社科理论研究 （三）志鉴编纂 （四）地方党史征编 （五）义乌著述 1. 古代（至清代）著述书目 2. 近、现代著述书目	46 页	228 页：3046 页≈7.49%

续表 1–4

书名	出版时间	艺文篇目内容	篇幅	占全志比例
—	—	**四、文化艺术篇** 1990—2008 年若干年份义乌市诗集出版一览表 1988—2008 年若干年份义乌市散文集出版一览表 1990—2008 年若干年份义乌市小说集出版一览表 1991—2008 年若干年份义乌市报告文学集出版一览表 1990—2008 年若干年份义乌市音乐创作、表演获奖作品一览表 1988—2008 年若干年份义乌市舞蹈创作、表演获奖作品情况一览表 1984—2008 年若干年份义乌市（县）入选全国美展及获奖美术作品一览表 1987—2008 年若干年份义乌市（县）入选全国书展及获奖书法作品一览表 1990—2008 年若干年份义乌市（县）获奖摄影作品一览表 义乌市图书馆馆藏及民间收藏家谱目录一览表	—	—
		卷末 **二、文存** （一）文献辑存 1.碑记 2.奏疏 3.时务书 4.革命文献 5.文件法规 6.专题资料 （1）抗战资料：金义浦地区革命回忆；独立大队的由来；记第八大队 （2）香山寺大案：香山寺惨案调查；火烧香山寺 （3）崇山村疫情报告 （4）日军细菌战中义乌遇难人员调查； 专记：日军细菌战民间索赔诉讼始末 （二）诗文选录 （三）摭记与考辨 （四）义乌旧志序	182 页	

续表 1–4

<table>
<tr><th>书名</th><th>出版时间</th><th>艺文篇目内容</th><th>篇幅</th><th>占全志比例</th></tr>
<tr><td rowspan="3">浙江省《萧山市志》1~3 卷</td><td rowspan="3">2009—2011 年浙江人民出版社出版</td><td>辑封
古诗 47 首</td><td>47 页</td><td rowspan="3">108 页：2781 页
≈3.88%</td></tr>
<tr><td>第三十六编　文化
第二章　文艺创作
附：萧山市优秀文艺成果
第三章　史志
1987—2001 年公开出版的萧山党史书目情况表
1987—1999 年萧山公开出版的志书情况表
1986—2000 年萧山年鉴（出版）情况表
1990—2001 年萧山旧志整理（出版）情况表
第五章　档案
第四节　宗谱
萧山有关单位收藏的萧山各姓宗谱情况表
民间收藏的萧山各姓宗谱情况表
国内外有关单位收藏的萧山各姓宗谱情况表
第六章　出版物
1985—2001 年萧山籍部分作者出版物情况表</td><td>37 页</td></tr>
<tr><td>第四十五编　丛录
一、萧山县志序跋选录
五、地方文献辑存
六、重要文件选辑</td><td>24 页</td></tr>
</table>

说明：1. 至 2012 年 12 月，全国第二轮修志试点单位已出版的志书为表中 5 部市县志。

2. 志书中有专门“艺文”“附录”篇目的，不再统计其他篇章的艺文内容。

3. 志书中无专门“艺文”篇目的，主要从“文化”“附录”等篇章中统计著述文章、诗词歌赋、碑刻楹联、文献辑要等艺文内容。

4. 上述 5 部志书，除《义乌市志》是通志以外，其余皆为续志。《萧山市志》1~3 卷，另有第 4 卷索引、第 5 卷社会课题调查、第 6 卷口述历史，未统计在内。

基于浙江地方志的旅游开发空间

——兼论浙江地方志与浙江旅游的关系[①]

提　要：地方志是具有鲜明特征的地方文献，含有丰富的旅游资源信息，对于研究、开发旅游资源，发展旅游业具有很高的价值。而旅游资源的开发规划正是对地方资源的综合利用。志书所载旅游资源具有详备、准确、有深度、有内涵的特点，对于一些旅游开发肤浅、零散、短缺、杂滥的区域而言，地方志书资料的广泛运用非常重要。浙江旅游经济及旅游文化发展，为浙江地方志编纂奠定了丰富的资料基础，并直接促成了浙江方志的编纂，同时对地方志编纂提出更高的要求。地方志部门和旅游部门都要有方志旅游资源开发利用的意识，共同协作发展地方志事业和旅游业，促进浙江旅游方志学科建设。

关键词：浙江；地方志；旅游；旅游资源

二轮修志以来，地方志与旅游关系的研究文章和专著屈指可数。据统计，2006—2010 年，《中国地方志》杂志仅刊登 2 篇相关文章[②]，《浙江方志》杂志仅刊登 1 篇相关文章[③]，其他方志期刊见载的也不多。专著唯有林衍经的《地方志与旅游》一书[④]。21 世纪以来，浙江实现了从旅游资源大省向旅游经济大省的跨越，对旅游项目的建设、旅游市场的拓展、旅游服务的提升，有更高的要求。浙江作为方志之乡，对正在进行的第二轮志书编纂特别是旅游志的编纂，以及志书的开发利用、志鉴的理论研究，也有更高的要求。在此背景下，研究浙江方志与浙江旅游的关系，研讨浙江方志在浙江旅游开发中的作用与应用，提高地方志部门的旅游开发意识，以及旅游部门的方志资源意

① 本文由何王芳、张勤、莫艳梅合作撰写。系 2011 年度浙江省地方志办公室资助项目（重点项目），原载于《浙江方志》2013 年第 1 期。

② 林衍经：《地方志旅游资料的价值及其利用》，《中国地方志》2006 年第 1 期。闫喜琴：《论方志与区域旅游文化开发》，《中国地方志》2009 年第 8 期。

③ 丁锡贤：《充分利用新旧地方志 为开发乡村旅游服务》，《浙江方志》2010 年第 3 期。

④ 林衍经：《地方志与旅游》，方志出版社 2005 年版。

识，都有一定的指导意义。

一、浙江方志与浙江旅游的关系

浙江方志与浙江旅游是互为表里、相辅相成的。历史上浙江方志最有名、数量最多的时期，也是浙江旅游最盛誉、最兴旺的时期。可以说，浙江旅游的发展推动了浙江方志的编纂，而卷帙浩繁的浙江方志记载和见证了浙江旅游的发展与繁荣。

浙江是方志之乡。从《越绝书》算起，浙江方志编纂有近2000年的历史。到宋代，我国方志体例趋于定型，浙江方志处于全国领先的地位。据《中国地方志联合目录》（中华书局1985年版）记载，现存宋代方志，全国总数不过28部，属于浙江的就有15种，占一半多，其中南宋的《临安三志》，是“世所罕传”的佳作；南宋的《会稽二志》，被誉为方志的“双绝”；南宋的《剡录》（嵊县县志），是现存唯一的宋代县志。明代，我国地方志发展进入兴盛时期，浙江方志数量之丰居全国各省之冠，其中山志就有50多种，现存24种，负有盛名的天目山、普陀山、阿育王山、四明山、天台山、苎萝山、雁荡山等，在明代都编修了山志。清代，我国地方志编纂进入鼎盛时期，清乾隆年间，朝廷编修《四库全书》，采录全国各地方志，无论是数量还是卷数，浙江都居各省之首，其中记载西湖的有《西湖志》、《西湖志纂》、《西湖志纂》（增辑）、《西湖考》、《西湖小史》、《西湖全案》、《西湖水利考》、《西湖图说》、《西湖逸志》、《西湖小志》、《西湖揽胜志》、《西湖杂录》12种。1561年建造的宁波天一阁，是我国现存最早、收藏方志最多的私家藏书楼。

浙江是旅游胜地。传说中的舜、禹都曾来到浙江活动。秦始皇也于公元前210年曾巡游到浙江，上会稽祭大禹陵。南宋时期，随着国都南迁临安（今杭州），浙江旅游进入全盛时期，旅游中心也从绍兴转移到杭州，大批官商文人以及中外旅行家来到了杭州。明代，大旅行家、地理学家、探险家徐霞客（1586—1641），曾多次来到浙江，甚至数次登上天台山、雁荡山。徐霞客及其著名的《雁荡山游记》《天台山游记》，毋庸置疑成为《雁荡山志》《天台山志》《乐清县志》《天台县志》中艺文志不可或缺的内容。到清朝，康熙皇帝曾5次到浙江，清乾隆皇帝曾6次到浙江。为了迎接圣驾南巡，浙江地方官员大修庙宇，整治西湖，刷新各地名胜古迹，还组织秀才赶编有关典籍，呈献皇帝御览，如浙江巡抚李卫主持编纂的《西湖志》、翟灏编撰的《湖山便览》，就是呈献皇帝御览的。可以说，浙江方志特别是山水志、名胜志、游览志，屡屡编修的一个重要原因便是旅游促成的。可以说，浙江旅游的发展直接推动了浙江地方志的发展，而卷帙浩繁的浙江方志则记载和见证了浙江旅游与文化的发展和繁荣。浙江旅游的兴盛与方志的兴盛，几乎并驾齐驱。

根据《地方志工作条例》(中华人民共和国国务院令第 467 号，2006 年 5 月 18 日起施行)，地方志是全面系统地记述本行政区域自然、政治、经济、文化、社会的历史与现状的资料性文献。根据国家标准《旅游资源分类、调查与评价》(中华人民共和国国家标准 GB/T 18972—2003)，旅游资源分为地文景观、水域风光、生物景观、天象与气候景观、遗址遗迹、建筑与设施、旅游商品、人文活动 8 个主类、31 个亚类、155 个基本类型。这些旅游资源，在古今浙江地方志中都有不同程度的记述，无一缺失。举凡自然风光、历史遗迹遗址，民间艺术，地方特色的民俗风物等都在地方志中有丰富的记载。

可以说，地方志是最丰富的旅游资源信息库，从古代的浙江通志、府县志、乡镇志、山水志、舆图志、海防志、古迹志、游览志、风土志、文献志，到新时期浙江省首轮、第二轮志书，到处都可以找到相关的旅游资源信息，能够满足旅游开发的各种需求，具有重要的参考和利用价值，开发潜力巨大。

二、基于浙江方志的旅游可开发空间

从宏观趋势看，全国旅游正面临“大发展时代”，长三角旅游迎来“大竞合时代”，浙江省各市、县旅游迎来了“大空间时代”。面临“三个时代”发展机遇，浙江旅游要实现 2015 年全省旅游总收入超过 6000 亿元、旅游经济总量继续位居全国三强之列的目标，必须进一步开发旅游产品，优化旅游环境，提高游客满意度。从地方志角度来看，旅游开发还有许多可供拓展的空间。

(一)已毁损、湮灭景观的修缮与复建

即根据旧志、新志记载，对早已湮灭、久圮的古迹进行恢复和重建，对有内涵、有品位的现有古迹进行重点保护和修缮，对不可再生的、濒危的旅游资源进行抢救性保护和珍藏，对现有肤浅的、杂滥的仿古建筑进行严格整顿和治理。

萧山湘湖的修缮和开发就是其中最典型的例子。《萧山市志》(2010 年浙江人民出版社试印本)，第三十七编文物胜迹旅游第二章胜迹第二节湘湖景

区，详细记载了湘湖景区的 7 个寺庙、2 个宗祠、7 个墓丘、63 座砖窑、3 个书院与学校、6 个亭子、3 个牌坊、9 个井泉、3 个湖桥，合计 103 个人文古迹的位置、始建时间、扩建、湮灭情况、文人诗赋等。其中载有“今圮”“今不存”的有 79 个（5 个寺庙、1 个宗祠、4 个墓丘、61 座砖窑、2 个书院与学校、3 个亭子、1 个牌坊、2 个井泉），残损的有多处。这些已经残损和湮灭的景观，是可以根据志书的详细记载，因地制宜地予以开发和复建，使之成为湘湖景区的旧有风貌、新的景观。

历代《萧山县志》以及现存的清初毛奇龄撰的《湘湖水利志》、清于士达撰的《湘湖考略》、民国周易藻编的《萧山湘湖志》，分别记载了湘湖的景观及面积变迁：在北宋政和二年（1112），湘湖水域面积 37002 亩，灌溉周围九乡农田 146868 亩，是湘湖最繁盛的时期，其美可与杭州的西湖、绍兴的东湖媲美。萧山历史上歌咏湘湖的诗词，大多出于这一时期；湘湖的物产如莼菜也是在这一时期声名鹊起，其间名人抵达湘湖也最多。明代中期以后，因垦殖和制瓦，湘湖面积逐渐缩小。至民国 36 年（1947），湘湖面积仅存 10000 亩，是原来的四分之一。至 20 世纪 80 年代，湘湖面积仅存 1460 亩，是原来的二十五分之一。1995 年，萧山启动了保护和开发湘湖的工程，至 2006 年湘湖一期完工，恢复湖面 1.2 平方公里，至 2011 年 9 月湘湖二期完工，又恢复湖面 2 平方公里（“十二五”规划湘湖二期湖面扩大到 3.2 平方公里），一期、二期合计实现恢复湖面 6600 亩。2008 年，湘湖旅游度假区被评定为国家 AAAA 级风景旅游区、中国百强旅游景区，中国休闲旅游最佳目的地。历代《萧山县志》及湘湖志所载湘湖自然景观和人文景观的旅游开发复古前景看好。

1980 年 4 月建德县旅游部门先后在光绪《严州府志》、民国《寿昌县志》查阅到有关灵栖洞、风洞、泉水洞三洞的记载，就到志书提示的地点深挖 20 多天，终于找到了溶洞和地下暗河，洞内有 70 多处题诗、题辞的内容均与地方志所载相印证，证明这就是已被堙废 600 多年不为人世所知的灵栖洞（今名灵泉洞），从而规划、开发、引领了浙江旅游业中的一个溶洞游时代。建德市溶洞资源的挖掘与开发，以及七里泷风景小区的规划设计，就源于地方志书。

又如《舟山市志》（1992 年 8 月浙江人民出版社）第二十篇文化艺术第三章文物古迹，设有“被毁文物”目，并列有“‘文化大革命’中被毁文物古迹情况表”，以及部分被毁文物存留照片。这些也是可开发、复建的旅游景观。

（二）已遗忘名特产（旅游商品）的开发与生产

即根据志书记载，挖掘和复建地方传统名特产品，丰富特色旅游商品，增强旅游商品的文化内涵，提高旅游商品的质量和档次，促进旅游收入和地方经济增长。

浙江省在这方面的开发已有不少事例，仅举几例说明。

其一，长兴县恢复生产唐代名茶顾渚紫笋茶。20 世纪 70 年代末，长兴县报道组、图书馆根据历代《长兴县志》及唐代陆羽《茶经》有关顾渚山紫笋茶的记载，向当时的顾渚大队（今顾渚村）和主管茶叶生产、销售的干部介绍了紫笋茶的悠久历史。后由县土特产公司、农业局等牵头，对顾渚大队从资金、粮食上给予扶助，在技术上进行辅导，发展茶叶生产。同时按旧志及《茶经》有关紫笋茶的加工技术，试制紫笋茶并取得了成功。至 2010 年，全县已有紫笋茶规模基地上百个，共有近 10 万亩茶园，产值达 5 亿多元。先后获得"全国名茶"、浙江省著名商标、国家农产品地理标志等称号，长兴县紫笋茶制作技艺（传统技艺）被列入国家级非物质文化遗产扩展项目名录。

其二，开化县恢复种植明代贡品龙顶茶。20 世纪 50 年代末，开化县林业局茶叶特产科的同志根据明代崇祯《开化县志》"土贡：芽茶四斤"、"茶出金村者，品不在天池下"和清乾隆《开化县志》"园茶出北乡，叶厚味浓"的记载，与当地老茶农按传统手工工艺开始试制。"文化大革命"中中断，中共十一届三中全会后重新恢复"龙顶茶"的研制成功。至 2010 年，全县茶园面积达到 11.6 万亩，茶业总产值达到 4.95 亿元。先后获得"全国名茶"、中国驰名商标、中国农业名牌产品等称号。

其三，诸暨市扩大种植珍贵干果香榧。诸暨枫桥香榧历史悠久，清光绪《国朝三修诸暨县志》记载："邑东乡东白山上谷岭一带山村皆有榧，近上谷岭者更佳。"民国《中国实业志》记载，1933 年全省共产榧子 5210 担，其中诸暨一个县就占 3000 担。但中华人民共和国成立后由于农业的单一经营，榧树被毁，落果严重，1969 年仅产香榧 300 担。中共十一届三中全会后，东溪乡领导按照县志提供的种植香榧资料，实地勘查，合理布局，提出建造万亩香榧基地。至 2010 年，诸暨香榧林面积 12 万亩，产量达 1000 吨左右，面积和产量均占全省的 50%以上。诸暨先后被命名为"中国名特优经济林香榧之乡""中国香榧之都"等称号，香榧产品注册商标 50 余个，其中中国驰名商标 3 个、浙江省名牌产品 4 个，浙江省著名商标 3 个。

其四，桐乡市乌镇恢复生产传统名点"姑嫂饼"。清乾隆《乌青镇志》最早记载“姑嫂饼”，其“用极细麦粉和糖及芝麻印成圆饼，有椒盐者，有白糖者，味甘而润，远近著名。”改革开放后，有关部门根据镇志中的这一记载，恢复了这一停产多年的传统名点，并广为宣传其文化内涵，使之与“杭白菊”一样成了桐乡市的著名特产，并获得显著的经济效益。

其他的志书都有类似的可供开发的旅游商品资源，是打造旅游购物具有地方特色的最好材料。

（三）特色品牌旅游资源的挖掘与打造

浙江省地方志的旅游资源可开发潜力巨大，尤其对于特色品牌旅游资源的挖掘与打造。如地方志记载有浙东唐诗之路，源起钱塘江，自萧山开始，沿浙东运河，经绍兴镜湖向东南，沿曹娥江、入剡溪，经沃洲山、天姥山，直抵天台山石梁飞瀑。在这全程约 200 公里的古老水路，众多唐朝诗人一路探幽，一路吟咏，留下大量诗篇。据统计，《全唐诗》收录的 2200 余位诗人中，有 400 多人游览过这条风景线，留下唐诗 600 余首，其中 40 多名唐代诗人在萧山写的或与萧山有关的诗歌有 80 余首，诗人包括李白、杜甫、贺知章、王维、王勃、王昌龄、吴融、孟浩然、白居易、元稹、宋之问、常建、李绅、刘禹锡、綦毋潜、罗隐、戴叔伦、刘长卿、皇甫冉、钱起、方干等。[①]李白、杜甫也都曾经乘舟溯剡溪而上，饱览了“山色四时碧，溪光十里清”的美景，留下了《梦游天姥吟留别》《壮游》等千古绝唱，在浙东一带形成了一条飘逸着翰墨清香的“唐诗之路”。2007 年，浙东唐诗之路申报世界非物质文化遗产工作正式启动。开发“浙东唐诗之路游”将成为浙江千年文化精神求索之路游。

又如徐霞客曾多次来到浙江，其《浙游日记》记有数以百计的名胜古迹，遍及浙江当时十一个府的乡村。他所到之地，今具有开发旅游的前景。若能把徐霞客到过的景区连成一线，开发“浙东南徐霞客旅游线”和“浙中西徐霞客旅游线”，将是浙江省的另一个旅游品牌产品。

（四）古城和古镇的开发和规划

绍兴古城的建设和规划，历代地方志功不可没。如南宋嘉泰《会稽志》，共 20 卷，记述详赡。其中卷一“古城”目，记载了春秋战国时期的古城（山阴大城）、句践小城、东郭外南小城、阳里城（范蠡城）、北阳里城（文种城）、

① 参见杭州市萧山区人民政府地方志办公室编：《萧山市志》第三卷（试印本），浙江人民出版社 2010 年版，第 2226 页。

会稽山上城、会稽山北城（吴王城）、苦竹城（范蠡子封城）、侯城、越王城（山阴越王城）、故剡城、萧山越王城、西陵城、嵩城共 14 个古城。《绍兴市志》（1995 年 12 月中华书局出版），卷 35 文物古迹，记载了绍兴已调查发现历代文化遗存 3601 处，入藏文物 3.5 万余件，列入文物保护单位 185 处（国家级 3 处、省级 34 处、县市级 148 处），其中详细介绍的文物古迹有新石器文化遗址的人山古文化遗址、后旺遗址、后郭渎遗址等；商周时期遗址有丁斗弄遗址、庙下古文化遗址、西施山遗址、壶瓶山古文化遗址、江塘遗址、张岙遗址、袍谷古文化遗址、乌石遗址、银山遗址、水口山古文化遗址等；古陶瓷窑址以绍兴、诸暨、上虞等地的东汉青瓷窖遗址为多；现存越国遗迹有越王台、西施亭、苦竹城、锡山练塘炭渎、日铸岭、铸浦、若耶、越王铮、蕺山、兰渚山、范蠡养鱼池、吴塘、木客山、古城村；近现代革命遗迹太平天国遗迹 6 处、辛亥革命遗址及纪念建筑 6 处、新民主主义革命遗址及纪念建筑 11 处；名人墓 20 座、春秋至唐代古墓葬 25 处、名人故居 30 座、历史建筑 145 处。卷 16 旅游饮食服务业，也记述了绍兴的人文景观。2010 年，绍兴古城旅游区争创国家 AAAAA 级旅游景区，绍兴历代方志为绍兴名城旅游资源的开发拓展了空间。

古镇游目前很是热门，地方志中可供利用的资料就很多。如浙江南浔古镇的开发较为成功，对于这个是宋代以后的江南典型市镇，《吴兴志》《湖州府志》《南浔镇志》等均有详细的叙述，依据这些方志，南浔古镇的开发就古风犹存。

（五）世界遗产申报和保护的指导

2007—2010 年杭州西湖申遗定位几经抉择，千页申遗文本数易其稿，最后定位在 7 个字——“三面云山一面城”的城湖空间特色。为此，西湖申遗办秘书组从地方志文献以及考古等角度开展对西湖的历史沿革、十景由来、文物古迹、现存状况等综合研究，另外根据大量的资料，开展了中国山水美学的景观审美研究和中国原创的“题名景观”专题研究，这两项研究填补了中国古代景观史的学术空白，奠定了西湖景观的核心价值。

浙江水志类中，对水域风光和人文景观的记载一直非常翔实，尤其对于西湖的记载。如清雍正年间（1723—1735）李卫修、傅王露纂的《西湖志》，分 48 卷记载西湖的水利、名胜、山水、堤塘、桥梁、园亭、寺观、祠宇、古迹、名贤、方外、物产、冢墓、碑碣、撰述、书画、艺文、诗话、志余、外纪等。2008 年，清雍正《西湖志》和乾隆《南巡盛典》《西湖行宫图》，成为杭州申遗重修西湖十景的主要摹本。现在的西湖花港观鱼，根据清雍正《西湖志》、乾隆《南巡盛典》版画，拆除了公园东门，恢复了封闭院落及临水长廊和码头；苏堤春晓，取消了中央几何形花坛，恢复了压堤桥及石阶，挖掘原有御碑亭、御书楼的标志；平湖秋月，也恢复了历史上围合的院落空间等。修缮、整治后的西湖更美、更有“魂”了。2011 年 6 月，杭州西湖被联合国教科文组织世界遗产委员会列入世界文化遗产。

可以说，浙江地方志对浙江旅游的贡献以及对浙江西湖申遗的贡献，是功不可没的，也是可开发潜力巨大的。

（六）旅游节庆活动的策划

旅游节庆能提升地方旅游形象，激活地方经济、文化。旅游节庆活动只有与当地的历史文化与景观特点相结合，才能相得益彰，精彩纷呈。因而要根据地方志书的记载，对地方特色的节庆活动进行策划。如钱江潮是世界一大奇观，早在唐代已形成，南宋时尤甚。当时朝廷把在钱塘江上检阅水师、观潮和弄潮表演都集中在农历八月十八（相传是潮神生日），后相沿成习，便成了传统佳节。这在历代地方志书以及名人观潮诗赋中均有记载。古代萧山观潮点主要有西陵、渔浦、赭山、龛山四处。在众多观潮点中，最佳当属赭山美女坝和乌龟山。原先民间游客常于农历八月十八前后自发集结于此观潮。1993 年 10 月 2 日，萧山南阳镇在赭山举行“93’南阳首届观潮节”。1994 年以后，发展为一年一届的“中国国际（萧山）钱江观潮节”，至 2011 年 9 月，已举办 18 届。同期举行的还有中国国际（海宁）钱江观潮节。这都是有历史渊源的。

又如根据开化县志记载恢复种植的“开化龙顶茶”，后来繁衍出一年一届的“开化龙顶”开茶节、“开化龙顶”斗茶大会，为地方旅游文化、旅游经济添加了活力和影响力。

（七）丰富和提升旅游资源的文化内涵

旅游活动从本质上讲是一种文化活动，具有丰厚文化内涵的产品才能对游客产生独特的吸引力。志书记载的空间虽然只限于一个地域，但却包含了山水胜景、民俗节庆、文学艺术、工艺美术等资料。这些资料之间有着必然的时空联系，并由此形成对地方历史文化的传承与延续，成为全面系统地反映一个地区历史文明的最好文化形式。在目前旅游开发建设中，这种文化内涵能够帮助克服脱离时空背景，发展旅游业。同时也可以加强旅游的历史厚度，增添文化魅力。[①]

地方志是全面系统地记述地方历史与现状的资料性文献，所载资料特别是旅游资料，具有详备、准确、有深度、有内涵的特点。对一些旅游开发肤浅、零散、短缺、杂滥的区域而言，地方志书资料的广泛运用非常重要。现阶段利用地方志提升旅游文化内涵，可以根据志书内容，先从精心制作导游讲解材料、旅游出版物资料、旅游陈列品展示资料、旅游文化信息网站等做起。

旅游是集吃、住、行、游、购、娱为一体的活动，也是旅游者求乐、求异、求新、求知的活动。一些旅游地的历史渊源、文化内涵、经济价值、民风民情等，要借助导游及导游资料，提供给旅游者。而地方志书资料是最权威、最全面、最有品位的导游资料，对当地自然、政治、经济、文化、社会等均有记载，在旅游业的发展中用途广泛。如唐代大文学家韩愈赴潮州出任刺史，赴任前和赴任途中两次借图经看，还留下脍炙人口的诗："曲江山水闻来久，恐不知名访倍难；愿借图经将入界，亦逢佳处便开看。"从诗中便了解到古人很早就利用地方志书作为旅游观光的工具了，可见古人对地方志书导游价值的重视。近代著名语言文学家黎锦熙也指出地方志为"旅行指导"。

值得一提的是，旧志中艺文志所占的比例相当大，对现代旅游的应用很有意义。如诗词歌赋、名人著述，可增强旅游景点的历史内涵和文化品位；民间故事、逸闻轶事，可增添旅游的神秘色彩；楹联碑文、姓氏谱牒，往往启发游者情思，震撼其精神，起到意想不到的效果；游记、图画作者把自己亲身观察、探索、感受倾诸笔端，不仅可激发后人的旅游兴趣，提高旅游者的审美感受，而且潜移默化地陶冶人的情操。如在《淳安县志》记有三脚戏、跳竹马、跳神马、跳狮子、舞龙灯、露台、秋千。这些曲艺地方特色很浓，旅游价值极高。有许多名胜本不太出名，只因有神话传说，为人传咏，才名声大振，饮誉海内。杭州虎跑泉即如此。《杭州府志》《西湖游览志》都记载了"二虎跑地作穴，泉水涌出"的传说。这些神话传说给旅游者带来了美的享受和遐想。

志书内容在当今导游词中的应用已经十分普遍。如浙江桐庐瑶琳仙境导游词中就有几处引用了县志资料。现摘要如下："（百景厅）游客们，我们已经到了第一洞厅。根据清朝乾隆时的《桐庐县志》记载：传说瑶琳洞里有一

① 参见高远：《旅游业发展中对地方志的开发利用探讨》，《乐山师范学院学报》2008年第10期。

个‘神仙游集之所’。现在我们就已来到了这个神仙游乐、聚会、观景、吟诗的场所……（宋诗台前）这儿是一块天然的大石壁，上面刻有宋代诗人柯约斋写的一首诗，这首诗是写瑶琳仙境的，是点题之作。全文是：‘仙境尘寰咫尺分，壶中别是一乾隆坤。风雷不识为云雨，星斗何曾见晓昏。仿佛梦疑蓬岛路，分明人在武陵村。桃花洞口门长掩，暴楚强秦任并吞。’这首诗是从清朝乾隆年间编写的《桐庐县志》上抄下来的，它有力地说明了宋朝就有不少人来这儿游览，不少文人描绘过瑶琳仙境。这首诗把这个洞称为‘仙境’是‘壶中天’、是‘蓬莱岛’、是‘桃花岛’、‘武陵村’。这一方面说明瑶琳仙境的历史悠久，另一方面说明自古以来，在人们的心目中，瑶琳仙境确实是一个美丽的神话世界。”由此可见，导游词引用地方志书的资料，既可增强知识性、趣味性、权威性，又提高景点的文化档次、品位和吸引力。民国版《杭州市志》记载了孤山、南屏山、雷峰、慧日峰、梯云岭、慈云岭等山景，罗汉洞、黄龙洞、紫云洞等洞景，苏堤春晚、曲院风荷、平湖秋月、花港观鱼等西湖十景，钱塘江、运河、西溪、虎跑泉、龙井泉等水景。这些都是最丰富有趣的导游资料。

地方志书的资料是可信、可靠、可用的旅游宣传资料，既可作为导游解说资料，也可以作为旅游从业人员培训资料，还可以编辑、制作宣传册、明信片、幻灯片等，在多种场合应用、宣传。

为加深对旅游资源的文化内涵，可以请有相关专家就某一文献主题的开发与研究作学术讲座，邀请地方旅游部门、旅游公司、文化工作者研讨地方文献与旅游项目的开发，举办主题文献开发的学术会议等以丰富和提升旅游资源的文化内涵。

（八）对旅游行业的纠错

即根据方志记载的资料，纠正旅游方面不务实、不严谨决策及规划，纠正旅游景点不正确的介绍和牵强附会的解说词。由于历史的原因，一些景点存在以讹传讹的现象，与事实出入较大。这对旅游决策和规划、旅游产品宣传不利，误导旅游者接受错误的历史知识。参照地方志，结合近年考古发掘资料加以辨析、纠错，为决策者提供正确的资料信息和意见建议，是旅游业也是修志者的责任。

三、几点建议

因为地方志记载的许多内容都是宝贵的旅游信息资料，而丰富多彩的旅游活动和旅游事业蓬勃发展，又必然使地方志书的内容更加充实，展现现代特点。新时期两者的协作发展也将成为趋势。

而目前来看，在地方志与旅游开发的结合方面，做得远远不够。从旅游方面来看，不少旅游业的决策层和管理层，已经认识到地方志对促进旅游发展的价值，但没有很好地进行地方志的研究和利用，方志工作者虽然对于地方志资源比较了解，但他们却很少真正地进行旅游资源开发的实务性工作，加入到旅游资源的开发中去。因此，出现了方志在旅游开发中没有起到应有的作用，旅游开发中出现了肤浅、零散、杂滥和短缺的问题。为此，笔者提出一些建议，以起到抛砖引玉的作用。

（一）增强浙江方志部门的旅游开发意识

即方志部门记载和掌握了大量的旅游资料，就要有开发利用志书以及志书所载的旅游资料的意识，使之为地方经济社会发展服务。如杭州市萧山区人民政府地方志办公室积极为发展地方旅游服务，先后为湘湖一期、二期的开发提供重要的文献资料。又如绍兴是历史文化名城，名胜古迹如何保护、修复、利用，旧城如何保护、更新、改造，旅游景点如何开发、建设、拓展等，成为文物、城建、交通、旅游部门的重点、难点和热点问题。20世纪末，绍兴市志办从绍兴实际出发，综合分析市情资料，提出自己的意见和建议：绍兴文物古迹众多，在185处文物保护单位中，从新石器时代到新民主主义革命各个历史时期都有分布，相对而言，元朝的文物古迹遗存最少，因此，建议文化部门加强对元朝文物的开发与保护；绍兴历代人才辈出，曾被毛泽东称为“名士乡”，但王阳明、刘宗周、章学诚这样的名人故居（比较破旧）没有被列入文物保护范围，另有不少状元台门、探花台门、进士台民没有被列入保护范围，而且正在不断地被拆除中，这与名士乡的历史极不相称，因此，建议市政府督促有关部门加强名士系列文物的开发与保护。其他地方志部门也有了修志为用、主动为地方旅游服务的理念和动向。

（二）培养浙江旅游部门的方志资源意识

国家标准《旅游资源分类、调查与评价》（中华人民共和国国家标准GB/T 18972—2003）明确指出：旅游资源调查中的资料收集范围应包括“地方志书、乡土教材”等。地方志书是最权威的地情书，也是最全面的乡土教材。旅游部门要充分意识到方志资源对于研究、开发旅游资源、发展旅游业具有的重要价值。地方志可供开发的旅游资源涉及面广，除了综合性行政区域志书中的旅游志以外，还有文物古迹志、民俗志、自然地理志、居民生活志、文化志、艺文志、人物志、水利志、城乡建设志、民族宗教志等分志；以及综合年鉴、图志、山川寺庙志、岛屿志等专业志，与旅游事业紧密相连。旅游部门要有方志资源意识，从中找到可以开发和复建的曾经被忽视、被毁损的名胜古迹景观资料的历史依据，从中挖掘可以设计、提升的旅游规划主题的定位及文化内涵，从中发现可以弘扬的民俗旅游、文化旅游以及传统旅游节庆和时尚商贸活动等，并利用志书记载的正确资料对旅游开发中的“伪民俗”和错误的解说词进行纠错，使恢复、开发的旅游景观景点和节庆活动既有依据、有内涵，又有特点、有生命力。

（三）构建浙江方志与旅游部门的协作共事

即地方志部门要主动参与地方旅游规划和开发工作，提供有关历史文献资料和意见建议。旅游部门要积极邀请地方志部门参与相关工作，听取地方志部门的有关意见建议，或聘请地方志部门人员为特约研究员，特邀参与旅游规划、论证和咨询活动，同时提供旅游资料给地方志部门编纂志书，实现双方合作、互动、共赢的友好关系。建立组织协调机制，把地方志变成旅游业发展的重要工具。

（四）探索方志馆旅游景点的建设

方志馆旅游景点的建设，是一个值得探索和研究的课题。在旅游资源丰富的浙江，更值得也更有可能进行这方面的探索。在休闲之都杭州，方志馆的定位就在地情展览、休闲旅游之场馆。建设大型方志展览馆，要讲究历史文化内涵，从建筑风格上体现浙江历史文化的特色，把方志馆建设成为杭州历史文化标志性的建筑，成为旅游者、参观者、考察者、投资者、经商者、打工者在最短时间内宏观了解当地自然与社会、历史与现状的最佳场馆。方志馆室内建设要利用高科技手段，借鉴已有的先进博物馆的做法，进行装备和装饰，把志书的内容用沙盘、模型、塑像、展板、多媒体等形式加以展示，建成可以用来对群众特别是学生进行地情教育、国情教育、爱国主义教育的多功能场馆。

（五）开展旅游方志学建设

迄今为止，以浙江省域为范围的旅游研究，在地方志方面多为记述地域内的旅游资源、旅游活动、著名旅行家及重要旅行活动等，内容尽管丰富，但较零散。对于浙江方志与浙江旅游之间的关系，以及如何开发和利用浙江方志旅游资源为浙江旅游服务的问题，则没有开展全面和深入的研究。这是与实际存在的二者关系和地方志旅游资源已经在旅游事业发展中体现的价值、发挥的作用极不相称的。当代的学人，包括方志学者和旅游学者，都有责任在这方面付出努力。

我们现时的旅游分支学科，有旅游经济学、旅游地理学、旅游社会学、旅游生态学、旅游美学等。旅游学理论体系是缺乏民族文化特色的“舶来品”。旅游学是门综合学科，在借鉴其他学科的理论方法中，却忽视对方志学的借鉴和运用。鉴于地方志与旅游之间业已存在的关系和日益增进的联系出发，在旅游学理论体系中再建立一个旅游方志学的分支学科，是十分必要。这样，我国的旅游学理论体系将会增添一份民族文化的色彩。

在浙江省首创旅游方志学这样一个分支学科，是可行的，也是可能的。首先，浙江是方志之乡，有着 2000 多年的方志编纂历史，编纂的名志佳志多，也是全国保存旧志最多的省份之一，全国方志学者和方志理论著述最多的省份之一，新时期修志、用志以及整理旧志方面也取得了丰硕的成果，建设旅游方志学的方志基础很好。其次，浙江旅游源远流长，又是旅游资源大省和旅游经济强省，建设旅游方志学科的旅游基础很好。再次，浙江是当今全国地方志系统学术研究能力最强、资政服务和社会实践最有成效的省份之一，也是全国旅游院校实力最强、旅游人才资源最优的省份之一，地方政府、方志部门、旅游部门、高等院校、科研机构等对方志旅游资源的重视和开发利用已经提高了认识，取得了阶段性研究成果，积累了若干的实践成功经验，这些都为旅游方志学的建设奠定了良好的基础。另外，全国唯一的中国（浙江）地方志学术研究中心于 2011 年在浙江建立，全国第一所通过世界旅游组织旅游教育质量认证的旅游院校于 2009 年荣归浙江旅游职业学院。杭州市萧山区地方志办公室在全国方志领域率先与高等院校合作共建研究生社会实践基地，率先与高校合作开展大规模的资政服务社会课题调查，并取得显著成效。这些都是浙江省在全国率先建设旅游方志学的先机条件。

四、结语

浙江方志与浙江旅游是互为表里，相辅相成的。“湖光山色皆景点，风土人情尽资源”，浙江方志载有大量可供开发的旅游资料，对于开拓新景点、旅游景观重建、旅游产品挖掘、旅游商品开发、提升旅游文化内涵、发展浙江旅游业具有很高价值，对于申报世界遗产和国家历史文化名城、国家文物保护单位等也有重要的作用。随着旅游业的发展，旅游信息资源的作用在旅游策划、开发规划中的作用会越来越重要，应当发挥地方志的独特优势，重视地方志在旅游业中的开发利用价值。与此同时，旅游业的发展和旅游研究的成果又为地方志编纂提供丰富的资料，并直接促成了浙江地方志的编纂和发展。修志为用，地方政府、地方志部门和旅游部门以及高等院校、科研机构等，都要有地方志资源的开发和利用意识，合力促进浙江地方志事业和浙江旅游业的进一步发展，推动浙江旅游方志学建设。

表 1–5　浙江省 30 部省、市、县级志书（旧志 9 部、新志 21 部）篇目情况表

志书	总目	旅游（风景名胜）篇目
一、省级志书	—	—
1. 明嘉靖《浙江通志》（明嘉靖四十年刊本）	小叙、例义、全浙地里图、地理志（12 卷）、建置志（4 卷）、贡赋志（2 卷）、祠祀志（2 卷）、官师志（15 卷）、人物志（14 卷）、选举志（3 卷）、艺文志（4 卷）、经武志（4 卷）、都会志（2 卷）、杂志（10 卷）	—
2. 清雍正《浙江通志》（光绪二十五年重刊本）	诏谕、圣制、图说（1 卷）、星野（1 卷）、疆域（1 卷）、建置（5 卷）、山川（13 卷）、形胜（1 卷）、城池（2 卷）、学校（5 卷）、公署（3 卷）、桥梁（6 卷）、古迹（13 卷）、水利（10 卷）、海塘（6 卷）、田赋（3 卷）、户口（4 卷）、蠲恤（2 卷）、积贮（3 卷）、漕运（3 卷）、盐法（3 卷）、榷税（1 卷）、钱法（1 卷）、驿传（2 卷）、兵制（5 卷）、海防（4 卷）、风俗（2 卷）、物产（7 卷）、祥异（2 卷）、封荫（1 卷）、职官（12 卷）、选举（23 卷）、名宦（12 卷）、人物（36 卷）、寓贤（2 卷）、方技（2 卷）、仙释（4 卷）、列女（15 卷）、祠祀（9 卷）、寺观（9 卷）、陵墓（6 卷）、经籍（14 卷）、碑碣（4 卷）、艺文（20 卷）、轶事遗文（2 卷）	—
3. 民国《重修浙江通志稿》（标点本）方志出版社 2010 年版	叙例（1 册）、大事记（1 册）、疆域考（2 册）、地理考（7 册）、民族考（9 册）、物产考（6 册）、建置考（4 册）、名胜古迹考（9 册）、著述考（22 册）、艺术考（1 册）、党会略（1 册）、议会略（1 册）、司法略（1 册）、行政略（13 册）、财务略（4 册）、	—

续表 1-5

志书	总目	旅游（风景名胜）篇目
—	盐务略（3 册）、国税略（3 册）、省公债略（1 册）、计政略（2 册）、粮政略（2 册）、军事略（2 册）、水利略（2 册）、交通略（1 册）、实业略（2 册）、宗教略（4 册）、考选谱（6 册）、人物表传（11 册）、儒学表（3 册）、文征（1 册）	—
二、市级志书	—	—
4. 南宋《咸淳临安志》（清道光十年钱塘汪氏振绮堂仿宋重刊本）	行在所录（15 卷），疆域（6 卷），山川（18 卷），诏令（2 卷），御制（1 卷），秩官（9 卷），官寺（4 卷），文事（1 卷），武备（1 卷），风土（1 卷），贡赋（1 卷），人物（11 卷），祠祀（4 卷），寺观（11 卷），园亭、古迹（1 卷），冢墓（1 卷），恤民、祥异（1 卷），纪遗（12 卷），跋	—
5. 南宋嘉泰《会稽志》（明正德五年刻本）	序、卷一：越、会稽郡、越州、绍兴府、历代属州、历代属县、废州、废县、分野、风俗、州境并至京地里、城郭、子城、学校、县学、社、县社、贡院、古城、教场、佥厅、府廨、西园；卷二：王、都尉、内史、太守、守乡郡；卷三：节度使、安抚使、都总管、提刑、提举、通判、路钤辖、正副将、都监、三司属官、职曹官、县令长、进士、姓氏；卷四：军营、仓库、场务、馆驿 、衢巷、邮传、狱、市、堰、闸、斗门；卷五：户口、赋税、课利、杂贡；卷六：陵寝、濮王园庙、大禹陵、祠庙、冢墓；卷七至卷八：宫观、寺院、戒坛；卷九至卷十一：山、水、湖、堤塘、池、潭、海潮、泉、井、洞、石、津渡、桥梁；卷十二：八县；卷十三：镜湖、守御、讨贼、平乱、社仓、义田、节序、送迎、义门、园池、古宅第、古器物、漏泽园；卷十四：人物、经学、文章、节义、孝行、隐遁、贞妇烈女；卷十五：宰辅、侍从、神仙、高僧、伎术；卷十六：翰墨、碑刻、求遗书、藏书；卷十七：草木虫鱼鸟兽药石附、纸、盐、日铸茶、布帛；卷十八：拾遗；卷十九：杂记；卷二十：古诗文	—
6. 清乾隆《绍兴府志》（清乾隆五十七年刻本）	天章、地理志（6 卷）、建置志（2 卷）、田赋志（5 卷）、水利志（3 卷）、物产志、风俗志（2 卷）、学校志（2 卷）、武备志（4 卷）、职官志（5 卷）、选举志（6 卷）、祠祀志（5 卷）、人物志（30 卷）、古迹志（2 卷）、陵墓志（2 卷）、金石志（2 卷）、经籍志（2 卷）、艺文志（1 卷）、祥异志（1 卷）、序录	—

续表 1-5

志书	总目	旅游（风景名胜）篇目
7.《舟山市志》版（浙江人民出版社 1992 年版）	序、凡例、概述、大事记、第一篇建置、第二篇地理环境、第三篇人口、第四篇渔业、第五篇农业、第六篇水利、第七篇盐业、第八篇工业、第九篇交通、第十篇邮电、第十一篇城乡建设、第十二篇商业、第十三篇粮油、第十四篇对外经济贸易、第十五篇财政税收、第十六篇金融、第十七篇经济管理、第十八篇教育、第十九篇科学技术、第二十篇文化艺术、第二十一篇新闻出版、第二十二篇卫生、第二十三篇体育 、第二十四篇旅游、第二十五篇政党、第二十六篇群众组织、第二十七篇政权、第二十八篇公安司法、第二十九篇民政、第三十篇劳动人事、第三十一篇军事、第三十二篇民情风俗、第三十三篇方言、第三十四篇人物、第三十五篇丛录	**第二十四篇　旅游** **第一章　旅游资源** 普陀山风景名胜区 嵊泗列岛风景名胜区 岱山风景名胜区 定海城关风景名胜点 **第二章　旅游设施** 交通 食宿 **第三章　旅游业务** 接待机构 旅游客流与经济效益 旅游项目 旅游商品
8.《湖州市志》(昆仑出版社 1993 年版）	序、凡例、概述、大事记、第一卷建置、第二卷市区、第三卷自然环境、第四卷名胜古迹、第五卷人口、第六卷方言、第七卷民俗宗教、第八卷人物、第九卷经济综述、第十卷蚕桑丝绸、第十一卷水产、第十二卷农业生产、第十三卷水利、第十四卷名特产品、第十五卷工业生产、第十六卷商业、第十七卷交通、第十八卷邮电、第十九卷城乡建设、第二十卷财政税务、第二十一卷金融、第二十二卷经济管理、第二十三卷党派、第二十四卷政权政协、第二十五卷社会团体、第二十六卷劳动人事、第二十七卷民政、第二十八卷公安司法、第二十九卷军事、第三十卷科学技术、第三十一卷教育、第三十二卷文化艺术、第三十三卷新闻、第三十四卷体育、第三十五卷卫生、第三十六卷丛录、修志始末	**第四卷 名胜古迹** 第一章 山水 第二章 寺观、亭名 第三章 碑、摩崖石刻、塔 第四章 桥 第五章 自然保护区 第六章 墓 第七章 园林 第八章 古遗址 第九章 名人故居纪念馆 第十章 楼会馆 第十一章 文物保护单位

续表 1–5

志书	总目	旅游（风景名胜）篇目
9.《绍兴市志》（中华书局1995年版）	序、凡例、概述、大事记、第一卷建置、第二卷自然环境、第三卷人口、第四卷居民生活、第五卷城乡建设、第六卷交通、第七卷邮电、第八卷水利、第九卷环境保护、第十卷经济总情、第十一卷工业、第十二卷乡镇企业、第十三卷农业、第十四卷国内贸易、第十五卷对外经济贸易、第十六卷旅游饮食服务、第十七卷名优特产、第十八卷财政税务、第十九卷金融、第二十卷经济管理、第二十一卷中国共产党、第二十二卷民主党派、第二十三卷中国国民党及其他党派、第二十四卷会党社团、第二十五卷政治协商会议、第二十六卷人民代表大会、第二十七卷政府、第二十八卷民政、第二十九卷公安司法、第三十卷军事、第三十一卷科学技术、第三十二卷名家学术思想、第三十三卷教育、第三十四卷文学艺术图书、第三十五卷文物古迹、第三十六卷戏曲曲艺、第三十七卷艺文、第三十八卷报刊广播电视、第三十九卷医疗卫生、第四十卷体育、第四十一卷风俗、第四十二卷宗教、第四十三卷方言、第四十四卷人物、第四十五卷丛录、索引	**第十六卷 旅游饮食服务** **第一章 旅游业** **第一节 旅游资源** 人文景观 水乡风光 **第二节 旅游设施** 饭店宾馆 交通通讯 **第三节 旅游经营** 旅游机构 旅游市场 旅游商品 旅游项目
10.《宁波市志》（中华书局 1995年版）	序、凡例、总述、大事记、第一卷建置、第二卷区县（市）、第三卷自然环境、第四卷人口、第五卷经济总情、第六卷经济管理、第七卷开发区、第八卷城市建设、第九卷海港口岸、第十卷交通、第十一卷邮电、第十二卷电力工业、第十三卷化学医药工业、第十四卷机械电子工业、第十五卷冶金建材工业、第十六卷纺织工业、第十七卷轻工业、第十八卷食品工业、第十九卷乡镇工业、第二十卷农林业、第二十一卷渔业、第二十二卷水利、第二十三卷商品流通、第二十四卷对外经济贸易、第二十五卷金融、第二十六卷财政税务审计、第二十七卷中国共产党、第二十八卷人民代表大会、第二十九卷政府、第三十卷政务、第三十一卷人民政协、第三十二卷民主党派、第三十三卷中国国民党及其他党派、第三十四卷社会团体、第三十五卷军事、第三十六卷政法、第三十七卷科学技术、第三十八卷教育、第三十九卷学派与著述、第四十卷文化、第四十一卷文物古迹、第四十二卷名胜旅游、第四十三卷新闻广播电视、第四十四卷卫生、第四十五卷体育、第四十六卷宗教、第四十七卷风俗、第四十八卷方言、第四十九卷人物传略、卷末、索引	**第四十二卷　名胜旅游** **第一章　风景名胜** 第一节 溪口雪窦山名胜区 第二节 东钱湖景区 第三节 天童寺景区 第四节 阿育王寺景区 第五节 招宝山景区 第六节 四明山胜迹 第七节 其他景观 **第二章　旅游** 第一节 发展概况 第二节 旅游线路 第三节 旅游设施 第四节 旅游机构

续表 1-5

志书	总目	旅游（风景名胜）篇目
11.《杭州市志》（1995—2002 年中华书局出版）	第一卷凡例、序、总述、大事记、建置篇、自然环境篇、人口篇；第二卷文物篇、风景名胜篇、旅游篇、民情风俗篇；第三卷经济综述篇、工业篇、农业篇；第四卷经济管理篇、城乡建设篇、商业篇；第五卷财政税务篇、金融篇、交通篇、邮政电信篇、对外经济贸易篇；第六卷教育篇、卫生篇、新闻篇；第七卷科学技术篇、社会科学篇、文化艺术篇、体育篇；第八卷政党篇、政务篇、群众团体篇、政法篇；第九卷民政篇、人事篇、劳动篇、外事、侨务、台务篇、民族宗教篇；第十卷区县概况篇、人物篇；第十一卷文献篇、后记、索引	**第二卷　旅游篇** **第一章　旅游资源** 第一节 西湖游览区 第二节 杭州市区游览区 第三节 富春江、新安江、千岛湖游览区 第四节 杭州西部和北部游览区 **第二章　旅游线路和特色项目** 第一节 旅游线路 第二节 特色旅游项目 **第三章　设施** 第一节 旅馆 第二节 涉外饭店、宾馆 第三节 餐饮 第四节 旅游商品及商场 第五节 旅游交通 **第四章　旅行社** 第一节 国内旅行社 第二节 涉外旅行社 **第五章 宣传和市场开拓** 第一节 宣传 第二节 开拓旅游市场 **第六章　管理** 第一节 机构 第二节 制度 **第七章　服务** 第一节 质量 第二节 培训 第三节 经济和社会效益

续表 1–5

志书	总目	旅游（风景名胜）篇目
三、县级志书	—	—
12. 南宋《剡录》（宋嘉定八年刊本）	序；卷一：县纪年、城境图、官治志、古令长、社志、学志、修学碑、新学、渊源堂、进士登科提名、廪、驿、舣学楼、戴溪亭、放生池、版图、兵籍；卷二：山水志；卷三：先贤传（人士、孝行、列女、仙道、高僧）；卷四：古奇迹、古阡；卷五：书、文；卷六：诗；卷七：画、纸、古物；卷八：物外记（首馆、僧庐 ）；卷九至卷十：草木禽鱼诂（木、花、果、草、茶品、泉品、禽、兽、鳞介）	—
13. 明嘉靖《萧山县志》（明嘉靖四十年刊本）	序，志图，第一卷天文志、地理志，第二卷建置志，第三卷食货志，第四卷人物志，第五卷列传，第六卷杂志	—
14. 清光绪《永嘉县志》（中华书局 2010 年版）	序、凡例、舆图、舆地志（2 卷）、建置志（2 卷）、贡赋志（1 卷）、风土志（1 卷）、学校志（1 卷）、武备志（1 卷）、秩官志（2 卷）、选举志（2 卷）、人物志（6 卷）、列女志（2 卷）、古迹志（4 卷）、艺文志（10 卷）、庶政志（1 卷）、杂志（3 卷）	—
15.《淳安县志》（汉语大词典出版社 1990 年版）	序、凡例、概述、大事记、第一编建置、第二编自然环境、第三编人口、第四编移民、第五编千岛湖、第六编农业、第七编林业、第八编水利、第九编水产、第十编土特产、第十一编工业、第十二编电力、第十三编交通邮电、第十四编城乡建设、第十五编商业、第十六编财税金融、第十七编经济管理、第十八编党派群团、第十九编政务、第二十编民政劳动人事、第二十一编公安司法、第二十二编军事、第二十三编文化新闻、第二十四编教育、第二十五编科学技术、第二十六编卫生体育、第二十七编风俗宗教、第二十八编方言、第二十九编民间传说、第三十编人物、第三十一编文献、附录	**第五编　千岛湖** **第一章　概貌** 第一节 千岛湖形成 第二节 岛屿 **第二章　风景名胜** 第一节 中心湖区 第二节 东南湖区 第三节 东北湖区 第四节 西南湖区 第五节 西北湖区 第六节 赋溪石林 **第三章　旅游事业** 第一节 风景点建设 第二节 风景资源保护 第三节 旅游设施 附：千岛湖题咏

续表 1–5

志书	总目	旅游（风景名胜）篇目
16.《桐庐县志》（浙江人民出版社 1991 年版）	序、凡例、概况、大事记、第一编建置、第二编自然环境、第三编人口、第四编经济结构、第五编农业、第六编林业、第七编水利、第八编工业、第九编商业、第十编旅游业、第十一编交通、第十二编邮电、第十三编财税、第十四编金融、第十五编城乡建设、第十六编经济综述、第十七编政党、第十八编政权、第十九编群众团体、第二十编司法、第二十一编军事、第二十二编民政、第二十三编劳动人事、第二十四编教育、第二十五编科学技术、第二十六编文化、第二十七编卫生体育、第二十八编卫生、第二十九编宗教、第三十编方言、第三十一编风俗、第三十二编人物、辑余、跋	**第十编　旅游业** **第一章　旅游资源** 第一节 桐君风景区 第二节 严陵风景区 第三节 瑶琳风景区 第四节 龙门山风景区 第五节 分水风景区 **第二章　名人游踪** 第一节 历代名人 第二节 国际友人 **第三章　旅游设施** 第一节 景点开发 第二节 导游机构 第三节 交通网络 第四节 服务市场
17.《普陀县志》（浙江人民出版社 1991 年版）	序、凡例、总述、第一编建置、第二编自然环境、第三编岛屿港口、第四编普陀山朱家尖、第五编人口、第六编海洋渔业、第七编农业、第八编水利围垦、第九编工业盐业、第十编交通邮电、第十一编城乡建设、第十二编商业、第十三编财税金融、第十四编经济管理、第十五编政党群团、第十六编政权政协、第十七编公安司法、第十八编民政劳动人事、第十九编军事、第二十编教育科技、第二十一编文化、第二十二编卫生体育、第二十三编社会生活、第二十四编人物、大事记、附录、编后记	**第四编　普陀山朱家尖** **第一章　普陀山概况** **第二章　自然景观** 第一节 山・峰 第二节 石・洞・门 第三节 洞・井 第四节 池・泉・涧 第五节 古树名木 第六节 沙滩 第七节 洛迦山 第八节 海市蜃楼 **第三章　佛教** 第一节 佛教兴衰 第二节 佛教宗派 第三节 佛事活动 第四节 历代名僧

续表 1–5

志书	总目	旅游（风景名胜）篇目
—	—	**第四章　寺院** **第五章　文物诗文** 第一节 碑刻 第二节 塔·亭·坊 第三节 文物馆 第四节 诗文选 **第六章　旅游朝圣** 第一节 中外交往 第二节 莅山名人 **第七章　公用设施（略）** **第八章　朱家尖** 第一节 自然环境 第二节 风景点 第三节 特产 第四节 景区开发
18.《富阳县志》（浙江人民出版社 1993 年版）	序、凡例、概述、大事记、第一编建置、第二编自然环境、第三编人口、第四编经济综述、第五编科技、第六编农业、第七编林业、第八编水利、第九编工业、第十编纸业、第十一编交通邮电、第十二编商业、第十三编工商行政管理、第十四编财税金融审计、第十五编城乡建设、第十六编党派群团、第十七编政权政协、第十八编公安司法、第十九编民政、第二十编劳动人事、第二十一编军事、第二十二编教育、第二十三编卫生体育、第二十四编文化、第二十五编旅游、第二十六编社会、第二十七编文选艺文、第二十八编人物、卷末	**第二十五编　旅游** **第一章　富春江风景旅游线** 第一节 富春江 第二节 鹳山 第三节 双烈园 第四节 农家乐 第五节 庙山坞（箬箕泉） 第六节 其他名胜古迹 **第二章　新登风景区** 第一节 两洞一湖 第二节 圣园碑林 第三节 其他名胜古迹 **第三章　龙门古镇** **第四章　旅游设施**

续表 1–5

志书	总目	旅游（风景名胜）篇目
19.《永嘉县志》（方志出版社2003年版）	序、凡例、概述、大事记、第一编建置、第二编自然环境、第三编楠溪江风景名胜区、第四编人口、第五编华侨、第六编城乡建设、第七编交通邮电、第八编水利、第九编农业、第十编林业、第十一编工业、第十二编商业、第十三编金融保险、第十四编财政税务、第十五编经济管理、第十六编党派社会团体、第十七编政权政协、第十八编军事、第十九编公安司法、第二十编民政、第二十一编劳动人事、第二十二编教育、第二十三编科学技术、第二十四编文化、第二十五编体育、第二十六编卫生、第二十七编民俗宗教人民生活、第二十八编方言、第二十九编人物、第三十编艺文、第三十一编丛录、索引、编纂始末	**第三编　楠溪江风景名胜区** **第一章　概貌** 第一节 自然环境 第二节 风景特点 第三节 景区分布 **第二章　溪山十景** 第一节 石桅岩 …… 第十节 石板岩 **第三章　沿江古村落** 第一节 岩头村（镇） …… 第十节 溪口村 **第四章　开发与管理** 第一节 开发梗概 第二节 管理机构 第三节 旅游设施
20.《普陀区志（1987—1995）》（浙江人民出版社1999年版）	序、凡例、总述、第一章党政决策活动、第二章人口、第三章人民生活、第四章基础设施建设、第五章经济开发区建设、第六章风景区建设、第七章城乡建设、第八章气象、第九章海洋资源、第十章海洋捕捞区、第十一章海水养殖业、第十二章海水产品加工业、第十三章海盐业、第十四章农业、第十五章水利农机、第十六章工业、第十七章交通运输、第十八章邮电、第十九章商业贸易、第二十章粮油贸易、第二十一章财政税收、第二十二章金融保险、第二十三章经济管理、第二十四章工商行政物价管理、第二十五章土地管理、第二十六章严正环境保护、第二十七章中国共产党、第二十八章权力机关、第二十九章行政机关、第三十章人民政协民主党派、第三十一章公安司法、第三十二章检察审判、第三十三章军事、第三十四章社会团体、第三十五章人事劳动、第三十六章民政、第三十七章科	**第六章　风景区建设** 普陀山风景区 朱家尖风景区 桃花岛风景区 旅游业（普陀山、朱家尖、沈家门） **第九章　海洋资源** 风景旅游资源（景区划分、旅游资源开发现状、未来开发旅游资源方针）

续表 1-5

志书	总目	旅游（风景名胜）篇目
—	学技术、第三十八章教育、第三十九章文化、第四十章大众传媒、第四十一章党史地方志、第四十二章卫生、第四十三章体育、第四十四章人物、第四十五章乡镇概况、第四十六章重要文件辑存、大事记、索引、编后记	—
21.《浦江县志（1986—2000）》（中华书局 2005 年版）	序、凡例、概述、大事记、第一卷建置、第二卷自然环境、第三卷土地、第四卷居民、第五卷居民生活、第六卷计划生育、第七卷语言、第八卷风尚习俗、第九卷城乡建设、第十卷交通、第十一卷水利、第十二卷邮政电信、第十三卷能源、第十四卷环境保护、第十五卷经济体制改革、第十六卷农业、第十七卷林业、第十八卷工业、第十九卷商业餐饮业、第二十卷对外经济贸易、第二十一卷金融保险、第二十二卷财政税务、第二十三卷风景名胜旅游、第二十四卷计划统计审计、第二十五卷工商物价管理、第二十六卷质量技术监督、第二十七卷劳动管理社会保障、第二十八卷政治体制改革、第二十九卷党政要务、第三十卷中国共产党、第三十一卷民主党派社会团体、第三十二卷人民代表大会、第三十三卷人民政府、第三十四卷人民政协、第三十五卷公安司法、第三十六卷检察审判、第三十七卷军事、第三十八卷人事、第三十九卷民政、第四十卷思想道德、第四十一卷教育、第四十二卷科学技术、第四十三卷文化、第四十四编书画、第四十五卷广播电视报刊、第四十六卷卫生、第四十七卷体育、第四十八卷人物、第四十九卷县城乡镇、第五十卷丛录、附录、索引、后记	**第二十三卷　风景名胜旅游** **第一章　仙华山风景名胜区** 第一节 仙华峰林景区 第二节 宝掌幽谷景区 第三节 仙湖碧水与梅坞香雪景区 **第二章　江南第一家风景名胜区** 第一节 郑义门名胜 第二节 玄鹿八景 第三节 青萝山宋濂故居遗址 **第三章 南山风景名胜区** 第一节 白石湫云景区 第二节 丽水秀谷与南山云路景区 第三节 桃溪飘香景区 **第四章　其他风景名胜**（6 节、略） **第五章　风景名胜规划与建设**（3 节、略） **第六章　旅游设施与经营**（2 节）

续表 1-5

志书	总目	旅游（风景名胜）篇目
22.《岱山县志（1989—2000）》（浙江人民出版社 2006 年版）	序、凡例、综述、大事记、第一编地域环境、第二编人口、第三编人物、第四编经济、第五编基础建设、第六编政治、第七编文化、编后记	**第四编　经济** **第十七章　旅游** 第一节 景区 第二节 景区建设 第三节 旅游开发 第四节 文物古迹 第五节 管理机构
23.《嵊州市志（1986—2002）》（方志出版社 2007 年版）	序、凡例、概述、大事记、第一编建置、第二编自然环境和资源、第三编人口、第四编基础建设、第五编经济总情、第六编农业、第七编茶叶、第八编工业建筑业、第九编领带、第十编国内贸易、第十一编对外贸易、第十二编财税金融、第十三编中国共产党、第十四编人大政府政协、第十五编民主党派社会团体、第十六编政法人民武装、第十七编民政人事劳动社保、第十八编教育、第十九编科技、第二十编医疗卫生、第二十一编体育、第二十二编文化、第二十三编越剧、第二十四编旅游、第二十五编人物、第二十六编丛录、索引、后记	**第二十四编　旅游** **第一章　旅游资源** 第一节 自然景观 第二节 人文景观 **第二章 旅游产业** 第一节 规划 第二节 开发 第三节 经营
24.《天台县志（1989—2000）》（方志出版社 2007 年版）	序、凡例、概况、天台山文化、要事纪略、第一编环境、第二编土地、第三编居民、第四编人物、第五编经济总情、第六编工业、第七编农业、第八编林业、第九编水利电力、第十编交通运输、第十一编城市建设、第十二编风景旅游、第十三编信息传媒、第十四编商业、第十五编社会服务业、第十六编金融保险、第十七编财政税收、第十八编经济管理、第十九编党政团体、第二十编政法、第二十一编人民武装、第二十二编人事劳动、第二十三编民政、第二十四编教育、第二十五编科学技术、第二十六编文化、第二十七编体育、第二十八编医疗卫生、第二十九编乡镇、第三十编杂记、丛录、大事类编、索引、编后记	**天台山文化** **第十二编 风景旅游** **第一章 风景名胜区** 第一节 国清景区 第二节 佛陇—高明—螺溪钓艇景区 第三节 石梁—铜壶景区 第四节 华顶景区 第五节 赤城景区 第六节 百丈—琼台景区 第七节 桃源景区 第八节 万年景区 第九节 清溪景区

续表 1–5

志书	总目	旅游（风景名胜）篇目
—	—	第十节 紫凝—开岩景区 第十一节 寒岩—明岩景区 第十二节 九遮山景区 第十三节 寒山湖景区 **第二章 天台山游** 第一节 名山游历 第二节 莅山名人 **第三章 旅游服务** 第一节 旅游状况 第二节 景区建设 第三节 旅游宣传 第四节 旅游接待 第五节 旅游设施 第六节 旅游节庆
25.《常山县志（1988—2005）》（西泠印社出版社 2008 年版）	序，凡例，概述，大事记，第一编政区，第二编自然环境，第三编资源，第四编居民，第五编改革，第六编国土，第七编环境保护，第八编水利，第九编交通，第十编城乡建设，第十一编信息传媒，第十二编经济发展与管理，第十三编工业，第十四编农业，第十五编林业，第十六编常山胡柚、食用菌、油菜，第十七编商贸，第十八编财政税收，第十九编金融保险，第二十编政党，第二十一编人民代表大会，第二十二编人民政府，第二十三编人民政协，第二十四编群众团体，第二十五编公安司法，第二十六编军事，第二十七编民政，第二十八编人事劳动社会保障，第二十九编精神文明建设，第三十编教育，第三十一编科学技术，第三十二编文化旅游，第三十三编卫生体育，第三十四编人物，丛录，索引，编后记	**第三十二编 文化旅游** **第七章 旅游** 第一节 资源 第二节 国家地质公园 第三节 地方景区 第四节 景点开发与建设 第五节 旅游服务

续表 1–5

志书	总目	旅游（风景名胜）篇目
26.《建德市志（1978—2005）》（浙江人民出版社 2010 年版）	序、凡例、市情综述、大事记、第一编建置政区、第二编自然环境、第三编人口、第四编居民生活、第五编环境保护、第六编交通建设、第七编能源建设、第八编城乡建设、第九编经济总情、第十编经济体制改革、第十一编工业、第十二编农业渔业、第十三编水利、第十四编林业、第十五编建筑和房地产业、第十六编商业服务业、第十七编金融保险业、第十八编旅游业、第十九编对外经济贸易、第二十编财政税收、第二十一编国土资源管理、第二十二编经济行政管理、第二十三编工商行政管理、第二十四编质量技术管理、第二十五编中国共产党、第二十六编人民代表大会、第二十七编人民政府、第二十八编政治协商会议、第二十九编民主党派工商联、第三十编人民团体、第三十一编军事、第三十二编公安司法、第三十三编人事人才、第三十四编教育、第三十五编科学技术、第三十六编文化、第三十七编信息传媒、第三十八编医疗卫生、第三十九编体育、第四十编民政、第四十一编移民安置、第四十二编劳动与社会保障、第四十三编民俗宗教方言、第四十四编人物先进集体、索引、跋	**第十八编　旅游业** **第一章　体制改革**（2 节、略） **第二章　旅游资源开发** 第一节 灵栖洞景区 第二节 大慈岩景区 第三节 千岛湖建德铜官峡景区 第四节 七里泷景区 第五节 梅城古镇 第六节 养生休闲度假区 第七节 景区管理 **第三章　旅游产品** 第一节 灵栖三洞游 第二节 大慈岩宗教文化游 第三节 新叶古民居游 第四节 十里荷花观光游 第五节 新安江水电站游 第六节 千岛湖情趣游 第七节 新安江风情游 第八节 新安江草莓采摘游 第九节 严陵问古游 第十节 七里泷文化生态游 **第四章　旅游服务** 第一节 旅游市场拓展 第二节 旅行社及导游队伍 第三节 旅游宾馆建设 第四节 景区交通

续表 1-5

志书	总目	旅游（风景名胜）篇目
—	—	第五节 购物商场 **第五章　新安江之夏旅游（艺术）节** 第一节 历届旅游（艺术）节 第二节 文化交流 第三节 经贸交流
27.《开化县志（1986—2005）》（浙江人民出版社 2010 年版）	序、凡例、概述、大事记、第一编政区居民、第二编环境、第三编城乡建设、第四编特色产业、第五编经济、第六编经济管理、第七编政治、第八编文化、第九编人物、第十编乡镇、第十一编丛录、附录、索引、编纂始末	**第四编　特色产业** 第十九章 开化龙顶茶 第二十章 食用菌 第二十一章 硅工业 第二十二章 制药业 第二十三章 根雕 **第二十四章　休闲旅游** 第一节　旅游资源 红色旅游 绿色旅游 古色旅游 第二节　旅游开发 规划 景点建设 政策与措施 第三节　相关产业 旅行社 星级旅游饭店 旅游商品开发 管理与服务
28.《萧山市志》（试印本）（浙江人民出版社出版）	序、凡例、编纂说明、总述、大事记、第一编跨湖桥文化、第二编政区、第三编自然环境、第四编环境保护、第五编土地、第六编人口、第七编居民生活、第八编水利、第九编交通、第十编城市建设、第十一编农村农业农民、第十二编垦区开发、第十三编工业、第十四编萧山经济技术开发区、第十五编建筑业房地产业、第十六编国内贸易、第十七编对外贸易、第十八	**第一编　跨湖桥文化（略）** **第三十六编　文物胜迹旅游** **第一章　文物（4 节、略）** **第二章　胜迹** 第一节 西施古迹群 第二节 湘湖景区

续表 1-5

志书	总目	旅游（风景名胜）篇目
—	编经济管理、第十九编财政税务、第二十编金融、第二十一编信息传媒、第二十二编中国共产党、第二十三编人民代表大会、第二十四编人民政府、第二十五编政治协商会议、第二十六编民主党派社会团体、第二十七编公安司法行政、第二十八编检察审判、第二十九编军事、第三十编民政、第三十一编人事劳动、第三十二编社会保障、第三十三编教育、第三十四编科学技术、第三十五编文化、第三十六编文物胜迹旅游、第三十七编卫生、第三十八编体育、第三十九编民俗、第四十编宗教、第四十一编方言、第四十二编镇乡、第四十三编人物、第四十四编丛录、索引、后记、社会课题调查	第三节 萧绍运河 第四节 衙前农民运动胜迹 **第三章　旅游** 第一节　旅游景区 钱江观潮度假村 杭州东方文化园 杭州乐园 杭州山里人家 云石生态旅游景区 省农业高科技示范园区 杭州生态园 第二节　旅游节 中国国际（萧山）钱江观潮节 杜家杨梅节 啤酒狂欢节 第三节　旅游服务 旅游中介　旅游宾馆 旅游交通　旅游购物 第四节　旅游资源
29.《临安市志（1989—2005）》（方志出版社2010年版）	序、凡例、总述、大事记、第一编政区、第二编自然环境、第三编生态环境保护、第四编自然保护区、第五编土地矿产管理、第六编人口、第七编城乡建设、第八编交通、第九编水利、第十编邮政电信、第十一编经济总情、第十二编农业、第十三编林业、第十四编名特产、第十五编工业、第十六编商贸、第十七编房地产业、第十八编旅游、第十九编服务业、第二十编金融、第二十一编财政税务、第二十二编经济管理、第二十三编中国共产党地方组织、第二十四编地方人民代表大会、第二十	**第十八编　旅游** **第一章　旅游景区** 第一节 天目山风景旅游区 第二节 青山湖风景旅游区 第三节 大明山风景旅游区 第四节 浙西大峡谷风景旅游区 第五节 太湖源风景旅游区

续表 1-5

志书	总目	旅游（风景名胜）篇目
—	五编地方人民政府、第二十六编地方政治协商会议、第二十七编民主党派地方组织 工商联、第二十八编地方人民团体、第二十九编人事、第三十编劳动与社会保障、第三十一编政法、第三十二编军事、第三十三编民政、第三十四编教育、第三十五编科技、第三十六编文化艺术、第三十七编文物、第三十八编新闻传媒、第三十九编医疗卫生、第四十编体育、第四十一编宗教、第四十二编民俗、第四十三编方言、第四十四编乡镇街道、第四十五编人物、文献辑存、索引、主编跋语	第六节 临安新十景 附录一：旧临安十景 附录二：旧潜阳八景 附录三：旧唐昌十景 **第二章 旅游规划与建设（4 节、略）** **第三章 旅游市场** 第一节 旅游线路 第二节 宣传促销 第三节 旅游节庆 **第四章 旅游服务** 第一节 旅游公司与旅行社 第二节 住宿餐饮 第三节 旅游商品 第四节 旅游交通 第五节 休闲娱乐 第六节 农家乐 **第五章 旅游管理（3 节、略）** 附录一：古代名人游踪 附录二：现代名人游踪
30.《富阳市志（1991—2005）》（浙江人民出版社 2011 年版）	序、凡例、概述、大事记、第一编政区、第二编自然环境、第三编人口、第四编居民生活、第五编环境保护、第六编土地管理、第七编城乡建设、第八编交通、第九编水利、第十编邮政电信、第十一编电力、第十二编经济总情、第十三编经济体制改革、第十四编农业、第十五编林业、第十六编工业、第十七编造纸、第十八编通信线缆器材制造、第十九编富春江经济开发区、第二十编国内商贸、第二十一编对外经济贸易与国内外	**第二十二编 旅游** **第一章 旅游风景区** 第一节 富春江沿线 第二节 碧湖双洞 第三节 新登景点 第四节 龙门古镇 第五节 杭州野生动物世界

续表 1–5

志书	总目	旅游（风景名胜）篇目
—	经济合作、第二十二编旅游、第二十三编金融保险、第二十四编财政税务、第二十五编经济管理、第二十六编中国共产党地方组织、第二十七编地方人民代表大会、第二十八编地方人民政府、第二十九编地方政治协商会议、第三十编民主党派与人民团体、第三十一编政法军事、第三十二编教育、第三十三编科学技术、第三十四编文化、第三十五编卫生、第三十六编体育、第三十七编传媒、第三十八编人事、第三十九编劳动和社会保障、第四十编民政、第四十一编风俗宗教语言、第四十二编街道乡镇、第四十三编人物、第四十四编丛录、索引、编后记	第六节 乡村旅游景点 第七节 其他景点 **第二章 旅游开发** 第一节 旅游规划 第二节 景点开发与保护 **第三章 旅游管理** 第一节 宣传促销 第二节 行业管理 第三节 服务机构

说明：1. 资料来源：莫艳梅根据杭州市萧山区方志馆收藏的图书编制而成。

2. 表中的志书篇目，均为第一层次篇目，其中旧志无旅游篇名；新志的旅游（风景名胜）篇章，下列到第二、第三层次。

3. 表中的新志，均为已经出版的志书，文中列举的一些未正式出版的新志，未列入表中。

4. 表中省级志书 3 部、市级志书 8 部、县级志书 19 部。

5. 表中旧志 9 部、首轮志书部 10 部、第二轮志书 11 部。第二轮志书分别是《普陀区志（1987—1995）》《浦江县志（1986—2000）》《岱山县志（1989—2000）》《嵊州市志（1986—2002）》《天台县志（1989—2000）》《常山县志（1988—2005）》《建德市志（1978—2005）》《开化县志（1986—2005）》《萧山市志》（试印本）、《临安市志（1989—2005）》《富阳市志（1991—2005）》

村志编纂如何突出地方性①

提　要：村志是诸多志书的一种。志书有许多特性，如地方性、时代性、资料性、系统性、叙述性、官修性、可靠性等，其中最大的特性、首要特性是地方性。村志编纂要突出地方性，一是篇目突出村情，不宜套用市县志篇目；二是记述越境不书，以当代资料和微观资料为主；三是图照突出地方性，无地方性的不入志；四是表格设计规范美观，表题也要有地域要素。

关键词：村志；编纂；地方性

一、前言

村志，就是记述一村之村情村史村貌的资料性文献，是激励村民自强不息、传扬村落文化的乡土教材，是反映我国千百年来农村、农业、农民问题的重要载体，也是我国地方志书的组成部分。

村志编纂，古来有之，清代安徽的《杏花村志》还被收入《钦定四库全书总目》。新时期修志，省、市、县三级志书列入我国的地方志编纂规划，镇村志虽然没有列入编纂规划，但不少地方自发编纂村志，成果喜人。如浙江省首部《白沙村志》于1991年由学林出版社出版，2012年由方志出版社出版又一部新《白沙村志》，20年间村民自发两修村志，创造了一个奇迹。2003—2015年，广州市天河区先后出版村志20部，全区仅剩5个村未出版村志。全国范围内出现不少高质量的村志。2016年10月，中国地方志指导小组启动中国名村志文化工程，更是促进了村志编纂的健康有效发展。

因村志编纂多是自觉行为，一般由本土的秀才担任总纂，创意修志，激情写作，洋洋洒洒数十万字，但有的没有经过业务培训指导，有的评审验收程序简化，难免出现与志书体例及其规范相违背的地方。笔者最近接触一部80万字的村志初稿（以下统称该村志稿），发现诸多突出问题，最重要的是

① 本文原载于《广西地方志》2016年第6期。

没有突出地方性。笔者认为有必要就此问题做进一步的探讨，以就教于方家。

二、村志的最大特性是地方性

村志是诸多志书的一种。志书有许多特性，如地方性、时代性、资料性、系统性、叙述性、官修性、可靠性等，其中最大的特性是地方性。知道了村志的这一特性，才知道村志重在记什么，不该记什么。

（一）志书的首要属性是地方性，不越境而书

志书的全称叫地方志书，“地方”二字很关键，这是对志书内容在空间上的限定。

这一特性，决定了志书以特定的地域为记载范围，所记内容均以与本地是否有关为依据，与本地无关的一律不记，这就是“不越境而书”。如省志记一省之人事物，市志记一市之人事物，县志记一县之人事物，镇志记一镇之人事物，村志记一村之人事物，而与本村无关的一律不记，自古至今都是如此。或许随着时代的变迁，地方志书的体例、形式有新的变化，但“地方性”这一首要特性、最大的特性是不会变的，地方志书不会离开地方之人事物而书。

但在笔者审阅的该村志稿里，有许多无涉该村的内容，却没有该村的人物、事件、桥名、组名、山川名等，而是放之四海而皆准的网络知识，这不仅大大增加了村志的篇幅，也使村志的地方性、资料性大打折扣：别人要看那些网络知识，何必要去看你的村志，网上查阅来得更快、更丰富全面！因此，建议各编章大段大段的缺乏地方性的内容，全部删去。

如“民间信仰”节，下设“佛教信仰”“道教信仰”“基督教信仰”“相关链接：《心经》译文”“宗教活动场所管理制度”“天地君亲师”“龙凤崇拜”“村民学堂：迷信与邪教的本质区别”，合计 8 个条目 18900 字左右，而笔者看到的有关该村地方性的内容仅 1800 字左右，其余的都不是我想要看到的，也不是学者们读志、用志所需要的该村的有价值的内容。真正有价值的内容只有这 1800 字左右，其余的 17000 多字是可以删除的。

又如“祠堂家谱”章，下设第一节“祠堂”、第二节“家谱”“村民学堂：《朱伯庐治家格言》”，合计 9300 字左右的内容，而有关该村地方性的内容不到 1000 字，朱伯庐也不是本省本村人，而是江苏昆山人，其治家格言作为附录列入该村志，完全没有意义。到底如何写？写什么？如“家谱”节，正文 5600 多字，有关该村地方性的内容没有多少字，建议全部删掉，重新写，主

要写该村有多少姓氏家谱、各家谱（堂号）的编修时间、册数、保存地（人）、主要内容等，有名气、有内涵的家谱序文还可以附录在正文的后面。

（二）志书是一方之系统资料的百科全书，不是一切基本知识的百科全书

根据 2006 年国务院《地方志工作条例》，地方志书是指全面系统地记述本行政区域自然、政治、经济、文化和社会的历史与现状的资料性文献。有人形象地比喻地方志书是地方百科全书，这是对地方志书横涉百科的一种现象性的概括及补充，不是对志书本质的定义。

于是，有的地方立意要把志书编成百科全书式的志书，但有的在认识上产生了误区。

如笔者审阅的该村志稿各篇章中设有大量的“村民学堂”，合计 89 条目、93500 多字，以为是一大创新，其用意，是想编成百科全书式的村志，并在“凡例”中说明：“为深化扩展文章内容，补充资料性知识性、提高趣味性可读性；同时顾及政策性前瞻性，有关章节外延拓展‘村民学堂’，有知识卡片、新闻链接、参考消息、文件摘编、故事链接等多种相关成分。为便于搜索查找，目录后列有‘村民学堂’页码索引，望读者能体味编者苦心。”

笔者认为这是不可取的。

一是修志者想把村志编成百科全书式的志书，这无可厚非，但在认识上有误区。志书虽然内容涉及各行各业，也可以说是百科全书，但必须是地方百科全书，是汇集一方（一村）基本知识和系统资料的地方百科全书，而不是一切基本知识的百科全书。“地方”二字不可忽视，否则，地方志书就不是地方志书，该村志也不是该村志了。

如“村民学堂”之“雾霾天开车要注意些什么？”“慎用电热毯”“冰箱并非食物保险箱”“迷信与邪教的本质区别”“如何防治 H7N9 禽流感病毒”“暴雨的四种预警信号”“古人的名字号”“百家姓”“家庭理财五定律”“家庭建档指南”“中国居民膳食指南”“办理户口迁移所需的证明材料”“政策咨询——注册公司需要哪些手续”“抵制危险驾驶和路怒症”“天然气安全技术说明”“冬季燃气安全使用注意事项”“学生出行交通安全宝典”“个人健康行为的四勤六不三带和六要”“办理出入境证件流程”等条目，就是放之四海而皆准的基本知识，没有该村之地方知识信息，没有必要录入村志。

二是修志者想提升志书的资料性、知识性、趣味性、可读性，这也无可厚非，但拓展延伸的内容应该是本村管辖内的内容而不是村以外的内容。自

古以来，志书承担了存史、资政、育人三大功能，即发挥地方志书在促进经济社会发展中的作用，服务地方经济与文化，这是修志的目的或者说是功能，但志书不承担一切基本知识科普的功能。

如“村民学堂·防湿除湿梅雨季”介绍：“梅雨时节，气温回升，降雨增多，空气湿度明显增大，很多人都会受到湿邪的困扰，感觉头重如裹、身困无力、四肢酸楚，整个人都无精打采，很不舒服。长时间让人觉得湿热难熬、苦不堪言。如何判断自己是不是中了湿邪？有什么方法可以有效防湿除湿？且听中医专家详细讲解……”很明显，这是中医专家的讲课内容，网上也可以查阅到诸如此类的知识，没有必要录入志书。志书没有传播一切基本知识、阐述科学道理的义务，志书重在传播地方性知识信息，对于该村志来说，就是传播该村内的各行各业各学科的知识信息。

三是修志者要深化记述内容，提高志书的可读性与学术品位，可在社会调查和口述历史方面下功夫。这是增加第一手资料，增强原创性与鲜活性、著述性的行之有效的方法，即围绕热点、焦点、难点问题开展社会调查，选择代表性人物作为口述历史采访对象，所获取的社会调查资料、口述历史资料，可以作为附录入志，其体裁与内容，与志书中的志体及内容，是点与面、深与广、人与物、精与粗的有机结合。

实践证明，第一手资料入志比例越大，志书的独有性、可引用性就越高，存史价值、使用价值就越大。反之，大家都有的而不是你独有的，尤其是网络科普知识入志，就没有多大引用价值，志书的著述性、资料性也大打折扣。

因此，建议将全志的“村民学堂”中与本村无关的条目及其内容全部删掉，有关本村的信息内容，可写入章节正文中，也可附录在章节之后。

三、村志编纂如何突出地方性

村志对于本村特有的或者比较突出的事物，可着重加以反映，详独略同。可以通过篇目结构反映村情特色，如篇目前置或升格，增加类目，特设专记等。也可以通过内容记述反映特色，如概述揭示法，专志浓墨重彩法，篇幅增加法等。还可以用图表直观形象地反映，以达到图文并茂之效果。诸如此类，方法多种，因村而异，因志而异。

（一）篇目突出村情，不宜套用市县志篇目

市县志可以互相参照的好篇目有许多，但不一定适用村志。

1. 村志架构可灵活些，毕竟一村的地域、人口、行业门类少，有的难以单独设章立节，勉强套上去，也是大而空，即帽子比头大，架不住。

村志框架不宜大而空，也不宜小而全，只要横不缺大项，突出地方特色、时代特色，就可以了。

2. 笔者认为，村志可以试用纲目体结构，设类目、分目、条目三个层次，如此不受编、章、节的限制，层次不强求平衡，条目可多可少，多则多记，少则少记，无则不记，相对灵活。

3. 对于篇目标题的制作，《地方志书质量规定》要求，志书的篇目要求科学合理，结构严谨，标题简明准确，题文相符，同一门类各级标题不重复。

而该村志稿中，往往出现若干问题：

（1）标题不简明。如该村志稿中的“互联网的崛起”“计划生育的成效”“办公场所的变迁”等标题，可精简为“互联网”“计划生育”“办公场所”。

志书篇目的标题，一般用名词，或用主谓结构的词组，不必添加形容词、定语和状语，要简单明了，不拖泥带水。如上述的“崛起”“成效”“变迁”的内容，在记述中一定会记到，但不必在标题上标出。

（2）标题不符合志体。例如，志稿中的“倒戈响应北伐”“老年村民养生知识”“谨防电信网络诈骗”“群体活动全员参与”“小村建起大游泳池”“运动健身热火朝天”“精神文化消费支出增长迅猛”“建立村级三大保障”“发挥三大优势”“创建最清洁村庄”“推进旧村改造”“聚焦三农，激励创新发展”“村民收入，稳健增长”“居住环境，逐年改善”“出行条件，大幅提高”“消费结构，悄然变化”“生活水平，质的提升”的节、目标题，都不符合志书篇目标题的要求，应予修改。

志书的各级标题，忌用史书体、文学体、新闻体、应用文体等诸类标题，即志书篇目的标题，要与史话、文学作品、新闻报道、论文著作、工作总结、标语口号、广告宣传等严加区别开来，要简明，一般用名词，或用主谓结构的词组。

（3）套用市县志篇目，村情特色不突出。主要表现为没有亮点编章，没有特色编章，比较特色的内容分散在有关章节中。

4. 村情、村史、村貌，乡音、乡俗、乡人，是可以通过村志的篇目框架反映出地方特色的，与众不同的东西，还可以采用升格的办法凸现出来，让人们一看篇目就知道是你这个村，而不是别的村。

如浙江省温州市《坦头村志》设章、节、条目三个层次，其中“人文”

章，下设 4 节：第一节“古迹”，分设“石胜观摩崖造像”“峰门摩崖石刻”“坦头尖祭坦”“峰台山摩崖石刻”“八仙井”“许岳旧居”6 个条目标题；第二节“墓葬”，分设“马初翁墓”“前街陈氏祖墓群”“王阁墓及神道坊”“王洵墓”“王德墓”“王椴家族墓葬群”“王嘉后家族墓葬群”“王焘墓”“王维夔及妻陈氏墓”“潘文生墓”“王晓梅墓”“式桂和尚墓塔”“王璞墓”13 个条目标题；第三节“寺观宫堂”，分有“安仁寺”“石胜观”“白岩宫王瓒读书岩遗址”“妙音寺”“许真君祠”“峰门观”“坦头天主堂”“观音堂”8 个条目标题；第四节“桥亭水库”，分设“桥”“事”“水库”3 个条目标题。这些条目标题，就很有地方特色，反映出来的东西是坦头村独有而不是其他村都有。

5. 辑录古今艺文，特别是名人写本地人、事、物的诗文，有利于区域历史文化的弘扬和旅游资源的开发。因此，如果村志中的名人诗文选录较多，可单列艺文，升格为第一层次，下设著述目录、诗文选录、楹联碑记等。

又如坦头村域，山水清毓，历来为名公词客行吟之胜地，各有词翰留存于世，亦有记述此地旧闻、世道之文，并散见于各处。“坦头村志”专设“艺文”章，搜采于此，并设“诗词”“杂文”两节类编，使一村之文统而览之，充分体现了人文荟萃之地方特色。

（二）记述越境不书，以当代资料和微观资料为主

越境不书是村志编纂应该遵循的首要原则，村志如果不受“地方”或“区域”的统摄和制约，那么村志本身的特质价值和作用也就无从谈起。详近略远、详今明古则是处理古今关系、突出时代特色的方法之一，如果一部村志地方特色与时代特色突出，那么它一定是一部比较成功的村志。

1. 随着国内外政治、经济、文化方面的合作与交流日益广泛、深入，村志编纂越境不书的原则受到挑战，有学者提出编修新方志应该“越境而书”，这是对“越境不书”原则机械理解的产物。其实，这个“境”不仅仅指行政区划之“境”，即在本行政区划之内出现和发生的事情，不管是否归本地政府管辖，志书都要记述；同时也应该包括行政管辖之“境”，即凡归本地政府管辖的事情，不管发生在行政区划之内还是行政区划之外，志书也都要记述。这样一来，对本籍人到外地、外国谋职做事，本地对内对外合作与交流而产生的外派机构、合作组织、跨国跨省企业等事项的记述，自然算不上是“越境而书”，切不可把越境不书这一原则理解为只有在本地出现和发生的事才可以入志。如《地方志书质量规定》指出：“以本行政区域为记述范围，越境不书。交代背景，反映与本行政区域外的横向对比、联系等，不视为越境而书。”

这也是突出一地、一村之地方特色的传统方法。

2. 村志越境不书，在记述篇幅上，宜简明不宜冗长，在记述内容上，宜以当代资料和微观资料为主，如姓氏源流（分布、人口数量、寻根问祖、发展变化等）、宗祠宗谱（族谱数量、种类、发展变化情况、主要族谱介绍等）、民俗风情、人文古迹、地名变迁等，这些就是微观的资料，可以补市县志、镇乡志之不足，这也是人们了解一个村庄沿革、人口及社会变迁的基本史料，也是历史学、民俗学、人类学在田野调查中最为关心的材料，最富有史料价值。

如《坦头村志》设有“氏族”章，下设 2 节：第一节“姓氏”，分设“许氏”“胡氏”“伍氏”“陈氏”“林氏”“孙氏”“黄氏”“朱氏”8 个条目；第二节“谱文选录”，分设“坦头许氏”“坦头胡氏”“坦头伍氏”“峰台陈氏”“峰台林氏”“孙烊孙氏”“朱烊黄氏”“朱烊朱氏”8 个条目，分别记录了各姓氏迁徙、宗祠、族谱修纂保存以及谱文情况，比较有地方特色。

3. 不少村志存在追溯过远、蔓生枝节、篇幅膨胀的问题。例如，笔者审阅的该村志稿《人口管理》节，大约 10000 字，导致字数多、篇幅大的原因是追溯过远，从古到今，从无到有，历史演变，名词解说，样样涉及，且绝大多数是全国性的内容，不是本村的内容。按照《地方志书质量规定》，志书不用总结报告、新闻报道、文学作品、教科书、论文等写法，而村志中，往往采用这些非志体的写法，想丰富读者的视野，这既不符合志书要求的，也徒增了志书的篇幅和水分。

4. 村志的字数不在多而在于精，朴实简明，在追溯事物的发端时，一定要处理古与今的“量”与“度”，还要处理好全国与地方之关系，村志只要交代清楚该项事物何时在本村出现、实施即可，不必花很多笔墨去追溯该项事物在我国何时起源以及发展演变的情况，而要突出地方性。

另外，村志是写实的，应该着重写实践实绩，少写计划要求，往往做一个决策、制订一个计划、下发一个文件、召开一个会议，其内容与客观实际结果有很大的距离，因此，除了重大决策、重要文件、会议应记述以外，一般的少写，要用更多的笔墨书写已经完成的业绩，用数据和事实说话，慎用评价词语，不用模糊、空泛的词句。

（三）图照突出地方性，无地方性的不入志

图照包括志首彩页、文内图照，对志书而言，可起到图文并茂、互为补充的作用。

随着入志图照的数量增多，图照的问题不少，表现在几个方面：

1. 图照无地方性，应删除。如该村志稿中的“春秋战国时期北方平原的车战”“明时两京十三省图”“日本的盂兰盆节”“日本山口县杨贵妃之墓”“林彪聂荣臻在平型关战场”“南京大屠杀”“周恩来与新四军领导干部合影”“彭德怀总司令在朝鲜前线主持作战会议”等图照，没有该市该村之人、事、物的信息，应该删除。

志书图照重在突出地方性、时代性、典型性，无地方性的不入志。如“全国居民消费价格涨跌幅”数据图，是从网络下载的数据图，于本村没有什么存史价值，如果根据其数据重新绘制本村居民消费价格涨跌幅与全国居民消费价格涨跌幅比较图，就有价值了。

2. 图照释文要素不全，需补充。照片的要素，主要有时间、地点、事物、需要说明的人物的位置及时任职务、摄影者或提供单位等。例如，“向中央书记处何勇书记等领导汇报”的照片释文，缺时间，缺地点，缺主要人物在图中的位置和时任职务的全称。另外，汇报者是谁？不清楚。因此建议改为“2011年4月21日中共中央书记处书记、中纪委常务副书记何勇（右二）考察某某村（×××摄）”。

3. 图照释文不规范，需修订。志书语言文字要求严谨、简洁、规范，图照释文也不例外，忌文字冗长。如志稿中“村委会召开专题工作汇报会”图照释文下面，有一段长达181字的释文（照片说明），完全是多此一举，语言文字也不符合志体要求，属于口号式语言，应该删除。图照不能写了一句释文又加一段释文（图片说明），应该合二为一，简明而要素齐全，切忌啰嗦冗长。

4. 图文不符，需重新撰写释文。如志稿中“观看春节晚会”的照片，画面上只有晚会小品的剧照，没有村民在观看，因此图文不符，需要修改释文。又如村志中“布谷声里农耕忙”的照片，照片上只有一只看起来似乎没有在叫的缩着脖子的鸟，且没有农耕忙的画面，故图照与释文不相符，且此图照在网上有看到，是完全一模一样的画面，似乎有剽窃他人作品的嫌疑，还可能引起不必要的官司，因此最好能注明时间、地点、摄影人，以消除疑问和误会。如《萧山市志》的“绿翅鸭（2007年12月29日，徐文祥摄于萧山湘湖）”“灰鹡鸰（2007年11月28日，徐文祥摄于萧山河上镇）”“二尾蛱蝶（2007年7月7日，楼信权摄于萧山岩下）”“白点褐蚬蝶（2007年4月7日，楼信权摄于萧山百药山）”等等，这些照片以及野生动物是萧山的，就没有异议，假不了。

（四）表格设计规范美观，表题也要有地域要素

表格包括表序、表题、表体和必要的表注等，表题的时间、范围、主体内容和表格性质等要素齐全，全书表格样式、编号统一。这是《地方志书质量规定》对表格的要求。

表题要素：时间+地域+主体内容+表，如“2005—2015 年某某村工业总产值与人均年收入情况表”，当“表”字在表序中已经出现，表题中的“表”字可去掉。

但村志中不少表格省略了地域要素，认为村志记述该村的情况，是不言而喻的，省略了村名更显简洁、不累赘。笔者认为，表具有自明性、独立性。随着方志信息资源的数字化、网络化，表题要素齐全的，只要通过搜索引擎输入时间、地域、主体内容、表等几个关键字，就可以在极短的时间内查阅到所需要的表格。反之，表题要素不齐全的，在互联网上就很难在浩如烟海的信息资源里搜索到所需要的表格，不便于读者查阅、开发利用。

村志的开发利用价值很大，一旦公开出版发行，国内外的学者、专家是要读志、用志的。因此，我们编纂的村志，一定要经得起时间的检验，要经得起广大读者的检验，更要经得起专家学者的考究、引用和摘录，存史永久，志传千秋。

志补史阙

——从《萧山县志》看三名清代宰相①

提　要：萧山历史上有三名清代宰相：朱珪、汤金钊、朱凤标。民国《萧山县志》记载了他们鲜为人知的家世和桑梓情、政治生涯和个人喜好，可补正史之阙，详正史之略，为清史的研究提供了不一样的视角和鲜活的史料，也为当前党风廉政建设提供借鉴。

关键词：县志；萧山；宰相；资鉴

"宰"是主宰，"相"是辅助之，"宰相"是中国封建社会辅助皇帝、统领群臣、总揽政务的最高行政长官的通称，因朝代的不同而官名有所不同，如秦汉之丞相、相国、三公，唐宋之中书、门下、尚书三省长官及同平章事，辽之宰相，明清之内阁大学士、军机大臣等。明洪武十三年（1380），罢中书省，废丞相，由皇帝亲决国政，宰相制度遂废。后皇帝以不胜庶政之繁，设内阁大学士协理文书，阁职渐重，大学士成为事实上的宰相，称辅臣，居首者为首辅。清朝沿明制设内阁大学士，雍正时设军机处，内阁成为闲曹，军机大臣成为事实上的宰相。明、清两代习惯上称内阁大学士、军机大臣为宰相。本文所记就是萧山三名清代宰相，民国《萧山县志》的记载与正史的记载有所不同，特别是他们鲜为人知的家世和桑梓情、政治生涯和喜好，内容丰富，可补正史之阙，详正史之略，为清史的研究提供不一样的视角和鲜活的史料。

一、萧山：三名清代宰相

萧山位于浙江省北部、钱塘江南岸。古名余暨县，曾名永兴县，唐天宝元年（742）改名萧山县，现为杭州市萧山区。古有进士 300 多名，二十五史立

① 本文原载于《杭州月志》2016 年第 12 期。

传人物 35 名，以政学两界居多，如唐代诗人贺知章（659—744）；明代太子太保、文渊阁大学士来宗道（1571—1638），南京吏部尚书魏骥（1374—1471），都察院右都御史张嵿（1457—1530）；清代学者、经学家、文学家毛奇龄（1623—1716），名士朱筠（1729—1781），名幕汪辉祖，名将葛云飞（1789—1841），名臣胡燏棻（1840—1906）等。除了明代首辅来宗道以外，还有三名清代宰相：

1.清嘉庆皇帝的恩师、大学士朱珪（1731—1807）。字石君，号南厓，祖籍萧山蜀山街道，自父朱文炳入籍顺天大兴（今北京市）。乾隆十三年（1748）进士，入选翰林院庶吉士。历翰林院编修、侍读学士、福建粮驿道、福建按察使、湖北按察使、山西布政使、礼部侍郎、安徽巡抚、两广总督、都察院左都御史、户部尚书、兵部尚书、吏部尚书、上书房总师傅、翰林院掌院学士、太子少保、太子少傅、体仁阁大学士。追赠太傅，谥号“文正”。民国 24 年《萧山县志》、民国 37 年《萧山县志》均有传，内容雷同。

2.清道光朝协办大学士汤金钊（1772—1856）。字敦甫，又字勖兹，萧山城厢街道人。嘉庆四年（1799）进士第二甲第二名，选翰林院庶吉士。历翰林院编修、侍讲、礼部侍郎、吏部侍郎、户部侍郎、工部侍郎、都察院左都御史、礼部尚书、户部尚书、吏部尚书、工部尚书、上书房总师傅、翰林院掌院学士、太子太保、协办大学士。谥号“文端”。民国 24 年《萧山县志》、民国 37 年《萧山县志》均有传，内容雷同。

3.清同治朝大学士朱凤标（1800—1873）。字桐轩，号建霞，萧山新塘街道朱家坛村人。道光十二年（1832）殿试第一甲第二名（榜眼）。历授翰林院编修、侍读学士、兵部侍郎、户部侍郎、都察院左都御史、户部尚书、刑部尚书、兵部尚书、工部尚书、吏部尚书、上书房总师傅、翰林院掌院学士、太子少保、体仁阁大学士。追赠太子太保，谥号“文端”。民国 24 年《萧山县志》、民国 37 年《萧山县志》均有传，内容雷同。

三名清代宰相，在民国《萧山县志》的古迹、学校、选举、人物、纪事、琐闻、艺文等卷目分别有记载。

二、名臣：鲜为人知的家世

《清史稿》记载汤金钊、朱凤标是浙江萧山人，对他们的家世、中进士之前的情况没有反映；记载朱珪是顺天大兴人，先世居萧山，自父文炳始迁籍，但具体细节不清。

民国《萧山县志》告诉我们：萧山黄阁河村朱氏，先祖系出沛国（今安徽濉溪县与江苏沛县一带）汉大司马浮，元时迁萧山越寨村，再迁黄阁河村（今黄家河村）。朱珪的祖父朱登俊，少游京师（顺天府大兴县，今北京市），康熙三十六年（1697）任湖北长阳知县，与潜江知县朱轼（官至大学士）同为鄂中循吏，交情笃深，后官至中书舍人，萧山迁大兴的这支朱氏，从此兴盛起来。生父朱文炳，少随宦京师，寄籍顺天大兴县，师从大学士朱轼，以贡生的身份为八旗教习，后任陕西咸宁、盩厔知县，生有四子：长子朱堂，监生，官至县丞；二子朱垣，乾隆十六年（1751）进士，官至知县，有循吏之称；三子朱筠，《清史稿》传记人物，乾隆十九年进士，官至翰林院侍读学士、安徽学政、福建学政，是《四库全书》的最早倡导者，乾嘉朴学领袖；四子朱珪，《清史稿》传记人物，官至宰相。自朱珪的祖父、父亲至他四兄弟，一门三代六宦，其中他兄弟四人，三个进士，二个名翰、名臣，实属罕见。朱珪生有二子：长子朱锡经，钦赐举人，官至太仆寺少卿；二子朱锡纬，诸生，早亡。今其子孙流寓广州。

汤金钊的家世以经商为业。先祖自浙江青田迁至萧山之河斗里，再迁西负郭，人称“西门汤氏”。曾祖父汤克敬，好善乐施，扶危济困，亲疏皆依赖之；终身无疾言厉色，唯教子綦严；生平粗衣淡食，唯好书画艺兰。父亲汤元裕，隐居不仕，性真挚，通医术，画花卉竹石，色色精绝；不喜名，因幼抱废疾，行走不便，遂托枯树以自况，号枯木道人。汤金钊的性情、文才无疑有先辈遗风，不仅勤奋学习，诗文书法非常了得，而且不苟言笑，不好与人争论，即使在夏天也不喜赤膊，非常严谨，海内称之为儒宗。生有二子：长子汤宽，官至陕西凤翔府知府；二子汤修，举人，官至太常寺卿。

萧山朱家坛村朱氏，是南宋著名理学家朱熹的后裔，元时自江西婺源县迁来。朱凤标家世儒素，为诸生有文名。他是萧山唯一考中进士一甲第二名（榜眼）的学霸，后官至宰相。其子朱其煊，官至山东布政使，受到过皇帝的嘉奖；其孙朱有基，钦赐举人，任过知府、道台；曾孙朱文钧，毕业于牛津大学，任过民国财政部参事、盐务署厅长，为我国近代著名文物收藏家、鉴定家。朱文钧有四子：长子朱家济，中国美术学院教授，被潘天寿称为当代书法第一人；次子朱家濂，北京图书馆版本目录学家；三子朱家源，中国社科院历史研究所资深宋史专家；四子朱家溍，当代著名文博专家、明清史专家。从朱凤标到朱家溍，一门五代八杰，其后父子五人均为大学者，世不多见。

民国《萧山县志》记录的三名清代宰相之祖上迁徙以及家世背景各不相同：朱珪生于官宦人家，与大学士朱轼是世交，朱珪及其父、兄皆师从朱轼；汤金钊的家人几乎全是商人，且汤的父亲不愿为官；朱凤标家是世代儒生，且后代杰出。他们的共同点是：家风好，人也励志。

三、入仕：由翰林洊擢正卿

县志反映三名清代宰相的入仕情况：朱珪，不满 17 岁与兄朱筠同时中举人，不满 18 岁中进士；汤金钊，22 岁中举人第一名，27 岁中进士二甲第二名；朱凤标，28 岁中举人，32 岁中进士一甲第二名（榜眼）。他们都是通过科举入仕，“由翰林洊擢正卿”，走的是正途。

清代有非翰林不入内阁之说法。翰林院设有侍读学士（从四品）、侍讲学士（从四品）、侍读（从五品）、侍讲（从五品）、修撰（从六品）、编修（正七品）、检讨（从七品）等官职，统称翰林，权力很大，地位很高，只有一甲状元、榜眼、探花三人可直入翰林院任职，二甲三甲的进士，要通过朝考，入选庶吉士，在翰林院深造三年，再经过散馆之试，才能按成绩授职，优者留翰林院，次者离开翰林院。因此，庶吉士还不能算是正式的翰林，只是后备干部，但地位明显优于进士，是二三甲进入翰林院的唯一途径，即便以后不留翰林院，也会遇缺即补。

萧山三名宰相中，朱凤标，殿试一甲第二名（榜眼），直授翰林院编修，朱珪、汤金钊中进士后，入选庶吉士，散馆之试成绩优秀，授翰林院编修。均是正宗的翰林出身，皇帝的近臣，由此逐步走向高位。

在步步高升的过程中，实绩必不可少。县志汲取了正史、地方文献及家谱资料，正面反映。如朱珪，担任过经筵讲官，多次投身安徽的抗洪赈灾，或携仆与村民同渡，或骑马去验收工程，或张贴布告平息流言蜚语，可谓封疆大吏的楷模，嘉庆帝得以平安继承皇位，也与朱珪的悉心教导密不可分。汤金钊，担过任经筵讲官，屡蒙任使，三四年出京五次，行程万里，视察民情，为不少冤民昭雪，道光皇帝深感满意。朱凤标，担任过经筵讲官，通晓治本之策，擅长台谏，屡掌文柄，得士称最，查验天津漕粮、查办山东盐务不负圣望。

他们的仕途共同点：出身翰林，授皇子读，历经筵日讲官、翰林院掌院学士、太子太保或太子少保等，凭借卓越政绩，获取皇帝的信任和认同，晋级很快，最终官至宰相。

四、清官：没有最清只有更清

常言“三年清知府，十万雪花银”。朱珪在朝59年，汤金钊在朝44年，朱凤标在朝41年，他们又是怎样的呢？

虽然正史、野史有诸多记载，县志中也有所反映。如朱珪，生前生活寒素，与穷儒寒士没有什么两样，死时没有家产，一贫如洗，令亲往祭奠的嘉庆帝痛哭不已，见者无不为之震惊，为之感动，潸然泪下。史称他“崖岸高峻，清绝一尘”，乾隆帝称他“不惟文好，品亦端方”，嘉庆帝称他“半生惟独居，一世不贪钱”。县志引载而称他“崖岸廉峻，久为外吏，一介不取与，于中朝达官无所系援”。“年四十余即独居，讫无一妾”。这与穷奢极侈、妻妾成群的和珅形成极大的反差。

汤金钊，有“托病不谢和（珅）”“宝藏于心不在冠”“赔偿菜翁”等清廉故事，吃穿住行非常省俭。教授学生，供点宵夜，他都嫌有肉太奢侈，只要吃烧饼就可以了。县志载朝贵们争相巴结他、拉拢他，他一一辞谢，不与往来，唯独对同乡朱珪敬仰有加，时时徒步跟随朱珪左右，“当官廉而不峻，察而不激，务在安静持大体”。

朱凤标，清介有守，廉政有威。他和朱珪一样，对后来的执政者影响巨大。朱珪是嘉庆帝的恩师，嘉庆听朱珪的话，成为清代有名的不张扬又节俭的皇帝，嘉庆的儿子道光帝更是进一步发扬光大，被后人评为清代最节俭的皇帝。朱凤标为醇亲王的恩师，醇亲王的一个儿子是光绪皇帝，另一个儿子是摄政王载沣，载沣的儿子是末代皇帝溥仪，即醇亲王的儿子、孙子都是皇帝。醇亲王生活俭朴，以“不爱财”为政治格言，人称他“操行为诸王冠”，他曾自述他的师傅朱凤标对他管教很严，以致他不敢越雷池半步，这一性格也多少影响了他及他的儿孙皇帝们。

相对历史上的著名清官，萧山的宰相毫不逊色。据可靠史料记载，清官海瑞（历任知县、州判官、尚书丞、右佥都御史等职）70多岁了还纳小妾，先后有过3个妻子、3个小妾，加上母亲及3个女儿、2个儿子、4个家仆等，庞大的家庭开支，加上他不贪污不受贿，直接导致了他生活的贫穷，买两斤肉孝敬老母都困难。朱珪先是过着一夫一妻的生活，中年丧妻以后，过了30多年无妻妾的独居、寒素生活，这在封建社会尤其是位极人臣的宰相中实属罕见。

五、忠君：得以善终实属不易

三名清代宰相中，朱珪卒于官，终年76岁；汤金钊71岁致仕，终年85岁；朱凤标73岁致仕，终年74岁。他们的结局有所不同。

朱珪历乾隆、嘉庆两朝，受两朝眷宠，是嘉庆皇帝的恩师。当嘉庆还是皇子的时候，朱珪教他古文古诗以及治国安邦之道。当嘉庆上位的时候，太上皇乾隆嗜权如命，因和珅的捣鬼、构陷，朱珪还失去了将要到手的宰相之位，失去了已有的两广总督之职，被贬到安徽当巡抚。朱珪没有怨天尤人，而是一如既往地勤政廉政，教导嘉庆韬光养晦，事事谨慎，用道家无为的思想，保全皇位平安。后来，统治中国63年之久的乾隆病逝，嘉庆立刻从一个傀儡变成真正的皇帝，快速地铲除了奸臣和珅，重用朱珪，集铨选、财政、文化等大权于朱珪一身。珪因下属犯事被弹劾，免太子少保，解三库事务，降三级留任，但不久嘉庆帝又给他加官晋爵，恩宠有加，直至官至宰相。年迈的朱珪以老请退，嘉庆帝温诏挽留，对恩师关怀备至。朱珪病逝，嘉庆帝更是超逾常格地祭奠，“哭之恸”，并亲自拟旨赠朱珪为太傅，位列三公，入祀贤良祠，谥号“文正”（最高谥号），而乾隆、嘉庆时期仅大学士刘统勋（刘墉的父亲）、朱珪享受过这等哀荣。嘉庆帝对朱珪的礼遇之隆是历代帝王中少有的，《清史列传》称：“恩遇之隆，古所未有也。”《清史稿》称：“恩礼始终无与比。”民国《萧山县志• 纪事• 纶音》载录了《仁宗（嘉庆帝）赐奠朱文正文》《仁宗赐谥朱文正文》《仁宗赐祭朱文正文》《仁宗赐葬朱文正碑文》等。

汤金钊历嘉庆、道光、咸丰三朝。因事受过处分，但不久东山再起。后来发生了第一次鸦片战争，汤主张抗英禁烟，林则徐被革职后，汤仍然在道光帝面前推荐林则徐，希望重新启用林则徐，道光帝不悦。最后遭部属陈起诗以规避不赴差夺职，连降四级，授光禄寺卿虚职，以年迈为由辞官。就在他逝世的前两年，咸丰帝念其功绩，加他太子太保衔，赐御书“庆衍恩荣”匾。逝后，谥号“文端”，还葬萧山。正如《清史稿》所载：“当官廉察，负一时清望。虽被排挤，卒以恩礼终。”民国《萧山县志·纪事·纶音》载录了《文宗（咸丰帝）赐奠汤文端文》《文宗赐祭汤文端文》《文宗谕葬汤文端碑文》等。

朱凤标历道光、咸丰、同治三朝。仕途相对顺利，只涉嫌科举案受过一次处分。第二次鸦片战争爆发后，屡上奏章，主张抗英，可惜朝廷多变，抗英主张多付之东流。后以老乞休获准，食全俸，次年卒于家中，还葬萧山。同治帝追赠他太子太保衔，谥号“文端”。民国《萧山县志·纪事·纶音》载录了《穆宗（同治帝）赐祭朱文端文》《穆宗赐谥朱文端碑文》等。

伴君如伴虎，独善其身难。朱珪受嘉庆恩宠，哀荣备至。汤金钊在道光时被弹劾请退，后又被咸丰想起，以恩礼终。朱凤标在同治时正常退休，享全俸。他们都是忠君之臣，能够得以善终，实属不易。

六、乡贤：绿叶对根的情意

作为萧山人，除了朱珪不是萧山土生土长的以外，汤金钊、朱凤标都是世居萧山，从萧山考出去做官，做官期间都有回萧山，所做之事被载入县志中。

朱珪，任福建学政时，发现萧山人毛奇龄的遗像，就把它寄回萧山给毛氏，此画藏于乡绅王绍兰家中，后王氏藏书楼发生火灾，藏书尽成灰烬，惟大学者毛奇龄的遗像独存，世人称奇，此事被载入民国《萧山县志·琐闻》。任浙江学政时，顺路回萧山，撰有《笔花书院记》《股堰庙碑》《王节妇传》等，表达了“萧山为珪之祖籍，犹桑梓也”的情怀，民国《萧山县志·艺文》录有其文。朱珪还先后两次为萧山《黄阁河朱氏家谱》写序，一次是在乾隆二十八年（1763），当时他还是福建粮驿道，一次是嘉庆三年（1798），时为吏部尚书兼安徽巡抚，他在谱序上署名：“赐进士出身，吏部尚书署安徽巡抚十五世孙珪谨序。”乾隆五十四年，朱珪置萧山祭田100亩，帮助困难子女读书和救济贫困者，并作《黄阁河朱氏祠田记》《圭田记》纪其事，称“凡我族人，其永守之。后有同斯志者，亦可推广于无穷也已”。民国《萧山县志·人物》载：珪天性孝悌，父杖兄，跪而以身蔽受之；恸母氏早殁，事庶母谢几如母；庶祖母李抚育有恩，赠一品夫人；兄丧，哭之咯血，几致毁；事寡嫂尽敬，抚诸兄子如己子。可见，朱珪是一个至善至孝的乡贤。

汤金钊，曾六回萧山。回乡最长的一次，是道光三年（1823）丁父忧，为期三年。与老师王宗炎浏览萧山湘湖，留下了《乙酉冬日从王晚闻师游石岩》《宿石岩先照寺》等诗。与王宗炎之子王端履一起查阅资料，联系山阴县官协商，解决了长期以来两县的水利纠纷问题。与丁昌运等集资修葺隆兴寺，并受邀为村民题写墓碑及像赞等。道光十年，在福建审案，顺路回萧省墓，应邀为吴氏家谱作序。先后两次撰修《萧山夏孝汤氏家谱》，一次是道光四年（1824），当时他正在家乡丁父忧，一次是咸丰三年（1853），时已退休10多年。先后撰写了《重建祇园寺西塔记》《重建资利寺碑记》《重修留真阁记》《萧邑重建修学宫碑记》《萧山会馆碑记》《临浦文昌宫新建回澜阁碑记》等。民国《萧山县志·人物》载：光绪中，里人思其德，呈请祀于乡贤祠，允之。

朱凤标，据目前资料，只在道光十六年（1836）37 岁时，因丁母忧回萧山，留下《永远碑记》《题蔡烈妇曹马两孺人》等文章。同治八年（1869），为《萧山朱家坛朱氏宗谱》写序。

三名乡贤，朱珪逝后入祀北京贤良祠，朱珪墓碑至今犹存，原在北京市丰台吕村，后经修缮后迁至丰台北宫森林公园。汤金钊、朱凤标葬萧山，汤金钊谕葬碑、朱凤标故居、朱凤标墓至今犹存，为杭州市级文物保护单位。

七、县志：补史之阙详史之略

正史比较详细地传记了官员在朝廷时所说的话、奏折以及皇帝对他们的评价。如《清史稿·朱珪传》记载，和珅试图说朱珪坏话的时候，乾隆说：“陈善纳海，师傅之职宜尔，非汝所知也。”这清楚地反映了乾隆对朱珪的肯定。《清史稿·汤金钊传》收录了汤金钊的奏折，在奏折中汤金钊对某官员提议限制地方治理表示了反对。在《清史稿·朱凤标传》中，朱凤标随钦差耆英共同去山东查办盐务时的讲话被详细记录。

县志更多地传记了三名宰相一生的信息及其与萧山本地的联系，尤其是他们的家世和中进士之前的情况，作为官员所做之事，对萧山所做之事，朝廷内萧山人之间的关系，人物性格的描述，乡情以及家乡人民对他们的评价等内容，为正史中少见。如汤金钊，个人喜好方面，先是喜欢王阳明和李二曲，后喜欢周敦颐和二程，自 75 岁后每日晨起书经 200 字，书遍“十三经”，直到疾病发作才停止。

从民国《萧山县志》看，三名清代宰相有着鲜为人知的家世和桑梓情怀。家世不同，喜好不同，但入仕雷同，皆凭真才实学考中进士入翰林走上高位。为官清廉，尤其朱珪与历史上的著名清官比毫不逊色。皆为能吏良吏，有突出政绩，且施惠桑梓。皆为忠臣，以恩礼终。逝后，朱珪入祀贤良祠、陪葬在嘉庆皇帝陵墓旁，汤金钊、朱凤标还葬萧山，受到家乡人的追思。县志的这些记载，可补正史之阙，详正史之略，为清史的研究提供不一样的视角和鲜活的史料，也为当前的党风廉政建设提供借鉴。

《萧邑郁氏宗谱》之郁达夫祖籍家世考

——兼论家谱对地方志的贡献[①]

提　要：《萧邑郁氏宗谱》记载有著名作家诗人郁达夫所在富阳郁氏第一世至第十九世郁达夫兄弟的世系等内容，由此引出了郁达夫祖籍在萧山的说法以及争议，《萧山姓氏志》《萧山市志》亦载郁达夫与萧山郁家山下郁氏同属一脉。笔者根据此谱考证萧山郁氏、富阳郁氏的源流以及郁达夫的祖籍家世，认为家谱蕴藏非常丰富的微观资料，对地方志书有补史、详史、考史、证史作用，可大力开发利用。

关键词：家谱；地方志；郁达夫；祖籍；家世

浙江省杭州市萧山区[②]郁家山下村[③]，是一个寻常小村，2015 年全村 1400 人，工业产值 9650 万元，人均纯收入 22403 元，不及萧山凤凰村人均纯收入 45046 元的一半。不寻常的是，郁家山下村历史上 6 次编修《萧邑郁氏宗谱》（文盛堂，下同），此谱还是唯一记载著名作家诗人郁达夫（1896—1945）所在富阳[④]郁氏第一世至第十九世郁达夫的世系等内容的历史文献，引发了郁达夫祖籍在萧山的说法以及争议。1995 年版《萧山姓氏志》、2013 年版《萧山市志》亦载郁达夫与萧山郁家山下郁氏同属一脉。笔者根据此谱考证萧山郁氏、富阳郁氏的源流以及郁达夫的祖籍家世，重新考量家谱的史料价值以及对地方志的贡献。

① 本文为莫艳梅在 2017 年 9 月方志文化国际学术研讨会上的交流论文。

② 萧山区，古为余暨县，三国吴黄武元年（222）改名永兴县，唐天宝元年（742）改名萧山县，1988 年称萧山市，2001 年至今称杭州市萧山区，距离余杭约 35 公里，距离富阳约 40 公里。

③ 郁家山下村，距离萧山城南 20 公里，南宋属新义乡，元属十五都，清嘉庆年间属浦南乡，1961 年属永兴桥人民公社，1969 年属浦南人民公社，1971 年属永兴人民公社，1984 年属永兴乡，1992 年至今属戴村镇。

④ 富阳，秦为富春县，三国吴黄武五年（226）析置新城县（后称新登县），东晋太元十九年（394）改名富阳县，1994 年称富阳市，2015 年称杭州市富阳区。

一、《萧邑郁氏宗谱》引发郁达夫祖籍之争

萧山郁家山下村先后于清嘉庆十六年（1811）、道光二十七年（1847）、光绪七年（1881）、民国3年（1914）、民国36年、2016年6次编修《萧邑郁氏宗谱》。除了首部宗谱未存于世，其他的保存完好，其中道光年间（4卷）、光绪年间（4卷）宗谱保存人皆为萧山城区居民申屠勇剑，民国3年（6卷）、民国36年（8卷）、2016年（6卷）宗谱保存地皆在萧山郁家山下村。

由于省内外图书馆、档案馆皆没有收藏到此谱，所以过去很长一段时间没有人论及它的存在及其价值。

不料，二十世纪八九十年代，《萧邑郁氏宗谱》引发了郁达夫祖籍之争，至今未有定论。

郁达夫，谱名荫生，字斐然，考名文，出生在富阳满家弄（今达夫弄）。由于富阳郁氏没有创修过家谱，郁达夫的祖先世系曾在很长一段时间无法厘清。至于他的祖籍，曾未有人提及，他自己在自传、日记中也没有提起过。有关论著涉及郁达夫家族世系，其祖辈只追溯到郁达夫的父亲和母亲，连祖父的名字都无从查考，只记载了祖父母的卒年，而不知生辰。

1988年，始现萧山人蒋毅、陈亚兰《郁达夫祖籍考》与吴桑梓《郁达夫祖籍采访记》的文章，先后载于《湘湖》《浙江学刊》等刊物，披露民国36年《萧邑郁氏宗谱》记载有富阳郁氏第一世至第十九世郁达夫兄弟的内容，提出郁达夫的祖籍在萧山的说法。新加坡《联合早报》副刊亦登载《郁达夫祖籍在萧山》的文章。郁达夫兄弟的后代闻讯，亲往萧山郁家山下村寻根，看望族人，翻阅郁氏宗谱，宗亲交流绵延。

1992年，富阳人蒋增福《郁达夫祖籍新说》一文冷言相驳，他认为郁氏第四世从萧山迁至富阳“距今已有三四百年了，通常说的三代开外定籍贯，那么，郁达夫的祖籍无疑是富阳了”，同时他又非常肯定，“只是有一点确证无疑，在富阳的郁达夫祖上是从萧山郁家山迁来的”，并推测自从有了出人头地的郁达夫三兄弟才有了富阳郁氏被载入萧山郁氏宗谱，之前富阳郁氏去过萧山郁家山下认族而不被承认等。接着，蒋毅、陈亚兰《重申郁达夫祖籍——与蒋增福先生商榷》，对蒋增福的观点逐一驳回，认为蒋增福把祖籍与籍贯混为一谈，新说之结论实属荒唐。但蒋增福《郁达夫祖籍新说》除了首刊于《郁达夫研究通讯》，为多种报刊如《中国现代文学研究丛刊》（1994年第3期）

转载以外，还收入蒋增福《郁达夫家族女性》（花城出版社 2004 年版）一书，2015 年 8 月 8 日《富阳日报》之“富阳史话”栏目复载蒋增福《郁达夫祖籍说》文章。

时至今日，除了上述几篇文章以外，尚未发现其他出版物对郁达夫祖籍及其家族世系的专文考论。2006 年 12 月浙江大学出版社出版的《郁达夫研究资料索引（1915—2005）》也未见此类专文。

二、富阳派郁氏入《萧邑郁氏宗谱》之因

郁家山下村历史上的几次修谱，仅有民国 3 年（1914）、民国 36 年的《萧邑郁氏宗谱》，[①]载有富阳派郁氏的世系，谱中“经纬图”上，清晰地标有“富阳派”3 个字，“行传”则记录富阳派第一世至第十九世，合计 120 余名男性的个人信息，其中郁曼陀、郁养吾、郁达夫三兄弟，分属第十九世礼字辈，排行第二、第四、第十一。而清朝的 3 次修谱，均没有载入富阳派郁氏的世系。

究其原因，民国 3 年，郁家山下村续修《萧邑郁氏宗谱》时，特意邀请富阳郁氏投稿入谱。因为在此之前，富阳郁氏杂居在富阳城内，一直没有创建过宗谱和宗祠。而富阳郁氏第一世、萧山郁氏第一世，实为同父昆弟，祖先是南宋节度使郁绵，因忤权臣率全家避乱于余杭梁朱（良渚），郁绵的长子郁祺生四子：郁文遨、郁文游、郁文进、郁文迈。后来，郁文游的儿子郁明笙率祖弟们，从余杭迁居萧山燕窝山（今郁家山），郁文遨的曾孙郁义安，迁居富阳城内满家弄。郁明笙、郁义安分别被称为郁氏迁萧山、富阳的开基鼻祖，郁文游、郁文遨分别被称为萧山郁氏、富阳郁氏第一世。至民国 3 年，富阳郁氏已发展 19 世，时萧山郁家山下村再次修谱，为了更好地加强联络，尊宗敬祖，认祖归宗，富阳郁氏应邀投稿归入《萧邑郁氏宗谱》，两地郁氏宗亲欢聚交流。（详见本文第四部分“郁达夫祖籍的关键问题以及争议的误区”）

此次修谱，是富阳郁氏唯一的一次参与修谱。郁达夫的大哥郁曼陀分到一部宗谱，名为 “气字曼陀房”。

据萧山郁家山下村老辈人说，民国 3 年重修宗谱时，族长郁大海特意安

---

① 民国 3 年、民国 36 年的《萧邑郁氏宗谱》目录相同，分别设序文、源流、诰命、敕联、谱例、宗规、遗像、文集、祖诗、赞传、远宗、大宗、经纬、行图、行第 15 类目。

排了几个人去富阳通知郁达夫的家人。郁达夫的二哥郁养吾还亲自送银洋到郁家山下资助修谱，当天住宿在郁施贵家中。宗谱修成后，郁家山下又派人送宗谱到富阳，郁达夫的母亲摆起香案跪接，郑重收藏。

民国36年，萧山郁家山下再次续谱，富阳郁氏没有参与。当时，郁达夫的母亲陆氏、长兄郁曼陀已经去世，郁达夫失踪，子女散落国内外。郁达夫的二哥郁养吾对前来联络的郁家山下村民说："目前家人国内四散，有的还在国外，难以召集起来，这次修谱无法做进，只有下次再补上了。"[①]由于没有投稿续谱，郁达夫的祖母戴氏卒于1923年、母亲陆氏卒于1937年、兄长郁曼陀卒于1939年、郁达夫卒于1945年，在这次修谱时均没有写入宗谱，郁达夫所在的富阳派郁氏没有增丁入谱，也没有分到宗谱，[②]但民国3年入谱的内容，照旧录入了民国36年的宗谱中。

三、从《萧邑郁氏宗谱》看郁达夫家世特征

民国3年（1914），富阳郁氏首次入谱，在此之前没有创谱，因此第一世至第十三世的记载极为简要，生卒葬失考，有的没有名字，只有行第排序，自乾隆时期的第十四世郁大镛下传至民国时期的第十九世郁达夫这一脉较为详细。例如：

第一世郁文遨，配高氏，生一子，生卒葬俱失。[③]

第二世郁继善，宋深医术，其砭焫之妙，得之凤阳刘伯渊，伯渊得之太师窦文正，公故学有渊源，为时所重，子孙皆以医仕，配赵氏，生二子，生卒葬俱失。[④]

第三世郁仁富（郁继善长子），配赵氏，生二子，生卒葬俱失。[⑤]

第四世郁义安（郁仁富长子），迁居富邑城内满家弄，配何氏，生三子，生卒葬俱失。[⑥]

第十四世郁大镛（郁达夫的太高祖），配邵氏，继孙氏，生二子：嗣海、

① 蒋毅、陈亚兰：《郁达夫祖籍考》，《浙江学刊》1988年第6期。

② 一般来说，民间修谱，参加与否，取其自愿。对自愿参与，并提供合格资料的宗亲，编入宗谱；对不知或不参与的宗亲，不编入宗谱。民间修谱，多无资金下拨，通常向入谱者收取一定经费。

③ 参见民国3年（1914）《萧邑郁氏宗谱》（文盛堂）第三卷《行传》。

④ 参见民国3年（1914）《萧邑郁氏宗谱》（文盛堂）第三卷《行传》。

⑤ 参见民国3年（1914）《萧邑郁氏宗谱》（文盛堂）第三卷《行传》。

⑥ 参见民国3年（1914）《萧邑郁氏宗谱》（文盛堂）第三卷《行传》。

嗣奎，二女：长女嫁惠民六庄孙炳发，幼女嫁本邑恩波四庄徐永源。郁大镛生于乾隆十八年癸酉十二月十六日午时，卒道光六年丙戌十二月十六日申时，葬东山断垅坑民田内，及长子长媳合墓，有墓碑。劭氏生乾隆二十二年，卒乾隆四十九年七月二十七日巳时，葬本城小北门祖坟侧西首。孙氏生乾隆二十七年壬午十一月十一日寅时，卒嘉庆十年乙丑七月二十日午时，葬小井合坞里。①

第十五世郁嗣海（郁达夫的高祖），字克念,号立星。配小井下台门孙氏，生二女，长女嫁惠民大庄陆长清，幼女嫁惠民七庄劭亮如。侧室徐氏，以嗣奎公次子宝鑫兼承祧。郁嗣海生于乾隆五十四年四月二十二日午时,卒于道光十三年二月初二日申时，与徐氏合葬东山断垅民田内，附父墓，有墓碑。孙氏生乾隆五十四年二月十六日丑时，卒咸丰元年十二月十六日申时，葬鸡笼山早样里，有墓碑。徐氏生嘉庆十五年八月十一日寅时，卒道光二十二年十二月二十一日戌时。②

第十五世郁嗣奎（郁达夫的亲高祖），字贵洲，号秋帆，拔贡，配小井木牌楼孙氏，继本城南门俞氏，生三子：天龙、宝鑫兼承嗣海公祧、蔚琴，一女嫁惠民庄毛湾里孙。郁嗣奎生乾隆五十七年十一月初四寅时，卒道光十四年七月初十日，葬东山汪家村上面。孙氏生乾隆六十年七月初七日午叶，卒嘉庆十八年七月二十日酉时。俞氏生乾隆五十九年十二月十二日酉时，卒同治元年四月十四日申时，葬谢家溪犁头尖。③

第十八世郁企曾（郁达夫的父亲），字士贤，号省斋，配本城庠生童厅泉长女童氏，继小井陆园里庠生陆岗峰幼女陆氏，生三子：莲生、浩生、荫生，一女嫁环山庆护十一庄叶阿贤。郁企曾生同治二年六月二十五日亥时，卒光绪二十六年五月二十八日酉时，葬青山坞祖坟旁，有墓碑。童氏生同治四年九月二十八日寅时,卒光绪四年十月二十二日卯时，葬北门外大垅里。陆氏生同治五年八月二十日亥时。④

第十九世郁莲生（郁达夫的大哥），字庆云，号曼陀，考名华。大清邑庠生,于宣统二年考试留学生,特授七品小京官,应补考试法政举人,发礼部录用。光复后，奉大总统特授京师高等审判厅推事员，以民国二年又奉大总统令谕，

① 参见民国 3 年（1914）《萧邑郁氏宗谱》（文盛堂）第四卷《行传》。
② 参见民国 3 年（1914）《萧邑郁氏宗谱》（文盛堂）第五卷《行传》。
③ 参见民国 3 年（1914）《萧邑郁氏宗谱》（文盛堂）第六卷《行传》。
④ 参见民国 3 年（1914）《萧邑郁氏宗谱》（文盛堂）第六卷《行传》。

派赴日本考察司法部事务。配本城市心巷何子亨幼女何氏，继安徽陈氏。郁莲生生于光绪十年七月十六日巳时。何氏生光绪八年正月二十四日午时，卒光绪三十一年十月二十三日戌时，葬谢家溪梨头尖。陈氏生光绪十九年。[①]

第十九世郁浩生（郁达夫的二哥），一名振浩，考名彦超，字卓然，又字养吾。宣统三年由陆军学堂毕业。光复后，充任绍兴游击队哨官。后入北京预备学堂，又奉大总统令谕，回杭兼理浙江全省讲武学堂事务。配场口小园邑庠生李福贤之女李氏。郁浩生生光绪十七年七月初三日卯时。李氏生光绪十五年六月二十日寅时。[②]

第十九世郁荫生（郁达夫），字斐然，考名文。于宣统三年毕业于本县高等学校，考入第一等中学肄业，后入惠兰学堂，又入之江学堂。后随胞兄赴日本明治大学堂兼学电气化术法事务。配小井下台门国学生孙孝贞长女孙氏。郁达夫生光绪二十二年十一月初三日子时。孙氏生光绪二十三年九月二十一日丑时。[③]

谱中的富阳派郁氏，没有人物传记、像赞，从经纬图、行传（世系）等内容分析其家族特征，大致有如下几点。

（一）人口有升有降，太平天国时期人口锐减

富阳派郁氏入谱男性120余人，其中第十五世最多，计21人，第十六世下降到14人，第十七世上升到19人，第十八世下降到8人，第十九世7人。

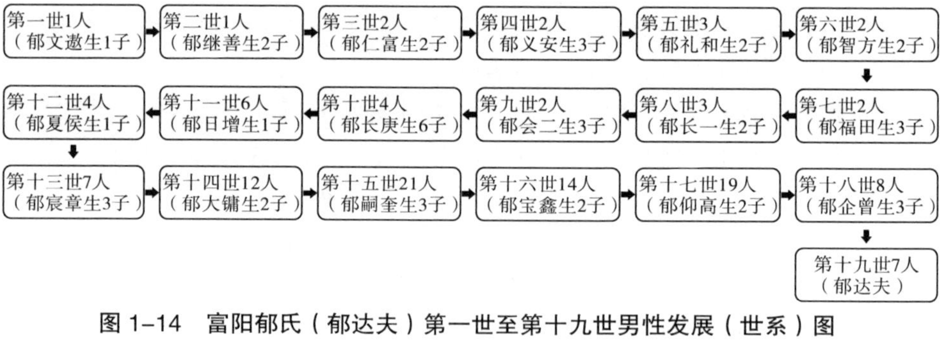

图1–14　富阳郁氏（郁达夫）第一世至第十九世男性发展（世系）图

究其原因，清乾隆、嘉庆时期，经济发展，社会平稳，导致人口激增。清咸丰末期至同治初期，太平军与清军的战争，导致人口锐减。

太平天国运动时期，富阳是重灾区。据《富阳县志》记载，原新城县（今

① 参见民国3年（1914）《萧邑郁氏宗谱》（文盛堂）第六卷《行传》。
② 参见民国3年（1914）《萧邑郁氏宗谱》（文盛堂）第六卷《行传》。
③ 参见民国3年（1914）《萧邑郁氏宗谱》（文盛堂）第六卷《行传》。

富阳区新登镇）人口，太平天国运动前的咸丰八年（1858）有16834户80196人，太平天国后的同治二年（1863）为4815户12073人，同治三年（1864）为4308户10643人，比咸丰八年减少12526户69553人，[①]“迨至（同治）二年（1863）正月，上江败贼下窜，最后为花旗贼，遇屋即火，逢村便屠。又以乡村无可掠食，见民之有肥胖者，即杀以为粮。由是瓜删草剃，村落尽成灰烬，黎民无复孑遗矣。按粤寇之祸，江南各乡遗民尚剩十之二三，江北则五十之一二，以南方收复尚迟六阅月，此六月中，日死民当以万计”。[②]可见富春江以南地区人口损失率至少达60%左右，江北地区土著所剩不多，可能仅占当地人口的5%左右。

在《萧邑郁氏宗谱》中，富阳派第十七世郁建周（1844— ？），是郁达夫的亲祖叔，郁宝鑫次子，生道光二十四年（1844）八月初三卯时，卒正月二十八卯时，葬失考。贼匪时死难，卒于何时，未详，正月二十八卯时为虚拟，由抽签得之。[③]这里所谓的“贼匪”，就是太平军。同时期的还有12名郁氏男性卒时无考，卒于何地无考，下落不明，导致卒时“由抽签得之”的怪现象。

家族不发达，财力不丰盈，多寡妻无妾室，也是子嗣繁衍缓慢的一个因素。

（二）十五世始出贡生，数百年无举人进士

富阳派郁氏除第二世郁继善是名医、第十九世郁达夫兄弟是名士以外，基本上没有出过什么名人仕宦，仅在第十五世出了两名贡生，一名是郁培芳，一名是郁嗣奎（郁达夫的亲高祖），但都未写明职业。

从《萧邑郁氏宗谱》看，从第四世至第十八世的数百年间，富阳郁氏没有出现过举人、进士及九品以上官员。郁达夫的亲高祖郁嗣奎是拔贡，曾祖郁宝鑫、父亲郁企曾连秀才都不是，加上郁氏是小姓氏，人口不多，杂居在富阳城内，太平天国后又四散逃迁，郁氏家族在富阳根本谈不上名门望族。郁氏读书、经商、行医、农作兼而有之，均为维持生计。郁达夫的父亲郁企曾，就是一个典型代表，早年为私塾教师兼行中医，后任地方庄书，经办某村庄房屋田地的登记、过户和报税手续，[④]因劳累过度，39岁病卒。

① 参见《富阳县志·人口》，浙江人民出版社1993年版，第163页。
② 清光绪二十三年（1897）《富阳县志》，卷十四《兵事》。
③ 参见民国3年（1914）《萧邑郁氏宗谱》（文盛堂）第六卷《行传》。
④ 参见郁云：《郁达夫传》，福建人民出版社1984年版，第3页。

（三）有继室无侧室，家族没有发迹兴盛过

谱中的 120 多名男性，有继室（再娶）的 19 名，大多为原配早逝无出，再娶生儿传宗接代。如郁达夫的亲高祖郁嗣奎，原配孙氏 19 岁卒，继俞氏生有 3 子 1 女。郁达夫的曾祖郁宝鑫，原配高氏 22 岁卒，继唐氏生有 2 子 2 女，34 岁卒；续屠氏 47 岁卒。郁达夫的父亲郁企曾，原配童氏，15 岁卒，继陆氏生有 3 子 1 女，即郁达夫 3 个兄弟 1 个姐姐。

富阳郁氏第一世至第十八世仅有一名男性有侧室，为原配无子而纳妾，妾又无出，只好过继。即郁达夫的高祖郁嗣海，原配孙氏生有 2 女，无子。郁嗣海纳侧室徐氏，以郁达夫亲高祖郁嗣奎的次子郁宝鑫兼承祧，即郁宝鑫兼做郁嗣海与徐氏、郁嗣奎与俞氏的儿子，徐氏 33 岁卒，得以与郁嗣海合葬，而原配孙氏 63 岁卒，未得与郁嗣海合葬。

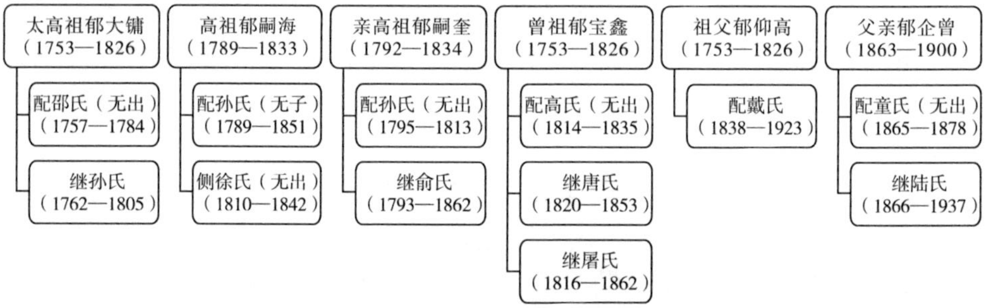

图 1-15　郁达夫的太高祖（第十四世）至郁达夫的父亲（第十八世）配氏图

注：郁嗣奎之子郁宝鑫兼承郁嗣海祧

有妻无妾，与妻妾成群相比，后者需要财才支撑，子嗣繁衍也快些。在一夫多妻制的封建社会，妻妾的多少是权力、财富的象征。虽然郁氏宗谱没有记载职业、财富等内容，但从普遍一夫一妻、有继室少侧室的婚配看，可见其家族的社会地位并不高。

据郁达夫自传之一《悲剧的出生》、郁达夫之子郁云《郁达夫传》记载，郁达夫出生在一个不曾发迹过的破落乡绅家里，儿时的记忆便是饥饿，对饥饿的恐惧时时紧逼着他，“郁家的境遇，早在太平天国前后就每况愈下。太平军进城时，郁企曾的一个叔叔，因不堪贫困，参加了李秀成部出征，下落不明。当郁达夫作为企曾第四个孩子诞生时，境况已很窘迫，尽管母乳不足，却无力雇用奶妈。郁达夫由于从小营养不足，体弱多病，在他未满一周岁时，便因杂食过量，闹过一年多的肠胃病，给全家增添了不少麻烦。郁企曾则因担负一家生活重担，积劳成疾，于一九〇〇年六月逝世，终年三十八岁”[①]，“在这里总算是悲剧的序幕结束了，此后便只是孤儿寡母的正剧的上场”[②]，“一家六口生活，全靠陆氏在满州弄口摆设炒货摊，以及几亩祖传薄田收入来维持，不足之数，惟赖借贷。当郁企曾去世的第二年，郁达夫的姐姐郁凤珍就因无力抚养，送给环山（富阳乡间）叶有耀（幼名阿贤）为童养媳。所有这些，都给郁达夫幼小的心灵留下了伤痕”[③]。郁达夫认为，在中日战争中“战败后的国民——尤其是初出生的小国民，当然是畸形，是有恐怖狂，是神经质的”。饥饿、恐怖、敏感，是郁达夫童年的记忆，也是郁达夫文学作品的流露，还是他勤学、奋进、革命的因素之一。

（四）高祖至父亲4代均短寿，女有长寿者

富阳郁氏男性中，寿命最长的是郁达夫的太高祖郁大镛，享年74岁，配邵氏28岁卒，无子，继孙氏生2子2女，44岁卒。

郁达夫的高祖、曾祖、祖父、父亲分别卒于43岁、45岁、31岁、39岁，均系寿短，去世早。

女有寿短者，如郁达夫的高祖原配孙氏19岁卒，曾祖原配高氏22岁卒、继室唐氏34岁卒、续屠氏47岁卒，父亲原配童氏15岁卒。

女有寿长者，如郁达夫的高祖继室俞氏70岁卒，祖父原配戴氏86岁卒，父亲继室陆氏（郁达夫的生母）72岁因日军入侵躲避山中冻饿而死。

在封建社会，重男轻女，妻死，可继、可续，妻无子，可纳妾，而夫死改嫁者少，大都坚贞守节到老死。这样，家庭的担子就压在女人身上。如郁达夫的祖母戴氏，年轻守寡，独立抚养2个年幼的儿子，不想小儿子郁建周10多岁在太平天国运动中失踪，大儿子郁企曾39岁病卒。失去2个儿子后，戴氏终日念经拜佛，郁达夫的母亲陆氏为挑起一家生活重担，常奔走于城乡之间。郁达夫7岁的姐姐郁凤珍因为家里无力抚养，送出去给别人当童养媳，可见郁达夫家境的困窘。郁达夫自传之一《悲剧的出生》记载：“守了数十年寡的祖母，也已将人生看穿了，自我有记忆以来，总只看见她在动着那张没有牙齿的扁嘴念佛念经。自父亲死后，母亲要身兼父职了，入秋以后，老是不在家里；上乡间去收租谷是她，将谷托人去砻成米也是她，雇了船，连柴

① 郁云：《郁达夫传·家庭和童年》，福建人民出版社1984年版，第3页。
② 郁达夫：《郁达夫·悲剧的出生》，文汇出版社2001年版，第346页。
③ 郁云：《郁达夫传·家庭和童年》，福建人民出版社1984年版，第34页。

带米，一道运回城里来也是她。”[①]陆氏坚贞、持家，含辛茹苦把郁达夫三兄弟哺育成优秀才俊、革命志士，她是值得永远尊敬与怀念的伟大的母亲。

（五）十四世始购坟地，郁孙两家结义联姻

修家谱、修家庙、修祖坟，是家族“三修”大事。萧山郁氏第二世郁明笙于宋末元初迁居郁家山下，建宗祠于山麓，后又有多次修宗祠。富阳郁氏没有创建过宗祠和家谱，归入萧山郁家山下郁氏宗祠和宗谱。清嘉庆十四年（1809），郁达夫的太高祖郁大镛在富阳购买了一块坟地，成了祖坟。

郁达夫祖上与小井的孙家是世交。第十三世郁宸章与小井的孙天佑少年结义，永世交好。第十四世郁大镛的继配是小井的孙氏，孙氏生二子嗣海、嗣奎。第十五世郁嗣海原配小井的孙氏，郁嗣奎原配小井的孙氏。第十八世郁企曾继配小井的陆氏，即郁达夫的母亲。第十九世郁达夫原配孙氏。数代郁氏先后配小井的孙氏和陆氏，说明郁氏与小井的孙氏结义、联姻非同一般。

第十四世郁大镛和小井的孙绍华，为继承父辈遗愿，在富阳屠山十一庄石阜岭之西，向柴永年、柴嘉尚买得一块坟地，土名荆竹山，计三亩四分五厘。双方订立合同议信契约，以子孙相传，有据可考，该文书的代笔人是郁达夫的高祖郁嗣海。《萧邑郁氏宗谱》第一卷附录了这份合同议信。

自清乾隆后期，郁、孙两家结义，郁宸章与孙天佑逝后合穴安葬，清嘉庆初期，郁、孙两家订立合同议信，两家关系更加密切了。联婚使两家亲上加亲，共修祖坟，轮流值祭，成为传统。至郁达夫时，也得奉母命从日本回国与小井的孙氏定亲、完婚，这是两家亲上加亲的心愿，也算是旧式包办婚姻。

四、郁达夫祖籍的关键问题以及争议的误区

（一）郁达夫祖籍的关键问题

自1988年萧山人蒋毅、陈亚兰披露《萧邑郁氏宗谱》记载有郁达夫所在的富阳郁氏的世系，提出郁达夫的祖籍在萧山的说法，并引起争议。富阳人蒋增福坚持“三代开外定籍贯”，据此力争郁达夫的祖籍是富阳，但他从来没有质疑过萧山人的一点说法：富阳的郁达夫祖上是从萧山郁家山下迁过来的，因为《萧邑郁氏宗谱》的世系（经纬图、行传）中清清楚楚写有这样一句话：“第四世义安迁居富邑（今杭州市富阳区）城内满家巷。”

① 郁达夫：《郁达夫·悲剧的出生》，文汇出版社2001年版，第348页。

争议的双方，争议的点在祖籍与籍贯的概念上，以及迁居时间的长短上。

笔者认为，争议的双方忽视了一个非常关键的问题：富阳郁氏是从萧山迁过去的吗？也就是富阳郁氏归入《萧邑郁氏宗谱》，谱上写明第四世郁义安迁居富邑城内满家弄，就等于是从萧山迁至富阳的吗？

事实上，《萧邑郁氏宗谱》只写明了富阳郁氏从第四世迁至富邑城内满家弄，并没有写明是从萧山迁过去的。

宗谱写明了萧山郁氏迁入、迁出的情况，没有写明富阳派郁氏迁入、迁出萧山的情况：第二世郁明笙从余杭①迁至萧邑郁家山下，同迁的还有祖弟郁明簹、郁明筦。后来，人口繁衍，不断有迁出的，如郁明簹“分居萧山郁家河头”，郁家河头郁氏又析居城西郁家弄，清同治时期还出了一个探花郁昆（字漱山），官至翰林院侍读。还有析居杭城沙田头的等。

富阳郁氏是否迁入萧山又迁出萧山，是郁达夫祖籍萧山说成立与否的关键问题，如果根本就没有迁入过萧山，就谈不上郁达夫的祖籍在萧山。

那么，富阳郁氏到底是从何地迁入富阳的？从谱序中可以找到线索：

萧邑郁氏宗谱序

渊明曰：同流分派，人异世殊，寻绎斯言，则知谱之不可不修也明矣。穷考郁氏始祖授姓之源委，始姓姬，继姓周，其后郁贡公为鲁相子孙，因以郁为氏，传至绵公，任宋节度使，因权奸误国，宋室南迁，建都于浙江临安，公遂解组率昆季子侄，归隐于余杭梁朱焉，不数传而子孙繁衍，迁派不一。绵公之子祺公，祺公之子文游公，文游公之次郎明笙公，偕昆仲辈，贸易浙东萧邑之上南乡，见夫十五都四图之燕窝山，地理山脉均属灵秀，乃与祖弟明筥公、明筦公，择而居之，更名其山为郁家山，可知明笙公为郁氏开基之鼻祖。其他分派迁居者，均载谱系，惟祺公之长郎文遨公一派，徒居富阳，迄今一十有九世，从未有创稿接谱者，查其支派，系与文游公、文进公、文迈公同父昆弟，其为懿亲嫡派无疑。今闻郁氏续辑宗谱，彼即投稿接印，虽各自为一房，要皆本于一祖也。此谱一成，而卜居星散，央止不相识者，一阅是谱皆晓然，于尊卑亲疏而称谓之不淆，且循流溯源而知共于一本郁氏尊祖，收族之大义庶几世世子孙勿替引之。是岁夏五月，谱牒告成，请韩子钦

① 余杭，秦置县，隋时于余杭置杭州，后移治于钱塘县，宋时改名仁和县，民国元年钱塘县、仁和县合并为杭县，1961 年恢复余杭县，1994 年称余杭市，2001 年称杭州市余杭区。

生君，持宗谱之全稿委予，曰美哉盛事，其后文盛堂之子孙必郁郁乎文哉，谨此序

中华民国三年岁次甲寅仲夏天贶前四日

郡庠生周秉彝谨著[①]

上述谱序提供了如下信息：郁姓的来源、家族的迁徙、萧山郁家山下郁氏之开基鼻祖、富阳郁氏之发展以及加入萧山郁氏宗谱之缘由等。

从序中不难看出富阳郁氏并不是从余杭迁入萧邑郁家山下再从萧山迁出至富邑城内满家弄，而是直接从余杭迁入富邑城内满家弄。

宗谱记载：萧山郁氏是春秋鲁相国郁贡的后裔，南宋时，节度使郁绵随宋室南迁至浙江临安（今杭州），后率兄弟子侄归隐余杭梁朱（良渚）。郁绵之子郁祺，郁祺生四子：郁文遨、郁文游、郁文进、郁文迈。郁文游之子郁明筀，偕兄弟辈（郁文进之子明筥、郁文迈之子明筦）贸易至萧山，见萧山的十五都之燕窝山环境优美，乃择而居之，更名燕窝山为郁家山，名其村为郁家山下，郁明筀为萧山郁家山下郁氏开基之鼻祖，奉郁文游为萧山郁氏第一世。这是萧山郁氏的来源。

宗谱显示：富阳郁氏是郁文遨的后裔，郁文遨之子郁继善是名医，郁文遨之曾孙郁义安迁居富阳城内满家弄，为富阳郁氏开基之鼻祖，奉郁文遨为富阳郁氏第一世。据《萧邑郁氏宗谱》的“凡例”记载：“凡子孙有迁居于外，立业成家者，必详书其所迁之地，庶几世远族疏得有所考。”[②]此谱经纬图、行传均没有记载富阳郁氏第一世郁文遨、第二世郁继善、第三世郁仁富、第四世郁义安迁居过萧山，但写明第四世郁义安迁居富阳城内满家弄，说明是从余杭迁居富阳而不是从萧山迁居富阳。这是富阳郁氏的来源。

富阳郁氏没有迁入过萧山，那么郁达夫祖籍在萧山的说法就不成立。

（二）郁达夫祖籍的认识误区

为什么萧山人认为郁达夫的祖籍在萧山？有的至今认为《萧邑郁氏宗谱》载有郁达夫的世系，就等于说郁达夫是郁家山下郁氏的后裔？

这有诸多认识上的误区。

2015 年，笔者多次走访郁家山下村，借阅家谱，并特意问了正在开展续谱的郁吾德老人三个问题：郁达夫祖上到底迁居过萧山没有？他们是从萧山

---

① 参见民国 3 年《萧邑郁氏宗谱》（文盛堂）第一卷。

② 参见民国 3 年《萧邑郁氏宗谱》（文盛堂）第一卷。

迁去富阳的还是直接从余杭迁去富阳的？为什么郁家山下村口新立了“达夫故里”的石碑？郁吾德老人回答：他们没有迁居过萧山，第四世义安应该是从余杭迁去富阳的，郁达夫归入我们郁家山下郁氏宗谱，可以说就是归入了我们郁家山下郁氏宗祠，就是我们这里的人了，写“达夫故里”自然没有错，也是一种纪念的形式。

此种民间说辞似乎无可厚非。

至此，宗谱的记载、民间的说辞与笔者的并观点并不冲突：郁达夫祖上没有迁居过萧山，民间心理上的达夫故里是萧山。地理上的郁达夫祖籍是富阳虽然也没有错，但蒋增福《郁达夫祖籍新说》的一些说辞值得商榷。

蒋增福称：“郁家山郁族数传至第4世，其中一支郁义安公，携妻小到富阳经商，后安家在富阳城满舟弄。”[①]这一说辞是不确切的，郁义安并不是从郁家山下迁至富阳。据宗谱凡例规定，凡有迁出的，必详书其所迁之地，而谱中并没有记载富阳郁氏迁入萧山又迁出萧山。

蒋增福称：“民国36年（1897），萧山郁家山第四次重修家谱时，通知富阳郁家重新接根（宗）续谱，郁母派二子郁养吾亲往，郁达夫三兄弟才得以入谱。”[②]这又不对，应该是民国3年（1914）续谱，郁母派二子郁养吾亲往，民国36年富阳郁氏并没有续谱接谱，郁母也已过世10年了，不可能再派二子养吾亲往。

蒋增福称：“从第四世郁义安公到二十世郁达夫这一代”[③]，且好几处都写郁达夫是第二十世。是不对的，郁达夫是第十九世而不是第二十世。

蒋增福推测，“自从有了郁曼陀他们三兄弟，才有了富阳郁家被载入《萧邑郁氏宗谱》的延续”，[④]之前不被认族的原因，“或者是因为第四世的郁义安到富阳从商之故——因为中国的封建传统是唯农为本，读书为上，商人则被看作是一种不光彩的职业”。[⑤]这一推测更不可靠，萧山郁氏第二世郁明笙也是贸易经商而至郁家山下安家的，谈不上看不起同是商人的富阳郁氏，曾经打官司找宗亲法官郁曼陀申冤也是情理所在，郁曼陀也伸出了援手，派人审清了案子。富阳郁氏自第一世至第十八世未出过进士、举人，第十九世郁曼

① 蒋增福：《郁达夫家族女性·郁氏家族世系表》，花城出版社2004年版，第339页。
② 蒋增福：《郁达夫家族女性·郁氏家族世系表》，花城出版社2004年版，第339页。
③ 蒋增福：《郁达夫家族女性·郁氏家族世系表》，花城出版社2004年版，第339页。
④ 蒋增福：《郁达夫家族女性·郁达夫祖籍新说》，花城出版社2004年版，第337页。
⑤ 蒋增福：《郁达夫家族女性·郁达夫祖籍新说》，花城出版社2004年版，第331页。

陀三兄弟出人头地，是富阳郁氏的骄傲，也是萧山郁氏的骄傲。

萧山郁氏出人头地的也不乏其人，如郁家山下第三次修谱的传赞族人郁崑，就是清同治年间（1862—1874）的探花、翰林院侍读，为此次宗谱写序的族人郁昌耿，是清光绪年间（1875—1908）的举人。因此，郁家山下邀请富阳郁氏入谱，不是因为郁曼陀三兄弟出人头地而巴结之，而是富阳郁氏人口少、未建宗祠、未创宗谱、本于一祖之故。

蒋增福还称，“《萧邑郁氏宗谱》中只记大镛公一支，对大祥和大鹏这两支并没有详细记载下来”，“不完全记载郁氏富阳支脉的全貌”。[①]估计蒋增福老师是没有亲眼看过《萧邑郁氏宗谱》的缘故（其文章引用的家谱内容，多转引自蒋毅、陈亚兰《郁达夫祖籍考》文章引用的家谱内容），事实上该谱对大祥、大镛、大鹏都有记载，详细与否，取决于富阳郁氏提供资料的丰缺，不是萧山郁氏有意为之。蒋毅、陈亚兰在《重申郁达夫祖籍——与蒋增福先生商榷》中指出蒋增福的某些结论实属荒唐，是有一定道理的。

五、余论：重新考量家谱对地方志的贡献

笔者通过民国《萧邑郁氏宗谱》探悉，富阳郁氏第一世与萧山郁氏第一世为同父昆弟，第二世自余杭分迁至萧山郁家山下，第四世自余杭分迁至富阳城内满家弄，至第十九世郁达夫这一代之前，富阳郁氏没有发迹兴盛过，数百年没有出过举人、进士、九品以上官员，郁氏读书、经商、行医、农作兼而有之，均为维持生计，人口不多，杂居在富阳城内，加上太平天国期间四散逃迁，其家族在富阳未聚成名门望族。自郁达夫三兄弟开始兴旺起来。达夫早年留学日本，与郭沫若、成仿吾等发起成立创造社，回国后主编《创造季刊》《洪水》等文学刊物，1930 年参加中国左翼作家联盟，1933 年加入宋庆龄、蔡元培主持的中国民权保障同盟，抗日战争时期在新加坡主编《星洲日报》文艺副刊，从事抗日救亡宣传工作，1945 年 9 月被杀害于苏门答腊，后被追认为革命烈士。一生写诗作词 600 余首，有《达夫诗词集》《达夫散文集》《达夫日记集》《郁达夫全集》等行世。长兄郁曼陀是日本留学生，享有举人衔，七品小京官，1939 年被日伪特务暗杀时，为上海江苏高等法院第二分院刑庭庭长，后被追认为革命烈士。二哥郁养吾医校毕业，行医有德，1971

① 蒋增福：《郁达夫家族女性·郁达夫祖籍新说》，花城出版社 2004 年版，第 335 页。

年卒。郁达夫先后有 3 位夫人，共生有 11 个子女。

对于郁达夫的祖籍问题，笔者认为，祖籍即原籍，为祖先居住占籍的地方，籍贯为祖辈居住或个人出生的地方，而郁达夫的祖先居住占籍地为富阳，个人出生地也是富阳，故郁达夫的祖籍、籍贯都是富阳。

萧山地方志书的有关记载包括：

1987 年版《萧山县志》（浙江人民出版社）之“姓氏”章，写有 15 个大姓来历，没有涉及郁氏。估计还不知晓《萧邑郁氏宗谱》的缘故。

1995 年版《萧山姓氏志》（内部印行），写有 94 个聚居大姓的衍变历史和少数民族、“外来女”的姓氏，涉及郁氏源流及其历史名人，称“现代著名作家郁达夫和萧山郁家山下郁氏同属一脉”。①这没有错。富阳郁氏与萧山郁氏，同宗共祖，一脉相承。

2013 年版《萧山市志》（浙江人民出版社）“宗谱”节，写有 113 个大姓及其分支源流，对郁家山下郁氏，称“元朝时，郁绵曾孙郁明笙……是郁氏迁萧山的始祖。至明朝，郁明笙之孙郁义安‘迁富邑（今富阳市）城内满家弄’，开基发族。民国 36 年（1947）第 4 次修谱时，两地郁氏子孙都已延至第 19 世。郁达夫为富阳郁氏第 19 世”。②

这里有 2 处错误：“民国 36 年（1947）第 4 次修谱”，应为“民国 36 年（1947）第 5 次修谱”；“郁明笙之孙郁义安迁富邑（今富阳市）城内满家弄”，应为“郁继善之孙郁义安迁富邑（今富阳市）城内满家弄”，或“郁文遨之曾孙郁义安迁富邑（今富阳市）城内满家弄”。根据家谱记载，郁义安不是郁明笙之孙，而是族孙，郁义安的曾祖父与郁明笙的父亲是亲兄弟。

家谱是记载一个血缘家族的世系与事迹为主要内容的历史文献，内容涉及姓氏源流、人口繁衍、人口分布、人口迁移、家庭、婚姻、生育、职业、教育、文庙、宗祠、家风家训、宗规宗约、人物像赞、科举名录、乡贤传记、名人年谱、田产、房契、买卖文书、义学、祭祀、节孝、墓葬、墓志铭、诰敕、诗词歌赋、碑刻、文物古迹、兵事、灾异等，仅入谱的个人信息（齿录），包括谱名、字号、生卒年月日时辰、葬地、方位、职官、功名、配氏、子女等，其资料之详细，是其他历史文献少有的。家谱蕴藏着丰富的微观资料，可补正史缺载和方志粗疏之缺陷，是与正史、方志并称为中国史学的三大支柱。

① 萧山市地方志编纂委员会办公室编：《萧山姓氏志》，浙江，1995 年，第 761 页。
② 杭州市萧山区地方志编纂委员会办公室编著：《萧山市志》，浙江人民出版社 2013 年版，第 2127 页。

家谱对方志的贡献重大，尤其对姓氏志、人口志、人物志、艺文志、文物志、教育志、文化志（文献志）、社会志、军事志、地理志等，储备了非常丰富的第一手资料，是方志真正成为一方之志的重要取材。家谱对方志的补史、详史、考史、证史作用，是显而易见的。仅从《萧邑郁氏宗谱》载录的郁达夫所在富阳郁氏的资料信息，就可以考证郁达夫的祖籍家世，探明富阳郁氏的源流与发展，并纠正一些错误的说辞，为志书内容补遗与勘误等，家谱的史料价值与开发利用价值，可见一斑。

书评

《诸蕃志》：中西文化交流与海上丝绸之路的志书[①]

提　要：《诸蕃志》是我国首部系统记述海上丝绸之路的古志，它翔实记载了当时所知海外国家和地区的地理、交通、物产、风俗、国际贸易等，是宋人了解海外夷情与从事海外贸易的重要参考，是今人研究古代中外关系与海上丝绸之路的重要文献。《诸蕃志》的译注是一项跨国工程，1911 年德国汉学家夏德和美国汉学家柔克义合译成英文本，在西方反响热烈，经数代中国学人的引介，译注最终回归中国，先后有冯承钧《诸蕃志校注》、韩振华《诸蕃志注补》、杨博文《诸蕃志校释》出版，充分反映了中西文化交流与志书的顽强生命力。

关键词：《诸蕃志》；文化交流；海上丝绸之路

《诸蕃志》，南宋赵汝适（1170—1231）撰写，成书于宝庆元年（1225），分上下两卷，所记海外夷情与海外交通贸易，比欧洲《马可·波罗游记》早 70 多年，比元代汪大渊《岛夷志略》早 120 多年。长期以来，学界对《诸蕃志》的探究，时断时续，未形成显学，[②]从地方志书角度解读的，更是少之又少，笔者试图就此述评之。

一、《诸蕃志》记述内容简介

南宋《诸蕃志》，原书久已佚亡，今本从《永乐大典》中辑出，旧刻本有清代的《函海》《学津讨原》2 种。

① 本文原载于《中国地方志》2017 年第 5 期，发表时有删节。

② “对于赵汝适以及《诸蕃志》的研究，长期以来一直处于断断续续的状态，并未成为显学。大多数作者侧重于对《诸蕃志》的作用和意义的阐释，由人及书或反之由书及人，但一致认为《诸蕃志》有很强的外贸实用性，堪称是我国古代第一部外贸专业用的地理著作。” 参见苏铁《〈诸蕃志〉成书新考》，《海关与经贸研究》2016 年第 1 期。

《诸蕃志》是我国历史上首部翔实记载海外夷情和海外交通贸易的古志。

在此之前，较多记载海外夷情的古籍有东晋法显《佛国记》、唐代玄奘《大唐西域记》、唐代杜环《经行记》、南宋周去非《岭外代答》等，正史中的外国部分和各朝会要中的一些章节也有海外夷情的内容。但是，法显、玄奘旨在求佛传教，故《佛国记》《大唐西域记》对海外世界的记载属著述中的次要见闻。杜环因被俘而游历西亚、北非，成为第一个到过非洲并有著作的中国人，惜《经行记》早已失传，唯唐代的杜佑《通典》引用此书，有 1500 余字保留至今。周去非的《岭外代答》成书于南宋淳熙五年（1178），记述了宋代广西的地理、人文、风土人情、物产等内容，也记述了一些海外国家和地区的情况，[①]但它不是一部纯粹的异域志书。

《诸蕃志》主要以海外国家和地区为记述对象，对中国国内的记述很少（除流求外），而是详细记载各国的地理、交通、物产、风俗、国际贸易等，基本反映了宋代海上丝绸之路的盛况，是一部纯粹的异域志书。

全志前有自序，后有附录，分上下两卷。

上卷《志国》，设 46 个目，分别介绍 57 个海外国家和地区的地理、交通、物产、风俗、国际贸易等。这些国家和地区分别是：交趾国、占城国、宾瞳龙国、真腊国、登流眉国、蒲甘国、三佛齐国、单马令国、凌牙斯加国、佛啰安国、新拖国、监篦国、蓝无里国、细兰国、阇婆国、苏吉丹、南毗国、故临国、胡茶辣国、麻啰华国、注辇国、鹏茄啰国、南尼华啰国、大秦国、天竺国、大食国、麻嘉国、层拔国、弼琶啰国、勿拔国、中理国、瓮蛮国、记施国、白达国、弼斯啰国、吉慈尼国、勿厮离国、芦眉国、木兰皮国、勿斯里国、遏根陀国、海上杂国（晏陀蛮国、昆仑曾期国、沙华公国、女人国、波斯国、茶弼沙国、斯加里野国、默伽猎国）、渤泥国、麻逸国、三屿、蒲哩噜、流求国、毗舍耶、新罗国、倭国。

下卷《志物》，设 48 个目，分别介绍从各国贸易至中国泉州的大宗商品多达 47 种，附记海南岛之地理与物货，即脑子、乳香、没药、血碣、金颜香、笃耨香、苏合香油 、安息香、栀子花、蔷薇水、沉香、笺香、速暂香、黄熟香、生香、檀香、丁香、肉豆蔻、降真香、麝香木、波罗蜜、槟榔、椰子、没石子、吉贝、乌樠木、苏木、吉贝、椰心簟、木香、白豆蔻、胡椒、荜澄

① 《岭外代答》设 20 门：地理门、边帅门、外国门、兵民门、风土门、法制门、财计门、器用门、服用门、食用门、香门、乐器门、宝货门、金石门、花木门、禽兽门、虫鱼门、古迹门、蛮俗门、志异门。

茄、阿魏、芦荟、珊瑚树、琉璃、猫儿睛、珠子、砗磲、象牙、犀角、腽肭脐、翠毛、鹦鹉、龙涎、玳瑁、黄蜡、海南（琼州、昌化、吉阳军、万安军、黎、物货）。

《诸蕃志》记述海上丝绸之路沿线国家和地区数量之多，是前所未有的，是南宋《岭外代答》所记海外诸国的近3倍。除专门介绍的57个国家以外，志中提到的国家更多，东至今天的菲律宾、日本，南达印度尼西亚各群岛，西至非洲及意大利的西西里岛，北达中亚及小亚细亚，地域之广，为当时之罕见。专记物产种类之多，叙述之详细，也是当时之未有。因《岭外代答》成书早于《诸蕃志》，赵汝适撰写《诸蕃志》在一定程度上借鉴和借用了《岭外代答》尤其是其外国门的体例以及一些内容，可以说《岭外代答》对赵汝适写《诸蕃志》有重要影响，《诸蕃志》对元代汪大渊写《岛夷志略》又有重要影响。

二、《诸蕃志》著者生平及成书背景

志书是官修史书，具有实用性、权威性、资料性、系统性、真实性等特点，赵汝适的《诸蕃志》也不例外。

赵汝适是何人，当时什么身份，为什么要写《诸蕃志》？

20世纪80年代以前，中外学者对赵汝适的生平了解甚少。清代《四库全书总目提要》记载："《诸蕃志》，宋赵汝适撰。汝适始末无考。"只知道他是赵宋宗室之后。1986年版《中国地方志词典·著名方志》亦载："《诸蕃志》，南宋赵汝适撰。作者始末无考。"[①]直至赵汝适的墓碑在浙江临海被发现，赵汝适的身世细节才较为详细地呈现于世人眼前。

赵汝适，字伯可，是宋太宗八世孙，银青光禄大夫（潮州通判）赵不柔之孙，朝请大夫赵善待（岳州知州，赠少保）之子，出生于台州天台县（今浙江临海市）。南宋绍熙元年（1190），赵汝适在20岁时以父荫补将仕郎，从此开始了他长达40余年的宦海生涯。绍熙二年，任临安府余杭县主簿。庆元三年（1197）中进士及第，授修职郎。后历任潭州湘潭县丞、绍兴府观察判官、婺州武义知县、临安府通判、南剑州知州。

南宋嘉定十七年（1224）九月，赵汝适以朝散大夫赴任泉州市舶司提举。

① 黄苇主编：《中国地方志词典·著名方志》，黄山书社1986年版，第51页。

宝庆元年（1225）七月兼权泉州，同年十一月兼知南外宗正事。宝庆三年，知饶州。绍定四年（1231），转朝议大夫，三月召回杭州任吏部官告院主管，九月病逝。

赵汝适就是在担任泉州市舶提举的一年多时间里写成了著名的《诸蕃志》。

市舶司是宋代专门管理海外贸易的机构，市舶提举是市舶司的最高长官。南宋绍兴八年（1138），朝廷因为北方战乱而迁都临安（今杭州），北方传统的陆上丝绸之路已不再畅通，取而代之的是海上丝绸之路，相对稳定的三大市舶司有：广州、泉州、明州（今宁波）三大海港，它们在国家财政、对外交往上占有十分重要的地位，其最高长官市舶提举当然也就举足轻重了。

南宋末年始，泉州市舶的贸易规模和影响超过了广州，成为与埃及亚历山大齐名的世界第一大港。一方面，泉州于北宋元祐二年（1087）开港以后，北上可以经过杭州、明州而通至朝鲜、日本，为广州港所不及，另一方面，南宋迁都临安后，杭州成为全国最大的消费城市，消费品由泉州源源不断北运，也为广州所不及，因此泉州的区位优越于广州，发展迅速。南宋吴自牧《梦粱录·江海船舰》记载了都城临安（杭州）的商船对外贸易要通过泉州出洋，泉州是海上丝绸之路的重要支点城市："浙江乃通江渡海之津道，且如海商之舰，大小不等，大者五千料，可载五六百人……若欲船泛外国买卖，则是泉州便可出洋。""若有出洋，即从泉州港口至岱屿门，便可放洋过海，泛往外国也。"[①]《马可·波罗行记》亦盛赞泉州的贸易繁荣："印度一切船舶运载香料及其他一切贵重货物咸莅此港，是亦为一切蛮子商人常至之港，由是商货宝石珍珠输入之多竟至不可思议，然后由此港转贩蛮子境内。我敢说亚历山大或他港运载胡椒一船赴诸基督教国，乃至此剌桐港者，则有船舶百余，所以大汗在此港征收税课，为额极巨。"[②]这说明泉州不仅是中国第一大港，还是世界头等海港之一。这是赵汝适撰写《诸蕃志》的社会背景。

赵汝适利用担任泉州市舶提举职务之便，创修了我国首部翔实记载海外情况与海外交通贸易的志书——《诸蕃志》。其目的有二。

一是资政，为朝廷管理海外贸易提供参考。当时朝廷十分重视市舶司，《宋会要辑稿·职官》记载了南宋皇帝赵构对市舶司的认识："市舶之利最厚，

① 〔宋〕吴自牧：《梦粱录》，三秦出版社 2004 年版，第 184~185 页。
② ［法］沙海昂注：《马可·波罗行纪》，冯承钧译，商务印书馆 2012 年版，第 341 页。

若措置得当，所得动以百万计，岂不胜取之于民？朕所以留意于此，庶几可以少宽民力。”“市舶之利，颇助国用，宜循旧法，以招徕远人，阜通货贿。”史载南宋建炎二年（1129）至绍兴四年（1134），泉州市舶的税收达98万缗。绍兴三十二年（1162），泉州、广州两个市舶的岁入达200万缗，超过北宋最高额的两倍多。一段时期南宋财政收入中的百分之二十来自海舶，可见海舶对于国家财政的重要。赵汝适撰写《诸蕃志》，无疑对朝廷进一步了解港情与海外域情以及富国富民有重要参考价值。资政服务，是古今志书的功用之一。

二是实用，为商人从事海外贸易提供资料，为有识之士了解中外域情提供读本。在此之前，中国还没有一本详细介绍海外域情的志书，赵汝适写《诸蕃志》，无疑是补史之缺，详史之略。他在自序中云：“汝适被命此来，暇日阅诸蕃图，有所谓石床、长沙之险，交洋、竺屿之限，问其志则无有焉。”“山海有经，博物有志，一物不知，君之所耻，是志之作，良有以夫。”[①]在这种强烈的担当思想的支配下，他敏捷而有激情地撰写《诸蕃志》，用一年左右的时间就完成了志稿编写。

为确保著述的可靠真实性，赵汝适经常下到基层采访调研，或询问来华商贩、水手，或深入外商聚集的居住区，宋朝称之为“蕃坊”“蕃巷”“蕃人巷”的地方，打探蕃情，收集资料。自序云：“乃询诸贾胡，俾列其国名，道其风土，与夫道里之联属，山泽之蓄产，译以华言，删其秽渫，存其事实，名曰《诸蕃志》。”[②]可见，在写志过程中，他是下了一番集思广益、去芜存菁、去伪存真的功夫的。

《诸蕃志》内容丰富，海外各国域情尽在其中，正如其自序云：“海外环水而国者以万数，南金象犀珠香玳瑁珍异之产，市于中国者，大略见于此矣。”[③]该书一成，即成为中外海商、朝廷上下的参考资料书。《四库全书总目提要》赞誉其著：“所言皆海国之事。《宋史·外国列传》实引用之。核其叙次事类，岁月皆合。”“是书所记，皆得诸见闻，亲为询访。宜其叙述详核，为史家之所依据矣。”可见，《诸蕃志》的价值不可小觑。

① 〔宋〕赵汝适：《诸蕃志校释·赵汝适序》，杨博文校释，中华书局2008年版，第1页。
② 〔宋〕赵汝适：《诸蕃志校释·赵汝适序》，杨博文校释，中华书局2008年版，第1页。
③ 〔宋〕赵汝适：《诸蕃志校释·赵汝适序》，杨博文校释，中华书局2008年版，第1页。

三、译注的问世、价值及反响

19 世纪末,《诸蕃志》受到西方学者的关注，先后有两位大汉学家对该著进行了译注。

一位是德国汉学家夏德（Friedrich Hirth，1845—1927）。夏德通晓德、英、法、汉、希腊、拉丁、突厥等多种文字，对中国古代史、中西交通史、匈奴史、中国绘画工艺史乃至汉语书面语都有深入研究，著有《中国和罗马人的东方》《中国古代的海上交通》《中国艺术中的外来影响》《中国的语言文字》《中国古代史》等有关中国的著作 20 多部。1902 年受聘美国哥伦比亚大学首个丁龙汉学讲座教授，并在此校任教 15 年，被誉为影响美国汉学界三位最重要的德国人之一。

另一位是美国汉学家柔克义（William Woodville Rockhill，1854—1914）。柔克义精通英、法、汉、梵、藏文，著有《喇嘛的地域》《1891—1892 年穿越蒙藏旅行日记》《西藏民族笔记》《14 世纪中国与南洋群岛及印度洋沿岸诸港往来贸易考》等著作，曾获得英国皇家地理学会金质奖章，被誉为“学者型外交家”。

1885—1898 年，夏德翻译完毕《诸蕃志》，并在其他诸多著述中发表、运用了《诸蕃志》中的条目内容。1902 年由德赴美讲学后，在柔克义的协助下，综合前人相关成果，对译注进行润色、修订、扩充。

1911 年 9 月，夏德、柔克义合注的英译本由俄国圣彼得堡皇家科学院印刷所完整刊行，译注的英文标题为 *ChauJu - kua: His Work on the Chinese and Arab Trade in the Twelfth and Thirteenth Centuries, Entitled Chu - fan - chi*（《赵汝适：他关于十二和十三世纪中国和阿拉伯贸易的著作，名为〈诸蕃志〉》）。因其译注以清代李调元《函海》本为底本，内无赵汝适的自序。

为弥补这一缺憾，柔克义于 1914 年从清代缪荃孙《艺风藏书记》中辑出赵汝适序，并附英文编后记，于 5 月由东京国民新闻出版社发行原著之中文全本。

译注除目录外，内有译注者序、导论、李调元序、赵汝适序、正文，附总索引、专有名词索引、勘误表及一张大地图。

在译序中，夏德、柔克义盛赞赵汝适理属于最杰出创作者的行列，《诸蕃志》是记述其时代民族和贸易志的极富价值的史料。

在长达 39 页的导论中，两位汉学家先征引西方著作说明古希腊、罗马时代的欧洲对东方尤其中国的认知。接着在引述中国古籍及参考西方学者研究成果的基础上，详尽研讨了《诸蕃志》诞生前中国和南亚、阿拉伯世界乃至欧洲的交往历程，其中不乏对相关地名的考证。而后他们聚焦赵汝适及原著本身，认为泉州提举市舶司之职，为他通过海商搜罗传闻、资料，继而编纂《诸蕃志》提供了便利条件。认为此书包含宋代海上贸易的众多史实，极具价值，并解析了《诸蕃志》与《通典》《岭外代答》《酉阳杂俎》等书的关系，探讨了《诸蕃志》版本的源流，赞誉原著实乃有关当时中国与阿拉伯航海贸易线上国家和部族情况最富价值的史料来源。毋庸置疑，这一长篇导论，显示出夏德、柔克义对包括《诸蕃志》在内的中国古籍及中外关系史相关问题研究之深广。

在正文中，两位汉学家旁征博引中西各类文献，尤其是西方汉学成果，对《诸蕃志》各条目加以细致翻译、注释，所引中西文献皆标明卷数、页码，极具史学功力和史学价值，也显示出西方汉学家的研究水平和高度，尤其注释中所提诸多著述，给研究者提供了按图索骥的便利，功莫大焉。

据统计，译注中（含导言），夏德、柔克义共征引西文文献 263 种、中文文献 57 种（导言部分征引西文文献 80 种、中文文献 31 种），几乎汇聚了当时可见且令人信服的权威西文史料及研究成果，中文方面所引亦皆有据。

这部集翻译与研究于一体的著作出版后，引起西方学界的注意，前后有近 10 篇书评（含介绍）产生：当时执欧美汉学牛耳的法国巴黎学派，1912 年 6 月由被称为“学术警察”的伯希和在《通报》上发表长篇评论。之后，英国学界不甘示弱，皇家亚洲学会于 1912 年 10 月、1913 年 1 月，皇家地理学会于 1913 年 4 月分别在下属会刊上加以点评。美国《纽约时报》于 1912 年 12 月 29 日用近一版的篇幅来介绍，地理学会、科学促进会则于 1913 年 4 月、11 月各自在旗下期刊上发文回应。主要由在华英美专业人士投稿的皇家亚洲文会北华支会也在 1914 年 6 月刊发书评。从巴黎到伦敦，从美国到中国，从西方到东方，评析不断，可见译本反响之热烈。

评论中，赞扬与批评相随，也指出若干可商榷之处，颇多真知灼见：英人金璋分析说，导言条分缕析、技艺精湛，原著的价值因两位编译者的大量专业、学术性的注释而大为扩展。英人布莱格登认为，导言和注释蕴含了许多有趣和充满价值的信息，但某些考证有待商榷。英人庄延龄认为，夏德、柔克义为中西交通史研究完成了一件相当出色的先驱性工作。美国学者威廉·丘吉尔称赞英译本是华丽展现地理史的杰作，希望美国学界多出版类似著作。而在福开森看来，只有学识广博的夏德、柔克义，才能开启原著这一知识宝藏的大门，译本注释丰富，极有价值，实乃两位译者对地理学和地名考证的出色贡献。身为矿物学家的乔治·孔兹盛赞译本所展现的中世纪中国海外贸易，是一幅趣味无穷、引人入胜的历史图景。

《纽约时报》1912 年 12 月 29 日（周末版）用近一版篇幅（附译注之地图），刊发了面向普通大众的推介性长文——《中国古籍讲述 800 年前之世界》，可看出此书在专业圈外之不同凡响。文章除介绍赵汝适和引用译注导言外，分十部分，引夏德、柔克义译文依次叙述不喜游历之中国人、指南针、出海大舶、中国之最近邻国、女人国、某些丧葬习俗、当时之日本、西班牙趣事、菲律宾和贸易名品等，语言轻松明快，娓娓道来，显然作者对夏德、柔克义沟通中西的学术垦荒极为敬服。

在所有书评里，法国汉学家伯希和发表的《诸蕃志译注正误》一文，评析最为细致、深刻。在伯希和看来，两位具备“特别知识”的“东方学家的名宿”，综合既有成果，译注全书，成此“供诸汉学家印度学家闪学家将来研究之根据”并“乐于参考之良书”，学人“得明其意”，书中的专有名词“大致皆得其解”，嘉惠学界，功劳甚大。他引缪荃孙《艺风藏书记》所录赵汝适原序说明原著成书于 1225 年，指出夏德、柔克义未参考汪大渊所著《岛夷志略》，是一个很大的缺失，并逐页对译注提出商榷、辩难，达数十条。不过他在文末也坦言，其评论并非欲埋没夏德、柔克义的功绩，而是肯定译注“是一种重大工作，任何东方学家皆当利用”，同时赞誉此书是当年最有价值的三四种出版物之一。[①]

四、中国学人的引介与译注回归中国

1911 年译注英文本和 1914 年译注中文本出版之后，在西方反响热烈，对中国学人是一个刺激。在之后长达近 90 年的时间里，中国学人罗振玉、叶华芬、张星烺、冯承钧、李长傅、温雄飞、方豪、韩振华、杨博文等，前赴后继地进行了引介，并为译注回归中国故土作出不懈努力。其中冯承钧的《诸蕃志校注》（商务印书馆 1940 年版、中华书局 1956 年版）、韩振华的《诸蕃

① 王杨红：《〈诸蕃志〉译注及其近代“回归”中国故土》，《史林》2015 年第 6 期。

志注补》（香港大学亚洲研究中心 2000 年版）、杨博文的《诸蕃志校释》（中华书局 2000 年第一版，2008 年第二次印刷），是这一项跨国工程、回归之途结出的丰硕成果。

冯承钧（1887—1946），曾留学比利时、法国，结识了当时西欧的硕学鸿儒如沙畹、伯希和等，互为师友，砥砺学问。回国后，曾任北京大学历史系教授、北京师范大学历史系教授。他精通法、英、德、希腊、拉丁、梵文等文字，译著（注）专书论文达 170 余种约 500 万字。1937 年在校注《诸蕃志》时写序介绍其对译注的注补以及校勘情况：译注“博采西方撰述，注释颇为丰赡，然亦不乏讹误，今采其精华，正其讹误，补其阙佚，凡标明译注者，或是全录其文，或是节取其说，间有其说创自译注，而在本书中变更抑或补充者，则不标译注二字，非敢掠美，恐有讹误，不愿他人负己责也，计所采译注之文十之五六，馀则采近二十余年诸家考证之成绩，间亦自出新说者，然无多也”。[①]所谓“近二十余年诸家考证之成绩”，主要是指法国汉学家伯希和对南海史地的研究。

韩振华（1921—1993），毕业于福建协和大学、中山大学，后为厦门大学教授。20 世纪 50 年代中期开始对译注进行翻译、注补，1961 年完成《诸蕃志注补》，旋即不断修订，持续 30 余年。病逝后，其妻与子及门生于 1999—2003 年整理出版了《韩振华选集》共五卷，《诸蕃志注补》为其中第二卷。据统计，该注补共参考中文文献 124 种、外文文献 48 种，后者比夏德、柔克义译注少，但前者已大为拓展，且充分借鉴了近代中日学人的成果，其价值“与夏、柔译注‘几乎同等分量’”。

20 世纪 80 年代，中西交通史专家杨博文在冯承钧《诸蕃志校注》的基础上，先后两次校释，出版了《诸蕃志校释》一书，并且在书中说明：“这次校释，仍以《函海》本为底本，校释主要参订冯氏校注本，并补充冯氏在‘海南’部分遗漏之校释，又参考中外专家有关考证论文及著作，间亦抒己见。”[②]此著与《岭外代答校注》《岛夷志略校释》等列入中华书局《中外交通史籍丛刊》重印出版。

至此，数代先贤经历近 90 年的引介与推进，《诸蕃志》译注及其研究在回归中国故土的路上，有了完美的结局。

---

① 〔宋〕赵汝适：《诸蕃志校释·冯承钧序》，杨博文校释，中华书局 2008 年版，第 3 页。
② 〔宋〕赵汝适：《诸蕃志校释·前言》，杨博文校释，中华书局 2008 年版，第 7 页。

五、《诸蕃志》独特的史料价值

该志成书至今，已有790多年，其史料价值与现实意义，在“一带一路”视野下更加凸显。

古代记载两宋海上丝绸之路的史籍，主要有三种：一是《宋史·外国》《宋会要辑稿·蕃夷》，记载来华朝贡国家20多个，其中重点介绍10多个国家，侧重从宋朝与各国的政治关系来记述，如宋朝对各国国王、贡使的册封，各国对宋朝的朝贡、臣服以及战争等。二是《岭外代答·外国门》，设24个目（安南国、海外黎蛮、海外诸蕃国、占城国、真腊国、蒲甘国、三佛齐国、阇婆国、故临国、注辇国、大秦国、大食诸国、木兰皮国、西天诸国、西天南尼华啰国、东南海上诸杂国、昆仑层期国、波斯国、蜑蛮、三佛驮、瑶人、西南夷、通道外夷、航海外夷），分别介绍20多个海外国家和地区的地理、交通、物产、风俗、贸易等。三是《诸蕃志》，设94个目（上卷46个目、下卷48个目），分别介绍57个海外国家和地区的地理、交通、物产、风俗、贸易等，所记海外国家数量最多，叙述内容之详细，是当时所未有的。

（一）记述了海上丝绸之路各国的地理位置、航道

该志以泉州为中心，由近至远，不仅记述各国的地理方位、自然环境，还描述了从中国泉州到达各国的具体航道以及日程，为四夷来华朝贡以及商人从事海上贸易提供了参考。

例如，“阇婆国”条目记载：“阇婆国又名莆家龙，于泉州为丙巳方，率以冬月发船，盖藉北风之便，顺风昼夜月余可到。东至海，水势渐低，女人国在焉。愈东则尾闾之所泄，非复人世，泛海半月至昆仑国。南至海三日程，泛海五日至大食国。西至海四十五日程。北至海四日程。西北泛海十五日至渤泥国。又十日至三佛齐国，又七日至古逻国，又七日至柴历亭，抵交趾，达广州。”[①]这不仅指出了阇婆国的方位，还详细地介绍了从中国泉州冬月发船顺风至阇婆国的日程，又从阇婆国东至女人国、昆仑国、南至大食国、西北至渤泥国、三佛齐国、古逻国、交趾国抵达广州的日程等，反映了阇婆国在宋代海上丝绸之路中的重要支点地位。

又如，“大食国”条目记载：“大食在泉之西北，去泉州最远。番舶艰于直达，自泉发船四十余日，至蓝里博易住冬，次年再发，顺风六十余日方至

① 〔宋〕赵汝适：《诸蕃志校释》，杨博文校释，中华书局2008年版，第54页。

其国。本国所产，多运载与三佛齐贸易，贾转贩以至中国。其国雄壮，其地广袤。民俗侈丽，甲于诸番。天气多寒，雪厚二三尺，故贵毡毯……国有大港，深二十余丈，东南濒海，支流达于诸路。港之两岸皆民居，日为墟市，舟车辐凑。”[①]这不仅指出了大食国的路途遥远、天气寒冷，还介绍了该国有大海港，国际交通贸易的中转站，这为官商从事海外贸易以及交流提供了必要的信息以及注意事项，还反映了大食国在宋代海上丝绸之路上的重要支点地位。

再如，“三佛齐国”条目记载：“三佛齐，间于真腊、阇婆之间，管州十有五，在泉之正南。冬月顺风月余方至凌牙门……其国在海中，扼诸番舟车往来之咽喉……若商舶过不入，即出船合战，期以必死。故国之舟辐辏焉。”[②]这不仅指出了三佛齐国的地理方位、航海时间，还指出了该国扼南海航线（马六甲海峡）之咽喉，为太平洋与印度洋之交通要冲,是中国与东南亚、阿拉伯贸易往来的必经之道，故该国十分强势，对过而不入的商船打击之，以致万商云集，舟舶辐辏。

下卷的“脑子”条目佐证了三佛齐国据交通之要道拦截他国之物并萃于本国之事实：“脑子，出渤泥国，一作佛泥，又出宾窣国，世谓三佛齐亦有之，非也。但其国据诸蕃来往之要津，遂截断诸国之物，聚于其国，以俟蕃舶贸易耳。”[③]这两条内容凸现了三佛齐国在海上丝绸之路上的重要位置，同时告诉人们三佛齐是南海诸国中之最大国、最富有之国、贸易强国，不可小觑。

志中“流求国”条目记载了宋时台湾（流求）的方位、航海日程与风土民俗，并在“毗舍耶”条目中印证了当时台湾尚属于未开发之蛮荒海岛：“泉有海岛曰澎湖，隶晋江县，与其国密迩，烟火相望，时至寇掠，其来不测，多罹生啖之害，居民苦之。”[④]这些记载有着重要的史料价值与现实意义，它表明宋时台湾地区在行政上已隶属中国泉州管辖，台湾是中国不可分割的一部分。

（二）记述了海上丝绸之路各国的风土民情

该志记载海外国情、风土民情，对当时舶商、蕃商了解当地实情，入乡随俗，开展海外贸易，是十分有利的，也是很实用的。

例如，“交阯国”条目记载：“王系唐姓。服色饮食略与中国同，但男女

---

① 〔宋〕赵汝适：《诸蕃志校释》，杨博文校释，中华书局 2008 年版，第 89~90 页。

② 〔宋〕赵汝适：《诸蕃志校释》，杨博文校释，中华书局 2008 年版，第 36 页。

③ 〔宋〕赵汝适：《诸蕃志校释》，杨博文校释，中华书局 2008 年版，第 161 页。

④ 〔宋〕赵汝适：《诸蕃志校释》，杨博文校释，中华书局 2008 年版，第 149 页。

皆跣足差异耳。每岁正月四日，椎牛飨其属。以七月十五日为大节，家相问遗，官寮以生口献其酋。十六日开宴酬之。岁时供佛，不祭先。病不服药，夜不燃灯。乐以蚺蛇皮为前列。不能造纸笔，求之省地。土产沉香、蓬莱香、生金、银、铁、朱砂、珠、贝、犀、象、翠羽、车渠、盐、漆、木棉、吉贝之属。岁有进贡。其国不通商。”[①]这不仅提供了其国王姓氏、民俗、节庆、土产等内容，便于大家交流，还指明该国不能制造纸笔，且香料甚多，又不通商等，这就提醒了外商可到该国用纸笔交易土产香料等从中获利。

又如，“真腊国”条目记载：“其王妆束大概与占城同，出入仪从则过之，间乘辇，驾以两马，或用牛。其县镇亦与占城无异。官民悉编竹覆茅为屋，惟国王镌石为室……奉佛谨严，日用番女三百余人舞献佛饭，谓之阿南，即妓弟也。其俗淫，奸则不问，犯盗则有斩手、断足、烧火、印胸之刑。其僧道咒法灵甚。僧衣黄者有室家，衣红者寺居，戒律精严。道士以木叶为衣，有神曰婆多利，祠祭甚谨。以右手为净，左手为秽。取杂肉羹与饭相和，用右手掬而食之。厥土沃壤，田无畛域，视力所及而耕种之。米谷廉平，每两乌铅可博米二斗。土产象牙、暂速细香、粗熟香、黄蜡、翠毛、笃耨脑、笃耨瓢、番油、姜皮、金颜香、苏木、生丝、绵布等物。番商兴贩，用金银、瓷器、假锦、凉伞、皮鼓、酒、糖、醯醢之属博易。”[②]这里详细地介绍了真腊国与占城国在民俗、司法、土产等方面的异同，如占城国凡男女犯奸皆杀，真腊国则奸则不问，犯盗则施以斩手、断足、烧火、印胸之刑，信奉佛教、道教，番商兴贩等，指出了真腊国的博易特点，还指出该国的富有物产资源，便于海商从事进出口贸易。

有的还揭示了哪些国家环境恶劣，不适合进行商业贸易。

例如，“晏陀蛮国”条目记载：“海中有一大屿，内有两山，一大一小。其小山全无人烟，其大山周围七十里，山中之人，身如黑漆，能生食人，船人不敢舣岸。山内无寸铁，皆以砗磲、蚌壳磨铦为刃。上有圣迹浑金床，承一死人，经代不朽，常有巨蛇卫护，蛇身毛长二尺，人不敢近……南毗王遂兴兵谋奄有其山，船未至间，遭恶风飘回，船人漂至山，尽为山蛮所食，盖此山有金床异人，密有神护，不令人近也。”[③]这里说明晏陀蛮国神秘莫测，其人野蛮，能生吃人，还有巨蛇与恶风时常出没，不适合进行商业贸易。

---

① 〔宋〕赵汝适：《诸蕃志校释》，杨博文校释，中华书局 2008 年版，第 1 页。

② 〔宋〕赵汝适：《诸蕃志校释》，杨博文校释，中华书局 2008 年版，第 18~19 页。

③ 〔宋〕赵汝适：《诸蕃志校释》，杨博文校释，中华书局 2008 年版，第 125 页

（三）记述了海上丝绸之路的大宗商品以及国际贸易

该志不仅在上卷《志国》中列出了各国的物产与资源，还在下卷《志物》中分别介绍了从各国贸易至中国泉州的大宗商品近50种，各种商品的产地、性状、制作、用途以及国际贸易与运输，也有翔实反映。

香料是两宋海上丝绸之路的大宗商品，《诸蕃志》专门介绍的就有脑子、乳香、没药、血碣、笃耨香、苏合香油、安息香、生香、笺香、速暂香、黄熟香、龙涎香、沉香、檀香、降真香、丁香、肉豆蔻、蔷薇水等香料，出口香料到宋朝的国家有大食、天竺、渤泥、交趾、占城、真腊、三佛齐、阇婆等，有的上下卷内容有照应。

例如，上卷“大食国”条目云：“土地所出，真珠、象牙、犀角、乳香、龙涎、木香、丁香、肉豆蔻、安息香、芦荟、没药、血碣、阿魏、膃肭脐、鹏砂、琉璃、玻瓈、砗磲、珊瑚树、猫儿睛、栀子花、蔷薇水、没石子、黄蜡、织金软锦、駞毛布、兜罗绵、异缎等。”[①]这30多种大食国土产品在下卷的物产介绍中，大多有写到大食国是出产国。另外，上卷没有写到大食国土产苏合香油，下卷“苏合香油”条目却有记载：“苏合香油，出大食国，气味大抵类笃耨，以浓而无滓为上，番人多用以涂身。闽人患大风者亦仿之。可合软香，及入医用。”[②]这就补充说明了大食国出产苏合香油，且用途广泛。

又如，下卷“乳香”条目云：“乳香一名熏陆香，出大食之麻啰拔、施曷、奴发三国深山穷谷中。其树大概类榕，以斧斫株，脂溢于外，结而成香，聚而成块。以象辇之至于大食，大食以舟载易他货于三佛齐，故香常聚于三佛齐。番商贸易至，舶司视香之多少为殿最。而香之为品十有三，其最上者为拣香，圆大如指头，俗所谓滴乳是也；次曰瓶乳，其色亚于拣香；又次曰瓶香，言收时贵重之置于瓶中。瓶香之中又有上中下三等之别；又次曰袋香，言收时止置袋中。其品亦有三如瓶香焉；又次曰乳榻，盖香之杂于砂石者也；又次曰黑榻，盖香色之黑者也；又次曰水湿黑榻，盖香在舟中，为水所浸渍而气变色败者也。品杂而碎者曰斫削，簸扬为尘者曰缠末，皆乳香之别也。”[③]这里详细介绍了乳香的别名、产地以及生长的自然环境、性状、制作、品级等，还反映了乳香的国际贸易与运输（从大食国属国的深山穷谷—大食国—三佛齐国—中国，以舟载易），在上卷的“大食国”“三佛齐国”条目里也有记载这些国家土产乳香。

---

① 〔宋〕赵汝适：《诸蕃志校释》，杨博文校释，中华书局2008年版，第90页。

② 〔宋〕赵汝适：《诸蕃志校释》，杨博文校释，中华书局2008年版，第169页。

③ 〔宋〕赵汝适：《诸蕃志校释》，杨博文校释，中华书局2008年版，第163页。

再如，下卷“金颜香”条目记载：“金颜香正出真腊，大食次之。所谓三佛齐有此香者，特自大食贩运至三佛齐，而商人又自三佛齐转贩入中国耳。其香乃木之脂，有淡黄色者，有黑色者，拗开雪白为佳，有砂石为下。其气劲，工于聚众香，今之为龙涎软香佩带者，多用之。番人亦以和香而涂其身。”[①]这里详细介绍了金颜香的产地、外形、功用等，反映了金颜香的国际贸易与运输（从真腊国—大食国—三佛齐国—中国），在上卷的“真腊国”条目里也记载该国土产金颜香。

从志中可以看出，在宋代海上丝绸之路国际贸易中，中国、大食国、三佛齐国、阇婆国处于重要的支点地位，他们之间的商业贸易非常频繁，尤其是大食国商人异常活跃，足迹遍布东南亚、西亚、东欧之东西方海上贸易，这在上下卷都有反映。

（四）填补国内、海外历史空白的史料

在《诸蕃志》之前，有南宋周去非的《岭南代答》，但所记国家和物产的数量没有《诸蕃志》的多，有的记述内容没有《诸蕃志》的详细，因此补史之缺、详史之略，是《诸蕃志》的独特价值之一。

例如，“斯加里野国”条目所记内容，是中国古籍最早记载意大利西西里岛及埃特纳活火山之文，此前史籍无载：“斯加里野国，近芦眉国界，海屿阔一千里，衣服风俗语音与芦眉同。本国有山穴至深，四季出火，远望则朝烟暮火，近观则火势烈甚，国人相与扛舁大石，重五百斤或一千斤抛掷穴中，须臾爆出，碎如浮石。每五年一次，火从石出流转至海边复回，所过林木，皆不燃烧，遇石则焚爇如灰。”[②]这里指出了该国海屿辽阔，地理位置重要，还指出了火山爆发的景况以及频率，无疑拓宽了国人、蕃商的视野。

又如，“三佛齐国”条目所记内容，填补了马来西亚等一些国家的史籍空白。此条目 950 多字，内容涉及三佛齐国的地理位置、航道、民风、国情、物产、商贸、朝贡、加封等。冯承均先生曾指出：“三佛齐条之足补缀室利佛逝国史，与《大唐西域记》之能补缀印度史，功绩盖同。就此方面言，是编盖为治西南海史者之佳作云。”[③]

三佛齐实际上是马来人在苏门答腊岛最早建立的米南迦保王国，该王国曾经一度统治苏门答腊全岛。三佛齐之称谓首见于宋代，在宋之前则被称作

① 〔宋〕赵汝适：《诸蕃志校释》，杨博文校释，中华书局 2008 年版，第 167 页。
② 〔宋〕赵汝适：《诸蕃志校释》，杨博文校释，中华书局 2008 年版，第 133 页。
③ 〔宋〕赵汝适：《诸蕃志校释·冯承钧序》，杨博文校释，中华书局 2008 年版，第 5 页。

"室利佛逝"，1377 年被阇婆国灭亡，故"三佛齐"之名不见于马来西亚史籍。而《诸蕃志》对三佛齐国的记载就涉及这段历史："其国自唐天佑始通中国。皇朝建隆间凡三遣贡。淳化三年（992）告为阇婆所侵，乞降诏谕本国，从之。咸平六年（1003）上言，本国建佛寺以祝圣寿，愿赐名及钟，上嘉其意，诏以'承天万寿'为额，并以钟赐焉。至景德（1004—1007）、祥符（1008—1016）、天禧（1017—1021）、元祐（1086—1094）、元丰（1078—1085）贡使络绎，辄优诏奖慰之。"①

这段历史，成书于南宋淳熙五年（1178）的《岭外代答》没有涉及，而成书于南宋宝庆元年（1225）的《诸蕃志》将之载入志中。可以说，《诸蕃志》是当时记载海外夷情最完备的一部志书，对三佛齐等国的记载足可以补充马来西亚等一些国家的历史空白。

表 2-1　南宋《岭外代答》《诸蕃志》关于三佛齐国的内容比较表

古籍	三佛齐国内容
岭外代答	三佛齐国，在南海之中，诸蕃水道之要冲也。东自阇婆诸国，西自大食、故临诸国，无不由其境而入中国者。国无所产，而人习战攻，服药在身，刃不能伤。陆攻水战，奋击无前，以故邻国咸服焉。蕃舶过境，有不入其国者，必出师尽杀之，以故其国富犀象、珠玑、香药。其俗缚排浮水而居。其属有佛罗安国，国主自三佛齐选差。地亦产香，气味腥烈，较之下岸诸国，此为差胜。有圣佛，三佛齐国王再岁一往烧香。艺祖开基，建隆元年九月，三佛齐王悉利大霞里坛，按宋史悉利下有胡字。遣使来贡方物。二年五月复遣使进贡。三年三月又来贡，十二月又贡方物。至神宗元丰二年七月，遣詹卑国使来贡。哲宗元祐三年闰十二月又遣使入贡，五年复来贡。慕义来庭，与他国不侔矣
诸蕃志	三佛齐，间于真腊、阇婆之间，管州十有五，在泉之正南。冬月顺风月余方至凌牙门。经商三分之一始入其国。国人多姓蒲。累甓为城，周数十里。国王出入乘船，身缠缦布，盖以绢伞，卫以金镖。其人民散居城外，或作牌水居，铺板覆茅。不输租赋。习水陆战，有所征伐，随时调发，立酋长率领，皆自备兵器、糗粮，临敌敢死，伯于诸国。无缗钱，止凿白金贸易。四时之气，多热少寒。豢畜颇类中国。有花酒、椰子酒、槟榔蜜酒，皆非曲蘖所酝，饮之亦醉。国中文字用番书。以其王指环为印，亦有中国文字，上章表则用焉。国法严，犯奸男女悉置极刑。国王死，国人削发成服，其侍人各愿殉死，积薪烈焰跃入其中，名曰同生死。有佛名金银山，佛像以金铸。每国王立，先铸金形以代其躯。用金为器皿，供奉甚严。其金像器皿各镌志示后人勿毁。国人如有病剧，以银如其身

① 〔宋〕赵汝适：《诸蕃志校释》，杨博文校释，中华书局 2008 年版，第 36 页。

续表 2-1

古籍	三佛齐国内容
	之重施国之穷乏者，示可缓死。俗号其王为龙精，不敢谷食，惟以沙糊食之，否则岁旱而谷贵。浴以蔷薇露，用水则有巨浸之患。有百宝金冠，重甚，每大朝会，惟王能冠之，他人莫胜也。传禅则集诸子以冠授之，能胜之者则嗣。旧传其国地面忽裂成穴，出牛数万成群，奔突入山，人竞取食之，后以竹木窒其穴，遂绝。土地所产：玳瑁、脑子、沉速暂香、粗熟香、降真香、丁香、檀香、豆蔻，外有真珠、乳香、蔷薇水、栀子花、腽肭脐、没药、芦荟、阿魏、木香、苏合油、象牙、珊瑚树、猫儿睛、琥珀、帆布、帆剑等，皆大食诸番所产，萃于本国。番商兴贩用金银、瓷器、锦绫、缬绢、糖、铁、酒、米、干良姜、大黄、樟脑等物博易。其国在海中，扼诸番舟车往来之咽喉，古用铁𬙋为限，以备他盗，操纵有机，若商舶至则纵之。比年宁谧，撤而不用，堆积水次，土人敬之如佛，舶至则祠焉，沃以油则光焰如新，鳄鱼不敢踰为患。若商舶过不入，即出船合战，期以必死，故国之舟辐辏焉。蓬丰、登牙侬、凌牙斯加、吉兰丹、佛罗安、日罗亭、潜迈、拔沓、单马令、加罗希、巴林冯、新拖、监篦、蓝无里、细兰，皆其属国也。其国自唐天佑始通中国。皇朝建隆间凡三遣贡。淳化三年告为阇婆所侵，乞降诏谕本国，从之。咸平六年，上言本国建佛寺以祝圣寿，愿赐名及钟，上嘉其意，诏以“承天万寿”为额，并以钟赐焉。至景德、祥符、天禧、元祐、元丰贡使络绎，辄优诏奖慰之。其国东接戎牙路（或作重迦卢）

说明：资料来源为①〔宋〕周云非：《岭外代答校注》，杨武泉校注，中华书局 1999 年第 1 版，第 86~87 页；

②〔宋〕赵汝适：《诸蕃志校释》，杨博文校释，中华书局 2000 年第 1 版，第 34~36 页

六、结语

南宋赵汝适《诸蕃志》原书久已佚亡，今本从《永乐大典》中辑出，旧刻本有清代的《函海》《学津讨原》两种。1911 年，德国汉学家夏德和美国汉学家柔克义合译成英文本，注释的内容远远超过原著全文，在西方反响热烈。1914 年，这部学术性价值极高的译注开始进入近代中国学人之视野，经过近 90 年数代先贤的引介与推进，译注最终回归中国故土，先后有 1940 年的冯承钧《诸蕃志校注》、2000 年的韩振华《诸蕃志注补》、杨博文《诸蕃志校释》问世。译注的问世以及回归，注补的问世以及校勘，充分反映了中西文化的交流以及志书的顽强生命力。

《诸蕃志》是我国首部系统记述海上丝绸之路的古志，它详细记载了

南宋海上丝绸之路沿线国家和地区的地理、交通、物产、风俗和国际贸易等，是宋人了解海外夷情以及从事海外贸易的重要参考，是今人研究古代中外关系以及海上丝绸之路的重要文献。整理旧志、编纂新志以及年鉴地情书是当前方志工作的重要任务，方志服务经济文化以及“一带一路”建设大有作为。

《萧山市志》体例创新管见[①]

提　要：志书体例至关重要。志书编纂在继承传统的基础上，总是不断创新的。浙江省《萧山市志》一个突破性的举措就是把注释列为体裁之一，对志书进行全面的注释，以页旁注为主。另一个举措是开展大规模的社会课题调查，其中《萧山市志社会课题调查》（300多万字）单卷出版，社会调查报告（资料）作为附、附录设在志书章节之后的还有20多篇。加上一些特色篇目的设置，如首编“跨湖桥文化”、第十一编“农村农民农业”，详今明古的记事方法，以及总篇幅字数、试印出版等等。诸多创新尝试已引起多方关注，具有一定借鉴意义。

关键词：地方志；体例；创新；《萧山市志》

一、萧山修志传统及体例创新

萧山明代八修县志，[②]清代三修县志，民国两修县志，1981年新修县志，足见萧山重视修志的传统。历代修志在体例创新方面进行了积极的探索，为《萧山市志》继承与创新打下了良好的基础。

旧志中，清乾隆十六年（1751）《萧山县志》29门40卷，约40万字，其体例，不立总纲，而条目简核，所载内容应有尽有，而于田赋户口，略古详今，于水利参证详赡，独占二卷，皆能述其要，深得修志之法。《续修四库全书提要》称：“清代诸志，以此志为最佳最早之本。”[③]民国37年（1948）《萧山县志》14卷，附志余1卷，约80万字，其下限为民国37年，民国时期的萧山阙史由此而得全，这在新中国成立前所修旧县志中寥寥无几。该志独辟蹊径，单独设有户口卷，下设历代户口增损比较、十年来户口统计、人口密度及职业调查、民族等，对研究人口与经济和社会发展之间的关系，颇

① 本文原载于《广东史志》2012年第3期。

② 萧山县修志，始于明永乐十六年（1418），先后于永乐、宣德、弘治、正德、嘉靖、万历、天启八修县志。

③ 黄苇主编：《中国地方志辞典》，黄山书社1986年版，第135页。

有裨益。

萧山新编县志工作启动较早。始于 1981 年，1987 年 8 月由浙江人民出版社出版，共 95 万字。当时中国地方史志协会《新编县志基本篇目》供全国各县参考执行，为大编结构，总计 10 编。萧山却根据本县历史悠久、经济门类繁多的实际情况，设置了 23 编 126 章 456 节；并将全县土地面积扩大了四分之一的围垦从农业编中分立出来，升格为编。"如果全国 2000 多个县修出的县志一个样，是失败还是成功？"当时的萧山修志人员如是说。当《新编地方志工作暂行规定》要求县志字数控制在 30 万~50 万字时，萧山修志人员又提出："萧山有 90 余万人，一个人一个字也要 90 余万字。"1988 年 3 月，中国地方志指导小组在北京召集多种学科的专家学者，对《萧山县志》等三部县志进行评议，一致认为《萧山县志》的体例、内容和形式都有创新，其中经济部分占有较大篇幅，与旧志"重人文轻经济"的格局截然不同。1993 年 9 月，在中国地方志指导小组组织的全国新编地方志优秀成果评选中，《萧山县志》被评为一等奖。

二、《萧山市志》体例创新

萧山第二轮修志启动于 2003 年，并被列为全国第二轮修志工作试点单位。2009—2011 年，《萧山市志》1~4 卷相继由浙江人民出版社试印出版。该志是 1987 年版《萧山县志》的续志，上下时限为 1985 年至 2001 年 3 月 25 日，共 800 多万字。一些体例创新与尝试，特别是注释和社会调查报告体裁的运用，篇目的设置，详今明古的记事方法以及篇幅字数和试印出版等，引起了多方关注和议论。执行主编沈迪云坦然地说："即使失败也是一种成功，因为它可以留给后人有益的探究。"

（一）注释列为体裁之一

打开《萧山市志》，最冲击人们视角的就是其与众不同的版式。该志一个突破性的举措是把注释列为主要体裁之一，对志书进行全面的注释。该志的注释不同于一般学术著作的注释。在形式上，主要采用页旁注，正文居于页面的外侧，注释内容置于页面的内侧。在内容上，《萧山市志》更具特色的是注限外内容、注诸说争议、注正误存佚、注资料出处、注背景缘由、注观点凭据、注名词解释、注补充说明、注时代称谓、注地方用语、注统计口径、注计量单位、注表格图照、注附录等。注释方法灵活多样，除页旁注外，还有括注、表下注、图（照）注等。据统计，《萧山市志》（试印本）第一、第二、第三卷就有注释 2148 条，一些页面的注释甚至超过了正文的分量。正如魏桥先生在《萧山市志·序二》中写道：“《萧山市志》的体例，启用为不少志书所忽略的‘注释’。这些‘注’内容多样，设计醒目，有说缘由、明出处、记争议、作点评等，给人以言之有据、耳目一新之感，一改当今所谓‘一般不注明出处’之志弊，使志书比较符合一定的学术规范。”

（二）社会课题调查入志

为了深刻反映萧山的经济社会发展变迁，提高《萧山市志》的学术品位和存史价值，2004 年 7 月，萧山区志办邀请浙江省社会科学院、浙江大学、浙江工商大学、华中科技大学的教授、博士等 200 多名师生，开展 16 个社会课题调查。这是中国地方志编纂领域迄今开展的规模最大的社会课题调查。形成的 300 多万字社会课题调查成果，全部作为《萧山市志》第四卷（社会课题调查专卷）公开出版。此外，社会调查作为附、附录设在第一、第二、第三卷编章节之后的还有 20 多篇。大多围绕热点、焦点、难点问题开展的专题调查，也有针对消亡或即将消亡事物的抢救性调查，如《1987—2003 年萧山农田害鼠种群动态调查》《革命草突然大面积消失寻秘》等。实如魏桥先生在《萧山市志·序二》中写道：“鉴于以往志书记述平面化，缺乏深度，根据萧山地情和志书需要，设置大量课题，广泛招标，吸收专家参与，使记述的内容全面、系统、深入。鉴于方志为资料性文献，修志工作在收集大量现有的资料的同时，开辟田野调查，获取第一手资料，使志书的不少内容，见人所未见，发人所未发，具有一定的原创性。”

（三）图照表形式多样

《萧山市志》的图照、表在目前已出版的市县志书中是最多的。彩照大者一幅照片占幅 4 个页面，如志首彩照《萧山市城区鸟瞰》与黑白照《萧山县城区鸟瞰》，长达 4 个页面，气势恢宏，视景广阔，对比强烈，冲击力强。随文照片多的一个页面有 5 幅照片，版式也灵活多样。照片大都注明了时间、地点、人物、摄影者等要素。图、表更是千姿百态，有柱形图、条形图、锥形图、折线图、饼图、堆积图、圆柱图、棱锥图、圆锥图、管状图、数据表、文字表等。据统计，《萧山市志》（试印本）第一、第二、第三卷就有图照 1338 幅、表格 698 张，真正达到了图文并茂的效果。除彩页外，图照、表序号均采用三级编码，第一个数为编的序号，第二个数为章的序号，第三个数为该图表在全志中的序号，全志编通码，图照、表所在的位置和数量一目了然。如“图

44-2-1338”，表明该图是全志的第1338幅图，位于第四十四编第二章。

（四）附录内容新颖

1987年版《萧山县志》曾对历代以来有关西施出生地的争议如实辑录，受到专家的称道。《萧山市志》第一卷就有随文附录37个，附录的非志体裁有调查报告、新闻报道、文件法规、学术论文、说明文等。这些随文附录，与注释、社会调查一样，在内容上是对正文志体的补充和深化，在体裁上是对传统志书体裁的开拓和创新，在形式上是对上百万字志书体的激活和亮化；既可以增强志书的可读性、趣味性，又可以增强志书的资料性和学术性；既是志书内容与形式的有机融合，又是志书传统体裁与创新体裁的相补互动，如第三编自然环境《附录：观潮惨祸警世人——1993年观潮大难的发生》，第七编居民生活《附录：坎山镇村民膳食起变化——早饭“市场化”，中饭“食堂化”，晚饭“家庭化”》等。正如魏桥先生在《萧山市志·序二》中写道：“全书难能可贵的做到面、线、点结合，其中不少‘附录’起到深化内容、引人入胜之效。”

（五）总述不拘一格

新编地方志书在概述之末设表，始于《萧山县志》，就志书体例而言，是一种创新。[①]《萧山市志》在总述中注释、图、表、述四体并用，这在已出版的志书中更为罕见。并在编排上独树一帜：注释、图、表置于页面的内侧，正文置于页面的外侧。总述9000字，有页旁注释16条，数据图9个，数据表2个。在总述中应用注释，主要是注资料出处、注限外重要内容、注补充说明等，而这些注释内容是在其他编章难以安置的；继续应用数据图表，主要是全志未设经济综述编，而这些宏观指标数据无专门的编章集中体现，加上分卷出书，一些宏观指标分布太散，若在全志之首的总述设置这些宏观指标的若干年份的数据图表，则可以图文互相补充，图文互相印证，还可以方便读者用志，弥补无经济综述编之不足。

（六）大事记一分为四

《萧山市志》大事记分为四个部分：“萧山要事”“领导考察视察”“专记：中共中央总书记江泽民三次视察萧山”“外国及港澳台宾客来访”。萧山是杭州市的领头雁、浙江省的排头兵，上级领导、其他省市领导、外国及中国港澳台宾客来萧山的人次特别多。据统计，1985年至2001年3月期间，正省

① 参见山西省史志研究院编：《新方志“概述”点评》，中华书局2008年版，第63页。

部级以上的在职领导来萧山考察视察的就记有 132 条，外国及中国港澳台宾客来访的就记有 106 条。实际上来萧山的人次比入志的条数还要多，因为有的采用编年体结合纪事本末体，将几次集中在一起写了，如“1999 年 4 月 15 日，日本太阳机械株式会社社长柳本利幸到萧考察投资环境。7 月 14 日，柳本利幸再次到萧考察，洽谈投资项目。”这在全国来说都是比较特殊的。因此，将“领导考察视察”“专记：中共中央总书记江泽民三次视察萧山”“外国及港澳台宾客来访”，从“大事记”中析出，是有其特殊考虑的。

（七）专志增减并留

《萧山市志》共设专志 44 编，大多数在 1987 年版《萧山县志》的基础上进行了增减并留。如第一编“跨湖桥文化”是新增加的；第二编“政区”增设了区位章；第三编“自然环境”基本保留了前志《自然地理》编框架；第四编“环境保护”由前志的章升为编；第五编“土地”是新增加的；第六编“人口”增设了人口变动、人口素质等专章；第七编“居民生活”由前志的章升为编；第八编“水利”基本保留了前志《水利》编框架；第九编“交通”从前志“交通邮电”编中析出单独设编；第十编“城市建设”与前志《城乡建设》编大相径庭；第十一编“农村农民农业”别具一格；第十二编“垦区开发”是前志特色编“围垦”的续写。其他新增的专志还有第十四编“经济技术开发区”、第十五“编建筑业 房地产业”、第二十一编“信息传媒”、第三十二编“社会保障”、第三十六编“文物 胜迹 旅游”等。删减、分设的有：删“商业”编，分设“国内贸易”“对外经济贸易”编；删“社会”编，分设“民俗”“宗教”“方言”编等。

（八）经济与人文并重

“古来方志半人物”，从民国 24 年《萧山县志稿》可见一斑。该志 33 卷，有人物 14 卷，加上官师卷、选举卷，合计占全志的 48.48%，经济仅 4 卷，占 12%。《萧山市志》采取经济与人文社会并重，自然、政治、经济、文化、社会五大部分相对均衡。对于人物，主要从整体、群体、个体三个方面反映，前者集中在人口、居民生活、人事劳动等专编反映一方之人的综合情况，后者集中在人物专编反映一方之人的典型情况，全志中还有许多反映社会群体的章节，如经济部类的“农民”章、“建筑队伍”章，政治部类的“党代表”章、“人大代表”章、“政协委员”章，文化社会部类的“教师”章、“学生”章、“医生与病人”章，《社会课题调查》的萧山居民、萧山企业家、萧山民工、萧山百岁老人、萧山妇女、萧山知识分子等社会调查，都不同程度地反映了一方之人有共同点个体组成之整体的情况。对于文化社会部类，有跨湖桥文化、教育、文化、文物胜迹旅游、科学技术、卫生、体育、民俗、宗教、方言等专编，加上人口、人物、居民生活、人事劳动等专编，人文社会部类共占全志44编的32%。

（九）记事详今明古

2008年9月中国地方志指导小组《地方志书质量规定》指出："时间界限明确，不随意突破志书上限和下限，严格控制上溯或下延。续修志书处理好与前志的衔接，注意对前志的拾遗补阙、订讹正误。"这前后两句本身就有些自相矛盾。又说不随意突破志书上下限，严格控制上溯下延，又说处理好与前志的衔接，而如何衔接？是这一轮志书与上一轮志书时间上对接，还是内容上搭接？没有说明；注意对前志的拾遗补阙、订讹正误是衔接？显然又不完全是；拾遗补阙如何拾与补，在志末附录还是在全志各编章拾与补？也没有说明。《萧山市志》在"凡例"中称："本志适当上溯下延，部分专志贯通古今。"目的是方便读者用志，表现在记事上是详今明古。主要有六种体裁形式衔接限外内容：一是述体的衔接。如总述、无题序，适当溯源，没有上限"一刀切"。二是专志主体的衔接。大多详今明古，其中"跨湖桥文化""政区"等专志贯通古今。三是注释的衔接。不少注释注限外内容和背景缘由，起到了衔接的作用。四是附录的衔接。如人口编中的《公众心目中公务员道德素质现状调查》（其调查时间是2003年和2007年），放入下一轮志书中明显过时，放入此轮志书附录中具有补充说明和深化内容的作用。五是图表的衔接。六是传的衔接。该志立传人物始于西晋，至2000年，共有100余名立传人物，其中1985年至2001年3月25日的立传人物仅占14%。

（十）索引、篇幅与试印出版

至20世纪90年代中期，出版的志书有索引的不多。1997年5月《关于地方志编纂工作的规定》始规定"全书要附有索引"。而1987年版《萧山县志》志末就有表格索引，虽然内容单一，但在首轮志书体例上也是一种创新。《萧山市志》的索引也将更加编制规范，打算专门出版《萧山市志总目与索引》。在志书字数上，1987年版《萧山县志》95万字，就远远突破了当时30万~50万字的成文规定，后来被认可为新县志的大致篇幅字数。《萧山市志》800多万字，也远远突破了现在100万字左右的不成文规定，这也是由萧山的实际情况和篇目资料所决定的，同时也是与资料性文献的定位相匹配的。首轮志书《绍兴县志》（1999年版）就有410万字，民国《鄞县通志》更是多达500万字。由于当今不少大型多卷志书出版后遗憾不少，难以弥补，《萧山市志》采取分卷试印出版的办法，广泛听取意见，把纠错的权利真正交给读者，不失为一种审慎可行之法。

三、创新不言败

方志体例具有相对的稳定性和规范性，否则方志发展至今就不成为方志了。创新约定成俗的体例是需要勇气的，在批判继承的基础上推陈出新，在总结前车之鉴的基础上开拓创新。最终也许是成功，也许是失败。但得失总是相对的，也是难免的。

例如，人物是志书的灵魂。明嘉靖三十六年《萧山县志》、清康熙三十二年《萧山县志》、清乾隆十六年《萧山县志》、民国24年《萧山县志稿》、民国37年《萧山县志》，记载人物的卷数分别占全志总卷数的33.33%、23.81%、27.50%、48.48%、28.41%。[①]1987年版《萧山县志》人物编（人物传、烈士英名录）的页数仅占全志总页数的4.6%。《萧山市志》人物编体例既有别于旧志、首轮志书，又有别于其他二轮县市志，即“人物传”贯通古今，包括1987年版新县志62名立传人物（含合传）全部重新入传，加上补遗人物，时限外的立传人物占85%以上。另设有“人物简介”，为时限内生人简介；“人物录”，有的下延至2005年。这就又产生了一个新的问题：人物可能两次入人物志的问题，即在这一轮志书是人物简介，在下一轮志书就是人物传，其生平事迹可能雷同；也可能其在这一轮志书中是正面人物简介，在下一轮志书中是反面人物立传，其影响大不一样；加上“人物传”贯通古今，又会导致一个人

① 明嘉靖三十六年《萧山县志》，共6卷，其中第四卷人物志（官师表、选举表）、第五卷列传（名宦、流寓、乡贤、孝义、烈女）。

清康熙三十二年《萧山县志》，共21卷，其中第十六卷职官志、第十七卷选举志、第十八卷人物志（名宦、乡贤、理学）、第十九卷人物志（流寓、隐逸、孝义、方技）、第二十卷人物志（列女）。

清乾隆十六年《萧山县志》，共40卷，其中第二十卷职官、第二十一卷选举、第二十二卷名宦、第二十三卷至二十六卷人物、第二十七卷流寓、第二十八卷至二十九卷列女、第三十卷方技。

民国24年《萧山县志稿》，共33卷，其中卷十二官师、卷十三选举表、卷十四至十九人物（列传）、卷二十人物（列洪杨之役殉节绅民表）、卷二十一人物（寓贤、方技）、卷二十二至二十七人物（列女传、表）。

民国37年《萧山县志》，共14卷，其中卷一大事记、卷二地理、卷三交通、卷四户口、卷五经济、卷六水利、卷七政治、卷八党务、卷九司法、卷十文化、卷十一建置、卷十二人物、卷十三艺文、卷十四杂记。

物两次以上立传，其内容写法也可能雷同，或有新的补正。因此，随着“人物简介”在第二轮志书的普遍应用，人物志的体裁、章法、编写等问题还是有待时间、实践去检验的。

创新不言败。鼓励创新、推进创新是实现方志可持续发展的迫切需要。对于修志人来说，创新得失不是最重要的，创新更多的是一种精神、一种追求。萧山人就有一种奔竞不息、勇立潮头的创新精神和对更好、更高、更强的追求。就《萧山市志》而言，其体例创新与尝试，特别是注释和社会调查报告体裁的大量运用，篇目的设置，详今明古的记事方法以及篇幅字数与试印出版等，无论成功与失败，都具有借鉴意义。正如魏桥先生在《萧山市志·序二》中写道：“改革带来风险，创新不易，《萧山市志》问世，肯定会引起多方关注和议论。议论是一件好事，有助于志书的优化和方志事业的发展。经过多年辛劳，修成一部佳志，留给当今和后世许多有用的东西是重要的。”

一部特色鲜明经世致用的佳志

——《萧山金融志（1985—2010）》稿点评[①]

一、总体评价

《萧山金融志（1985—2010）》是我见过的写得最好的行业志。主要表现在三个方面：

一是资料翔实、框架结构好、体例行文规范。该志设“概述”“大事记”、专志 11 编（“金融体制改革”“银行业”“保险业”“证券业”“其他金融业”“货币”“金融管理”“金融电子化”“企业文化”“党群团体”“荣誉”），50 多章 230 多节 50 多万字。篇目设置科学合理，布局严谨，题文相符。内容完整，横不缺要项，纵不断主线。行文朴实，简洁流畅。

令人感叹的是，该志十分美观、讲究。一般志书通常出现的行文不规范、表格风格不统一等毛病，在这部志书中都少有发现，阅之心情舒畅。《萧山金融志（1985—2010）》尚未出版，征求意见稿就有这么好的基础。经过下一步的修订之后，可成为金融行业志的范本和经世致用的文献。

二是时效性、资政性强。该志主要记载了 1985—2010 年 25 年萧山金融的发展变化。

在这 25 年里，世界风云变幻，金融在经济全球化中处于核心的地位和作用。我国先后治理了 1985 年、1988 年、1993 年投资和消费过热引发的通货膨胀，遏制了 1997 年亚洲金融危机后我国经济增长放缓和通货紧缩的趋势，清理整顿了农村“两会一部”（农村合作基金会、民政互助储金会，供销股金服务部），积极应对了 2007 年由美国次贷危机引起的全球金融危机，其间还有效地开展了反假币、反洗钱、查处重大违法违规事件等。

在这段时限里，萧山的经济如何？萧山的金融业如何？事实是，萧山的经济高速发展，主要经济指标均雄踞浙江省各县（市、区）首位；金融的贡

① 本文为莫艳梅在 2012 年 12 月 7 日《萧山金融志（1985—2010）》稿评议会上的发言。该书主编周吾良。

献是，有力地支持了地方经济的快速发展，积极发挥了金融的杠杆作用。

《萧山金融志（1985—2010）》之“概述”和各编章，就反映了萧山金融与萧山经济的良性互动，反映了萧山金融的悠久历史和快速发展：1985 年后，萧山金融的机构门类与存款、贷款业务，萧山金融的总量与金融发展速度，多居浙江省各县（市、区）首位。特别是 1992 年前后，全国范围内出现金融秩序混乱、贷款余额大于存款余额的普遍现象，而萧山仍然一枝独秀，存大于贷，这些都是与地方经济稳定发展与居民生活富裕相辅相成的。

“银行业・贷款”编章附录的《萧山百强企业贷款》《开发项目和基础设施贷款》，把金融的发展与地方经济的发展有机地联系了起来，把金融活动与地方开发和基本建设联系了起来，彰显了金融对地方经济发展的推动作用。

当然，该志详细记载了萧山金融的发展变化以及绩效，也实事求是地反映了改革开放以来出现的问题以及解决问题的实绩，如不良贷款处理等，具有较强的资政性。

三是行业特色、时代特色明显。改革开放 30 多年来，我国金融体制改革不断深化，并取得辉煌成就，建立了以中国人民银行为领导，国有独资商业银行为主体，包括政策性银行、其他商业银行、城乡信用社、非银行金融机构和外资金融机构在内的种类齐全、功能互补的金融机构体系。

萧山也不例外。

从《萧山金融志（1985—2010）》第一编“金融体制改革”中，我们看到了金融组织管理体制（金融管理体制、外汇管理体制、信用合作管理体制）、经营机制转换（人民银行萧山支行职能转换、政策性业务与商业性业务分离、国有专业银行向商业银行转轨）、信贷资金管理体制改革的成效。

从第二编“银行业”、第三编“保险业”、第四编“证券业”、第五编“其他金融业”中，我们看到了萧山金融的发展与业绩。至 2010 年年末，萧山银行业金融机构发展至 331 家（包括中国人民银行、国有商业银行 5 家、全国性股份制商业银行 19 家、城市商业银行 7 家、农村合作金融 2 家、其他银行 3 家），全年存款、贷款余额分别为 2286.8701 亿元和 1880.1643 亿元，外币存款和外币贷款余额分别为 3.9752 亿美元和 8.1915 亿美元；国有保险机构 6 家、股份制保险公司 17 家，全年保险费收入 21.8425 亿元；证券交易机构 7 家、期货交易机构 4 家，全年股票交易量 3612.44 亿元，代理交易额 10694.67 亿元；典当机构 5 家、财务公司 1 家、小额贷款公司 2 家。可谓金融业务跨越式发展。

萧山金融机构自 1986 年应用计算机开始，至 2010 年年末，基本形成了由自助银行、电话银行、手机银行和网上银行构成的电子银行立体服务体系，建立了金融信息系统安全保障体系，为金融业的发展和竞争提供了有力的支撑。

《萧山金融志（1985—2010）》第八编“金融电子化”，下设第一章“计算机应用”、第二章“金融网络建设”、第三章“电子银行”，充分反映了时代特色。

第六编“货币”、第七编“金融管理”、第九编“企业文化”，也彰显了金融行业的时代特色。

总的来说，萧山金融业发展迅速，《萧山金融志（1985—2010）》从编目到内容，鲜明地反映了萧山金融的地方特色、时代特色和行业特色。此志编纂得这样好，也与单位领导的高度重视和方方面面的支持与保障分不开，与编纂人员熟练的金融业务和方志编纂分不开。值得大家学习和借鉴。

二、美中不足

一是暂缺宏观、直观数据图。整部志书都是数据表，未见数据图。相对来说，数据图比数据表要直观、生动。特别是阶段性、代表性年份的数据图、结构性数据图以及对比性数据图，由数据表转换过来，有时更醒目、直观、活泼。因此，建议在“概述”以及有关编章增加几个数据图（阶段性年份），如增设萧山几个年份国民经济主要指标数据图、萧山几个年份金融机构存款贷款余额数据图等，非常必要。

二是尚未见彩页和文内照片。一般送评的志稿都未来得及编排照片进去，未经过大家评议，出版后，问题不少。照片直观，感染力强，特别是彩页，在全志之首，位置显要。当然，也最容易被看出问题，如要素不全问题、释文不规范问题、人物入志问题、编排设计问题，等等，直接影响了志书的质量。我希望《萧山金融志（1985—2010）》正式出版后，不会出现此类问题。

三是有的章节风格不统一、资料有缺口、对比性不强。如第二编“银行业”第八章的第二节、第三节，从文字到表格，都没有 2010 年年末的数据，不知为什么？不管是文字和表格，应该有下限年份即 2010 年年末的数据，这是一个内容完整性的问题，同时也是一个对比性的问题，即开始年份和下限年份的数据都应该有，从中看出其发展变化。第三编“保险业”第四章，有的节里只有一个条目，建议不单设，将内容重新整合，将各节风格大致统一。第十编“党群团体”，不少条目内容太单薄，需要补充，或重新设计框架。

瑕不掩瑜，此志仍然是我看过的写得最好的一部行业志。金融界、方志界如果有志书评奖活动，正式出版后的《萧山金融志（1985—2010）》可送评参奖。

集创新性与实用性于一体的力作

——《朔州市朔城区志（1989—2010）》读后感[①]

当我翻阅山西省《朔州市朔城区志（1989—2010）》的时候，没有想到是一部高质量的志书。洋洋 290 万字，集乡土性与时代性、创新性与实用性于一体，细微之处见功夫，大处见智慧，是全国新方志中少见的匠心独运之力作。

一、独立性之新论落地

全国第二轮修志多是续修，续志如何承接前志、连接历史，以飨读者，是方志人不懈的追求。虽然中国地方志指导小组有“不随意突破志书的上限和下限，严格控制上溯或下延”的志书质量规定，但理论创新与实践探索已出新成果。

（一）新语新论

作为《朔州市朔城区志（1989—2010）》的指导者之一，山西省地方志办公室副巡视员、副编审任根珠，经常撰文讲课，如《续修志书的独立性思考——兼谈方志的传播与利用》《关于续志编纂的几个问题》《城市区志编纂漫谈》[②]等文论，强调续修志书的独立性、完整性，是方志的本质属性使然，是为读志用志着想，在重点记述断限内事物的同时，既连接历史，又承接前志，保持事物的完整记述，使读者在没有前志的情况下，也能够了解事物的起源、嬗变，把事物记述得自然、完整，真正做到“无缝对接”，志书的功能、价值就会得到大力提升，更利于方志的传播与利用。如山西第二轮《沁水县志》出版后，因缺漏历史人物赵树理（1906—1970）的传记，受到老干部们

① 本文原载于西樵主编《朔城志评》，中华书局 2016 年版，第 251~271 页。

② 参见任根珠：《续修志书的独立性思考——兼谈方志的传播与利用》，《中国地方志》2012 年第 5 期；《关于续志编纂的几个问题》，《山西省省志培训班讲课教材》，2005 年 7 月；《城市区志编纂漫谈》，《中国地方志学会会刊》2012 年第 2 期。

甚至方志专家的质疑，即《沁水县志》没有赵树理的传记，那还叫志书吗？可见，丢了重要的人文历史内容，读者是难以认可的。

上海市志办梅森的《省级志书二轮与首轮衔接之简析》[①]，杭州市萧山区志办沈迪云、莫艳梅的《摒除修志发展的思想障碍与制度瓶颈》[②]等，也提出了注重续志的独立性与完整性，认为写一篇小小的文章还要讲起承转合，何况恢宏的志书？因此，“一刀切”的续志编纂本身就是违反常识的，它使独立的事物内容失去了源流和完整，使志书的实用性以及服务功能大打折扣。

（二）落地开花

2013年12月，浙江人民出版社出版的《萧山市志》，编者意在将《萧山市志》修成一部相对独立完整之志书。虽上下限如“凡例”所言为1985年1月1日至2001年3月25日即萧山撤市设区日，然萧山建市始于1988年，终于2001年，萧山以“市”之名在现有之历史中仅13年余，故市志不囿于上下限之限制，上溯下延，明古详今，以求记载对象之完整，读者查索之便利。一系列的编纂创新，如注释设为主要体裁之一，大规模社会课题调查、口述历史的原创成果入志，并分别成册，被中外学者称为新方志学术上的两大突破，是新方志的杰出代表、扛鼎力作，是中国地方文明穿越古今的时空架构工程，是对中国文化的贡献。[③]

2014年11月，中华书局出版的《朔州市朔城区志（1989—2010）》，在“凡例”称，为保持事物的连续性和衔接前志，适当上溯下延。具体表现在，不局限于上下限之限制，概述、大事记、自然环境、政区、文物古迹、人物、艺文等内容，贯通古今，全志各编均设编前无题序，以较多的文字概写1989年以前史实，以在不接触前志情况下，对限前史实有所了解，少量文字概写时限内22年史实，起导读作用。如此不落俗套，多角度、多方位接续历史，既是续志独立性之新论落地，也是志书完整记述事物之本质属性的体现。是敢破敢立的创举之一，也是有别于上下限“一刀切”、历史文脉硬性割断为“断限志”，而力求勾勒历史源流的续修志。

《朔州市朔城区志（1989—2010）》与《萧山市志》独立性表现方面，相

① 梅森：《省级志书二轮与首轮衔接之简析》，《江苏地方志》2010年第5期。

② 沈迪云、莫艳梅：《摒除修志发展的思想障碍与制度瓶颈》，《第三届中国地方志学术年会——两岸四地方志文献学术研讨会论文集》，方志出版社2014年版。

③ 参见［美］程洪：《读2013年版〈萧山市志〉——兼探当代地方志的定位和走向》；［美］居蜜：《序言》；王熹：《新修方志在学术上的两大突破——读〈萧山市志〉》；巴兆祥：《新方志的扛鼎力作：〈萧山市志〉读后》。

同之处是，概述、无题序、部分分志内容贯通古今。不同的是，注释成为《萧山市志》链接历史、注明出处、正误存佚、补充说明的主要体裁之一。方法不尽相同，但目的相同，意在编成一部相对独立完整之志书，更利于读者用志，发挥传承文明、服务社会之功用。

（三）诉说历史

独立性之新论，主要针对新中国第二轮修志而言。之前的修志，包括旧志和新中国首轮修志，多是重修，贯通古今，尤其连篇累牍记述建置、名胜、职官、人物、艺文等。如清雍正十三年（1735）《朔州志》，计 12 卷：卷一图考志、卷二星野志、卷三方舆志，卷四建置志、卷五职官志、卷六名宦志、卷七赋役志、卷八武备志、卷九选举志、卷十人物志、卷十一外志、卷十二艺文。志中地理、人文内容占比很大，朔州历史悠久、人杰地灵由此可证。

又如，清乾隆十六年（1751）《萧山县志》，计 40 卷：图志、卷一星野、卷二建置、卷三疆域、卷四坊里、卷五山川、卷六古迹、卷七学校、卷八公署、卷九田赋上、卷十田赋下、卷十一蠲恤、卷十二水利上、卷十三水利下、卷十四津梁、卷十五坛庙、卷十六武备、卷十七风俗、卷十八物产、卷十九祥异、卷二十职官、卷二十一选举、卷二十二名宦、卷二十三人物一、卷二十四人物二、卷二十五人物三、卷二十六人物四、卷二十七流寓、卷二十八列女上、卷二十九列女下、卷三十方技、卷三十一冢墓义冢附、卷三十二寺观、卷三十三仙释、卷三十四艺文一、卷三十五艺文二、卷三十六艺文三、卷三十七艺文四、卷三十八艺文五、卷三十九艺文六、卷四十杂记。志中人物、艺文内容极为丰富，萧山人文之盛可见一斑。

新中国第二轮修志以续修为主，如何续？是切断式，还是接续式？就志书固有的本质属性和实用性而论，后者明显优于前者。遗憾的是，大多市县志选择了前者，原因不外乎循规蹈矩，唯上唯文而不唯实，视断限之外为畏途，不敢越雷池半步，以致一方之志书，难觅古之悠悠，仅见断限内 20 年左右状况，有的甚至断限内无建置沿革、自然环境、民俗方言内容，杰出人物、艺文内容少，志书如同无源之水、无本之木，缺失了人文底蕴和历史底蕴，实用性和服务功能大打折扣。

喜出望外的是，《朔州市朔城区志（1989—2010）》之编者，敢于创新。为保持所记事物的连续性和完整性，体现志书的独立性和实用性，贯通古今的有之，补遗勘误的有之，一方面诉说历史，娓娓道来，另一方面拾遗补阙，勘误纠讹。如补记朔州老城古建筑和"文化大革命"，对 1999 年版《朔县志》、

1993 年重印版《朔州志》、2008 年重印版《马邑县志》进行勘误纠讹，从而提升了志书的可信度和实用价值。这是值得同行学习和借鉴的。

二、时代性之地情渲染

第二轮续志区别于以前的方志，不是贯通古今，而是重点记述时限内区域自然、政治、经济、文化、社会等方面的情况，大致为 20 世纪 70 年代末至 21 世纪初。这段时间恰好是我国改革开放的新时期。如何突出改革开放时代特色和地方特色，《朔州市朔城区志（1989—2010）》在谋篇布局和内容记述内容方面可谓匠心独运。

（一）历史之光

千年古城马邑，是朔城区的前身。古之马邑，至今闪耀着历史之光。今之朔城区，到处洋溢着现代化气息。历史与现实，是如何跨越时空、互相交织、醒目展示于人前呢？

志书之“概述”“大事记”“政区”编告诉我们，早在 28000 年前就有“峙峪人”在此栖居生息，点燃文明薪火。秦始皇三十二年（前 215），大将军蒙恬率军北击匈奴，筑土城养马，取名马邑，后置马邑县。北齐置朔州，隋唐称鄯阳，明清称朔州，民国为朔县，1989 年建立朔州市，改朔县为朔州市朔城区。

历史悠悠，经数千年的风云变幻，留下了富珍贵的历史文化遗产和无尽的历史记忆。升格立编又互相辉映的“文物古迹”“马邑文化”“艺文”，突出渲染了这一地情亮点：大量的古建筑、古遗址、古墓葬，出土文物多达 30000 余件，是朔城区悠久历史的有力见证！代表性的古建筑有崇福寺、内长城朔城区段、神头关帝庙戏台、东庄“旌表节孝”坊、明代马邑城、利民堡、清河寺文明塔等。古遗址有峙峪遗址、赵家口遗址、丰裕村遗址、马邑古城遗址、汉阴馆城遗址、北齐朔州城遗址、后唐寰州城遗址、古战场遗址、古地道遗址、后圪塔峰遗址等。古墓葬有马邑汉墓群、梵王寺古墓群、金代丛葬墓、僧人丛葬墓、北魏元姬墓、唐丰王墓、明乐昌王墓、明霍锳墓、清田翰林墓等。名胜有吉庄三大王庙、娘娘洞、朔州古八景、马邑古八景等。大量的碑碣、碑拓、字画、书法，记载着历史演变、经济发展、人文风俗，彰显着丰富多彩的文化底蕴。目前，朔城区正在维护和恢复重建古建筑，大规模改造朔州老城，让历史之光照耀当代朔城。

因为养马筑城而有了马邑，因为马邑而滋养了马邑文化。马邑文化与马注定相缘一生，永不分离。21 世纪以来，朔城区调动和组织省内外专家学者、史志人员、文化爱好者，对马邑文化的历史、名人、马文化、民间文学艺术、文物古迹、石刻碑文等进行深入的整理、研究，举办旅游文化节、马邑文化节、马邑文化论坛、昭君文化研讨会， 产生了大量的文艺作品，赋予了马邑文化新的时代内涵，传承和发展了灿烂的马邑文化。

单独立编的“丛谈”“前志补遗勘误”，采证和丰富了朔城区的历史人文特色。“旅游”编之“历史人文景点”节，则是这一特色资源的开发和有效展示：

大量的野史传说、民间记忆和域外古籍资料，为我们追述了朔城区的地理建置、文物古迹、人物春秋、趣闻轶事、老城古建筑。地理建置，有对桑干河名、桑干河源、神武尖山的探索，对数个马邑的辨析与境域古代建置的考证，其中刘武周建国称大汉，以出土的刻于天兴四年（620）的《大汉故上开府仪同三司郭君墓志》为证，补史书之缺；文物古迹，有对曹天度千佛石塔、境内辽金佛寺的考证，出土两千年前荞麦发芽的奇事；人物春秋，有对古代名人班婕妤、张辽、斛律氏、尉迟敬德、安重荣、党进、杜重威等的不同侧面描绘，有对近现代的正邪人物王继声、柳三万等以介绍；趣闻轶事，对人老还有用、辽金火葬、人相食、榆树开花、街谈巷议等进行采辑；老城古建筑，对已消失的庙宇、寺院、牌楼通过调查和民间记忆，以简介说明和绘制示意图的形式载入志书，作为资料存史，也为老城改造兴建时参考。

如今，这些历史人文景观旅游火热。旅游胜地之一朔州老城，是山西省内现存残垣保存较完整的古城。城内有国家重点保护文物单位崇福寺，为国家 AAAA 级旅游景区，还有“四大街、八小巷、七十一条阡陌巷”，经过大规模的改造和恢复重建，融古老历史文化和现代文明为一体。马邑商业一条街、豪德贸易广场等经济实体，不仅使当地的文化得到大发展，而且促进社会经济的快速发展。

从悠悠历史，到多姿多彩的文物古迹、马邑文化、艺文作品，再到历史人文旅景观旅游，千年古城马邑绽放着璀璨的光芒，而且越来越显示出它的独特魅力。《朔州市朔城区志（1989—2010）》有力地渲染了这一光华。

（二）煤电之城

“凿开混沌得乌金，藏蓄阳和意最深。爝火燃回春浩浩，洪炉照破夜沉沉。”[1]早在隋唐时期，朔城境内就有煤炭开采，辽金以来的古煤窑遗址有100多处。目前已探明煤炭储量达195亿吨，占全省煤炭储量的近1/10。[2]2015年10月13日，中国煤炭工业协会发布2014年全国千万吨级产煤县（市）原煤产量，朔城区以3058.88万吨的产量位居全国第18位。

境内的神头电力城，是全国重要的电力基地，华北地区三座大型火力发电厂坐落于此，直接担负着向北京、天津、唐山送电任务。

2010年，朔城煤炭工业产值895701万元，电力工业产值69556万元，分别位居第一、第二，合计占朔城区工业总产值1198011万元的80.57%，成为绝对的支柱产业。

如此独特的煤电资源和优势产业，志书之“自然环境”“经济总揽”“工业”编记载以外，升格立编的“煤炭”“电力”，集中记载了朔城的煤炭资源、煤炭采掘、煤炭企业、安全管理、煤矿销售、加工利用、驻区煤业、发电、输电、用电情况。因煤炭采掘是一个高风险行业，安全事故屡有发生。1990—2009年20年间，载有73起事故，死亡97人，足以给后人警醒。

驻有我国规模最大、资源回收率最高的露井联采特大型煤炭生产企业：中煤平朔煤业有限公司。2010年，中煤平朔完成原煤产量10388万吨，外运商品煤7413万吨，销售收入290亿元，利润68亿元，上缴税金82亿元，职工多达12321人。

驻有山西神头有限责任公司、国网能源开发公司神头第二发电厂、皇威集团朔州电冶分公司发电厂、大唐神头发电厂、晋能发电厂等，它们共同组成了一座塞上电力城。

“旅游”编之“工业旅游景区”节则告诉我们，朔城是全国有名的煤电工业旅游景区：平朔煤炭工业旅游区，是国家旅游局公布的首批全国工业旅游示范点；神头电厂工业旅游区，是别具特色的电力工业旅游景点。

从丰富的自然资源，到煤电支柱产业，到特色工业旅游景区，朔城不愧是一座煤电之城，以煤电之炽情点燃了京津冀地区万家灯火，以煤电之绚丽招徕了全国各地无数观光旅客。《朔州市朔城区志（1989—2010）》的亮点篇目醒目地告诉了我们这一地情。

① 〔明〕于谦：《咏煤炭》。

② 参见朔州市朔城区志编纂委员会编：《朔州市朔城区志（1989—2010）》，中华书局2014年版，第609~614页。

（三）改革之篇

改革是时代的最强音。

顾名思义，《朔州市朔城区志（1989—2010）》记载1989年至2010年22年间的区域历史与现状。这22年，具有鲜明的时代标记：改革开放取得了阶段性成果，实现了现代化建设“三步走”战略的前两步和“新三步走”战略的第一步目标，人民生活总体上已达到小康水平，形成了比较完善的社会主义市场经济体制。志书中鲜明地体现了这一特色。

何为“三步走”“新三步走”战略？

1987年10月，中共十三大提出我国现代化建设大体分“三步走”的战略部署：第一步，从1981年到1990年实现国民生产总值比1980年翻一番，解决人民的温饱问题；第二步，从1991年到20世纪末，使国民生产总值再增长一倍，人民生活达到小康水平；第三步，到21世纪中叶，人均国民生产总值达到中等发达国家水平，人民生活比较富裕，基本实现现代化。

1997年10月，中共十五大提出“新三步走”战略目标：21世纪第一个10年，实现国民生产总值比2000年翻一番，使人民的小康生活更加富裕，形成比较完善的社会主义市场经济体制；再经过10年的努力，到建党100周年时，使国民经济更加发展，各项制度更加完善；到21世纪中叶中华人民共和国成立100周年时，基本实现现代化，建成富强、民主、文明的社会主义国家。

为鲜明体现改革开放的时代特色，体现现代化建设取得的阶段性成果及其原因，采取了单独立编集中记述与各编分散记述相结合的办法，是为最佳。

《改革开放》编告诉我们，朔城区改革和全国一样，是从农村经济体制改革开始的。从1979年起，先后有土地使用权改革、水利产权制度改革、林权制度改革、农村税费改革、建立合作经济组织、经营管理体制改革等。这一系列的改革，极大地调动了农民生产的积极性，农村经济和各项社会事业得到空前发展。

在农村改革深入发展的同时，公有企业改革逐步展开。从1981年起，先后有工业企业改革、流通企业改革等。除了煤炭企业最终由国有大型企业兼并重组外，大部分企业脱胎换骨改制为新兴的民营企业，尤以民营经济为主体的现代物流业迅速兴起，大力招商引资促项目落地。

中共十三大把政治体制改革提上议事日程，改革开放在政治领域、社会领域全面展开。从1992年起，先后有党政机构改革、教育改革、文化改革、卫生改革、住房改革、劳动人事制度改革、财政税务改革等，以适应社会主义市场经济需求，促进经济建设和社会事业全面发展。

“经济总揽”编告诉我们，1989 年至 2010 年是区内经济快速发展的 22 年。22 年间，经过体制转变，如农村经济体制转变、工业企业改制、流通企业改制，实现转型跨越，如打造农业现代化、实施工业新型化、加速市域城镇化、实现城乡生态化、营造流通立体化；通过调整经济结构，如调整所有制结构、产业结构、农业结构、工业结构、第三产业结构，提高经济水平与经济效益。

2010 年，朔城区三次产业从 1988 年的 22.8:54.3:22.9 调整为 5.03:40.07:54.90，国内生产总值从 1988 年的 3.63 亿元增加到 195.07 亿元，人均生产总值从 1988 年的 1298 元增加 43485 元，是 1988 年的 33.5 倍；财政总收入从 1988 年的 5523 万元增加到 153037 万元，是 1988 年的 27.71 倍；地方财政收入从 1988 年的 5523 万元增加到 73833 万元，是 1988 年的 13.37 倍；职工平均工资、城镇居民人均可支配收入、农村居民人均收入分别从 1988 年的 1863 元、860 元、550 元增加到 2010 年的 24826 元、17030 元、6796 元，分别是 1988 年 13.33 倍、19.88 倍、12.36 倍。

从 1992 年起，中共朔城区委区政府贯彻落实“三步走”战略，全面开展小康建设。到 2010 年，人均生产总值达到 43485 元，相对 800 美元的小康标准，实现了使人民的小康生活更加富裕、形成比较完善的社会主义市场经济体制的目标。

“人民生活”编进一步证实，经济发展，财政收入增长，人民生活水平得到大的提高，体现在收入消费、生活时尚方面，更具时代特色。2010 年，城镇居民人均生活消费支出、农村居民人均生活消费支出分别从 1988 年的 761 元、523 元增加到 9729 元、4739 元，分别是 1988 年的 12.8 倍、9.06 倍；城镇居民人均住宅面积、农村居民人均住宅面积分别从 1988 年的 10.5 平方米、12 平方米增加到 39 平方米、35.2 平方米；反映居民富裕程度和生活水平及质量的恩格尔系数呈下降趋势，城镇居民恩格尔系数、农村居民恩格尔系数分别由 1988 年的 44.6%、56.62%下降 34.6%、38%。根据国际标准，恩格尔系数达 59%以上为贫困，50%~59%为温饱，40%~50%为小康，30%~40%为富裕，低于 30%为最富裕。显而易见，朔城区居民生活为富裕。

20 世纪 80 年代，境内居民业余生活比较单调，除了看电视、去影剧院以外，别无去处。如今的居民生活丰富多彩，养花、饲养宠物、外出度假成为市民休闲爱好，崇尚洋节、新潮婚礼、美容健身为生活时尚。

从改革开放，到经济总揽，再到人民生活，成就显著，特点也鲜明，这就是地方特色与时代特色在志书篇目中的鲜明反映。

三、概述性之佳文典例

任根珠先生编著《新方志“概述”点评》（中华书局 2008 年版），对概述源流、概述的功能和作用、概述的特点与内容、概述的名称与体式、概述写作进行了深入研究。提出概述在总述全貌、纵述史迹、体现特点的过程中，要选择精要内容，全面反映地情；把握繁简尺度，合理安排类项；慎用序号分段，通篇一气呵成；注重篇首结尾，完善文章结构。

笔者对此也有理论与实践的探讨，曾对“慎用序号分段，通篇一气呵成”之说，不完全赞同。任根珠先生认为，志首概述用序号和空行分段，长处是文章内容层次清晰，方便读者领会文章内容，短处是割裂文气，在一定程度上破坏了文章的完整性。笔者认为，概述篇幅短的，一气贯通尚可，篇幅长的，尤其是上万字版块式概述一气贯通，就像古文无标点断句一样，让读者喘不过气来。[①]笔者曾经在撰写和修改《萧山市志·总述》的时候，反反复复地作了删或不删空行的斗争，几番纠结，在 2009 年第一次试印出版时，仍保留了志首概述的空行，后来接受有关专家的意见，在 2013 年正式出版时删去了空行，成为 5 个部分 26 个段落无序号无空行的 9100 多字的概述，而全志 1~3 册 500 多万字（不含第四册索引，第五册社会课题调查，第六册口述历史），志首概述占幅 0.18%。以散文笔法开篇：“问悠长历史，萧山何在？寻苍茫大地，萧山何在？”“沉睡八千年的独木舟，闪耀着新石器时期的文明曙光，让跨湖桥文化声震中外，万众仰止；潮声如歌的钱塘江，引领着川流不息的浦阳江，让鱼米之乡处处滋润，满目青翠；一潭晶莹剔透的湘湖碧水，装点着山清水秀的沃野膏壤，让风光无限绮丽，绘就一幅唯美的画卷；春秋战国吴越争霸的古城遗址，诉说着卧薪尝胆、终成霸业的壮丽情怀，让励志图强的千秋万代激情飞扬；广袤诱人的围垦大地，铭刻着荒滩变粮仓的艰苦历程，让人类造地史上的奇迹的美丽神话经久传扬；一个现代化的国际航空港，鲲鹏展翅，架起五湖四海的友谊桥梁，让萧山腾飞的金色梦想如花绽放；喜奔竞、善商贾、敢为人先的萧山儿女们，铸造着令人瞩目的无尽辉煌，让

① 参见莫艳梅:《关于志书概述的若干问题——以浙江省 18 部新市县志为例》,《浙江方志》2010 年第 5 期。

钱塘江南岸久久回荡的时代交响乐响彻云霄。”试图用散文式的笔法，动情地诉说着萧山是一个历史悠久、物华天宝、人文经济俱佳的地方。

喜出望外的是，《朔州市朔城区志（1989—2010）·概述》8000多字，通篇一气呵成，整体效果好，概述得法，可读性强，展示了全志的精华，引导读者悦读兴趣，进而悦览全书，可谓志首概述之佳文典例，值得同行学习和借鉴。

全文分六个部分：第一部分概述自然地理、历史人文、经济社会纵向发展，第二部分概述由县置区 22 年间经济发展势头汹涌澎湃，第三部分概述 22 年间城乡建设翻天覆地，第四部分概述 22 年间各项社会事业突飞猛进，第五部分概述 22 年间域内马邑文化推陈出新，第六部分概述 22 年间域内居民幸福感节节攀升，第七部分概述昔日沧桑古马邑、今朝活力新朔城。

以散文笔法开篇：“这是一方古老沃土，华夏远古文明在这里发祥；这是一座塞上古城，曾为金戈铁马群雄逐鹿古战场。斗转星移，沧海桑田。随着改革开放‘实验田’平朔露天煤矿的开发，20 世纪 80 年代一座新兴的现代化生态园林城市屹立在茫茫黄土高原。千年古城马邑，浴火重生，成为朔州市朔城区。曾被称为‘雁门关外野人家’的苍凉荒野，嬗变为风景宜人的大好河山。”画面般地展示出朔城是一个塞上古城马邑嬗变而来的现代化城市。

结尾比较精彩，与他志宣传口号式、规划战略式大不同：“纵观朔城区的历史，是一部人类文明的发祥史，苍茫的峙峪遗址见证着 2.8 万前‘猎马人’的生存繁衍；是一部血与火的征战征史，蜿蜒逶迤的古长城、星罗棋布的烽火台见证着金戈铁马、烽火硝烟；是一部不断进取的奋斗史，城市、村庄、田野、厂房见证着改天换地的伟大壮举。前人创造不朽文明，今人凝心聚力、奋勇攀登，再创辉煌。处在新的历史时期，站在新的历史起点，朔城区干部群众正以强烈的责任意识和高度的文化自觉，全力推进经济建设和社会各项事业的发展，朝着自然、生态、现代、宜居的幸福新城继续前进。有区委、区政府的坚强领导，有全区广大干部群众的共同努力，朔城区的未来充满光明，这颗塞上明珠必将更加璀璨夺目。”前后呼应，彰明区域特点，让历史昭示未来，令人回味悠长。

全文夹叙夹议，文采飞扬，可读性强，不失为方志可喜可贺之范例。

各编之无题序亦起到很好的概览、导读作用。

四、规范性之书写考究

细节决定成败。细读《朔州市朔城区志（1989—2010）》，笔者发现许多细节，关于书名、目录编排、行文规范、标点符号的运用，十分考究，折射出方志人的科学严谨和精益求精的态度，志书的质量因此而升华。现采摘几例说明之。

（一）书名篇目

志书的书名，在20世纪80年代以前还不是大问题，县级以上地方志书，均以行政区域名称直接标示，如“××省志”“××市志”“××县志”。20世纪80年代以后，随着城市区志的增多，城市区志的书名也出现了混乱，有的只标下行政区域的区域名称，有的在区域名称前加标属市名称，有的在续修城市区志名称后标明上下限年份，有的没有标注上下限年份。城市区志与省市县三级志书相较，属较特殊的一类志种，城区属某一城市的局部，在行政区划标名中，均标为“××市××区”，其独立性较县级行政区划要差许多。以城区的单独名称标名，既体现不出城区局部与城市全局的关系，同时易引起标名的混乱。单就志书名称的科学性而言，城区志的名称应加冠属市的名称，续志标注上下限年份，才较合理、科学。[①]2008年，中国地方志指导小组《地方志书质量规定》对此作了规定，指出“市辖区志书在本行政区域名称前冠以上一级行政区域名称，如‘××市××区志’”，“续修地方志书名称后要标明上下限年份，如‘××县志（××××—××××）’”。《朔州市朔城区志（1989—2010）》无疑是一个规范的典例。

全志47编，各编根据内容酌情设立章、节、目、子目等，层次分明，排列有序，整体布局合理。

至目前为止，全国各地的志书篇目第一层级称谓不一，各出版社采用的称谓也不一。有称“编”的，有称“篇”的，有称“卷”，相对混乱。笔者认为，从志书的规范性、科学性、逻辑性、整体性而言，统一用“编”更合适。

一是从字义析。《现代汉语词典》（第6版）称“编”：把细长条状的东西交叉组织起来；把分散的事物按照一定的条理组织起来或按照一定的顺序排列起来；书籍按内容划分的单位，大于“章”：上～、中～、下～；[②]称“篇”：

① 参见任根珠：《城市区志科学性漫议》，载任根珠著《西樵方志论丛》，中华书局2013年版。

② 中国社会科学院语言研究所词典编辑室编：《现代汉语词典（第6版）》，商务印书馆2014年版，第76页。

首尾完整的文章；写着或印着文字的单张纸；用于文章、纸张、书页（一篇是两页）等：一～论文；[1]称“卷”：书本：～轶；古时书籍写在简帛或纸上，卷起来收藏，因此书籍的数量论卷，一部书可以分成若干卷，每卷的文字自成起讫，后代仍用来指全书的一部分；～一，第一～，藏书十万～，上～。[2]三者的区别在于几个关键词：大于“章”、文章、书本及其数量。

二是比较分析。三者中，“篇”的含义最小，以段落或分块划分层次，而不以章划分层次，如一篇文章，我们不能称之为一编文章、一卷文章；“卷”的含义最大，多用于古代，如一本书可称之一卷书、一册书，而不能称之为一编书、一篇书。“编”是大于“章”的单位，最适合作为当代书籍篇目的第一层级，可下设章、节、目、子目，层层统属，各编依序排列，组成一个有逻辑又严谨的整体。就志书而言，各分志为编，共同组成志书的主体，志首概述、大事记，则不为编，而是单篇的文章，正如一本书里的一篇文章，只用文章标题，无须在标题前冠以“篇”字，而大于“章”的部分，则需在标题前冠之以“编”字。

因此，《朔州市朔城区志（1989—2010）》设置的编、章、节、目层级，是比较合理、规范、科学的。编、章、节、目的标题，也十分考究，没有出现不规范的标题。而有的志书上下级标题重复的不少，标题带“地方”二字的也多：“中国共产党地方组织”“地方人民代表大会”“地方人民政府”“政协地方组织”“民主党派与工商联地方组织”等，有多余、累赘之嫌。市县志本来就是地方志，记载本行政区域内之事，志内编章标题加“地方”二字纯属多此一举。难道都要写上“中华全国总工会××地方工会”“中国共产主义青年团××地方委员会”“地方公安”“地方教育”“地方文化”之类的“地方”编章标题吗？当然不必要。如《朔州市朔城区志（1989—2010）》第一层级标题：“中国共产党”“人民代表大会”“人民政府”“政治协商会议”等，简明、准确，没有歧义，较为规范。

（二）版面编排

版面编排多为编志者忽视，有的随意性大，有的觉得是出版社的事，与己无关。其实，这关乎编志者的治学态度和品味气质。

如志首内容多，排列十分讲究。除了扉页、版权页以外，还有编纂人员

① 中国社会科学院语言研究所词典编辑室编：《现代汉语词典（第6版）》，商务印书馆2014年版，第991页。

② 中国社会科学院语言研究所词典编辑室编：《现代汉语词典（第6版）》，商务印书馆2014年版，第707页。

名单、图照、序、凡例、目录，依序排列。编纂人员名单列前，是志书的传统，也是编纂人员、评审人员的告示，有一份责任和荣誉在那里，也体现了著作权益与人文大观。因为修志者多为地方文化精英，名单前置，人才壮观，是为盛事。有的志书将名单置于志尾，自信不足，也有妄自菲薄之嫌。

从《朔州市朔城区志（1989—2010）》志首内容看，评审团阵容强大，有中国地方志指导小组办公室的专家，还有河北、河南、陕西、山西等省的专家，折射出志书的高要求、高质量。地图也蔚为壮观，有朔城区行政区划图、地理位置图、卫星影像图、地势图、土地利用现状图、地质矿产图、水利工程现状图、森林资源分布图、矿产资源分布图、交通旅游图、城市社区分布图、城区图、老城区改造前卫星影像图等 14 幅，折页单页并排，涉及地情内容广泛。地图之前，特设了朔城区名片，双栏排列了 28 个荣誉称号，如全国体育先进区、全国科技工作先进区、全国粮食生产先进区、全国园林绿化先进城市、山西省县域经济发展先进区、山西省和谐社会建设先进区等，彰显出朔城特色和亮点。序有 3 篇，除了区委书记、区长分别为序以外，还有省方志专家任根珠作序三，从地方志的视野观察全志，评价很高。

目录的编排也极为讲究。《朔州市朔城区志（1989—2010）》先列总目：概述、大事记、第一至第四十七编编目、附录、图索引、表索引、后记，以一个页面、双栏排列志书的第一层级结构，方便了读者阅览。总目之后列目录，双栏排列上下册的内容、编章节标题，并标注页码。有中文总目、目录，还有英文总目、目录，更有利于志书的传播与利用。因是上下 2 册，上册集中排列了全志的中文总目、目录以及英文总目、目录，下册排列了下册的中文目录，美观大气，又方便读者翻检。

志书编纂的最后一个环节就是版面编排。处理得好，志书因此而生辉。反之，志书的质量因此受损，还无端增加篇幅版面和经费开支。《朔州市朔城区志（1989—2010）》无疑属于前者。

（三）标点符号

任根珠先生《续志行文年份连接号的运用》一文，提出年份间的连接号应为“—”，使用浪纹“～”是不规范、不准确的。[①]另有《学习〈标点符号用法〉2011 年修订版的新规定》一文，指出是用浪纹线还是一字线，存在争

① 任根珠：《续志行文年份连接号的运用》，载任根珠著《西樵方志论丛》，中华书局 2013 年版，第 311～312 页。

议，修订版也未统一，可自行选择，如“1986～2005年”与“1986—2005年”、“1600～1700米”与“1600—1700米”都对，但全书必须一致”。[①]

最初看到前一篇文章时，我很紧张，因为任根珠老师指导下的《朔州市朔城区志（1989—2010）》，的确用的是“—”，是对的，而我参与编纂的《萧山市志》等，都是用“～”，是不是错了？

于是，我认真学习了国家标准《标点符号用法》（GB/T15834—2011），其“4.13连接号”表述如下：

4.13.1 定义

符号的一种，标示某些相关联成分之间的连接。

4.13.2 形式

连接号的形式有短横线“-”、一字线“—”和浪纹线“～”三种。

4.13.3 基本用法

4.13.3.1 标示下列各种情况，均用短横线：

a)化合物的名称或表格、插图的编号。

示例1：3-戊酮为无色液体，对眼及皮肤有强烈刺激性。

示例2：参见下页表2-8、表2-9。

b)连接号码，包括门牌号码、电话号码，以及用阿拉伯数字表示年月日等。

示例3：安宁里东路26号院3-2-11室

示例4：联系电话：010-88842603

示例5：2011-02-15

c)在复合名词中起连接作用。

示例6：吐鲁番—哈密盆地

d)某些产品的名称和型号。

示例7：WZ-10直升机具有复杂天气和夜间作战的能力。

e)汉语拼音、外来语内部的分合。

示例8：shuoshuo-xiaoxiao(说说笑笑)

示例9：盎格鲁—撒克逊人

示例10：让-雅克·卢梭（“让-雅克”为双名）

示例11：皮埃尔·孟戴斯-弗朗斯（“孟戴斯-弗朗斯”为复姓）

4.13.3.2 标示下列各种情况，一般用一字线，有时也可用浪纹线：

---

① 任根珠：《学习〈标点符号用法〉2011年修订版的新规定》，《黑龙江史志》2015年第14期。

a）标示相关项目（如时间、地域等）的起止。

示例 1：沈括(1031—1095)，宋朝人

示例 2：2011 年 2 月 3 日—10 日

示例 3：北京—上海特别旅客快车

b）标示数值范围（由阿拉伯数字或汉字数字构成）的起止。

示例 4：25～30g

示例 5：第五～八课

这里的“4.13.3.2”，标示的时间、地域、数值，一般用一字线，有时也可用浪纹。也就是两可。任根珠先生发表的后一篇文章参照的是国家标准（GB/T15834—2011）《标点符号用法》规定，故提出可自行选择，使用“—”“～”都对，但用汉字标示时，为避免误以为是一，用浪纹线。如三月十～十三日召开会议，可避免误以为是十一月十一十三日召开会议。

而任根珠先生发表的前一篇文章，参照的是国家标准（GB/T15834—1995）《标点符号用法》规定，其“4. 13 连接号”表述如下：

4.13.1 连接号的形式为“—”，占一个字的位置，连接号还有另外三种形式，即长横“——”（占两个字的位置）、半字线“-”（占半个字的位置）、和浪纹“～”（占一个字的位置）。

4.13.2 相关的时间、地点或数目之间用连接号表示起止。例如：

a)鲁迅（1881—1936）中国现代伟大的文学家、思想家和革命家。原名周树人，字豫才，浙江绍兴人。

b)“北京—广州”直达快车

c)梨园乡种植的巨峰葡萄今年已进入了丰产期，亩产 1000 公斤～1500 公斤。

4.13.4 相关的字母、阿拉伯数字等之间，用连接号，表示产品型号。例如：

在太平洋地区，除了已建成投入使用的 HAW－4 和 TPC－3 海底光缆之外，又有 TPC－4 海底光缆投入运营。

4.13.5 几个相关的项目表示递进式发展，中间用连接号。例如：

人类的发展可以分为古猿—猿人—古人—新人这四个阶段。

这里的“4.13.3.2”，标示的时间、地点或数目之间用连接号表示起止。因示例之时间、地点之间用“—”表示，故以为只有用“—”是对的，用“～”就不规范、不准确。其实，规定中说用连接号表示起止，示例中用“—”表示，并没有说不能用“～”表示。

咬文嚼字。不管是根据国家标准（GB/T15834—1995）《标点符号用法》，

还是根据国家标准（GB/T15834—2011）《标点符号用法》,《朔州市朔城区志（1989—2010）》用“—”始终都没有错，他志用“~”仍然不如用“—”毫无争议。

小处不可小觑，细节有讲究。这是《朔州市朔城区志（1989—2010）》增辉添彩的又一个亮点。

五、理论性之融会贯通

任根珠先生在序三称，他与曹老振武一同参与该志篇目的修改，并为参编人员培训讲课，后又参与志稿评审，对编纂者孜孜以求，继承传统，勇于创新的精神深感钦佩。后记则言，任根珠巡视员多次对编写人员进行培训，从初稿基本形成直到评审稿历经数稿，任根珠巡视员在百忙中反复进行审阅，从篇目的调整到内容的增删提出不少宝贵意见。由此可知，任老师的方志理论与编纂者的修志实践是融会贯通在一起的。于是，笔者结合任老师的《西樵志语》《西樵方志论丛》[①]来观察《朔州市朔城区志（1989—2010）》。果然，任老师强调志书的独立性，漫议城市区志突出时代特色和地方特色，对概述的研究炉火纯青，讲究行文和版面编排规范科学等，而《朔州市朔城区志（1989—2010）》敢破敢立，创意迭出，不落俗套，亮点纷呈。例如，为保持事物的连续性和完整性，体现该志的独立性和实用性，有的内容贯通古今，有的对前志补遗勘误，折射出朔城方志人对历史负责、对读者负责的敬业精神；篇目设置突出了地方特色和时代特色，“改革开放”“煤炭”“电力”“城市建设”“旅游”“马邑文化”“文物古迹”“艺文”“丛谈”“前志补遗勘误”编，彰显出朔城方志人对“人无我有，人有我优”的执着追求；概述得法，可读性强，堪称志界概述之佳文典例；行文与版面编排比较规范，细微之处见真功夫，大处见智慧，达到了方志理论与实践的完美结合，是集乡土性与时代性、创新性与实用性于一体的力作。

然一志有一志之不足。若能设置志首彩照更好，精选典型的特色照片，集中渲染区内的自然资源和独特的地方文化和经济社会发展景况，这比地图更有视觉冲击力。志中随文照片大多缺时间、地点要素，有的缺文字说明，

① 任根珠:《西樵志语》, 方志出版社 2003 年版；任根珠:《西樵方志论丛》, 中华书局 2013 年版。

表格设计也有提升的空间。[①]“凡例”开头表述的该志指导思想前后意思重叠。“人民生活”编下设“谱牒纂修”章似不妥，全志缺史志专章遗憾，笔者想了解朔城历史上的志书篇目、编纂情况无果，仅在“艺文”编内寻得书名、编者、出版社、出版时间星点信息。数据前后矛盾，没有处理干净，[②]版面印制也有失误。[③]缺少鲜活的社会调查、口述历史资料入志，注释运用不多。当然要求数百万字的志书完全精确无误，又集大成创新，未免苛刻，但相信朔城方志人广收言论，倾听各方声音，势必进一步提升和超越，当恭贺之。

① 例 1，缺计量单位：《朔州市朔城区志（1989—2010）》第 807 页表格中，财政总收入、粮食产量、农民人纯收入、农业总产值、工业总产值、全社会固定资产投资、农村经济总收入，社会消费品零售总额、地区生产总值、一般预算收入、工业增加值、城镇导民可支配收入，均未标注计量单位。

例 2，设计不规范：《朔州市朔城区志（1989—2010）》第 457 ~ 460 页表格右上方的计量单位多达 6 个，令读者不易对号入座，可将计量单位括注在项目栏内。第 1647 ~ 1650 页表格右上方的计量单位多达 8 个，更应该括注在项目栏内，表题要加入政区名。

例 3，风格不统一：《朔州市朔城区志（1989—2010）》第 801 ~ 807 页与第 829 ~ 835 页表格不统一，表现在表式不统一、表题不统一、项目栏内年度年份不统一、计量单位标注不统一等。

② 例 1，煤炭储量前后矛盾：《朔州市朔城区志（1989—2010）》第 3 页概述中，朔城区煤炭储量是 195 亿吨，第 158 页自然环境中是 183 亿吨。

例 2：原煤产量前后矛盾：《朔州市朔城区志（1989—2010）》第 454 页经济总揽中，朔城区 2010 年原煤生产虽受到煤炭市场的影响，仍达到产量 393 万吨；第 460 页经济指标统计表中，朔城区 2010 年原煤产量 1208 万吨；第 623 页煤炭统计表中，朔城区 2012 年原煤产量 1063 万吨。前后 3 个数据，各不相同，也未注明统计口径。

例 3，财政总收入前后矛盾：《朔州市朔城区志（1989—2010）》第 462 页经济总揽中，朔城区 1988 年财政总收入 522.7 万元，1995 年为 17500 万元，2010 年为 153032 万元；第 463 页财政收支统计表中，朔城区 1988 年财政总收入 5523 万元，1995 年为 15501 万元，2010 年为 153037 万元；第 742 页财政中，朔城区 2010 年总收入 15.31 亿元。前后数据矛盾，四舍五入带有随意性。

③《朔州市朔城区志（1989—2010）》第 121 页为第一编政区内容，右上方印制的却是第二编自然环境。

第二轮志书体例的创新与缺失

——三部二轮市县志稿评议研讨①

提　要： 志书的体例与篇目，体裁与编纂，在传承中创新与发展。三部二轮市县志稿，传承中有特色，创新中有亮点，也有不足与盲点。最闪光的是篇目的地方特色与时代特色比较彰显，最有争议的是特记、专记、特载的运用得与失，最令笔者关注的是注释、口述历史、社会调查报告体裁形式的运用如何，八种志书体裁的综合运用如何，志书体裁与非志书体裁的结合运用如何，志书的著述性与鲜活性都有提升吗？对此进行了观察与评议。文章第四部分罗列了三部志书编纂创新方面存在的十多个具体问题及修改建议。

关键词： 志书；体例；创新；评议

一、引言

听说评志稿，我踊跃参与，重在学习与交流。2015 年 8 月 14 日（星期五），收到中国地方志指导小组办公室发来的《厦门市志（1996—2005）》《石狮市志（1998—2010）》《北川羌族自治县志（1988—2007）》三部市县志稿电子版。没有纸质志稿。要看如此大容量的 PDF 电子版，起初有些茫然。后来看到中国新闻出版研究院于 2015 年发布的《第十二次全国国民阅读调查成果》，发现 2014 年我国国民图书阅读率为 58.0%，数字化阅读方式的接触率为 58.1%，各媒介综合阅读率为 78.6%。数字化阅读首次超过了传统阅读。对我国国民倾向的阅读形式的研究显示，有 57.2%的成年国民更倾向于“拿一本纸质图书阅读”，有 14.3%的国民更倾向于“网络在线阅读”，有 23.5%的国民倾向于“手机阅读”，有 3.4%的人倾向于“在电子阅读器上阅读”，1.6%的国民“习惯从网上下载并打印下来阅读”。纸质读物阅读仍是近六成国民倾

① 本文为莫艳梅在 2015 年 11 月 9 日第五届中国地方志学术年会上的交流论文。

向的阅读方式。于是释然，联想我们编纂的大部头志书，在“互联网+”时代以及全民阅读中很有戏，通过数字化、网络化的建设，可以提升志书的传播力、影响力和使用率，同时，深度的纸质阅读仍然没有被完全取代，数字阅读、纸质阅读互搏更互补，电子志书、纸质志书均前景广阔。

当然，一卷在手、翻来翻去的感觉更好。可以随意地查找大部头志书文本的开头、结尾以及中间任何一处，产生一个前后连贯的意境图。电子版翻上翻下始终是一页，不能瞻顾前后、总揽全局，也不能做标记、折页，只能挑拣着阅读，或者打印部分研读，否则眼睛会废掉。三部二轮市县志稿电子版总计 5402 页，其中《厦门市志（1996—2005）》2958 页，《石狮市志（1998—2010）》1832 页，《北川羌族自治县志（1988—2007）》612 页。

二、体例创新的演进

志书的体例，从宋代定型以来，一直没有停止过创新脚步。2008 年中国地方志指导小组《地方志书质量规定》，在 1998 年《关于地方志编纂工作的规定》的基础上进一步创新，对志体、凡例、志书名称、体裁、篇目设置等方面又有了新规定。但从新规定实施的第一天起，推陈出新又此起彼伏，突破现有的条条框框。尝试与探索，传承与创新，永远在路上。

就三部二轮市县志而言，从纵比、横比以及有关规定对比，可以观察出其体例的创新与演进。

纵比，即与首轮市县志比，体裁从原先的述、记、志、传、图照、表、录 7 种演进为 8 种，新增了索引。索引便于读者检索，是对读者的人文关怀。索引编得好，可以彰显地方特色和志书特色。如人名索引，人名多，说明地方人物多，人杰地灵，也说明因事系人多，志书的生动性强。

篇目在首轮志书基础上增减并留，突出了区域特色和时代特色，有不少可圈可点之处，也有得不偿失之处。（详见本文第三部分）

传承的较多：均采用章节体，横排门类，纵述史实，生人简介不入人物志。部类排序，二轮市县志与首轮市县志的对应，其中厦门首轮、二轮市志均按自然、政治、经济、文化、社会、人物排序；石狮首轮、二轮市志均按自然、经济、政治、文化、社会、人物排序；北川首轮、二轮县志均按自然、政治、经济、文化、社会、人物排序；等等。

表 2-2　三部市县志基本情况表

项目	首轮市县志						二轮市县志					
	时限	体裁	篇目	结构	记述	篇幅	时限	体裁	篇目	结构	记述	篇幅
厦门市志	皇古至1995年	7种	30卷	卷章节目	下延	659万字	1996—2005年	8种	35篇	篇章节目	上溯下延	330万字
石狮市志	皇古至1997年	7种	28卷	卷章节目	下延	170万字	1998—2010年	8种	34卷	卷章节目	上溯下延	185万字
北川县志	1911—1987年	7种	31篇	篇章节目	上溯	101万字	1988—2007年	8种	32篇	篇章节目	上溯下延	80万字

与有关规定比，三部续志在记述上有所突破。《地方志书质量规定》云："时间界限明确，不随意突破志书的上限和下限，严格控制上溯或下延。"三部续志则不局限于上下10年、13年、20年"一刀切"，均有上溯下延，有利于保持志书的独立性、完整性，有利于读者用志。地情千差万别，因志而异，不必强求一律。如建置沿革，如果上下限"一刀切"，就人为地割断了地方的历史，造成读者阅志用志不便。因此，北川续志之"建置沿革"溯源至夏商时期，"北川羌族大事记"溯源至西汉，是有必要的，不必拘泥于条文规定。又如，笔者参与编纂的《萧山市志》(浙江人民出版社2013年版，下同)，是1987年版《萧山县志》的续志，上下16年余(1985年1月1日至2001年3月25日即萧山撤市设区日)，总计六册，第一、第二、第三册为志书的主体(采用章节体，横排门类，纵叙史实，共45编)，第四册索引，第五册社会课题调查，第六册《口述历史》(另行出版)。基于萧山建市始于1988年，终于2001年，以"市"之名在志书时限内仅有13年余，故市志不囿于上下限之限，全面上溯下延，以求记载对象之完整，读者查索之便利，力求修成一部相对独立完整的《萧山市志》。缘于此，书名没有括注上下限年份，它将是萧山历史上唯一的一部市志，因为第三轮修志将不再是县志或市志，而是《杭州市萧山区志(2001—2020)》了。

横比，即与其他二轮市县志比，有创新不足之处。表现在：注释运用不广泛，社会调查、口述历史缺失，志书的鲜活性、著述性均有待进一步增强等。(详见本文第四部分)

不管是创新还是缺失，三部续志都有一定代表性，对他志也有一定借鉴意义。

三、篇目创新的追寻

志书篇目，因地而异，因时而异，因事而异。三部二轮市县志在篇目创新、反映地方特色、时代特色方面出了不懈的努力。

（一）可圈可点之处

1.《厦门市志（1996—2005）》设专志35篇，与首轮市志50卷一级篇目比较，有增、减、并、留。如，反映地方特色，又在10年内变迁不是很大的宗教、民俗、方言，在首轮市志分别为卷，在二轮市志合并为1篇；外事、华侨、厦台关系、厦港关系，在首轮市志分别为卷，在二轮市志合并为1篇。“外事侨务台港海澳事务”篇与“对外经济交流与合作”篇，紧密相连，位置前移至政治部类的后面、经济部类的前面，这些都是彰显地方特色的篇目。时限内发展迅速的建筑业、房地产业2个关联产业，在首轮市志分别并入“城市建设”卷、“土地房产”卷内，在二轮市志单列“建筑与房地产业”篇，比较科学合理。新增“服务业会展业”篇，与前面的“国内商业贸易”篇、后面的“旅游业”篇交相辉映，特色彰显。

2.《石狮市志（1998—2010）》设专志34卷，与首轮市志28卷一级篇目比较，中小编体式比较得体。地方特色的篇目，首轮市志有“对外对台经济贸易”“渔业”“华侨”“与港澳台关系”“风俗宗教”等卷，二轮市志仍然设有“对外经济贸易和经济技术合作”“渔业”“外事华侨居港澳乡亲”“石台关系”“风俗宗教”等卷。新增“服装业”卷，从“工业”中升格出来；新增“方言”卷，弥补首轮市志无方言章节之不足。

3.《北川羌族自治县志（1988—2007）》设专志31篇，与首轮县志32篇比较，结构比较稳定。首轮县志升格的篇有“少数民族”“革命老根据地”“林业”“畜牧”“多种经营”“粮油购销等”等，二轮县志升格的篇有“民族”“林业”“养殖业”等。新增“旅游”“‘番地’变迁与镇乡概况”等篇。由于是内陆县、少数民族县，与东南沿海的厦门、石狮地情不同，北川的山区特色、民族特色和社会风土是亮点，表现在篇目上也十分彰显。

追寻篇目创新，彰显地方特色，是三部二轮市县志的闪光之点。

（二）得不偿失之处

值得商榷和探讨的是，三部二轮市县志为了突出亮点和篇目创新，分别在志首增设了特记、专记、特载体裁及篇目，笔者认为这是得不偿失。

1.《厦门市志（1996—2005）》在大事记之后，增设特记，下分“‘九八’投洽会”、“鼓浪屿”2个目，目下面还有8个子目、31个细目、66个无序目、1个表。“鼓浪屿”目后，还有1个附录，附录内有4个子目、14个细目、3个无序目、3个表。特记篇目如下：

一、“九八”投洽会。（一）沿革；（二）历届展会：1. 第十届福建投资贸易洽谈会，2. 第一届中国投资贸易洽谈会，3. 第二届中国投资贸易洽谈会，4. 第三届中国投资贸易洽谈会，5. 第四届中国投资贸易洽谈会，6. 第五届中国投资贸易洽谈会，7. 第六届中国投资贸易洽谈会，8. 第七届中国投资贸易洽谈会，9. 第八届中国投资贸易洽谈会。

二、鼓浪屿。（一）风景名胜：1. 日光岩景区（日光岩、古避暑洞、龙头山寨、日光岩寺、英雄山），2. 菽庄花园，3. 皓月园，4. 毓园，5. 海底世界，6. 厦门华侨亚热带植物引种园；（二）风貌建筑：1. 概况，2. 闽南传统建筑，3. 欧式建筑（美国领事馆、英国领事馆、天主堂、三一堂、八卦楼、观海别墅、黄荣远堂），4. 南洋建筑（海天堂构、金瓜楼、骑楼），附表：鼓浪屿南洋建筑与欧式建筑特色对比表；（三）音乐艺术：1. 概况，2. 音乐教育与培训，3. 音乐创作（周淑安的音乐创作、钟立民的音乐创作、其他与鼓浪屿有关的音乐创作），4. 音乐演出，5. 家庭音乐会，6. 街头艺人；（四）文化设施：1. 图书馆（中山图书馆、鼓浪屿区图书馆、厦门二中图书馆），2. 博物馆（厦门市博物馆、厦门市郑成功纪念馆、鼓浪屿钢琴博物馆、观复古典艺术博物馆），3. 影剧院（鼓浪屿电影院、鼓浪屿音乐厅）；（五）雕塑（郑成功石雕像、郑成功青铜浮雕、马约翰铜像、林巧稚汉白玉雕像、林尔嘉铜像）；（六）摩崖石刻：1. 日光岩石刻群（“脚力尽时山更好”、“鼓浪洞天”“鹭江第一”、“天风海涛”、“闽海雄风”、“郑延平水操台遗址”、“晃岩”、“龙头山”、旭亭记石刻、南居益诗刻、黄日纪诗刻、俞成诗刻、蔡廷锴诗刻、蔡元培诗刻、“鹭江龙窟”、“九夏生寒”、张琴诗刻、汪兆铭诗刻、“古避暑洞”、吴迈诗刻、蒋鼎文诗刻、仿张瑞图题刻、“日月俱悬”、“与日争光”、“光复台”、

“曲径通幽”、郑成功诗刻、鲁葭亭词刻、陈蓁诗刻、“重怀旧垒”、黄仲训诗刻、远而亭诗刻、“嵌石亭”)，2. 菽庄花园石刻群（菽庄花园题刻之一、菽庄花园题刻之二、藏海园题刻），3. 三和宫石刻。

附：鼓浪屿公共租界。（一）概况，（二）租界的成立：1. 英德谋设工部局计划破产，2. 日本强划租界未遂，3. 公共租界设立；（三）管理机构：1. 驻厦领事团，附表2：历届“领袖领事”名表，2. 鼓浪屿工部局（董事会、专门办事机构、会审公堂），附表3：1903—1936年鼓浪屿会审公堂历任委员一览表；（四）外国驻厦领事机构：1. 英国领事馆（总领事馆），2. 美国领事馆，3. 法国领事馆，4. 西班牙领事馆，5. 德国领事馆，6. 荷兰领事馆，7. 日本领事馆（总领事馆），8. 菲律宾领事馆，9. 其他国家领事馆，附表4：若干年份其他国家驻厦领事馆简况表。

特记总计35页4万多字。虽是特记，实际上为专志结构及写法，或者说是专志的异体，不是记的异体及写法。大事记有编年体、纪事本末体两种体例，特记、专记应属于大事记中的纪事本末体，为大事记的异体。而实际上，一些市县志的特记、专记，不是纪事体，也不是编年体，而是有着几个层次篇目的志体，在志书中属于不伦不类的体裁。[①]因此，建议删掉该志特记，把特记的内容，分解到大事记、专志、附录里，或单设鼓浪屿专篇。

2.《石狮市志（1998—2010）》在志首概述之后、大事记之前，增设专记，下列“中国休闲服装名城”“全国首批建设社会主义新农村特色县”“中国民间文化艺术（灯谜）之乡”“中国最具商业活力的沿海开放城市”4个无序标题文章。在“凡例”称：“专记对石狮市在服装、新农村建设、民间文艺等诸方面所发生的重大事件作简要、重点记述。”内有“1998—2010年石狮谜人参与编辑、出版的灯谜类作品名表”“附：石狮谜语佳作评析”。

“专记”总计18页1.8万字，4篇文章依次为4300字、2300字、9500字、1500字。文章的标题似城市名片，写法似简介、概述，与志首概述内的“全国著名侨乡”“重要的台胞祖籍地”“新兴的移民性城市”“福建综合改革实验区”“综合经济实力全国百强县（市）”“城镇化水平居全省县级市首位”

① 参见王晖：《特记、专记与大事纪略》，《中国地方志》2003年第4期。又可参见王晖：《再谈特载、专记与大事纪略》，《黑龙江史志》2007年第3期。

等无序小标题类似，皆为市情特点。“专记”汇集4个市情特点的4篇文章，置于志首，与概述并列，实际上成了“专记”类目，升格为第一层次篇目之列。虽然是地方特色的内容，但有的似简介没有深度，有的纵述史实、横陈特点，不是专记的写法，有的置入其他篇章内容会更完整。既缺乏专记应有的可读性、生动性，又人为地将志首概述、有关专志（服装业、城市建设、政府施政纪要、文化篇章）等可以记载的重要内容肢解分割了。因此，建议删掉该志“专记”，把“专记”的内容，分解到概述、大事记、专志、附录里。

3.《北川羌族自治县志（1988—2007）》在大事记、北川羌族大事记之后，增设《特载：汶川特大地震灾难与抢险救灾》，下设“地震灾难”“众志成城抗震救灾”“恢复重建”3个目，目下还有20个小标题。“特载”篇目如下：

一、地震灾难：城镇村庄被毁，人员伤亡惨重，基础设施严重受损，骨干企业严重毁损，生态环境遭到严重破坏，禹羌文化和非物质文化损毁惨重。

二、众志成城抗震救灾：孤城自救，中央关怀，抢救生命，疫病预防，受灾群众安置，医疗救助，救灾物资的运输发放，抢通生命线，唐家山堰塞湖排险，学校复课。

三、恢复重建：灾后重建总体规划，新县城选址及规划，生产自救，对口援建。

“特载”总计16页2万字左右。虽然是专题记述，主题也好，但内容篇幅长而烦琐，形似汶川特大地震灾难与抢险救灾的综合情况汇报材料。如果内容特殊而保留，建议简化结构，不要太长太碎了。

笔者不反对特记、专记、特载体裁入志，关键是要运用得当、呈现精彩，而不是名为记、实为志、名不副实。又如，《萧山市志》在大事记之后设“专记：中共中央总书记江泽民三次视察萧山”，依时记述江泽民分别于1991年10月25日视察瓜沥镇航民村、1995年5月15日视察万向集团、2000年5月11日视察浙江传化集团和杭州大地网架制造有限公司的全过程，总计2200字，鲜活的人物、对话、场景以及细节描写，无疑增添了志书的可读性，也成了志书的亮点。

（三）立题欠佳之处

个别篇目设置欠佳，有的立题欠准确、欠规范，见本文第五部分“编纂创新的挑战”之“（二）篇目创新的挑战”。

四、体裁创新的缺失

志书的体裁，当今以横排门类、纵述史实、述而不论的志体为主，述、记、志、传、图照、表、录、索引8种体裁兼用。于是，我又联想，三部二轮市县志在此基础上还有体裁创新吗？有大量可以增强著述性的注释吗？有生动鲜活的社会调查报告、口述历史（文本）形式入志吗？遗憾的是，答案是“否”。

（一）注释体裁的缺失

三部二轮市县志均沿袭了首轮志书关于入志资料一般不注明出处的做法，没有注重注释的运用。除了少量的文内括注（夹注）和表下注以外，几乎没有页下注（脚注）和文后注（尾注），使志书缺失了一个增强著述性、实用性的体裁创新。

注释在旧志中运用较多，在新志中运用太少。笔者参与编纂的《萧山市志》有一个突破性的举措，就是把注释列为志书主要体裁之一，在“凡例”称：“采用述、记、志、传、图照、表、录、注、索引等体裁，以志为主。”为了方便读者用志，在衔接首轮志书、记载二轮志书下限外内容、链接志稿相关历史背景和珍贵资料、注明资料出处、解释名词、说明互见内容等方面，广泛使用注释。以页旁注为主，正文居于页面的外侧，注释置于页面的内侧，版式比较美观。据统计，《萧山市志》第一、第二、第三册有注释2200多条，一些页面的注释甚至超过了正文的分量，成为大规模运用注释并将注释列为志书主要体裁的新志书典例，也可供同行借鉴。

（二）社会调查、口述历史的缺失

21世纪以来，不少学者撰文倡导社会调查、口述历史入志，以增强志书的鲜活性和资料性。调查报告体裁形式入志已渐成趋势，口述历史文本形式入志仍在探索中。经查，三部二轮市县志中，《石狮市志（1998—2010）》《北川羌族自治县志（1988—2007）》均没有社会调查、口述历史的体裁形式入志，《厦门市志（1996—2005）》仅有1个住房问题调查的附录，没有口述历史文本入志，可以说是体裁创新的又一大缺失。

目前，社会调查、口述历史成果入志形式多样，除了作为史料直接写入编章节目正文以外，不少是作为附、附录、附记置于章节之后，还有单列、与其他体裁形式并列的。如《萧山市志》社会调查作为附、附录设在第一、第二、第三册编章节之后的有20多个，[①]另设第五册社会课题调查，计16辑。[②]有感于二轮志书资料搜集之弊，第二手资料多，第一手资料少，原创少，杭州市萧山区地方志办公室于2004年邀请浙江大学、浙江工商大学、华中理工

① 《萧山市志》（浙江人民出版社2013年版）第一、第二、第三册，社会调查作为附、附录入志的有：《公众心目中公务员道德素质现状调查》（第六编人口，区文明办座谈、访谈、问卷调查）、《萧山市城镇居民新的消费形态逐步形成》（第七编居民生活，记者根据城镇住户抽样调查资料报道）、《萧山市居民消费结构的新变化，》（第七编居民生活，记者根据城镇住户抽样调查资料报道）、《萧山市城镇居民兴起“享受型”消费》（第七编居民生活，记者根据城镇住户抽样调查资料报道）、《萧山居民居住环境状况调查——90年代与现在对居民居住环境满意度调查》（第十编城市建设，区志办等问卷调查、个案访谈）、《北干街道兴议村外来务工人员情况调查》（第十一编农村农民农业，区志办、区农办等实地调查）、《楼塔镇儒坞村燃能结构变化调查——90 年代与现在农村居民对农业状况满意度分析》（第十一编农村农民农业，区农业局调查材料摘要）、《萧山农村居民生活质量调查》（第十一编农村农民农业，区志办等抽样调查分析）、《萧山粮食安全调查》（第十一编农村农民农业，区志办、区农办等调查报告）、《1987–2003年萧山农田害鼠种群动态调查》（第十一编农村农民农业，区农业局调查报告）、《革命草突然大面积消失寻秘》（第十一编农村农民农业，区志办调查研究分析）、《萧山农田杂草种类分布情况调查》（第十一编农村农民农业，区农业局调查报告）、《黄、红麻脱胶技术》（第十一编农村农民农业，区农业局调研报告摘要）、《关于“新围垦种”移民情况调查和今后意见的报告》（第十二编垦区开发，县革委会工作调查组调查报告）、《垦区自发劳动力市场》（第十二编垦区开发，区劳动和社会保障局调查报告摘要）、《萧山私营工业企业抽样调查——39家私营制造业企业的调查情况》（第十三编工业，区工商业联合会抽样调查报告）、《浙江华越家具工业有限公司招用外地员工调查》（第十四编萧山经济技术开发区，浙江华越家具工业有限公司调查报告）、《萧山私营企业情况调查》（第二十六编民主党派工商联，萧山市工商业联合会调查报告节选）、《萧山中小学生生长发育和营养状况调查》（第三十四编教育，区教育局抽样调查报告摘要）、《班干部心理素质调查》（第三十四编教育，区教育局抽样调查报告节选）。

② 《萧山市志》（浙江人民出版社2013年版）第五册社会课题调查有：第一辑“萧山人的一天调查”（区志办、华中科技大学社会学系问卷调查、个案访谈等）、第二辑“萧山居民生活质量调查”（区志办、华中科技大学社会学系问卷调查、个案访谈等）、第三辑“萧山居民休闲娱乐情况调查”（区志办、浙江大学社会学系问卷调查、个案访谈等）、第四辑“萧山居民择业观调查”（区志办、浙江工商大学问卷调查、个案访谈）、第五辑“萧山居民的社交礼仪调查”（区志办、华中科技大学社会学系问卷调查、个案访谈等）、第六辑“萧山居民出行调查”（区志办、浙江工商大学问卷调查、个案访谈等）、第七辑“萧山居民家庭车辆拥有与使用情况调查”（区志办、浙江工商大学问卷调查、个案访谈等）、第八辑“萧山居民住宅情况调查”（区志办、浙江工商大学问卷调查、个案访谈等）、第九辑“萧山居民吃、穿、用调查”（区志办、浙江工商大学问卷调查、个案访谈等）、第十辑“萧山居民民间资本投资调查”（区志办、浙江工商大学问卷调查、个案访谈等）、第十一辑“萧山家庭教育观的变迁”（区志办、浙江工商大学问卷调查、个案访谈等）、第十二辑“萧山百岁老人状况调查”（区志办、浙江工商大学问卷调查、个案访谈等）、第十三辑“萧山妇女地位情况调查”（区志办、浙江工商大学公共管理学院问卷调查、个案访谈等）、第十四辑“萧山知识分子的调查”（区志办、浙江大学国际文化学系问卷调查、个案访谈等）、第十五辑“萧山企业家情况调查”（区志办、浙江大学社会学系问卷调查、个案访谈等）、第十六辑“萧山民工的生活、生存状况调查”（区志办、浙江大学国际文化学系问卷调查、个案访谈等）。

大学、华中科技大学，合作开展社会课题调查，内容涉及吃、穿、住、行、教育等民生根本之问题，并把视角投向百岁老人、妇女、知识分子、企业家、外来民工等社会关注之焦点，以真实再现社会万象，开创二轮修志集中系统开展大规模社会课题调查并将调查成果大规模入志之先河。另外，设有第六册口述历史，是 100 多个典型人物口述历史的文本汇辑，意在对文献资料进行补充、印证和鉴别，待出版。由于是修志部门自己组织搜集的第一手鲜活的资料，而且在全志中占有相当比例，加上注释的大量运用，故《萧山市志》是杭州市萧山区人民政府地方志办公室编著，而不是“编”。

（三）附录非志书体裁的得失

志书的 8 种体裁中，附录的包容性最强，它可以附录非志书体裁的调查报告、口述历史、新闻报道、文件法规、学术论文、说明文等。在内容上是对正文的补充、拓展和丰富，在形式上是对上百万字志书的激活和亮化，在体裁上是对传统志书体裁的开拓和创新。既可以增强志书的新颖性、趣味性，又可以增强志书的资料性和学术性，既是志书内容与形式的有机融合，又是志书传统体裁与创新体裁的相补互动，功效很大。当然，如果不精选、不认真编排，也会影响志书的质量，并骤然增加志书的篇幅。

三部二轮市县志总计有文内附录 128 个、志末附录 11 个，其中《厦门市志（1996—2005）》有文内附录 63 个、志末附录 0 个，《石狮市志（1998—2010）》有文内附录 65 个、志末附录 7 个，《北川羌族自治县志（1988—2007）》有文内附录 0 个、志末附录 4 个。厦门、石狮的志中附录比较多，各类代表、委员名单、表彰名录，机构、企业、单位简介，占了相当部分。有的附录内容，笔者认为可以换成表格，有的可以入正文，两可。而不能入正文的调查报告、口述历史、新闻报道等体裁形式，反而没有作为附录入志，是为创新体裁的缺失。

另外，有的附录内容应该入正文而放不进正文，是因为篇章节目里没有它们应有的位置。例如，“附：自然灾害”“附：农村客运”“附：为民办实事项目”“附：少先队工作”“附：创建双拥模范城”“附：农村电气化建设”“附：民营快递”“附：自来水工程建设”“附：有关军事活动”“附：保健食品市场监管”“附：化妆品市场监管”等，内容以及写法都符合专志要求，可以调整篇目放入正文，而不作为附录内容。

附录的非志书体裁如典型事例、社会调查、口述历史内容，可以增强志书的鲜活性、资料性。

如《厦门市志（1996—2005）·服务业会展业》，篇内有 15 个附录，全部是服务业的企业、机构简介，从某个角度讲，是厦门住宿餐饮服务业、居民服务、修理和其他服务业、租赁和商务服务业的深度反映和亮点。

美中不足：会展业的内容没有附录，下有会展管理、服务 2 个目，没有纵写内容，全是管理机构、服务机构简介的单个罗列，缺失了述体、志体的综合运用。另外，会展业能排上篇的位置，自有它特别的地方。作为现代服务业的重要组成部分，会展业已经成为厦门经济发展的新增长点和第三产业的支柱之一。厦门办的会，有四成多来自北京，2014 年接待 50 人以上的商业会议 4177 场，千人以上会议 60 场，国际性会议 49 场，会议业经济效益达 140 多亿元，带动间接收入最多的依次为长途交通、住宿、餐饮和购物、游览等。[①]如此新兴的产业，如果有调研报告、口述历史以附录的形式入志就更好了。

（四）述、传、图照、表格、索引体裁运用的得失

详见第五部分“编纂创新的挑战”之“（三）体例规范的挑战”“（四）志书 8 种体裁综合运用的挑战”。

五、编纂创新的挑战

志书的编纂，涉及编纂方式、篇目设置、体裁运用、体例规范、内容记述等方方面面，在实践过程中不可避免遇到许多问题与挑战。

就三部二轮市县志而言，有如下问题与挑战。

（一）编纂方式创新的挑战

续修还是重修？笔者认为，情况特殊的北川如果选择后者更佳。

通过电话得知，北川首轮县志与二轮县志稿在 2008 年的“5·12”汶川特大地震中遗失殆尽。2010 年，北川羌族自治县人民政府重新启动续修县志工作，将下限从原来的 2005 年下延至 2007 年，并再版了首轮县志 500 册，至今库存又只剩下 34 册。于是笔者又联想：首轮志书没有了，重修会不会更好？如果不重修，续志全面溯源，详今明古，详近略远，以第二轮志书承载首轮志书信息，也是可以尝试的。如此，志书的完整性、独立性、实用性就

① 参见《厦门会议产业创新高四成多来自北京》，http://www.taihainet.com/news/xmnews/szjj/2015-03-26/1384517.html，2018 年 2 月 18 日。

更突出。当然也更艰难，更需要勇气和财力智力支持。

（二）篇目创新的挑战

虽然三部二轮市县志现有的篇目，地方特色、时代特色都比较突出，但还是有提升空间的。

1. 厦门、石狮二轮市志的“环境资源”篇（卷），主要记载自然环境与环境保护两大版块内容，笔者认为分设2篇（卷）更好。“环境资源”的内涵、范围太大，不宜设为篇名。

2. 北川二轮县志的“自然地理”篇之“地质性灾害”“灾害性天气”节，建议改“灾害”为“灾异”。因为不少情况下，灾害不是绝对的，如北川常见的大风、霜冻，大风可以用来发电，霜冻可以减少病虫害，使瓜果蔬菜去苦添甘。

3. 石狮二轮市志的《金融业保险业》卷，建议改卷名“金融业”，不写入“保险”二字。因为按照国民经济行业分类(GB/T 4754—2011)，金融业已包含了银行业、证券业、保险业和其他金融活动。

4. 厦门、石狮二轮市志的“中共厦门地方组织”“中国共产党地方组织”“地方人民代表大会”“地方人民政府”“政协地方组织”“民主党派与工商联地方组织”等篇（卷），建议去掉“地方”2字。因为市县志本来就是地方志，市志内的篇章名，再添加“地方”2 字属多此一举，难道都要写上“中华全国总工会××地方工会”“中国共产主义青年团××地方委员会”“地方公安”“地方教育”“地方文化”之类的“地方”篇章名吗？当然不必要。

5. 厦门二轮市志的第三十四篇“精神文明建设”，位于专志的最后第二篇，在第三十五篇“宗教民俗方言”的前面。总感到有些突兀。且不说“精神文明建设”与“中共厦门地方组织”“地方人民代表大会”“地方人民政府”“政协地方组织”并列为篇不符逻辑，且下设“思想道德建设”“创建文明城市”“文明创建活动”3章，也涵盖不了精神文明建设的内涵外延，框架大，内容小。建议调整到第四篇“中共厦门地方组织”，与其“宣传工作”章合并，避免与篇内的“重大决策”章“社会事业建设”节之“精神文明建设”目的标题重复，即原第三十四篇的标题与原第四篇下目的标题重复。

6. 党委决策和政府施政，是党政内容的重中之重，设节立目与内容记述，当避免与有关篇章的交叉重复，体现宏观的、重大的、事涉全局的、关乎经济社会发展的重要决策与施政，具有地方特色，而不是贯彻执行中央的学习和中心工作的事项。相对来说，党委决策要更宏观、更高远，属于方向性的、目标性的，如区域发展战略、发展思路、发展模式、发展规划等，政府决策是实施性的、结果性的，如围绕党委战略决策出台相对应的或系列的具体决策和举措。

《厦门市志（1996—2005）》之第四篇“中共厦门地方组织”第三章“重大决策”第六篇“地方人民政府”第三章“施政纪略”，在设节立目、内容记述方面，有的太琐碎，有的不是地方特色的宏观重大决策和施政，不少标题及内容，也与其他篇章有重复。

如第四篇“中共厦门地方组织”第三章“重大决策”之第二节“政治建设决策”，下设 8 个目：“一、加强和改善党对人大工作的领导”“二、加强和改善党对政协工作的领导”“三、支持民主党派建设”“四、加强和改善党对群众团体的领导”“五、党政机构改革”“六、干部人事制度改”“七、行政区划调整”“八、农村基层民主建设”。上述第一、第二、第三、第四目就算不上厦门特色。

第三章“重大决策”第四节“党的建设”，下设 11 个目：“一、加强市委常委会建设”“二、实施党建工作责任制”“三、党的作风建设”“四、党的执政能力建设”“五、‘三讲’教育”“六、机关党建”“七、农村基层组织建设”“八、农村‘三个代表’教育”“九、保持共产党员先进性教育”“十、反腐倡廉建设”“十一、配合中央专案组查处特大走私案”。上述第五、第六、第七、第八、第九目，归入第四章“组织工作”更妥当，第十、十一目，归入第七章“纪检监察工作”也可。

第六篇“地方人民政府”第三章“施政纪略”之第一节“经济建设”，下设 3 个目：“一、经济体制改革”“二、招商引资”“三、产业发展”。第三目，又下设 4 个子目：“1.农业”“2.工业”“3.服务业”“4.建筑业”。第三个子目又下设 5 个细目：“1.商贸业”“2.交通运输业”“3.金融保险业”“4.旅游会展业”“5.房地产业”。各行各业，面面俱到。

第三章“施政纪略”第二节“社会事业发展”，下设 7 个目：“一、教育”“二、科技”“三、文化”“四、卫生”“五、计划生育”“六、体育”“七、新闻出版与广播电视”。也是各行各业，面面俱到。

第三章“施政纪略”第三节“生态文明”，下设 2 个目：“一、园林绿化”“二、环境保护”。

上述的节、目的标题，与有关篇章节的标题重复，内容也不可避免地交叉重复或者肢解分离。如“施政纪略 · 体育”记载了厦门 1996—2006 年 11

年间体育发展概况以及获奖数量，还列有1996—2006年厦门市体育项目发展情况表，而“体育”篇却没有篇之概述，因为应该有的无题概述内容，被移置在“施政纪略”里了。又如第三章“重大决策·机关党建”，记载了1996年、1999年、2005年的3个机关党建文件，第四章“组织工作·机关党建”，记载了1995年、2003年建立机关党建的工作责任制，虽然内容错开了，没有交叉重复，但各自内容不完整。

重大决策与施政纪略，求大求全，面面俱到，必然凸现不出宏观的有地方特色的重大决策与施政。反之，重要的施政内容，如“为民办实事项目”（第549页），共6000多字，却附录在《厦门市志（1996—2005）·施政纪略》章节后面，没有作为正文、专节内容入志，本末倒置。

7. 三部志书的篇目，带有“工作”字眼的标题太多，如“纪律检查工作”“组织工作”“宣传工作”“统战工作”“招商引资工作”等，建议改为相应的事项名词或动词，分别为：“纪律检查”、“组织建设”、“宣传”或“思想建设”、“统一战线”、“招商引资”等。

8. 三部志书的一级篇目，建议改“篇”“卷”为“编”更严谨。这里不再赘述。

（三）体例规范的挑战

志书的编纂，要在传承与规范的基础上创新，而不是花样翻新、不辨体例的随意创新。编纂是否规范与得体，于细微之处可见一斑。

1. 凡例，有的对体例说明不充分，有的文字表述不规范。

如《厦门市志（1996—2005）·凡例》第四条：“按事以类从、横排门类的原则，全志共设35篇××章×节及人物传。”该志人物没有列入篇的序列，分设人物传、人物表两个部分。写上了专志的篇章节数量，再带上人物传，那么此处“人物传”是指体裁呢？还是指章节？如果是前者，当然不妥，志以外的体裁又不只“传”一种。如果是后者，那么“人物表”等是否也要写上去？当然否。

第五条：“本志人物篇包括人物传和人物表。人物传按照‘生不立传’的原则，收录与厦门有关的重要的本籍或客籍人物；入传人物以卒年排序，卒年相同者按生年为序。”这里，后一句的表述与正文实际不符。正文入传人物以生年排序，并非“凡例”所说的以卒年排序。

《石狮市志（1998—2010）·凡例》，与《厦门市志（1996—2005）·凡例》一样，都写有“一般不注明出处”。有违志书质量规定，也有违提升志书著述性要求。

《北川羌族自治县志（1988—2007）·凡例》第一条："坚持以马列主义、毛泽东思想、邓小平理论和'三个代表'重要思想为指导，深入贯彻科学发展观""运用辩证唯物主义、历史唯物主义，实事求是"，此条前一长排句与后一长排句，互相有包含，可二者选其一。

第三条："本志采用述、记、志、传、图、表、录等体裁，以志为主。"此句文字表述不完整。明明目录里有索引，而且已经编入了索引，为什么不写进去呢？

第四条："内容编排，全志除卷首外，分概述、大事记、特载、专志、人物、附录六个部类。"此句文字表述不规范。志之部类有多种说法，也有多种排序，笔者最赞同的排序，依次是自然、经济、政治、文化、社会、人物六大部类。先自然，紧接着就是政治，感觉有些突兀，精彩和特色也比经济部类的少。把概述、大事记、特载、附录分别列为大部类，更感觉无厘头。事以类聚、类为一志，横排门类、纵述史实，这里的"类"，可以说是门类，也可以说是部类，是自然、经济、政治、文化、社会内容按事物的属性的科学分类及排序，而不是按体裁内容的分类及排序，尤其是把还不是志书体裁的特载划为大部类，与专志并列，且不说特载的体裁形式是否适合志书，仅特载的内容、作用，完全就有其他体裁可以取而代之、承载之。特载体裁在志中不是必不可少的。

第四条："地图和照片原则上集中卷首，表格一般随文。"此句文字表述有违志书质量的要求。原则上应该是图照与文字内容相配合，图文并茂，而不是只集中志首。大部头志书内，仅有文字、无图照，多无趣！

2. 志首之概述（总述），是述的体裁，全志之纲。虽然体式没有定式，但概述全貌，勾勒特点，来源于全志，又高于全志，语言精练，夹叙夹议，文采飞扬，可读性强，是为佳作。

三部志书中，厦门、石狮之志首概述（总述）连贯性、整体性、生动性欠佳。

如《厦门市志（1996—2005）·总述》，计 2.8 万字，分 4 个版块（用序号分隔）、18 个标题（有序号）拼盘，如下：

一、（一）自然环境、（二）建制沿革、（三）区位优势、（四）历史文化。

二、（一）产业结构持续优化、（二）积极推进国有企业改革、（三）工业支撑作用进一步增强、（四）第三产业加快发展、（五）外向型经济格局基本形成、（六）农村经济稳步发展、（七）社会事业协调发展。

三、（一）规划管理得到强化，城市化进程进一步加快；（二）固定资产投资力度不断加大，基础设施建设更加完善；（三）立体交通网络逐步形成；（四）城市环境质量明显改善；（五）房地产市场持续升温；（六）公用事业服务能力显著提高。

四、（一）厦台经贸合作打下良好基础、（二）交流交往日益热活跃。

从层层叠叠的标题内容看，全志各篇章的精华内容陈述出来了，提炼的18个拼盘标题，也反映了全貌及特点，但概而述、述而论、少而精、精而彩方面还不够。拼盘够了，概得不够，述得不够，朗朗上口之美文不够，是其不足之处。

《石狮市志（1998—2010）· 概述》，也有类似问题，文章的整体性、连贯性、生动性欠佳。第六版块的远景规划式、口号式的结束语，不要也可。

3. 特记、专记、特载的运用，与首轮志书比，是体裁创新，但从实际运用和编纂效果看，不是成功之举。建议删掉《厦门市志（1996—2005）· 特记》《石狮市志（1998—2010）· 专记》，把特记、专记的内容分解到概述、大事记、专志、附录里。《北川羌族自治县志（1988—2007）》之“特载 · 汶川特大地震灾难与抢险救灾”，如果保留，则不宜太长太碎，要简化。（参见本文第三部分）

4. 三部志书人物志，均分设人物传记、人物表两个部分，没有人物简介，相对保守。笔者是赞同人物简介入人物志的，生不立传不等于生人不入人物志，人物志也不等于是人物传，人物表内的人物也多是生人。因此，生人简介入志不算是变相为生人立传，也不是编者心怀不轨，而是二轮志书时限较短，长则20年，短则10年，立传人物少，一些有特殊业绩、特殊影响的生人不入志，一方面会造成该志内容单薄，弱化志书的教化功能，另一方面会造成资料滞后，许多鲜活的人物只能安排在下一轮志书中记载。因此，生人简介入志是必要的，但入志的人物简介编写以及效用，还有待于时间、实践的检验。

据笔者统计，三部志书中，《厦门市志（1996—2005）· 人物传》，立传97人，其中时限内人物12人，限外人物85人，按生年排序。笔者按卒年统计：宋3人，明2人，清11人，民国27人，1949—1995年32人，1996—2005年12人，2006—2012年10人。总计59页7.2万字。

《石狮市志（1998—2010）· 人物传》，立传55人，其中限内人物18人，限外人物 37 人，按卒年排序：宋 1 人，元 1 人，明 3 人，清 4 人，民国 12 人，1949—1997 年 16 人，1998—2010 年 18 人。总计 42 页 4.5 万字。

《北川羌族自治县志（1988—2007）· 人物传记》，立传 9 人，其中限内人物 7 人，限外人物 2 人，按卒年排序：民国 1 人，1949—1987 年 1 人，1988—2009 年 7 人。总计 6 页 7900 字。

三部志书人物传，均有上溯，石狮、北川志没有下延，厦门志下延至 2012 年。

《厦门市志（1996—2005）· 人物传》之编纂不足，最突出的是没有人物传的概述说明：为什么上溯至宋代？为什么限外人物是时限内人物的数量的 7 倍多？是补遗还是重录？以生年排序还是卒年排序？立传多少人？本籍多少人、客籍多少人、华侨居港台澳多少人？这是人物志的特点，也是厦门的地方特点，即客籍人物占比多、华侨居港台澳占比多，是区位优势、政治经济发达、文化旅游发展的体现。如果没有编纂概述说明，或说明不充分，就会特点不明，令人查阅不便，阅后产生疑惑。如厦门之宋代苏颂、明代蔡献臣、清代苏廷玉、民国李应辰、新中国林文庆等大量人物，在厦门首轮、二轮市志都有传记，这在志首凡例中没有说明，在人物传中也没有说明原因，是增补还是重录？增补就是人物两次入传，但叙述内容不同，有所丰富或修正，补遗就是上轮志书立传有遗漏，这次补上。又如，志首凡例中明明写入传人物以卒年排序，而人物传实际上以生年排序且没有说明原因，让人疑惑。

《北川羌族自治县志（1988—2007）· 人物传记》，也没有编纂说明。如果有概述说明，那么立传人物的多少、断限、排序、特点等，就会一目了然。

《石狮市志（1998—2010）· 人物传》，虽然有编纂说明，限外人物为补遗，但说明不充分，如立传人物有一半是菲律宾华侨，却没有点出来。华侨人物占比多的，也可考虑按本籍人物、华侨居港澳台人物排序，这样人物特点更突出。

此外，人物传之篇幅膨胀，还在于内容取舍不精，详略不当，有的是评传式、文学传记式写法，徒增了传记的字数。如厦门之郁约翰（1861—1910），荷兰人，传记 2900 字，有 900 字是关于他来厦门之前的家庭、职业背景，需要有所侧重。

5. 照片的运用，突出了域情特点。但是，《北川羌族自治县志（1988—2007）》的随文照片少，图文并茂效果弱化了。《厦门市志（1996—2005）》全志的照片太少，或许是还未编排进去。但往往会出现这样的问题：志办呈送上级审阅的志稿是文字稿，照片未编排进去，出版后的志书图照难免有问题，留下遗憾。

照片的收录数量、内容、编排、图注，十分讲究。照片的要素，有时间、地点、事物、人物及所在照片中的位置、时任职务、摄影者或提供单位等，要力戒要素不全、要素多余、图文不符。

建议以后的评议稿、送审稿，都要内容与形式完整，包括编纂委员会、序、图照、索引种类等，都要编入志稿，一并送评送审，以最大限度地减少失误。

6. 表格的运用。有以表格取代正文内容的现象。如《厦门市志（1996—2005）》第 153 页的两个子目："供水""用水"，均没有正文内容，只有表格摆在里面，作为子目的内容。应该有一小段文字概述，再列表于后。

规范、美观的表格，一般是内容和项目由左到右横读，数据依序竖排，即数据要纵排。如果表格横向项目较多而竖向项目较少时，应将表分段转行，每段之间用双正线隔开，并重复写出行题。横向项目少而纵向项目多时，应转成两栏或三栏，每栏之间用双正线隔开。《厦门市志（1996—2005）》第 152 页就出现了数据横排、表格不规范欠美观的现象。在下面的（四）部分有举例说明，这里不再赘述。

7. 附录还是附记？《厦门市志（1996—2005）》有文内附录 63 个，《石狮市志（1998—2010）》有文内附录 65 个，都没有注明出处。附录在体裁上是辑录体而不是编撰体，其内容不是正文编著者之言，而是相关资料或参考线索的汇辑。而附记是编纂者正文外附带的记述，是编撰体而不是辑录体。两者最大的区别，在于"录""记"这两个字上，是体裁上的区别。文内合计 128 个"附:"，到底是"附录"还是"附记"？应该认真区分，明确记述。附录的重要文献资料，或全录或节录或辑录或选录，应该注明出处，以备查。

8. 编制索引是为了方便读者用志，不是可有可无，随意编排。在三部志书中，厦门、石狮的索引还没有编入志稿，北川的索引只有一种，就是统一按拼音音节排序，且没有索引说明，不便于志书的开发利用。

编制索引，要与志书的篇目设计一样，体现地方特色和志书特色。如《萧山市志》第四册索引，设计了人名索引、图照索引、表格索引、附录索引等 10 种索引，[①]每种都有说明。

---

① 《萧山市志》（浙江人民出版社 2013 年版）第四册"索引"有：目、子目索引（编序），目、子目索引（音序），目、子目索引（笔序），人名索引（音序）、人名索引（笔序）、地名索引（音序）、地名索引（笔序）、图照索引（编序）、表格索引（编序）、附录索引（编序）。

例如，《萧山市志》之“人名索引（音序）·说明”：

一、本索引主要收录以事系人和传、表、录中出现的人名（含外国人名），不含政治术语中作定语用的人名，以人名命名的地名、单位、纪念场所，人物传行文中重复出现的传主名，帝王纪年和照片说明词中出现的人名。

二、一人有两个以上称谓的，一般以本名或通行的别名作正条，其他称谓括注见正条。外国人名以中文译名作正条。

三、索引条目按人名所在册、编、页依次编排。如“华克勤 3-41-2434”表示“华克勤”在第三册、第四十一编、第 2434 页。“总述”用“总”表示，“大事记”用“记”表示。

四、同一人名出现在同一页正文中只收一次。同一人名在同页注释栏中再次出现，页码后加“注”字，如“贺知章　3-44-2625 注”。

五、同一人名在同编中出现两次以上的，除第一次详细标明册、编、页外，其余只标页码或注释栏。

六、人名按汉语拼音音节顺序排列。先看首字，若首字声母韵母及声调相同，则看第二字的音节。余类推。

七、音节排序从习惯，采用商务印书馆出版的《现代汉语词典》（第 5 版）排序方法处理。[①]

由于索引说明比较规范、详备，从索引中就知道，《萧山市志》第一、第二、第三册的入志人名有 5000 多个，图照 1324 幅，表格 698 个，附录 125 个，非常方便学者研究利用。

（四）志书 8 种体裁综合运用的挑战

述、记、志、传、图照、表、录、索引 8 种志书体裁，可以综合运用，优势互长。如国内商业贸易专志，主要记述商业经济体制改革、商业网点与商品市场、经济成分、商品经营与粮油经营、住宿和餐饮业、居民服务和其他服务业等内容。 可以运用无题序，概述行业的纵向发展变化，起推介、引导作用；运用图照，直观醒目，起烘托渲染的作用；运用表格，配合正文，化繁为简，起纲举目张的作用；运用附录，承载正文难以承载的内容形式，如附录专记、特记等纪实文章，起深化记述、引人入胜的作用；志末设目与子目索引、图照索引、表格索引、附录索引等，起检索作用。

三部志书中，《厦门市志（1996—2005）·国内商业贸易》篇，下设 5 章，篇下无序（概述），5 章有 3 章无序（概述），篇内无图照，有 19 个表格、2 个附录（“附：好年东米业生产基地”“附：早餐工程”）。述的运用和图文并

① 杭州市萧山区人民政府地方志办公室编著：《萧山市志》第四册，浙江人民出版社 2013 年版，第 177 页。

茂方面，有待进一步尽善尽美。

《石狮市志（1998—2010）· 国内贸易与服务业》卷，下设6章，6章均无序（概述），设有6幅照片、4个表格、2个附录（“附：石狮市合作店组”“附：石狮名点美食”）。述的运用和表格规范方面，有待进一步尽善尽美。

《石狮市志（1998—2010）· 国内贸易与服务业》之“若干年份石狮市城乡居民最终费情况表”（P609页）。表中“居民最终消费”一词，一般很少用到，除了此表首次用到以外，所在章节正文以及整部市志都没有出现过这个词。列入1998年、2004年、2010年3个年份居民最终消费情况的数字表，到底与该卷国内贸易、该章商品购销、该节家用电器电子产品的内容有什么关系？能起到什么辅助说明和拓展记述的作用？这就要弄清楚什么是居民最终消费？它由什么构成？受什么因素影响？

据查阅资料得知，居民最终消费支出，是居民购买消费物品或消费服务的所有支出。它包括耐用消费品支出、非耐用消费品支出、各种文化生活服务费用支出及实际和虚拟房租。主要受居民储蓄、可支配收入、工资水平、消费者支出、恩格尔系数、通货膨胀率、收入支配、居民贫富情况的影响。据此，且不说“若干年份石狮市城乡居民最终费情况表”列入第三章“商品购销”第五节“家用电器电子产品”的后面，是否得当，仅此表看，表格的数据横排、栏目纵横倒置，需要重新修改。笔者尝试设计此表，供参考。前后对比如下：

《石狮市志（1998—2010）》第609页原表格：

若干年份石狮市城乡居民最终消费情况表

表 13—2　　　　单位：万元

年份	1998	2004	2010
居民最终消费	169105	407628	1091111
1、农村居民	100811	222735	183931
自给性消费	11168	9779	
商品性消费	72451	159332	
文化生活服务性消费	9068	30343	
住房及水电消费	7124	9187	
其中：住房消费	3845		
2、城镇居民	68294	184893	907180
商品性消费	57661	123498	

续表

年份	1998	2004	2010
文化生活服务性消费	4963	427044	
住房及水电消费	5670	7168	
其中：住房消费	2722	95592	

笔者重新设计的表格：

表 13–2　1998 年、2004 年、2010 年石狮市城乡居民最终消费情况

单位：万元

年份	农村居民最终消费						城镇居民最终终消费					合计
	自给性消费	商品性消费	文化生活服务性消费	住房及水电消费	住房消费	合计	商品性消费	文化生活服务性消费	住房及水电消费	住房消费	合计	
1998	11168	72451	9068	7124	3845	100811	57661	4963	5670	2722	68294	169105
2004	9779	159332	30343	9187		222735	123498	427044	7168		184893	407628
2010						183931					907180	1091111

说明：①资料来源：……；

②……。

《厦门市志（1996—2005）》第 152 页的表格，也可以修改如下：

表 2–13　1999—2005 年厦门市水资源量变化情况

单位：亿立方米

年份	水资源总量	岛内	地表水资源量	地下水资源量	年份	水资源总量	岛内	地表水资源量	地下水资源量
1999	15.04	1.05	15.04	2.42	2003	8.55	0.54	8.36	1.79
2000	23.13	1.31	23.13	3.19	2004	11.51	0.32	11.30	2.08
2001	14.67	1.02	14.37	2.34	2005	16.17	0.83	15.89	2.36
2002	14.2	0.74	13.71	2.28					

说明：①资料来源：……；

②水资源总量为地表水资源量加地下水资源量扣减重复计算量。

《北川羌族自治县志（1988—2007）·商业贸易》篇，下设 2 章，不仅篇、章下无序（概述）、无照片、无附录、无表格，而且整部县志的所有篇、章、节几乎都无序（概述）、无照片、无附录，全志之述、附录、照片、志的综合运用，均有待进一步尽善尽美。

（五）志书体裁与非志书体裁结合运用的挑战

三部志书运用的非志书体裁主要有文件、政策法规、说明文、学术论文、传说等，主要是通过附录入志。注释、口述历史、社会调查报告体裁形式入志很少，市县志的著述性、鲜活性均有待进一步增强。（参见本文第三部分）

六、结语

志书的体例与篇目，体裁与编纂，都是在传承中创新与发展的。三部二轮市县志稿，传承中有特色，创新中有亮点，同时也有不足与盲点。最闪光的是篇目的地方特色与时代特色比较彰显，最有争议的是特记、专记、特载的运用得与失，笔者认为是得不偿失，删掉为妥。最遗憾的是注释、口述历史、社会调查入志的缺失，8 种志书体裁的综合运用欠佳，编纂打磨不够精致，志书的著述性与可读性须进一步增强。相信通过大会评议，集思广益，进一步修改与完善，定会尽善尽美。

由于是看大容量的 PDF 电子版，没有纸质志稿，不能全志通览、兼顾全局，也不能随手翻阅、不经意间不断发现精彩或改写褒扬评议，仅能蜻蜓点水看、蜻蜓点水评。由于局部的搜索查找以及统计分析难免偏颇、失误，加上个人水平有限，时间有限，评议不当之处，研讨不当之处，还敬请各位学者、专家、编者多多包涵，多多指正，本人不胜荣幸。

一本书，一座城

——《萧山笔记》读后感

一座城，因一个遗址而厚重起来，这就是萧山，有 8000 年的历史。

至今有多少书写它的地方文献呢？大约 300 种吧。如果从中选一本书解读萧山的话，那么，叶梓的《萧山笔记》（又名《客居萧山》，古吴轩出版社 2016 年版）再适合不过了。

这是一本鲜活的读城笔记。

自 2011 年 11 月到萧山的第一天起，叶梓就开启了读城之旅。人在城中的鲜活经历，行走所见，读书所思，心灵所感，随笔记录下来，三年多的时光，汇成了这本解读萧山城的笔记。

叶梓读城，视角是独特的，充满了情感，流躺出来的文字也是跨越时空，亦史亦诗的。从跨湖桥遗址，一截古老而遥远的时光，到湘湖，以及漾开的点点涟漪，再而躺在古籍里的萧山，时间掠过之后留下的历史印痕，一座城市的风土人情、生活的点滴等等，叶梓都广收眼底，细细品读，抒发真实的感慨。人在城中的风景，最是灵动美丽。叶梓去得最多的地方是湘湖。第一次去就发现了湘湖与西湖这对姊姊湖的不同之处：西湖是杭州的名片，凡到杭州者必游西湖，所以西湖也属于四面八方汹涌而来的游客；而湘湖不同，湘湖是萧山人的母亲湖，像是萧山人自己家的一座后花园，空闲下来，邀上亲朋好友，一起到湖边逛逛，有支帐篷的，在逼仄的空间里打牌、闲谈，其乐融融。唯独叶梓一个人，独自悠悠地遍访这里的一草一木、一桥一亭、一景一点，思古吟今，感慨万千。

这是一本宝贵的史料笔记。

因之是叶梓本人的亲身经历，亲见亲闻，所思所感，这些大多属于第一手资料，史料价值不逊于地方史志、档案，较之更生动、鲜活，有的还具有首创性，可补史之阙，如《杜甫登高》《市隐斋记》等内容。

萧山是浙东唐诗之路的重要源头。据地方考录，光临过萧山的唐代诗人达 50 余人，留下的诗作 90 余首，最多的数李白，有 7 首，其次是白居易、孟浩然，各 5 首。贺知章是萧山人，有《回乡偶书》二首。杜甫是什么时候下江南的，如何抵达萧山的，何时写下的诗作？没有记录，叶梓却有清晰的叙述。因为叶梓是杜甫的铁杆粉丝，他不仅写了《流浪的诗圣》（浙江古籍出版社 2013 年版）一书，还写了《寻访杜甫》《杜诗手札》《杜甫年谱》几本书稿。他是深入地读懂了杜甫的。

也不知道他什么时候听说了市隐斋，竟然寻根刨底探出了新名堂。市隐斋，是元末明初一名叫贾性之的隐居之地，时史学家王祎题其斋曰“市隐”，文学家刘基撰有《市隐斋记》《为贾性之题山水图》《宿贾性之市隐斋》等诗文，可见王祎、刘基与贾性之是交情颇深的。然而，600 年前的市隐斋，现在又在何处？后来又怎样了？史籍无语，萧山本土市民也不清楚。叶梓无数次寻访，终于得知市隐斋的大致位置，并获得一款古代的紫砂壶，壶上铭其事，同时寻得日本明治时期著名实业家奥玄宝撰写的《茗壶图录》可佐证之，内文细说了这款姓方、名德、字至静、号萧山市隐的紫砂壶。如此说来，市隐斋于无意间成就了一段漂洋过海的茶界佳话，给萧山的人文历史留下了一段无心插柳柳成荫的美谈。这要归功于叶梓的知识广博。叶梓是茶文化研究的专家，他同时在三家杂志（《中国烹饪》《萧山茶研》《人镜》）、一家晚报（《西安晚报》）、一家网刊（茶叶中国网）分别开了专栏，皆为谈茶的文字，或茶画茶印，或茶事茶人，对市隐斋及紫砂壶的探寻自然独到了得，令萧山人自叹弗如。

林林总总，多达 8 辑、132 题，长长短短，叙述随意而美，地域文化蔚为大观：越王城下，告别之歌，老虎山前，独有渔罾挂湖角，道南书院，古老的钟声，梦笔桥，江南第一碑，江寺，蜀山草堂，辛庐，祇园寺的早晨，城河上七座桥，进化的山水，寺坞岭小记，落日古渡，湘湖莼菜，免贡樱桃，杜家杨梅，土步鱼，潮头鱼，三清茶，“十碗头”、霉干菜，大围垦，等等。这一个个名字，都是一个个文化的符号，闪烁着耀眼的光芒。而人，每一张面孔，都闪烁着幽深的智慧之光。寻找西施，寻找蔡东藩，解读任伯年，探微郁达夫。叶梓行过的路，读过的书，遇见的人，流露的情，交织在一起，真实而生动。俞梁波、蒋兴刚、谢君、莫艳梅，则是叶梓交游的人，不多，但与他一样，是写字的人。这些既是研究萧山的宝贵史料，也是研究地方人物包括叶梓人生轨迹的宝贵史料。

这是一本南迁的客居笔记。

学界有这样一句话：最好的关于本地的书都是外地人写的，因为角度的客观，保证了叙述的客观。

《萧山笔记》的作者，也不是萧山本地人。他是记者、作家、诗人，来自甘肃天水。

一个青年才俊。南迁之前，有诗集《馈赠》、散文集《穿过》面世。南迁萧山之后，执编《萧山日报》副刊，副刊的质量因此提升了一个档次。三年多的时间里，又有《天水八拍》《流浪的诗圣》著作面世，《茶的画》《茶的印》《茶的书》《寻访杜甫》《杜甫年谱》《杜诗手札》《萧山笔记》著作付梓。如此密集的成果，实在令人叹为观止，仿佛冉冉升起的新星，释放着不可估量的光芒。

为什么要写《萧山笔记》这样一本书？除了他才思敏捷，知道什么可以写， 写完这书写那书，始有即兴性后有规划性以外，美国人萧邦齐（Robert Keith Schoppa）写湘湖之书是叶梓写萧山之书的动因。萧邦齐所著《九个世纪的悲歌——湘湖地区社会变迁研究》，被称为湘湖至今最完备的研究成果，而萧山本地人除了古籍辑录、史志编纂之外，还没有一本书是从人文、历史的角度去立体考察湘湖的。受此启示，叶梓动意给这座城写一本书，以一个异乡人的角度，以历史人文的视角，以个体的体温，写下所见所思。他这么做，无意与萧邦齐比肩而论，而是借此记下自己在这里吹过的湖风、闻过的桂香以及木芙蓉花盛开的那个夏天。

所见所思，又何处不见乡愁乡思呢！写《霉干菜》这篇文章时，叶梓不经意间怀念起家乡冬天腌制的酸辣大白菜。每一个客居他乡的人，都有一款忘不掉的家乡菜。走访知章村思家桥时，乡愁冷不丁劈面飞来，让人站立不稳。此际，叶梓想念起了大西北的风雪和手抓羊肉。然而，它们遥不可及，只好回房，找出德国诗人诺瓦利斯的诗歌《异乡人》，对着孤独的墙面朗诵起来。读到一半，人已泪流满面。

南方的夜晚，乡愁深了，宛似古井。

这座美丽的城市是包容的、多情的吗？你会不会因为一本书而爱上一座城，去那生活，或者见一见诗人叶梓？

可惜，城还在，叶梓不在——他带着记忆走了，从杭州萧山，又迁到了苏州吴中。亦是江南，亦是人间天堂，但他还是有苦楚和遗憾的：遗憾湘湖的当代诗歌太少了，他本来还可以添诗增辉的；三年多时间交游的太少，还没有领略完当地的民俗文化或与朋友持盏话茗，初识即别离；两次专程跑去看渔浦落日，都失之交臂，雾霾的江南让苍茫落日退到了看不到的地方；城河上的七座桥，他只完整地走过一次，仿佛一生只爱了一个女人；不得已告别萧山时，他的萧山之书还没有写完呢。

历史名城，经济强区，2015 年度全国市辖区综合实力第五名。萧山，这么一座城市，为什么就留不住一个人呢？或许从一开始就没有打算留住，人去又人来，他们不愁聘不到人，而要跨省调动一个人有多难啊，来了也不会有晋升的机会，好机会是要留给本地人的，即便他写不出书。狭隘而自大的萧山人！你可知，真正站在萧山这里的，外地人不比萧山人少，而且还比萧山人多得多。正是有了这上百万的外地人的拼搏、奉献，才有了萧山今天的繁荣，而繁荣起来的萧山怎么就容不了一个想扎根于此的诗人呢？南迁第一天，叶梓是多么高兴啊，不远千里奔到这里，坐出租车—大巴车—三轮车—火车—中巴车—飞机—又大巴车—出租车—入住杭州友人家—坐公交车—转公交车，一路狂奔而来：我来了，我来了。紧接着，在租住的小区里接受当地人集体异样的目光。同事之间也相谈不多吧，君子之交，无亲密无间。如今呢？

城还在，叶梓不在——人在城中的笔记与你见面了。

不管你是读城还是读人，书就在那里，字字是真。

心 语

故乡情多少

——纪念萧山乡贤来新夏先生[①]

2014 年 3 月 31 日 15 时 40 分左右，我们单位还在开会，沈迪云主任接到焦静宜老师的电话，说来新夏先生因病去世了，全体哗然，会议也无法继续了，大家沉浸在无限的痛惜之中。

来新夏先生与萧山方志人的关系，非同寻常，特别是近十年，他几乎每一年都要回萧山，有时一年回两次，关心、指导萧山的方志工作。20 天前，沈迪云主任还飞天津探望他，以前每次去探望，来先生总是闲不住，即使在病中也滔滔不绝谈公事，疾病也就敬而远之了，没想到这次没能把病魔赶跑，终成诀别。

再也听不到他的高论了，还有好多他牵挂和主持的事没有完成，他却走了。

自此，萧山乡贤的星空，陨落了一颗耀眼的明星！中国历史学、方志学、图书文献学“三界”，也失去了一位交相辉映的名教授！

一、卅年顾问频频问

来先生 1923 年出生，享年 92 岁。他少小离家，在 20~60 岁的 40 年间，没有回过萧山，60 岁以后，回来得比较频繁，原因就是他被聘为《萧山县志》的顾问。

1982 年，萧山开始新编县志，当时在全国属启动较早的县市之一，全国新编县志的体例还不完备，尚处于探索和尝试阶段。时为副县长、县志主编的费黑同志提出，要聘请来新夏先生为修志顾问，理由是：来先生不仅是南开大学名教授，而且是全国方志学专家、权威，还是萧山人；其祖父来裕恂是民国后期《萧山县志》的独立完成者。

来先生爽快答应。他经常说：“我是实事求是地来做事，不是一个顾问的

① 本文原载于《中国地方志》2014 年第 7 期，又载于《浙江方志》2014 年第 4 期；亦载焦静宜编《忆弢盦：来新夏先生纪念文集》，天津古籍出版社 2015 年版，第 771~786 页。

虚衔。”

那时，他著有《方志学概论》一书，经常到全国各地办班讲课，培养修志人才，此书也成为修志人的基本教程。萧山，自然是他讲课的不可缺少的一站，他在此布道传业，答疑解惑，指引方向，不仅“顾”，而且“问”，还是经常、长期地又“顾”又“问”。

萧山人对博闻宏览的爱乡名士热忱接待，以示尊重。他在我们区志办组织的系列口述历史中，有这样一段回忆：

“我作为县志顾问首次回萧山时，他们很尊重我，给了我贵宾的待遇。当时还没有宾馆，县委招待所给我安排了一个房间，床上支着蚊帐，床边还有一只单人沙发。接送我的是吉普车，这在当时已经很高级了。

隔了几年再来时，他们把我安排到钱江饭店，就在那个角上（萧绍路十字路口）。当时是新建的，好像已经是很够格的。

再后来呢，就住东方宾馆、萧山宾馆、国际酒店、金马饭店，最后住到你们这个开元名都。”

2003年，萧山启动第二轮修志，该志名为《萧山市志》，是1987年版《萧山县志》的续志。是年12月，萧山区人民政府专门举行了《萧山市志》顾问受聘仪式，他再次被聘为《萧山市志》的顾问。

缘于游子的情怀，也缘于方志的牵引，此后他几乎每年要回一次萧山，有时回两次，指导萧山的修志工作。来先生自己也说：“人当退休之时，我方出山问世。我出山（被启用）是60岁，离休是70岁，到了80岁，仍然一天不停地工作。所以，萧山修志，我是比较关心的，也是顾问之一。”

至今，他已经顾问了33年，引领萧山方志一直走在全国的前列。他指导的《萧山县志》《萧山市志》，分别成为全国首轮修志、第二轮修志的榜样书；萧山的方志理论研究，也在方志界广受关注。

二、十五书序字字真

得知来新夏先生去世，有好几位老同志涌到区志办，问有什么祭奠活动，怎么去天津道别。刘宪康老同志还说，来先生在《萧山历史文化丛书》总序里专门有提到他的名字和他的书，并给予了充分肯定。大家感恩、悼念的心情可以理解，但不可能都去，最后沈迪云主任代表大家飞天津吊唁。

远方同人也打来电话，说看到浙江方志网上登有来新夏教授逝世的消息，那么他给《莫艳梅方志文集》的书序就是绝笔了。我说这不大可能，他之前身体尚好，而且“有生之年，誓不挂笔”，如果说萧山的最后一本书序倒是有可能。

2014 年 4 月 2 日下午，沈迪云主任从天津返回，说在来先生家里与同去吊唁的人交谈，来先生在春节前后还在为他人写序，3 月 23 日《今晚报》还发表了他的随笔《难得人生老更忙》。因此，关于《莫艳梅方志文集》2012 年 6 月的序绝对不是绝笔，也不是萧山的最后一篇。因为，2013 年上半年他还为萧山区志办的《萧山丛书》写了总序，但这套规模宏大的《萧山丛书》，目前还在印制第一辑（10 册），原计划有 1000 多种萧山人的著作要相继印制，如今总策划走了，工作肯定会受到影响。

来先生到底为萧山写了多少书序（跋）？我特意统计了一下，从 1986 年至 2013 年，28 年间共写了 15 篇，分别是 1987 年版《萧山县志》的《序》、来裕恂《萧山县志》的《说明》、民国《萧山县志稿》的《整理前言》、《萧山市志》的《序》、《追求理性》的《序》、《萧山古迹钩沉》的《序》、《水脉萧山》的《序》、《文脉湘湖》的《序》、《湘湖史》的《绪言》、《萧山戚氏家谱》的《序》、《萧山地图集》的《序》、《萧山历史文化丛书》的《总序》、《白纸黑字吴越文书博物馆藏品展》的《序》、《莫艳梅方志文集》的《简论莫艳梅的方志研究（序）》、《萧山丛书》的《总序》（尚未出版）。

来公是乐为人序的。他在《难得人生老更忙》一文中说：“我自八十以后，胸襟开阔多了，为友人题签写序，亦多乐从。对布道传业，亦视为理所当然。笔耕不辍，非谋稻粱，我手我口，愉悦世人，不亦快哉！”

他的确布道、引领了我们。如来先生给我写序之前，给我写了一封亲笔信，他在肯定“君非萧山而于萧山故实耗心血，钻研并有成果”的同时，又鼓励我扩大研究范围，对萧山历史名人以及历代志书的考录也很有意义。如今，我的《萧山清官廉吏》一书已经完稿，却再也无法请先生写序了，因为他太累了，永远地安息了。

三、两馆藏书价连城

谁也没有想到，2006 年那次回萧山，来先生做了一个天大的决定。

萧山区地方志办公室沈迪云主任对此记忆犹新。他说：“孔夫子搬家全是书，踏进来公之家也全是书，几家大图书馆早已‘虎视眈眈’看中它，对我们来说从来没有这个奢望。”谁知来公那年回萧山，说“我一生收藏的各类志书6000余部，其他地方都不捐了，全部捐给家乡”，这真是天降喜事！

后来，萧山区图书馆硬是从中“瓜分”了一部分图书和手稿。于是，来新夏方志馆、来新夏著述专藏阅览馆，应运而生。

2007年2月1日，来新夏方志馆正式开馆。来先生偕夫人焦静宜老师出席开馆仪式。萧山区委副书记谭勤奋代表区委、区政府向来先生颁发了无偿捐赠的荣誉证书。在形如书籍的木质证书内，镌刻着来先生的肖像，一句“家乡人民感谢你”简短的语言，表达了百万萧山人民对来先生厚报故里拳拳之心的感激之情。就在来先生接过证书的瞬间，现场掌声雷动。

来先生在致谢家乡人民的厚爱之后，发表了热情洋溢的讲话。他说：“我是一名萧山子弟，在故乡度过了童年，虽然一生漂泊四方，但时刻心系故乡，捐赠书籍建立方志馆，是希望给萧山的方志研究铺一点基础，也希望有更多的有识之士来支持方志工作。”“我已经85岁了，离开家乡也有70多年了。不过，我一直记得自己是萧山人，我的根在萧山，所以我一直希望能为萧山做点事。我一生从事文史方面的研究，积累了不少的资料和书籍。这些书籍已经伴随了我一辈子，就像是自己的‘儿女’一样亲。是这片沃土养了我，把这些书籍捐赠给家乡，就希望它们在萧山的乡亲特别是年轻一辈中发挥更大的价值，为萧山的地方志事业尽一点绵薄之力。”

多么情真意切的讲话，多少感人肺腑的桑梓情。当时，除了报以热烈的掌声以外，似乎无法用言语表达对来先生的敬意。

如今，来新夏方志馆已坐落在萧山江寺公园。古香古色的建筑，在青翠挺拔的大樟树以及竹林的环绕下，愈发幽雅、肃静。此馆不仅是萧山各镇街、部门、企事业单位修志查阅资料的去处，还成为全国各地方志同人来萧山的必踏之地。

因为有了来新夏方志馆，萧山的方志文化更加浓郁厚重。

因为有了来新夏方志馆，也有了我的方志之旅。开始方志理论探究的时候，我是方志馆工作人员公认的去得最勤的读书人。尽管起步较晚，但的确收益很大。如今来公不会再回来了，但他的著作还在，他的精神还在，我们会继续努力学习的。

四、两次盛会友声集

2008 年 3 月 16 日至 17 日，地方文献国际学术研讨会地在萧山举行。2012 年 5 月 20 日至 21 日，来新夏教授学术思想研讨会暨 90 华诞庆典在萧山举行。

两次盛会的主办、承办单位之一，都是萧山区人民政府、萧山区人民政府地方志办公室，主题分别为关于来新夏的学术研究和研究来新夏的学术思想等。

为什么在萧山集会？前者是因为来先生的故乡情缘，后者是来先生故乡对来先生的情缘。这两者有着必然的联系。

来先生晚年有很多兼职，他是教育部所属全国高等院校古籍整理研究工作委员会地方文献研究室主任、中国地方志协会理事、中国图书馆学会学术委员、美国俄亥俄大学图书馆顾问等。

86 岁那年，他要一手筹办地方文献国际学术研讨会，这是一个有规模、上档次的学术会议，他自然觉得萧山区地方志办公室来承办最佳。他与萧山志办同人已经交往多年，彼此了解，相互信任。这也是展示萧山的一个窗口，是引领萧山地方文献发展的一个机缘。

在来先生的邀请下，这年初春，来自中国大陆、香港、澳门，日本、韩国的专家学者共 64 人，会集萧山，谈书论道。令人感动的是，有四位八旬老人——陈桥驿、来新夏、王汝丰、陈伯良先生始终坚持听会。其间，记者一大拨，争相合影的一大拨，来先生乐此不疲，他非常好脾气地站在大幅会标下方，任由各方学者上前合影。他慈祥地微笑着，魁梧地伫立在那里，还主动招呼晚辈合影，那也是我第一次与大学者合影，非常的荣幸。至今我仍然珍藏着与来先生的合影照，现已成永恒的记忆。

90 岁那年，萧山区人民政府、萧山区人民政府地方志办公室特意在萧山宾馆为乡贤来先生举办温馨的生日庆典，这年恰好是来先生治学 65 年，意义不同凡响。全国各地 60 多位专家学者闻讯赶来，他们或为来先生的工作伙伴、朋友，或为来先生的学生、读者，从各自的情感出发，对其学术思想进行探讨与交流。有人说，来先生已出版近百种书籍，堪称最勤奋的“老黄牛”。萧山人认为，来先生不遗余力地帮助故乡、提携晚辈的情操是难能可贵的。

最喜庆、热闹的是生日晚宴。大家欢聚一堂，热盼着寿星的出现。就在这时，来先生夫妇在沈迪云的陪同下闪亮登场，沈迪云宣布“90 后”寿星来了，大家立刻报以热烈的掌声，《祝你生日快乐》歌声响起，柔美的吊灯与哗啦啦的闪光灯交织在一起，鲜艳的气球与绚丽芬芳的鲜花弥漫四周。寿星如明星般走过地毯，端坐在寿椅上，展示着招牌微笑，时而与跃跃欲试的祝贺者耳鬓厮磨。大伙竞相合影，以此为荣耀。浙江省地方志办公室原主任、83岁高龄的魏桥先生也前来祝贺。最可惜的是，我在一旁工作着，没有机会与这两位同时为我写序的老前辈三人合个影，遂成终生遗憾，这样的机会是百年难遇的，我却大公无私地放弃了。

就是这个春夏之交，就是这个与众不同的庆典，我听到了一个与众不同的90岁寿星的宣言："行百里路半九十，我只不过是走了一半，后一半怎么走，请大家见证——'有生之年，誓不挂笔！期待百岁时，再请朋友们来聚会。'"

多么震耳聩聋的宣言，多么乐观进取的"90后"，毫无暮气，心态境界开阔得让各位深受感染，倍受鼓舞。他真的做到了吗？当然做到了！从2011年至2014年年初的三四年间，他出了多部著作，写了30余篇大小文章，对公众和后辈进行了多次讲演，他自称"心无愧怍"。这也是最让小辈们敬仰的地方，常人是无法企及的。

只是，大家期待他百岁时再欢聚，他却没有做到了。

五、一脉情深拳拳心

实际上，来先生对故乡的深情已无须专题说及，因为，他已经做了很多深情的事了。但这还不足以表达他的深情，因为他自己除了做以外，还常常挂在嘴上，一再地声明和强调自己是萧山人。

为什么要强调？而且在各种公开场合再三强调？比如，在方志馆开馆仪式上、在90华诞庆典上，甚至在书序、口述历史里，心心念念地说这事。

也不是所有人，特别是文人，都能对故乡如此情深的。所以，这里，我们也和他一样说一说他是萧山人。

2010年，我们萧山区志办启动了口述历史的活动，来先生是我们的访谈对象之一，而我也有参与文稿的整理。5月28日那天，在萧山金马饭店，他是这样开头的：

"这次采访，我觉得不能说我如何如何，而是我作为萧山的子弟，应该向家乡父老谈我自己的一生。我今年是米寿之年，88岁。相约在萧山，我跟一般人说祖籍萧山还不同。我确实是萧山土生土长的。我出生在杭州，我的家却在萧山。萧山标志的语言就是葛朗头（这里），夯廊头（那里），萧山长河头。我就是萧山长河头人。长河有个月湾里，有我的祖居。我的外婆家在萧山西兴。所以，我从父系、母系来讲，都是血脉相承的萧山人。

我不是少小出门就一直没回来，中间回来过。我 7 岁离开萧山，9 岁回来过一次，住了半年多，然后到了十八九岁又回来过。

我常常想到萧山。因为什么呢？老年人有个毛病，就是童年的事情记得非常清楚。昨天发生的事情我也许忘记了，但童年的事情不会忘记。所以每到萧山，我必定要到市心街去。因为那个市心桥啊，现在好像还是原物。当然咯，那时候的街道和现在不一样，但是在我孩提时代，萧山已经比其他的县繁华。

对萧山，我总有一些童年时留下的印象。比如说饮食方面，我就喜欢吃萧山的一些鲞鱼、臭豆腐、梅干菜。我的乡情是非常深厚的。我一直在北方几十年，饮食习惯却没有改变。因为我的父母、祖父母跟我们在北方居住。在亲族里面、家庭内部，都维系着家乡的情愫。所以，一吃到某样东西的时候，就会说这个当时在萧山呐嘎呐嘎（怎么）、长河头呐嘎呐嘎（怎么）。

在长河还有一些熟人，因为长河这个地方姓来的人比较多，而且来氏在长河还是旺族，名人很多，有名的住宅也非常多，所以对萧山的印象，就是一个有文化品位的故乡。那时候经济不如现在，这是毋庸讳言的，但是文化氛围，我总觉得自始至终都非常浓厚。后来在长期的求学中，一读到来某人的书，来斯行啊、来集之啊，包括我祖父来裕恂，就常常会想起，眼前会浮现家乡的自然环境，就感到非常亲切。”

这些话，后来我在其他很多地方也有看到或听到。那就是，他祖籍萧山长河，他爷爷是留学日本的学者，独立编纂过《萧山县志》，他出生在杭州，少小离家老大回；1996 年 5 月后，爷爷家所在的萧山长河镇和外婆家所在的萧山西兴镇，均划归杭州市滨江区，但他仍然认为自己是萧山人，常以自己是萧山人自豪，他眷恋它、热爱它，所以在任何场合仍然自称萧山长河人。

我不觉得这是一个耄耋老者的唠叨，反而更见其拳拳之心，就当是远方游子对故乡的魂牵梦绕以及敬恭桑梓之态，又有谁能比呢？而且他不仅这样说了，还这样写了，并且做了许多有益故乡的实事，这是有目共睹的。试问，无数商界政界学界的精英，慷慨捐赠、寄情桑梓的又有几多？因此，对于来先生，我们除了敬仰，还是敬仰。

六、乡邦丛书成绝唱

2009 年 4 月始，来先生策划的《萧山丛书》，成了他最宏大的心愿，也是他未了的心愿。

那年那月，来先生因病住院，萧山区地方志办公室沈迪云主任去天津探望。没想到来先生又一次病中论道，豪情万丈地扯起了《萧山丛书》。对于此事两位忘年交早有想法，只是没有正式论及，来先生却趁这次住院期间对丛书是按作者分还是按时期分，对内容如何编排等进行了深入探究。

为什么要整理出版《萧山丛书》？它是怎样的一套书？

来先生说，人都是两条腿在走路，萧山经济这条腿长得特别长，但是文化这条腿显然不如经济这条腿长，所以它走起路来，总有点跛脚。文化这东西，看起来抽象，但它是一个国家、一个民族的灵魂。一个国家如果没有文化，等于死亡；人没有文化会得失忆症，即丧失记忆。现在，萧山的房子盖起来了，档案馆、图书馆、博物馆盖起来了，硬件都具备了，就差软件了。前些年，湖南省一次性投资 6000 万元整理《湖湘文库》，浙江省绍兴县投资上千万元整理《绍兴丛书》，义乌市也在谋划中。萧山完全有经济实力整理出版一套综合性乡邦文献丛书，也有这样的文化底蕴。

他对沈迪云说："你来呼吁这个事情。我望九之年，愿意为这件事拼命，你只要把经济条件准备好。编选版本、查图书，我当过全国图书馆的领导，我都做得通。咱们要弄出这一套丛书，讲句最通俗、最世俗的话，你送礼都送得体面。将来萧山所有的大宾馆，在大堂里划一个半圆形的萧山丛书，让人说，你看看萧山人，从汉唐以来至清末，直至民国，有这么大的文化成就。"

过了一年，他又说："我编了个目录，萧山人的著作有 1000 多种。萧山是全国有名的家谱县之一，萧山人没有一家没有家谱的，姓什么的都有。一年出 10 种，也要 100 年才能完成这事。这书出来以后，萧山蔚为大观啊。"

2013 年，《萧山丛书》第一辑（10 册）付梓，但这套他花了大量心血和精力的书籍，他没能看到。

七、怎能放下桑梓情

"为什么我的眼里常含泪水？因为我对这土地爱得深沉。"这两句诗用在来新夏先生身上再合适不过了。

来先生对故乡的情意，到底有多少？我们说不清楚，也道不完整。只知道，我们方志工作者还期望他常回来看看，给我们指点迷津，我们的《萧山丛书》还等着他谋划第二辑、第三辑……

为什么不等到百岁以后再考虑是否见神仙？来公，您还有满腹的经纶没有倾倒出来呢，您还有浓郁的乡情没有寄托完呢，您还有各方的朋友、学生等着给您百岁祝寿呢，您还有心心念念的萧山人、《萧山丛书》没有再见面呢，您为什么就这样地放下了？！

《难得人生老更忙》一文有来先生对“放下”的诠释：“视坎坷为人生必经之途，视一时辉煌为过眼烟云，视未被启用为淡泊明志，视生老病死为人人难逃之自然规律，视欢乐为一时之兴至，视离合为宴席之聚散，视家无余财为君子固穷，视家人父子为友朋相交，视挨整受压为心无愧怍……”[①]他认为：“自己领悟到的‘中道’，是走完人生另一半的指针。让自己的晚年，生活在‘难得’的‘更忙’氛围中，更充实，更有兴致，快快乐乐地过好另一半‘更忙’的日子，无怨无悔，不忮不求地完成人生的使命。”[②]

因此，他对“放下”的领悟，应该是放下一切俗念，快快乐乐地“老更忙”。而如今，又怎么把“人生的使命”也一同放下了，不忙了？那肯定是老天爷弄错了，误以为“放下”就是放下所有的事，包括想做的事和想要完成的人生使命。老天！

---

① 转引自来新夏：《难得人生老更忙》，《今晚报》2014 年 3 月 23 日第 9 版。

② 同上。

来先生为我写序言[1]

著名历史学家来新夏先生走了。痛失乡贤的心情难以言喻。

来先生祖籍浙江萧山，多年来一直和故乡保持着密切关系。他还为很多萧山人的著作写过序。据我的不完全统计，从 1986 年至 2013 年，先生为萧山各类著述撰写序言不少于 15 篇。

来先生是乐为人序的。他在《难得人生老更忙》一文中说："我自八十以后，胸襟开阔多了，为友人题签写序，亦多乐从。对布道传业，亦视为理所当然。笔耕不辍，非谋稻粱，我手我口，愉悦世人，不亦快哉！"[2]

他的确布道、鼓励、引领了我们，而且非常用心。他曾在《说写书序》一文中说："我写序有条底线：要看三分之二稿，最好全稿。再则不愿由人代写好，只在成稿上签个名，所以显得体力有点累。"因为"乐"，所以老更忙，因为"忙"，所以累，可以说是辛苦他一人，受教无数人。

我的方志文集也是来先生赐序。写序之后，先生还附寄一信，说书稿看了近一个月，因高龄体衰，迁延多日始成文字。这令我十分不安。在序言中，先生鼓励点评之外，还关注具体的学术问题，如他提及："萧山建县时间及西施故里二事，素有争议，而新编志书也置于待决问题，而各存其说。莫女士为此特广征史实，重加论说，成《萧山建县时间考》及《西施故里新探》二文，创萧山秦置说及西施余暨（萧山、诸暨）说，成一家言以破解悬疑。"[3]

在作序之前，先生就给我打了电话，并写了一封信。他在电话中鼓励我，继续走好地方志实践与理论研究相结合的路子；在信中建议我扩大研究范围，认为对萧山历史名人以及历代志书的考录也很有意义。

我非常感激来先生的奖掖和关心。如今，我的《萧山清官廉吏》刚刚完稿，却再也无法向先生请教了——他太累，永远地安息了。

---

① 本文原载于《今晚报》2014 年 5 月 8 日副刊版；亦载焦静宜编《忆弢盦：来新夏先生纪念文集》，天津古籍出版社 2015 年版，第 627 ~ 630 页。

② 来新夏：《难得人生老更忙》，《今晚报》2014 年 3 月 23 日第 9 版。

③ 来新夏：《简论莫艳梅的方志研究——〈莫艳梅方志文集〉序一》，载莫艳梅《莫艳梅方志文集》，上海远东出版社 2013 年版，第 1 页。

我是方志人①

一、人生难修两回志，我却有幸修四志

我 1989 年参加工作，至今已从事地方志工作 20 多年。2007 年，我从湖南省江华瑶族自治县党史与地方志编纂办公室主任的岗位调到杭州市萧山区委党史研究室（杭州市萧山区人民政府地方志办公室）工作。先后参加过《萧山市志》等 4 部市县志的编纂，并有 56 万字的《莫艳梅方志文集》出版。古人说过，“一生难修两回志”，我可是算得上三生有幸了。

我很庆幸来到这里工作。浙江是方志之乡，尤其萧山的修志氛围浓，学术氛围好，工作条件也优越，领导和同事非常专业和敬业，这给了我一个很好的学习提高机会，也给了我一个从修志实践到理论研究的拓展空间。

也有人问过我：方志工作是修“四苦”（艰苦、辛苦、清苦、痛苦）全书，你是真的热爱还是无可奈何而为之？我想，我的经历就是答案。我大学毕业后，就投入了新编县志工作。县志出版发行后，我从县志办公室调到县委宣传部工作，继而又到县委办公室工作。机构改革时，我又主动提出到新组建的县史志办组织续编县志工作。现在，我愈发坚信，我是热爱这项事业的，虽酸甜苦辣，但甘之如饴，乐之无憾！

虽然编史修志没有带给我常人认为的那种风光和显赫，但也赋予了我很多的精神财富，其中留存的就有 1000 多万字的史志编著和近 10 年来获得的各种表彰和荣誉：2001—2002 年度湖南省“党史系统先进工作者”，2003—2004 年度湖南省“党史系统先进工作者”，2005 年度湖南省“地方志工作先进个人”，江华瑶族自治县人民政府给予记三等功；2007 年到萧山后，被浙江省人民政府授荣誉证书 1 次（从事地方志工作 20 年以上），被杭州市人民政府表彰 1 次（地方志先进工作者），被萧山区人民政府表彰 2 次（党史地方志先进工作者）；特别是 2012 年获萧山区史志工作特别贡献奖，许多老同志羡慕地说，在萧山史志部门颁发这个奖还是第一次。这足以让我感到无比的欣慰和幸福。

① 莫艳梅口述、王玉国整理，本文原载于《浙江方志》2014 年特刊《最美方志人》。

二、修志的辛苦与痛苦，实在难以言表

修志之苦是行内人的共识。我来到萧山工作后，先后承担了《萧山市志》之“总述”和“环境保护”“人民政协”“民主党派工商联”“社会团体”5篇志稿以及“人口”篇部分章节的编写任务。这些篇章，有的是推倒重来，有的是由章改篇，有的还是新增内容，编写起来难度较大。

我初来乍到，不能等，也没法靠，只好自己去查档案，自己动手编写，并请相关部门提供资料线索、帮助审核把关，以较快的速度和较高的效率完成了修改任务。

记忆里最深刻的，是“环境保护”这一篇，编写得十分艰难。当时全国已出版的志书中没有很好的参照样本，而且这部分内容两次换人。如何写好环境保护，对我这个老方志人来说，也是一个新课题。为此，我花了大量的功夫，借阅了区环保局的档案资料，浏览了环保部的网站信息以及《浙江省环境保护志》，对有关法律法规、国家环境标准以及一系列的指标、项目，进行逐一学习，努力地理解与消化。在调整好篇目并请教了区环保局王沛老局长后，开始编写志稿。其间，还十多次到区环保局、区档案馆查阅、核实资料，根据市志编辑部的意见进行了几轮修改，最终形成现在的“环境保护”篇7万字。

编写“人口·道德素质”，也是相当不容易。拟好大致范围与标准，明确了思路与框架后，我跑了区文明办、档案馆、报社、妇联、团区委、教育局、献血办、老龄委、城厢街道等二十多家单位，请有关人员提供资料线索。然后根据搜集来的资料，重新拟定和完善篇目。相反，如果不主动地挖掘资料，不到部门交流与查阅档案，没有把握十足的资料，就达不到根据资料不断调整思路、优化结构、深化记述的效果。

总纂《萧山市志》工作量很大。每审阅一篇志稿，我都要查阅萧山统计年鉴、萧山综合年鉴、业务主管部门资料、互联网信息资源以及其他志书的写法，然后对志稿的篇目、观点、文字、数据等进行全面的审阅。同时，还要兼顾其他篇章的内容，避免篇与篇之间的前后矛盾或者机械重复。特别是对数据的审核，一点也不能马虎。对每一组数据，我基本上都要核实、计算，防止出现单项数与合计数、绝对数与百分数、文中数字与表中数字、前面数字与后面数字的相互矛盾。

也可以说，核实全志的数字，简直就是一种煎熬，比银行的对账要烦琐得多，其中的辛苦与痛苦，实在难以言表。这也是对我耐心、细心与责任心的又一次考验。但我没有因此放宽一丝丝的审核标准，一些篇章我还反反复复修改了五六次，直到满意为止。

三、修志是一种责任，更意味着忘我奉献

我统计了一下，《萧山市志》里的篇章，我总共承编了 40 多万字，统稿 500 多万字，提交书面修改意见 10 多万字。如此庞大的数字，加上一轮又一轮的反复修改，连我自己都惊讶，这些年就这样地又过来了。而且，这还不包括对部门志、镇村志的评审工作。

古人有句话，“如鱼饮水，冷暖自知”。个中滋味，也只有我自己最清楚。因为热爱修志，就要舍弃其他许多东西，但我自始至终都没有后悔过。为了修志，我很少休节假日、双休日，加班到深夜是常有的事。特别是夏天的晚上和双休日，在没有冷气的办公室里加班，就像在蒸笼里蒸桑拿一样闷热。因为节能，下班即关中央空调，我不得不在地板上不停地泼洒冷水，不停地到洗手间洗脸擦汗。而冬季又刚好相反，办公室里是又冷又冻。缘于热爱修志，我时常忘乎所以：冬天因为潜心笔耕，起身的时候才发现裤子被电暖器烤焦了，腿被烤出了泡都没有感觉到痛；夏天因为专注于字里行间，关灯的时候才发现两个膝盖被蚊子叮咬的红点有几十处之多；上班上到忘了时间，猛然间觉得是不是太静了，才发现已过了中午一点多，别人都回去午休了，自己还没吃午饭呢；加班加到深更半夜，走在漆黑黑的路上才觉得有些害怕。关键时刻，还遭遇了热感冒的胡搅蛮缠，被逼得隔三岔五地趁着午休的空隙去打点滴，拔下针头又赶赴工作的地方。

2007 年下半年，为尽早地拿出“环境保护”篇评议稿，我放弃了单位安排的外出考察机会，放弃了国庆长假亲子游的温馨时刻，加班加点改写志稿。2008 年上半年，为了搜集人口道德素质的资料，我在区文明办及其档案室一坐就是一个星期。承编《数字萧山》的时候，正值春节临近，我没有回老家过年，而是耐着孤寂与严寒在办公室里绘图制表，咬文嚼字。仅在大年初一休息了一天，初二又到办公室加班改稿，很晚才回家。

2011 年，在考证萧山建县时间的几个月里，我几乎每天吃饭、走路、乘车、睡觉都想着越国、余暨、勾践。一天深夜打的回家，出租车司机问我去

哪里，我脱口而出："越王勾践！"吓得司机以为遇上了穿越女。我突然意识到自己报错了，又赶紧改口说明，司机这才放宽心。春节前夕，别人都在办年货，我却冒着风雪去省图书馆借书、查阅资料。那天回到萧山的时候，已是晚上 7 点多，雪又大又厚实，人又冷又饿，但我捧着一叠借到的书，感到很高兴，抓起一把雪往嘴里塞，真的很甜！也是一个下雪夜，我坐末班公交车回家，由于想问题想得入迷，临近终点站才发现坐过头了，只能打的回家，到家的时候已是晚上 10 点多。女儿十分心疼。想起对家人的愧疚以及家人对我的全力支持，我的眼泪就止不住往下淌。

其实这也没什么，也不是我一个人这么做。特别是我们一些老同志，他们放下晚年的天伦之乐，放弃其他单位的高薪聘请，任劳任怨接受一轮又一轮的修改任务，精益求精地打磨志稿，让我非常敬佩和感动。"板凳宁坐十年冷，文章不写一句空""细推史志午加子，留得佳作苦上乐""做朋友要疑中找不疑，做学问要不疑中找疑"，这些墙上挂的、口里说的、大家见行动的勉励语，也成为我明德修身、立业练技的座右铭。

四、修志人如同山花，寂寞也灿然

在萧山，学有榜样，干有方向，赶有目标。我边修志边学习，撰写了一系列的方志文章。内容涉及方志编纂、方志理论、方志人感悟、萧山史丛考等，合计 80 万字，其中在省及省以上方志刊物发表 60 篇，列入《〈中国地方志〉优秀论文选编（1981—2011）》2 篇，列入浙江省方志研究课题 3 个，另有 5 篇分别为"中国新方志编纂论坛"等全国性学术活动所采纳。前段时间，我去市里送申报职称的材料，满屋子的人吓了一跳，说别人只有一个牛皮纸档案袋，我却弄来一个拉杆箱！

我的学识浅，在方志理论研究方面也还是刚刚起步，撰写的也多是比较浅显的编纂创新以及经验总结之类的文章，如有些是萧山作为全国第二轮修志试点单位的创新举措，我只是做了些经验总结并将之上升到理论层次，也就是来自实践的思考与探究，离方家之作还差得远呢。尽管如此，我热爱我的修志工作。为了做好它，就要敬业、专业和精业，勤思勤写，较好地完成领导交给的各项任务，才能更好地拓展工学研空间。

修志是一项清冷、枯涩、单调的工作，与喧闹、轻快、浮华的社会生活有鲜明的反差。许多同人谈及此事，有些怨天尤人，感叹"修志不得志，得志不修志”。在我看来，修志人虽然平凡，常年坐冷板凳，但“四苦”之后，会给世人留下有用的作品，这不仅是得志，而且是得人生之大志！也许，这个浮躁的社会中，没有人会留意我们修志人，但修志人如同山花，寂寞也灿然。当看到多卷本《萧山市志》等厚重的成果陆续出版，特别是受到广大干部职工、专家学者和社会人士的喜爱和应用，我们为自己的辛勤付出感到无比的骄傲和自豪。

方志缘 中国梦[①]

我对地方志有较深的缘分。古人说过，三句话离不了本行。如果不说话的话，我的视线也离不了地方志，上网、写东西，必有地方志，尤其是近段时间，学习历次全国地方志工作会议文件，有所思有所想，回忆起曾经走过的路程，“几年沧海梦，吟罢独含情”，就是我此时此刻的心境。

一、大潮来时

“海阔天空浪若雷，钱塘潮涌自天来”，这两句诗描写的是钱塘江大潮的壮观情景。如今，中国历史上的修志大潮也来了。

新中国先后在 1986 年、1996 年、2001 年、2008 年、2014 年召开了 5 次全国地方志工作会议，推动了地方志的持续发展，至今修志高潮迭起。

2014 年 2 月，习近平总书记在考察首都博物馆时强调，要高度重视修史修志，让文物说话，把历史智慧告诉人们，激发我们的民族自豪感和自信心，坚定全体人民实现中国梦的信心和决心。2014 年 4 月，李克强总理作出批示，指出地方志是传承中华文明、发掘历史智慧的重要载体，要修志问道，以启未来，为弘扬优秀传统文化、服务经济社会作出新的贡献。刘延东副总理在第五次全国地方志工作会议上作重要讲话。

中共中央、国务院如此高度重视地方志工作，是我们方志人的荣幸，是我们这一代人的荣幸，我们荣幸地撞上了中国史上的又一次修志高潮，而且是大潮，就像钱塘江大潮一样，“鲲鹏水击三千里，组练长驱十万夫”，蔚为壮观。恰巧，我们的修志大军也是 10 万人。

中国自秦汉以来，到底出现过几次修志高潮？目前尚有争议。有的说是 4 次，有的说是 5 次，分别是魏晋南北朝、宋朝、明朝、清朝、中华民国时期。有的说，几乎每个朝代都出现了修志高潮。不管怎么分，以什么标准衡量，我认为，目前我们参与的中华人民共和国第二轮修志，是史上大潮，具

① 本文原载于《浙江方志》2014 年第 6 期。

有划时代的意义。

据统计，中国现存旧志8000多种，20世纪80年代以来，出版了省市县三级志书接近8000部，其他志书接近3万部，地方综合年鉴有数万卷，新方志成果之多，是上下2000年现存旧志的7倍，其中近5年的成果最为丰硕。

我们有幸赶上了修志大潮。大潮来了。此时此刻，我的感慨是：

我非常敬佩志界的中老年人，用自己丰富的经验和渊博的知识为修志大业增添了光辉，奉献了力量，人生因此而更有意义。

我更羡慕志界的年轻人。他们刚入行，刚参加工作，就遇到了修志大潮，有这么好的修志环境，有这么繁荣的学术研究，也将有更广阔的发展空间，这是我们那个年龄段所望尘莫及的。

先说环境，业界有经济发达地区和贫困地区修志经费、修志条件天壤之别的说法。有的市、县从古至今之所以修志成果多，人力、财力、物力的保障是一个优势。2006年《地方志工作条例》颁布后，更是走上了依法修志的道路，官修志书，全社会支持，各项制度完备。不像我们25年前刚入行时，连电脑、复印机都没有，要自己到各单位查阅档案资料，要自己动手抄资料，动手写志稿。因为是中华人民共和国成立后的第一次修志，修的是通志，业外人也不知地方志为何物，我们在摸索中前进。上下2000年的历史，要从故纸堆里爬多少灰尘，才能找出与之相匹配的文字。现在好了，网络那么发达，许多资料都数字化了，搜索起来十分方便，旧志、古籍也有标点本了，查阅起来也十分顺畅。

再说学术研究的繁荣，从2011年起，中国地方志学术年会一年一次，持续举办，现在已办了3届，我有幸参加了第二届（2012年）、第三届（2013年）；中国新方志理论研讨会也有召开，我有幸参加了2次。这些都是中国地方志指导小组办公室主办的，推动了方志理论研究的繁荣。浙江省也不另外，先后举办了4届浙江方志论坛，我都有参加。而在10年前、25年前，我都不知道这些东西，没看过几本方志论著，没见过大师级学者。不像如今的年轻人，身在浙江方志之乡，工作在省会中心城市，南来北往、布道授业的学者人数众多，可以经常聆听专家学者们的思想，汲取名家的精华，可以随时上网搜索需要的文章资料。近5年来，全国地方志系统发表方志论文6000多篇，出版专著、教材、论文集90多部。长此以往，耳濡目染，左图右史，势必提升方志理论水平，前景非常广阔。这些都是我们那个年龄段不可望其项背的。

因此，我羡慕年轻人，特别是刚入行工作的年轻人，他们有很好的学科基础，加上有这么好的修志环境，如此繁荣的理论研究，起点那么高，条件那么好，只要用心锻炼和耕耘，必将成为方志大业的栋梁。

二、幸撞冷门

相对同龄人来说，我也是比较幸运的。20 世纪 80 年代，我幸撞冷门，参加了新中国的首轮修志。21 世纪初，国务院规定，每 20 年左右编修一次志书，我又参加了第二轮修志，再过些年，还有可能参加第三轮修志，成为三轮修志的元老级。是机遇选择了我。幸撞冷门，迎来热潮，这不能说不是缘分。

我的方志缘有很多。

在大学时，我不小心选修了方志学这门课。对这门学科当时谈不上兴趣，也闻所未闻，只是随意选修而已。这也是部分高校新开的课程里面的最冷门。

没想到本科毕业后，我就被分配到县地方志办公室工作了。那时毕业包分配。有一个被分到县民委的大学生，我们俩还想互换单位呢，因为她父亲在县地方志办公室工作，想修志父子兵。当然没换成。我们就各就各位了。

在我进入县志办工作之前，有一位老同志去世了，他承担的几篇志稿就落到了我的手上。我也就自然地、安分地投入到了修志行列中，采、写、编、打杂、跑腿，样样都做。因为，除了我和一位中年人以外，其他的都是老年人，而且个个都资深得很。跟着他们学习，我收获了很多。

很多年以后，我读省委党校研究生，没想到我们那批在职研究生严进严出。入学考试淘汰过半，毕业论文令人惶恐。为了接地气，我们提交了靠谱一点的选题，与各自的工作相关，答辩起来也能说出点名堂来。我提交的是“地方志工作法制化建设研究”这个选题，几经折腾，才算过关。指导老师后来也说，他也不太懂这个，看我说得头头是道，也就算了。我认真地研读过几部方志著作。这类书刊，在图书馆和新华书店都找不到，还是湖南省志办的同志帮忙寄给我的。

如果说，我不小心选修了方志学课程，不小心撞入了方志门，又不小心写了方志论文课题，是机缘巧合、无心而为。那么，县志出版发行后，先后到县委宣传部、县委办公室工作，又“回门”组织第二轮修志，最后外出学习、修志，就是有心而为，是机遇青睐有心之人、肯吃苦的人。

首轮修志，理论支撑不足，实践经验也没有，大家在摸索中前进，全凭一腔热情，一种责任，一份辛劳，一掬汗水，奉献给了修志实践。坐了 8 年的冷凳板，吃苦吃亏也没有什么，吃亏自有福报，能吃苦也是一种资本。多攒些地情知识，多做些事情历练，又何尝不是一种文化底蕴的积淀呢？

有失必有得。首轮县志工作结束后，就有好几个单位要调我过去，还下了最后通牒：你再不过来，我们就要别人了。总耗在县地方志办公室也不是办法，那时又没有年鉴要编写，编志又完成了。于是，我就选择了去县委宣传部工作，后来又调到县委办公室工作。在全县公开选拔县委督查员（科级干部）的时候，笔试、面试都是第一名的考生不幸落选，笔试、面试都是第二名的我有幸被选中，说是我修过志，有一定的历史地情知识。到县委办上班的第一天，接受的第一个工作任务就是以县委、县人民政府的名义，起草一个全县 50 年沧桑巨变的综合材料，还要发表在省刊上。因此，谁又说之前的修志与吃亏不是福分呢？如果有更多的机会，吃更多的苦，做更多的事，更能得到锻炼和成长，那是求之不得的事。

我不是一个最优秀的人，但我是一个最能吃苦的人。那时的我们大多有这样的想法和做法。

在县委办公室，我们经常加班熬夜，大材料、小材料，督查、调研，跟班、下乡，随叫随到，没完没了。大家都以办公室为家，以工作为荣，一旦被安排更多的工作、派给重要的任务，更有一种被信任、被重视的感觉。可以得到更多的锻炼的机会，可以获得更多的批评以及指正、点拨，何乐而不为呢！

争事做、争苦吃、争朝夕，那真的不是吹的。明明在我手上的材料，硬是被同事一把抢了去，弄得我尴尬无语。加班到半夜，或半夜里被电话叫醒开会什么的，谁也不会有半句怨言。没有节假日，没有双休日，不分白天和晚上，不顾严寒和酷暑地加班加点，就是我们的工作常态。这在我以后的工作中也成了习惯。至今，我几乎每天加班，如果连续几个晚上去看广场舞，或在家看电视什么的，就觉得太浪费时间，还不如与历史对对话、写写字有意义。

或许是对方志总有那么一种缘分在牵引，或许是一种方志的情怀，全县机构改革时，我又主动提出回到新组建的县史志办任职（主任，正科级），继而掀起了声势浩大的第二轮修志。非常的顺利，也非常的辛苦、忙碌。每天 24 小时都嫌不够用，人就像陀螺一样不停地旋转。先是把修志工作写入政府工作报告，列入全县经济和社会发展目标管理责任制单列考核，召开全县修志动员大会，各单位主要负责人签订责任状，紧接着培训人员、指导编写、督查通报、评议志稿、修改完善、送审出版，一环紧扣一环。

我常常感慨万千。我走在大路上，就会有部门领导拦着我谈修志的事。有一天，一个单位的同志到我办公室，说是想请我们去他们建设银行去指导。我看他十分有气势，就问他：你是建行办公室人员吗？他说不是。我又问：你是副行长？他说，他是行长。当时，我们的修志就是这样，领导十分重视。应邀参加我们的志稿评议会的部门领导以及老同志，往往是人来得又早又齐，发言又积极又认真。3 位正县级老领导应邀参加了所有志稿的评议会，每次都提交了书面评议意见，令人非常感动和敬佩。在县委经济工作会议上，还对修志先进集体、先进个人进行了表彰，我本人被记三等功。

第二轮县志出版发行后，我又遇上了好机会，开始了外出学习、修志的历程，来到了浙江方志之乡。现在，地方志对我来说，已经不是一份工作那么简单，我已经把它作为一份事业来热爱，作为一门学问来做，这与个人的经历以及环境的影响有关。

如果说，我也有什么值得大家羡慕的话，那就是我生逢其时，经历了两轮修志，而且现在还不老，还可以再干若干年，成为三轮修志的元老级。参加首轮修志的人，老者已如熊猫般珍稀，中青年也为数不多，我就是既参加了首轮修志、又奋进在二轮修志的为数不多的那一拨人，而且先后参加了 4 部市县志的编纂。这就是我与同龄人略有不同的地方，也是大多年轻人没有的经历。经历就是财富。修志的经历、肯吃苦的经历，就是我的财富。

三、贵在吃苦

著名诗人汪国真在《热爱生命》里有这样的话：“我不去想是否能够成功，既然选择了远方，便只顾风雨兼程。”我深有感触。

离开家乡，我开始了人生的另一个征程。有过困惑，有过彷徨，依然通过不辞辛苦地付出，坚信勤能补拙的信念，从零开始，向前奋进。吃苦是人的一种资本，学习是人生永远的主题。过去是，现在是，将来也都通用。而今迈步从头越，苦乐相伴终无悔。

这几年里，我编写的地方志书，是过去编写的三部志书的文字篇幅的两倍，我承受的任务强度与压力也是前所未有。但我必须要做好它，而且要又快又好。没有什么捷径可走，只有比别人工作更长的时间，吃更多的苦。别人享受生活的时候，我们在享受孤独；别人冬暖夏凉的时候，我们在寒暑难当。下班后没有了中央空调，就当节能，锻炼身体，和过去比也算不了什么。

这需要一种精神，也需要一种激情。我就是有一种激情满怀、浑身是劲的精神状态，有一种不甘落后、不轻易放弃的思想情绪。只要不在办公室，我就在去办公室的路上。只要工作没做完，我就自觉地加班。这是不用说的，也不会抱怨。这是自然而然的，一种习惯，一种责任，一种苦乐观。没有绝对的苦，更有苦中乐，特别是较好地完成了一项任务时，更是轻松地休整一下，非常开心。

当然，人不是机器，我也有不想加班，想休养生息的时候。特别是在夏天的晚上，双休日，在没有冷气的办公室里加班，汗流浃背，冬天的晚上，手脚冻得不行。就在想，日出而作，日落而归，多好啊。按时下班，去减减肥，去看广场舞，多好啊。当然，我也只能看，跟不上。曾有几天，我跟着跳了一种舞，感觉很好，但隔了几天没去，就干瞪眼了。她们学得很快，每几天换一种舞，跳得比电视上的还好看，花样又多，更新很快。我就只能当观众了。当然，这样轻松放任的日子不会太长，总有一种牵挂，让我回到办公室，安静地与文字相伴，与电脑对望。一旦加起班来，严寒、酷暑、孤寂，就什么都不记得了。加班进行时，永远是我们方志人的生活写照。

在这些年里，通过努力，我的修志实践与理论探究都有了一定的收获。这是相辅相成的。每写一篇志稿，评审一篇志稿，我都要查阅许多的资料，参考许多的志书，搜索许多的信息，进行深入的思考。有时候，一篇志稿写完了，改好了，评审好了，对思考的问题稍微整理一下，一篇方志论文就形成了。

与此同时，每试写一篇文章，探究一个课题，我都要了解它的源流与现状，掌握当前学者的观点与争议，并结合修志实际进行认真的思考。有时候，一篇文章完成了，对相关志稿的新的修改意见和建议也就出来的。越是辛苦的时候，修志任务越重，思考的问题越多，产生的方志文章也越多。

近七八年的时间，修志 1000 多万字，写方志文章 80 多万字，在省以上刊物发表 70 多篇。这些都是来自实践的思考与探索。有人说，我写的文章接地气，没有空洞的说辞，有操作性，有实用性，他们喜欢看。

在《谈专家修志的认识误区》(《上海地方志》2013 年第 5 期）一文中，我指出了当前的专家修志有四大认识误区。

误区之一，就是认为修志专家仅指高等院校、科研机构的专家，其实这只是一小部分,既有修志理论又有修志实践的专家是不可或缺的重要组成部分。

误区之二，认为聘来了学者专家修志就等于志书学术品位提升了。其实，修志是一项业务强、体例特殊的编纂工作，需要参与者不断地学习与实践，这是有一个过程的，就好像学习游泳，必须先跳进水里折腾一段时间一样，不可能一来就是行家里手的。所谓隔行如隔山，也就是这个道理。

误区之三，就是认为外地的修志专家不熟悉本地情况，不适合承担副主编及以上职务。其实，社会分工越来越细，人员的视听已经被局限在一个很小的天地。本地人也不一定熟悉他所从事的行业以外的工作。加上志书编纂不是文学创作、不可以凭空想象，志书必须靠资料说话。即使是再熟悉本地情况的本地人，也不能凭着大概印象撰写上下 20 年的志书，而必须查阅文献档案、开展社会调查等。例如，我们认识的一位本籍副主编，就不擅长查阅、核实资料，只做些结构微调和文字微调的工作，结果他负责的志稿质量最差。

误区之四，就是认为专家的意见就是金科玉律。而我们认为，专家的意见，只能供参考，而不是指令。

总的说来，盲信专家之言，或不信专家之言，都是不可行的，需要择善而从。众手修志与专家修志相结合，业外专家与业内修志专家相结合，才是最佳。这是我的一些观点。

我认为，修志实践和理论学习与研究是两不误、两促进的。两者没有什么冲突和矛盾，就看怎么安排时间，怎么见缝插针，两头并进。

因此，我希望，我能通过边工作边学习，好好地补上方志理论与研究这一课，亡羊补牢未为晚。也希望，大家都成为方志专家，修出名志佳志来。在平凡的修志中不平庸，在平凡的岗位上干出实绩，是我们每个方志人的责任和骄傲。

四、梦照现实

浙江卫视有一个名为《中国梦想秀》的综艺节目，“让梦想照进现实”是该节目第三季的主题，很精彩，有很多感人的故事。有的人想要房子，有的人想走出大山，有的人想创业，有的人想出国发展，有的人为了他人幸福。人人都有梦。

追梦路上，风雨兼程，阳光总在风雨后。大梦、小梦、微心愿，汇总成一个中国梦，一个民族梦、复兴梦、强国梦。

作为方志人而言，我们的中国梦又是什么呢？当然梦想之一，是地方志事业的大发展、大繁荣，修志的热潮一浪高过一浪。

作为个人而言，我的中国梦有很多，也已经实现了很多。例如，我走出了大山，来到了中国最具幸福感城市——杭州；我有了自己喜欢的事业，我出版了个人学术著作，还被评为浙江“最美方志人”，非常感恩。

还有许多梦想，我期望能实现，即使实现不了，也是美梦在心，做一个有梦的人，奔跑在追梦的路上。

其一，梦想接触更多的市县志，开阔视野，成为不仅修志较多的人，还是阅志较多的人。有人说，人生苦短，何必给自己加压。我说，人各有志，我的志就是地方志。有人攒房子，有人攒钱财，我为什么不能攒志书？谁又能肯定他攒的就是幸福而别人攒的就不是幸福？因此，你当你的房姐、富婆，我当我的志人，咱们各自乐在其中。

其二，梦想执行主编一部地方志，能体现我现在和以后一段时间修志水平的志书。因为，原先当县地方志办公室主任的时候，虽然也是执行主编，但那时中规中矩的多，创新著述的少。希望今后能修出一部有代表性的志书来，即代表作。

其三，梦想再出版几本个人学术著作，这需要付出和耕耘，实干出真知，还需要多与外界交流，拓宽视野。

其四，梦想志二代也喜爱地方志。修志父子兵，有之，但不多。现在，有官二代、富二代。我不是官，也不富，但我是方志人，希望下一代耳濡目染也爱上地方志，成为读志、用志或编志的人。

其五，梦想我们的志书，像世界名著一样，引人关注、捧读与收藏；梦想我们方志人，像文化名人一样，到处讲座，受到热捧与敬仰；梦想我们的方志、志人，薪火相传，永闪智慧之光。

这就是我的中国梦、方志情。

播种梦想，辛勤劳作，静待花开，是一件幸福的事。

生逢其时，不负今日，在这最好的时代，做最有意义的事，是一件幸福的事。

有缘，与方志相伴到老，与中国梦相伴前行，是一件幸福的事。

幸福，就像花儿一样。幸福，就像中国梦一样。